ABITUR-WISSEN

Prüfungswissen Religion

Ulrich Baader
Florian Bartl
Stefan Grahamer
Katharina Rigo
Katharina Ritter-Schardt
Dr. Stefan Schipperges
Matthias Wolf

© 2023 STARK Verlag GmbH, Claudius-Keller-Str. 3c, 81669 München, info@stark-verlag.de
www.stark-verlag.de
1. Auflage 2017

Das Werk und alle seine Bestandteile sind urheberrechtlich geschützt. Jede vollständige oder teilweise Vervielfältigung, Verbreitung und Veröffentlichung bedarf der ausdrücklichen Genehmigung des Verlages. Dies gilt insbesondere für Vervielfältigungen, Mikroverfilmungen sowie die Speicherung und Verarbeitung in elektronischen Systemen.

Inhalt

Vorwort

Zugänge zur Wirklichkeit	1
1 **Erkenntnis der Wirklichkeit**	2
1.1 Grundbegriffe	2
1.2 Wissenschaftliche Erkenntnis	5
1.3 Erkenntnis in der Philosophie	7
1.4 Erkenntnis im Glauben	10
1.5 Verhältnis von Theologie und Naturwissenschaft am Beispiel Schöpfung	15
2 **Religion als Deutung der Wirklichkeit**	19
2.1 Annäherungen an den Religionsbegriff	19
2.2 Ausdrucksformen von Religiosität	21
2.3 Religion im Spannungsfeld von Individuum und Gesellschaft	22
2.4 Dialog der Religionen	27
Die Bibel	29
1 **Herausforderungen im Umgang mit der Bibel**	30
2 **Entstehung**	32
2.1 Der Begriff „Bibel"	32
2.2 Die Niederschrift der Bibel	32
2.3 Bibelübersetzungen	33
3 **Aufbau**	34
3.1 Der biblische Kanon	34
3.2 Die Grobstruktur der Bibel	34
3.3 Das Alte Testament	35
3.4 Das Neue Testament	37
4 **Schriftverständnis**	39
4.1 Frühkirchliches und mittelalterliches Schriftverständnis	39
4.2 Schriftverständnis in der Folge der Kirchenspaltung	40
4.3 Modernes Schriftverständnis	41
4.4 Das Verhältnis von Altem und Neuem Testament	42

5	**Methodische Zugänge zur Bibel**	43
	5.1 Biblische Hermeneutik	43
	5.2 Historisch-kritische Exegese	44
	5.3 Kontextuelle Exegese	49
	5.4 Weitere Formen der Exegese	51
6	**Sprachformen in der Bibel**	54
7	**Biblische Wirkungsgeschichte**	57
	7.1 Alltagssprache	57
	7.2 Kunst	58
	7.3 Literatur	59
	7.4 Film	60
8	**Die Bibel als Offenbarungszeugnis**	61
	8.1 Christliches Offenbarungsverständnis	61
	8.2 Vergleich mit dem Islam	62

Der Glaube an Gott – Anfragen und Annäherungen — 65

1	**Mit Gott in Kontakt sein**	66
	1.1 Von Gott reden	66
	1.2 Gott in der eigenen Biografie	68
2	**Grundzüge des biblisch-theologischen Gottesbildes**	71
	2.1 Gottesbilder im Alten Testament	71
	2.2 Der dreieine Gott des Neuen Testaments	75
3	**Gefährdeter Gottesglaube**	78
	3.1 Ludwig Feuerbach und die humanistische Religionskritik	79
	3.2 Karl Marx und die sozialistische Religionskritik	80
	3.3 Friedrich Nietzsche und die nihilistische Religionskritik	81
	3.4 Jean-Paul Sartre und die existenzialistische Religionskritik	83
	3.5 Die klassische Religionskritik in der Diskussion	84
	3.6 Die offene Frage der Theodizee	86
4	**Argumente für den Glauben an Gott**	90
	4.1 Das kosmologische Argument	90
	4.2 Das teleologische Argument	92
	4.3 Das ontologische Argument	94
	4.4 „Gottesbeweise" in der Diskussion	94
5	**Gottesvorstellungen in anderen Religionen**	96
	5.1 Gott im Islam	96
	5.2 Das Göttliche im Hinduismus	97

Jesus, der Christus … 99

1. **Zur Person Jesu** … 100
   - 1.1 Der historische Jesus aus Nazaret und der Christus des Glaubens … 100
   - 1.2 Die Lebenswelt Jesu … 101
2. **Das Wirken Jesu und seine Botschaft** … 106
   - 2.1 Selbstverständnis und Anspruch Jesu … 106
   - 2.2 Das Gottesbild Jesu … 109
   - 2.3 Die Botschaft vom Reich Gottes … 109
   - 2.4 Die Ethik Jesu in der Bergpredigt … 112
   - 2.5 Die Wunder Jesu … 117
3. **Tod und Auferstehung** … 119
   - 3.1 Der Prozess gegen Jesus und sein Tod am Kreuz … 119
   - 3.2 Begegnungen mit dem Auferweckten … 123
4. **Bekenntnis zum auferstandenen Christus** … 124
   - 4.1 Würdetitel Jesu … 125
   - 4.2 Christologische Modelle … 127
   - 4.3 Christologische Aussagen auf den ersten Konzilien … 128
5. **Jesus aus nichtchristlicher Sicht** … 130
   - 5.1 Jesus im Judentum … 130
   - 5.2 Jesus im Islam … 133
   - 5.3 Jesus im Urteil von Nichtchristen … 134

Anthropologie – Was ist der Mensch? … 137

1. **Grundfragen des menschlichen Daseins** … 138
   - 1.1 Der Mensch – „Krone der Schöpfung"? … 138
   - 1.2 Was heißt „Freiheit"? … 139
   - 1.3 Der Mensch – frei oder unfrei? … 140
   - 1.4 Der Mensch – gut oder böse? … 142
   - 1.5 Der Mensch – autonom oder heteronom? … 144
2. **Das biblisch-christliche Bild vom Menschen** … 146
   - 2.1 Der Mensch – Geschöpf und Schöpfungspartner Gottes … 146
   - 2.2 Der Mensch – von Gott angenommen und geliebt … 150
   - 2.3 Der Mensch – angelegt auf Transzendenz … 152
3. **Verantwortung, Schuld, Vergebung** … 154
   - 3.1 Freiheit und Verantwortung … 154
   - 3.2 Das Gewissen … 156
   - 3.3 Schuld und Sünde … 159
   - 3.4 Umgang mit Schuld und Sünde … 163

4	Nichtchristliche Menschenbilder	165
	4.1 Das vorchristlich-antike Menschenbild	165
	4.2 Das Menschenbild des Hinduismus	166
	4.3 Das Menschenbild des Buddhismus	168
	4.4 Das Menschenbild des Islam	171

Verantwortungsvoll handeln — 173

1	Grundlagen der Ethik	174
	1.1 Werte und Normen in der pluralen Gesellschaft	174
	1.2 Formen von Normbegründung	178
	1.3 Grundtypen ethischer Argumentation	180
2	Leitlinien christlicher Ethik	185
	2.1 Biblische Grundlagen	185
	2.2 Ethische Modelle aus der christlichen Tradition	189
3	Aktuelle Herausforderungen	194
	3.1 Schöpfung, Gerechtigkeit und Frieden	194
	3.2 Bioethik	199
	3.3 Berufs- und Arbeitswelt	201
	3.4 Medienethik	205

Kirche und Christsein — 209

1	Das Selbstverständnis der Kirche	210
	1.1 Anfang der Kirche im Handeln und in der Verkündigung Jesu	210
	1.2 Grundvollzüge als zeichenhafte Realisierung des Reiches Gottes	213
	1.3 Beispiele für kirchliches Handeln in der Welt von heute	214
2	Geschichtliche Schlaglichter im Verhältnis zwischen Staat und Kirche	216
	2.1 Biblische Grundlegung	216
	2.2 Kirche zwischen Verfolgung und Anerkennung im frühen Christentum	217
	2.3 Kirche im Nationalsozialismus	218
	2.4 Kirche und Staat in der Gegenwart	226
3	Konfessionelle Perspektiven	228
	3.1 Die katholische Kirche: Einheit in Vielfalt	228
	3.2 Die evangelische Kirche: Gemeinschaft im Wort Gottes	232
	3.3 Unterschiede zwischen evangelischer und katholischer Kirche im Hinblick auf Lehre und Organisation	237
4	Ökumenische Perspektiven	240

Zukunftshoffnung **245**

1 Zukunftsperspektiven aus Geschichte und Gegenwart 246
    1.1 Weltliche Entwürfe für die Zukunft 246
    1.2 Biblische Zukunftsentwürfe – zwischen Gericht und Vollendung 252
    1.3 Das Reich Gottes als Fundament christlicher Zukunftshoffnung 258
2 Hoffnung auf Auferstehung 260
    2.1 Vorstellungen von einem Weiterleben nach dem Tod 260
    2.2 Christliche Auferstehungshoffnung 262
    2.3 Die Vorstellung von Reinkarnation in der fernöstlichen Tradition 266

Autorinnen und Autoren

ULRICH BAADER / DR. STEFAN SCHIPPERGES:
Jesus, der Christus; Anthropologie – Was ist der Mensch?

FLORIAN BARTL: Zugänge zur Wirklichkeit; Zukunftshoffnung

STEFAN GRAHAMER: Der Glaube an Gott – Anfragen und Annäherungen

KATHARINA RIGO: Die Bibel

KATHARINA RITTER-SCHARDT / MATTHIAS WOLF:
Verantwortungsvoll handeln; Kirche und Christsein

Vorwort

Liebe Schülerin, lieber Schüler,

der Band **Prüfungswissen Religion Oberstufe** soll Sie während der letzten beiden Schuljahre im Religionsunterricht begleiten. Sie können das Buch zum Nachlesen für die im Unterricht besprochenen Inhalte oder für die gezielte Vorbereitung auf **Klausuren** sowie auf die **mündliche** oder **schriftliche Abiturprüfung** verwenden.

- Das Prüfungswissen Religion kann von Schülerinnen und Schülern beider Konfessionen genutzt werden, da sich ein großer Teil der Prüfungsinhalte überschneidet. Wo die **konfessionellen Standpunkte** Unterschiede aufweisen, ist dies durch entsprechende **Symbole** gekennzeichnet:
  K katholisch; **E** evangelisch
- Die **Foto-Einstiegsseite** markiert den Beginn eines Hauptkapitels und deutet zentrale Aspekte des jeweiligen Kapitels in bildlicher Form an.
- Die anschließenden **Darstellungen** fassen alle wesentlichen Aspekte verständlich zusammen. Besonders wichtige Inhalte und Fachbegriffe werden farbig hervorgehoben. **Schaubilder** und **Grafiken** veranschaulichen philosophisch-theologische Überlegungen. **Info-Kästen** liefern zusätzliche Hintergrundinformationen.
- Die **Querverweise** am Rand zeigen Textstellen an, die miteinander in einem inhaltlichen Zusammenhang stehen. Mit dem **Register** am Ende des Buches können Sie ebenfalls gezielt nach bestimmten Fachbegriffen und Themen suchen.
- **Definitionen** am Rand liefern Erklärungen wichtiger Fachbegriffe. Daneben sind am Rand **Abbildungen bedeutender Persönlichkeiten** zu sehen. Deren Lebensdaten helfen bei der Einordnung in den geschichtlichen Zusammenhang.
- **Zitate** (gekennzeichnet durch dieses Symbol ⓩ) geben einen Einblick in das Denken von Persönlichkeiten aus Philosophie und Theologie oder stellen einen Bezug zur Bibel her.
- **Zusammenfassungen** am Ende jedes der acht Hauptkapitel ermöglichen eine schnelle Überprüfung des Gelernten im Sinne einer **Checkliste**.

Eine erfolgreiche Prüfungsvorbereitung wünschen Ihnen das Autorenteam und der Verlag!

Zugänge zur Wirklichkeit

1 Erkenntnis der Wirklichkeit

In unserem Alltag halten wir uns an den gleichen Orten auf und begegnen bekannten Personen und Dingen, die wir mit unseren Sinnen wahrnehmen bzw. erkennen. Doch wie wir die Welt wahrnehmen, muss nicht mit der Wahrnehmung anderer Menschen übereinstimmen. Im Folgenden soll dieser Sachverhalt näher beleuchtet werden.

1.1 Grundbegriffe

Die Abbildung spiegelt die Vielschichtigkeit und Fragmentierung der Wirklichkeit wider.

Wirklichkeit: Das, was durch persönliche Erfahrung und Beurteilung als Tatsache festgestellt wird; sie beinhaltet nicht nur Greifbares, sondern auch Wahrnehmungen, wie z. B. Gefühle, die nicht jedem gleichermaßen zugänglich sind.

Der Begriff „Wirklichkeit" umfasst ein abstraktes Feld und damit auch verschiedene Bedeutungsnuancen. So spricht man z. B. davon, dass all dies wirklich ist, was tatsächlich der Fall ist oder auch bloß möglich ist.

Häufig wird „Wirklichkeit" synonym mit „Realität" verwendet.

Dabei gilt als **Realität** das, was wahrgenommen werden kann, was existiert und nicht nur in der Gedankenwelt eines Menschen vorkommt. Man könnte also sagen, dass die wahrnehmbare Welt um uns herum einen Teil unserer Wirklichkeit ausmacht. Die Wirklichkeit beinhaltet aber nicht nur Greifbares, sondern auch Wahrnehmungen und Empfindungen, die nicht jedem gleichermaßen zugänglich sind.

Damit taucht aber schon ein Problem hinsichtlich der Deutung von **Wirklichkeit** auf, das mit folgendem Beispiel erläutert werden soll:
Ein Mensch hat Schmerzen im Arm, an denen er stark leidet. Diese Schmerzen sind für ihn durchaus real und entsprechen also seiner Wirklichkeit. Aber ein anderer Mensch kann diese Schmerzen nicht nachvollziehen, da er sie ja selbst nicht fühlen kann. In seiner Wirklichkeit existieren die Schmerzen somit nicht und sind demnach für ihn auch nicht real. Die beiden Menschen haben also scheinbar verschiedene Wirklichkeiten, einmal mit Schmerzen und einmal ohne.

Dahinter steht das Grundproblem, dass jeder Mensch die Welt um sich herum mit den eigenen Sinnen und damit ganz **individuell wahrnimmt**. Logischerweise hat in diese Wahrnehmung der Welt nur der jeweilige Mensch selbst Einblick. Wahrnehmung beinhaltet auch immer eine Einordnung in Kategorien, da wir Unbekanntes mit Bekanntem zu erklären versuchen und uns somit die Welt erschließen können. Wahrnehmung hat demnach mit den Erfahrungen, die ein Mensch bereits gemacht hat, zu tun.

Daraus ergibt sich, dass sich jeder Mensch sozusagen seine eigene Welt „konstruiert", d. h. mit den Möglichkeiten seiner individuellen Sinneswahrnehmung die Welt erfährt.

Wahrheit und Wahrhaftigkeit

Aus der Überlegung heraus, dass jeder Mensch eine eigene Wirklichkeit hat, ergibt sich die Unterscheidung der sog. „subjektiven Wahrheit" und der „objektiven Wahrheit".

Wahrheit bezeichnet allgemein die Übereinstimmung von etwas Gesagtem oder Gedachtem mit tatsächlichen Begebenheiten. Man nimmt an, dass es nur eine vollständige Wahrheit gibt. Ein Ziel der Philosophie ist es, dieser Wahrheit auf den Grund zu gehen. Schwierig wird dies jedoch, wenn man die Überlegungen zur Wirklichkeit heranzieht, wonach jeder Mensch in seiner eigenen Wirklichkeit lebt.

Wahrheit: Komplexer Begriff, der sehr vielfältig betrachtet wird; z. B. in der Korrespondenztheorie als eine Entsprechung einer Sache mit der Vorstellung davon im Verstand

Die daraus entstehende Wahrheit bezeichnet man als **„subjektive Wahrheit"**, also eine **individuelle Sicht auf die Dinge**, die für wahr gehalten werden. Eine solche Wahrheit ist stets subjektiv, da bei der Einordnung von Wahrnehmungen in die Kategorien „wahr" und „unwahr" viele Faktoren eine Rolle spielen, etwa die eigene Erziehung, das aktuelle Umfeld, die Stimmung etc.

Demgegenüber steht der Begriff der **„objektiven Wahrheit"**. Darunter versteht man Wahrnehmungen, die **unabhängig vom Betrachter** gleich empfunden werden. Dass dieser Fall tatsächlich einmal eintritt, ist sehr unwahrscheinlich, sodass die objektive Wahrheit eher ein theoretischer Begriff ist.

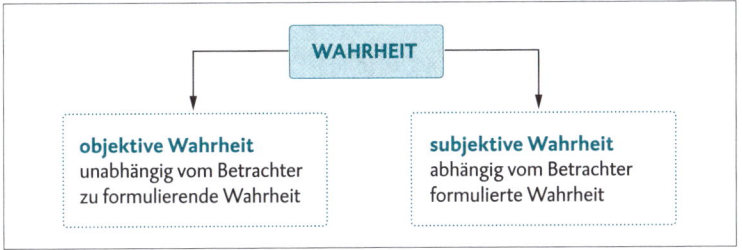

Dennoch ist die Verwendung der beiden Begriffe wichtig, wenn man dem Begriff der Wahrheit näherkommen möchte. Manche philosophischen Schulen versuchen die Wahrheit zu ergründen, indem sie die Welt um sich herum betrachten und beschreiben.

4 Zugänge zur Wirklichkeit

Die Ursprünge der Philosophie liegen bei den sog. **Naturphilosophen**, bei denen die Natur im Zentrum der Betrachtung stand. Bedeutende Vertreter sind etwa Anaximenes (ca. 585–525 v. Chr.) oder Demokrit (ca. 460–371 v. Chr.). Während Anaximenes durch seine Beobachtungen zum Schluss kam, dass Luft der Urstoff aller Dinge sei, stellte Demokrit die These auf, dass alles aus sehr kleinen, nicht mehr teilbaren Bausteinen, sog. Atomen, bestehe.

In der Antike haben beispielsweise die **Naturphilosophen** versucht, ihr Wissen aus der Beobachtung der Natur abzuleiten. Andere wiederum (z. B. Platon, Hegel) waren der Auffassung, dass die Dinge um uns herum nur einer Vorstellung entsprechen und die dahinterliegende Wahrheit in einer verborgenen Wirklichkeit gründet, die im Menschen selbst zu finden ist.

Hat man mithilfe der Erkenntnis die Wirklichkeit erfasst und kann somit Wahrheiten formulieren, kann sich daraus eine menschliche **Tugend** entwickeln. Wenn wir eine Vorstellung von Wahrheit haben, die alle Menschen teilen, können wir uns ein Bild davon machen, ob ein Mensch nach dieser Wahrheit lebt oder nicht.

Verhält es sich so, dass man stets gemäß der Wahrheit handelt, spricht man von Wahrhaftigkeit, ein Mensch kann somit wahrhaftig sein – der Wahrheit anhaftend. Wahrhaftigkeit beinhaltet also das Streben nach Wahrheit. Ein Gegenbegriff zur **Wahrhaftigkeit** ist demnach die **Lüge**. Ein wirklich wahrhaftiger Mensch kann falsche Aussagen nur tätigen, wenn er sich irrt.

Zitat

> Nun ist die Lüge an sich schlecht und tadelnswert und die Wahrheit gut und lobenswert. Und so ist auch der Wahrhaftige, der die Mitte hält, lobenswert; die aber mit Lügen umgehen, verdienen beide Tadel, nur der Prahler in höherem Maße. [...] Den Gegensatz zur Wahrhaftigkeit scheint die Prahlerei zu bilden, weil sie der schlimmere Fehler ist.
>
> (Aristoteles, Nikomachische Ethik, Buch IV, Kap. 13)

Da Wahrhaftigkeit beinhaltet, dass man ausnahmslos und egal in welcher Situation voll und ganz der Wahrheit gemäß handelt, dürfte es schwer sein, einen Menschen zu finden, der vollumfänglich als wahrhaftig bezeichnet werden kann.

Erkenntnis

Nimmt ein Mensch die Welt um sich herum wahr, kommt er idealerweise irgendwann zu einer **Erkenntnis**. Synonym dazu kann der Begriff „Einsicht" verwendet werden. Eine Erkenntnis zu haben bedeutet also, dass man etwas versteht, **Zusammenhänge begreift** und Dinge bzw. Sachverhalte voneinander abgrenzen kann. Die gewonnenen Einsichten kann man auch in Worte fassen und logisch begründen.

Erkenntnis kann sich sowohl auf die sinnlich wahrnehmbaren Dinge beziehen als auch auf rein geistig zu durchdringende Sachverhalte. So kann man z. B. die auf Messungen beruhende Erkenntnis haben, dass Wasser unter Normalbedingungen bei 100 °C siedet, oder auch die auf Erfahrungen und Empfindungen beruhende Erkenntnis darüber, was Glück bedeutet. Beide Fälle haben jedoch gemeinsam, dass damit ein Zuwachs an **Wissen** verbunden ist. Bei der Sinneswahrnehmung weiß der Erkennende, welche Eigenschaften die wahrgenommenen Dinge haben bzw. nicht haben, und kann somit Unterscheidungen und Abgrenzungen vornehmen. Ebenso verhält es sich bei rein geistigen, abstrakten Sachverhalten.

Interesse und Neugier sind Voraussetzungen für Erkenntnis.

Erkenntnis ist wiederum vom erkennenden **Subjekt** abhängig. Nicht alle Menschen können zur gleichen Erkenntnis gelangen und nicht alle Menschen gelangen auf die gleiche Weise zur Erkenntnis. Somit ist Erkenntnis zunächst ein höchst individueller Vorgang. Setzt man aber voraus, dass Erkenntnis den Kern der zu erkennenden Objekte betrifft, ist sie zwangsläufig an eine Wahrheit gekoppelt, die den Dingen zugehört. Insofern ist die Erkenntnis einer Sache etwas Objektives, während der Weg dorthin sehr subjektiv ist.

Subjekt: In der Philosophie bezeichnet der Begriff „Subjekt" den denkenden Menschen als Individuum bzw. den menschlichen Geist. Objekte sind die Dinge, die betrachtet bzw. reflektiert werden.

1.2 Wissenschaftliche Erkenntnis

Wissenschaftliche Erkenntnis zielt darauf ab, Wissen zu systematisieren und auf der Basis begründeter Theorien einsichtig zu machen. Grundsätzlich kann man drei große Gruppen der Wissenschaften unterscheiden: die **Naturwissenschaften**, z. B. Biologie, Chemie, Physik, die **Geisteswissenschaften**, z. B. Sprachwissenschaften, Philosophie, Theologie, und die **Sozialwissenschaften**, z. B. Soziologie und Demografie. Das Vorgehen der Wissenschaften unterscheidet sich teils stark.

Naturwissenschaften

empirisch: Auf Erfahrung beruhend; Empirie ist der Erkenntnisweg, der auf der systematischen Sammlung von Daten mithilfe von Beobachtungen aus Experimenten beruht.

Naturwissenschaften gehen **empirisch** vor. Ihre Mittel sind Versuche und Experimente. Dabei werden ausgehend von einer Frage, die es zu klären gibt, kontrollierbare Bedingungen geschaffen, die es ermöglichen, den Gegenstand des Interesses zu untersuchen bzw. zu messen. Kriterien dabei sind z. B. die **Wiederholbarkeit** und die **Objektivität**, d. h., ein Versuch muss unabhängig von der Person immer wieder gleich durchgeführt werden können.

Naturwissenschaften erlangen Erkenntnis, indem sie beobachten, die Beobachtungen messen und dann analysieren bzw. Kausalzusammenhänge zwischen den Beobachtungen herstellen. Die Grundfrage der Naturwissenschaften lautet also: **„Wie?/Aus welchen Zusammenhängen heraus?"** Phänomene außerhalb dessen, was beobachtbar ist, entziehen sich daher dem Tätigkeitsfeld der Naturwissenschaften. Moderne Messapparate bzw. neue Messmethoden erlauben immer tiefergehende naturwissenschaftliche Erkenntnisse.

Geisteswissenschaften

Die Zielsetzung der Geisteswissenschaften könnte damit zusammengefasst werden, dass sie versuchen, ein Bewusstsein für das menschliche Dasein zu schaffen. Dazu untersuchen sie Produkte menschlichen Wirkens, z. B. literarische Texte, im Hinblick auf ihre Bedeutung für den Einzelnen und die Gesellschaft, sowohl zur Entstehungszeit des jeweiligen Untersuchungsgegenstandes als auch in der Nachwirkung.

Der Weg, den die Geisteswissenschaften beschreiten, wird als **hermeneutischer Zirkel** bzw. als **Hermeneutik** bezeichnet. Dabei wird ausgehend vom eigenen Vorwissen z. B. ein Text gelesen und durch das Vorverständnis bereits gedeutet. Daran anschließend folgt eine vertiefte Beschäftigung mit dem Text im Hinblick auf den gesellschaftlichen Entstehungshintergrund, die Situation des Autors etc. Dabei wird das Vorwissen evtl. korrigiert oder erweitert, sodass neue Aspekte im Text erkannt werden können. Durch mehrmalige Wiederholungen dieses Schrittes oder den Austausch mit anderen kann ein Text möglichst vielschichtig erschlossen werden.

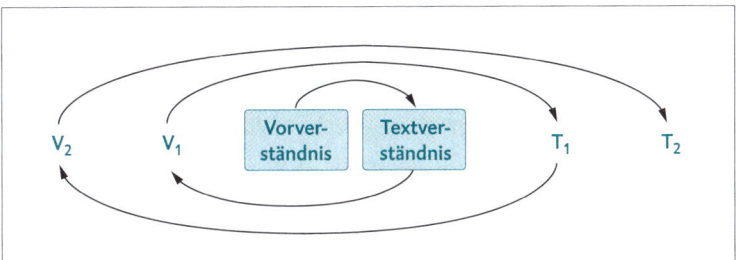

Die Auseinandersetzung mit einem Text kann durch ein Vorverständnis unterstützt werden, was wiederum zur Erweiterung des Textverständnisses führt.

Sozialwissenschaften

Ziel in den Sozialwissenschaften ist es, die Zusammenhänge in gesellschaftlichen Systemen (z. B. im Wirtschaftssystem oder in der Politik) zu analysieren und zu erklären. Ein wichtiges Instrument dafür sind **Befragungen** innerhalb des untersuchten Systems, aber auch außerhalb. Zudem bedienen sich die Sozialwissenschaften auch verschiedener **Experimente**, wobei jedoch der Verlauf des Experimentes meist unsicherer als in den Naturwissenschaften vorhergesagt werden kann, da das Verhalten der Menschen im Experiment schwer vorhersehbar ist.

1.3 Erkenntnis in der Philosophie

Erkenntnis nach Platon

Für den griechischen Philosophen Platon setzt Erkenntnis die Fähigkeit zur **Anamnesis** voraus. Demnach erfolgt ein Lernen bzw. ein Erkennen der Wahrheit über die **Erinnerung**. Platon zufolge verfügt jeder Mensch in seiner Seele über die Kenntnis der Dinge. Jeder Mensch trägt in sich die sog. **Ideen**, die Urbilder aller Dinge, an die er sich nur zu erinnern brauche. Im Dialog „Menon" (79e–86c) wird dieses Prinzip verdeutlicht. Sokrates tritt dort als Sprecher auf und lässt einen Sklavenjungen ein mathematisches Problem lösen, indem der Philosoph ihm nur Fragen stellt, die er scheinbar aus seiner Erinnerung heraus beantwortet.

Die Erinnerung an die Ideen fällt uns Menschen aber schwer, weil wir in dieser irdischen Welt wie Gefangene hausen und uns nicht auf das Wesentliche konzentrieren.

Zur Verdeutlichung dieses Sachverhaltes verfasst Platon das sog. **Höhlengleichnis**, einen der bekanntesten Texte der Philosophie (Der Staat 514a–517a).

Platon
(ca. 428–348 v. Chr.) Schüler des Sokrates und Gründer der Akademie in Athen; er war eine der prägendsten Persönlichkeiten der gesamten Geistesgeschichte.

Verhältnis von Wahrnehmung und Wirklichkeit nach Platons Höhlengleichnis

Nach der Darstellung des Höhlengleichnisses sind einige Menschen in einer Höhle gefangen. Sie sitzen gefesselt an einer Mauer, sodass sie nur die Rückwand der Höhle, nicht aber den Eingang sehen können. Vor dem Höhleneingang brennt ein Feuer. Zwischen Eingang und dem Feuer ist eine kleine Mauer. Zwischen Feuer und Mauer laufen immer wieder Menschen vorbei, die auch verschiedene Gegenstände tragen. Durch das Feuer werden die Schatten dieser Menschen und Gegenstände an die Rückwand der Höhle projiziert. Die Menschen in der Höhle können diese Schatten sehen und halten sie für die Wirklichkeit.

Eines Tages gelingt es aber einem der Gefangenen, von den Fesseln loszukommen und die Höhle zu verlassen. Platon bezeichnet dies als den **Weg zur Schau der Dinge**. Naturgemäß fällt dies dem Menschen zunächst schwer, da er von dem grellen Licht am Höhleneingang geblendet wird. Er gibt aber nicht auf und kann schließlich die Welt außerhalb der Höhle wahrnehmen. Dabei sieht er die Objekte, die ihre Schatten in die Höhle geworfen haben, nun in ihrer vollen Erscheinung im hellen Sonnenlicht. Beglückt von dieser Einsicht kehrt er in die Höhle zurück, wobei er neue Mühen auf sich nehmen muss, da ihm auf dem Rückweg zunächst die Dunkelheit der Höhle zusetzt. Er versucht dann den „Höhlenmenschen" seine Einsichten näherzubringen, stößt aber auf heftigen Widerstand, da die Menschen aus Bequemlichkeit neuem Wissen und der damit verbundenen Anstrengung sehr ablehnend gegenüberstehen.

info

Kernaussagen des Höhlengleichnisses

- Wir leben in einer Schattenwelt, in der wir die Dinge nicht in vollem Umfang wahrnehmen können.
- Erst jenseits unserer Lebenswelt (= Höhle) erhalten wir Einsicht in eine tiefere Wirklichkeit (= Welt der Ideen).
- Durch den Blick für das Gute (= Licht der Sonne) können wir die Dinge erst richtig wahrnehmen.
- Der Mensch, dem die „Schau der Dinge" gelingen kann, ist für Platon der Philosoph (= Mensch, der die Höhle verlässt).
- Platon unterscheidet bei der Wahrnehmung die Bereiche des sinnlich Wahrnehmbaren und des sinnlich nicht wahrnehmbaren Wesens einer Sache (erkennbar durch Vernunft).

Erkenntnis nach Immanuel Kant

Immanuel Kant (1724–1804) vertritt eine andere Position, was das Erlangen von Erkenntnis betrifft. Während Platon davon ausgegangen ist, dass die Wirklichkeit mit den Ideen der Dinge objektiv vorhanden ist, hängt nach Kant die Erkenntnis vom erkennenden Subjekt ab. Erst durch die Verstandestätigkeit des Menschen können laut Kant die Dinge in Erscheinung treten. Der Mensch wird somit zum Zentrum der Erkenntnis. Kant bezeichnet seine Aussagen als **kopernikanische Wende** in Anlehnung an die Leistungen in der Physik von Nikolaus Kopernikus.

Durch die Fokussierung auf den Menschen als wahrnehmendes Subjekt nimmt Kant den wahrgenommenen Objekten in gewisser Weise ihre Eigenständigkeit, da sie nur durch die Wahrnehmung des denkenden Menschen fassbar werden. Für Kant werden die Dinge erst dadurch überhaupt **a priori** begreiflich, dass sich die Objekte durch das vorgegebene Erkenntnisvermögen nach der Anschauung richten und nicht umgekehrt.

Wird der Mensch zum Zentrum und Ursprung der Erkenntnis, besteht aber das Problem, dass zwangsläufig nicht die gleichen Erkenntnisse erzielt werden können, da die Menschen unterschiedlich wahrnehmen. Kant umgeht dieses Problem, indem er die Behauptung aufstellt, jeder Mensch habe grundsätzlich das **gleiche Erkenntnisvermögen**, sodass durchaus eine allgemeingültige Erkenntnis zu erreichen sei. Diese Behauptung lässt sich mit Kants Überzeugung begründen, dass jeder Mensch die Vernunft in sich trägt und grundsätzlich auch zu ihrem richtigen Gebrauch in der Lage ist.

An diesem Punkt ergibt sich nun eine gewisse Parallelität zum Denken von Platon. Für Kant sind die Dinge, die der Verstand dem Menschen zu erkennen gibt, a priori fassbar. Die Annahme, dass der Verstand jedem Menschen von Natur aus zukommt, entspricht platonischem Denken, da ja auch bei Platon grundsätzlich jedem Mensch den „Aufstieg zur Schau der Dinge" gelingen könnte. Die Besinnung des Menschen auf die ihm im Verstand eingeschriebenen Bedingungen zur Erkenntnis bezeichnet Kant als transzendentalen Vorgang, d. h. eine Erkenntnismöglichkeit, die nicht an bestimmte Erfahrungen geknüpft ist. Daher wird diese Lehre auch als **Transzendentalphilosophie** bezeichnet.

---

kopernikanische Wende: In der Physik die von Nikolaus Kopernikus angestoßene Wende vom geozentrischen zum heliozentrischen Weltbild, wonach nicht mehr die Erde, sondern die Sonne im Zentrum steht. In einer übertragenen Bedeutung wird dieser Begriff seither für alle fundamentalen Änderungen von Auffassungen in den verschiedensten Bereichen verwendet.

a priori: unabhängig von der Erfahrung, wörtlich: „von früher her"

transzendental: von lat. transcendere: überschreiten; vor jeder subjektiven Erfahrung liegend und die Erkenntnis der Gegenstände jenseits der Erfahrungen an sich erst ermöglichend

1.4 Erkenntnis im Glauben

Glaube als Zugang zur Wirklichkeit

Neben einem objektiven Zugang zur Wirklichkeit, der auf faktischem Wissen gründet, gibt es auch einen Zugang zur Wirklichkeit über den Glauben.

Gläubige Menschen fühlen sich geborgen in Gottes Hand und können ihr Leben dementsprechend ruhig führen. Aus dem Glauben heraus entwickeln diese Menschen ein Vertrauen, das darauf baut, dass sich das Leben zum Guten entwickelt. In diesem Sinne entspricht der Glaube dem psychologischen Begriff des **Urvertrauens**. Darunter versteht man die Sicherheit, die ein Neugeborenes durch die Zuwendung seiner Mutter erfährt. Das Urvertrauen entwickelt sich also dann, wenn ein Säugling die Erfahrung macht, dass es jemanden gibt, der sich um ihn in jeder Hinsicht kümmert. Diese Erfahrung, oder auch das Fehlen dieser Erfahrung, prägt den Säugling für sein ganzes Leben und hat Einfluss auf die Entwicklung des **religiösen Urteils**.

→ religiöses Urteil: vgl. S. 68

Im Verhältnis eines Säuglings zu seiner Bezugsperson und dem Gläubigen zu Gott besteht eine Analogie: Gläubige Menschen haben ein Urvertrauen dahingehend, dass sie überzeugt davon sind, dass Gott alles zum Guten wendet. Der Glaube steht dem Begriff des Urvertrauens also nahe.

Zitat

> Vertrauen ist eine Oase im Herzen, die von der Karawane des Denkens nie erreicht wird. (Khalil Gibran)

Woran jemand glaubt, hat auch Auswirkungen auf das Leben. Inwiefern die innere Haltung auch die Wahrnehmung der Wirklichkeit beeinflusst, verdeutlicht folgendes Beispiel: Wenn ein Mensch schlecht gelaunt durch die Stadt läuft, findet er tendenziell mehr Aspekte, die seine schlechte Laune bestätigen bzw. sogar verstärken können. Bei einem Menschen mit guter Laute verhält es sich umgekehrt. Die bereits vorhandenen Empfindungen bzw. Haltungen beeinflussen somit die Wahrnehmung der Welt, man spricht auch von **selektiver Wahrnehmung**.

Für den Glauben ergeben sich daraus wichtige Zusammenhänge. Glaubt ein Mensch an die Schöpfung der Erde durch Gott und die damit verbundene gute Seite der Schöpfung, in der sich Gottes Wesen erkennen lässt, bekommt dieser Mensch ein grundlegend positives Verhältnis zur Schöpfung. Er versteht die Welt als ein Geschenk und als etwas

Schützenswertes, da sich überall Gottes Hand wahrnehmen lässt. Zudem erkennt er negative Einflüsse auf die Schöpfung.

Das Buch der Psalmen ist ein eindrückliches Beispiel dafür, inwiefern der Glaube die Sicht auf die Wirklichkeit beeinflussen kann. In Psalm 104 singt der Beter ein Loblied auf den Schöpfer, der in der Natur erfahrbar wird.

Zitat

> **1** Preise den Herrn, meine Seele! Herr, mein Gott, überaus groß bist du! Du bist mit Hoheit und Pracht bekleidet. **2** Du hüllst dich in Licht wie in einen Mantel, du spannst den Himmel aus gleich einem Zelt. **3** Du verankerst die Balken deiner Wohnung im Wasser. Du nimmst dir die Wolken zum Wagen, du fährst einher auf den Flügeln des Windes. **4** Du machst die Winde zu deinen Boten zu deinen Dienern Feuer und Flamme. **5** Du hast die Erde auf Pfeiler gegründet; in alle Ewigkeit wird sie nicht wanken. **6** Einst hat die Urflut sie bedeckt wie ein Kleid, die Wasser standen über den Bergen. **7** Sie wichen vor deinem Drohen zurück, sie flohen vor der Stimme deines Donners. **8** Sie steigen die Berge hinauf, sie flossen hinab in die Täler an den Ort, den du für sie bestimmt hast. **9** Eine Grenze hast du gesetzt, die dürfen sie nicht überschreiten; nie wieder sollen sie die Erde bedecken. **10** Du lässt die Quellen sprudeln in Bäche, sie eilen zwischen den Bergen dahin. **11** Sie tränken alle Tiere des Feldes, die Wildesel stillen ihren Durst. **12** Darüber wohnen die Vögel des Himmels, aus den Zweigen erklingt ihr Gesang.
>
> (Ps 104,1–12)

Diese Wahrnehmung der Wirklichkeit zieht konsequenterweise entsprechende Handlungen nach sich. Das Verhalten eines solchen Menschen orientiert sich demnach am Schutz des Lebens bzw. der ganzen Schöpfung.

Am Glauben ist somit der ganze Mensch mit seinen Gedanken, Gefühlen und Handlungen beteiligt, kurzgesagt: die **ganze Person** mit all ihren Facetten. Man spricht daher auch vom Glauben als einem **personalen Akt**. Erkenntnis im Glauben erfolgt also erst dann, wenn sich ein Mensch als Person mit all seinen Facetten darauf einlässt, Erfahrungen im und aus dem Glauben zu machen.

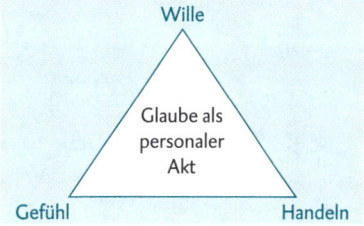

Fides qua creditur und fides quae creditur

Die Entwicklung des Glaubens ist also ein zutiefst individueller Vorgang. Gleichzeitig trifft der Mensch in seinem Umfeld auf Glaubensinhalte, die von einer oder mehreren Gemeinschaften überliefert wurden. Der Gläubige ist dazu aufgerufen, seinen Glaubensweg im Spannungsfeld von eigenen Überzeugungen und der Überlieferung zu finden. Im Laufe der Theologiegeschichte, maßgeblich durch den Hl. Augustinus, hat sich die Unterscheidung der Begriffe **Glaubensakt** und **Glaubensinhalt** herauskristallisiert.

Unter dem Glaubensakt versteht man demnach das Ausleben des Glaubens, das Vertrauen, das im Menschen besteht, oder die Aneignung des Glaubens durch jeden Einzelnen. Lateinisch wird dies als **fides qua creditur** bezeichnet, also als „der Glaube, durch den geglaubt wird".

Oftmals benötigt man aber Informationen bzw. Kenntnis über bestimmte Dinge, um sich auf sie einlassen zu können und zu vertrauen. Daher gibt es die Glaubensinhalte, die Aspekte des Glaubens, die geglaubt werden **(fides quae creditur)**. Für Augustinus bestand der eigentliche Glaube in der persönlichen Überzeugung (fides qua creditur), die Glaubensinhalte hatten nur unterstützende Funktion. Schließlich lässt man sich nicht gerne auf Dinge ein, ohne einen gewissen Grad an Informationen darüber zu haben.

Glaube als vernünftiges Vertrauen

Im Menschen scheint ein Grundbedürfnis nach Sicherheit angelegt zu sein, das häufig in Religion bzw. Glaube befriedigt wird. Andernfalls gäbe es wohl nicht weltweit die verschiedensten Ausprägungen von Glaube und Religiosität.

Reifer und verantworteter Glaube darf sich allerdings nicht auf ein bloßes Fürwahrhalten überlieferter Glaubenssätze beschränken. Um sich und anderen Rechenschaft über die Dinge zu geben, die man für wahr hält und auf die man vertraut, gilt es auch zu überprüfen, inwiefern der Glaube mit Grundsätzen der Vernunft übereinstimmt.

Die katholische Kirche erläutert die enge Verbindung von Glaube und Vernunft in der **pastoralen Konstitution „Gaudium et spes"** in Kapitel 15. Dort ist die Rede von der Würde der Vernunft des Menschen und seiner auf die Vernunft hin ausgelegten Natur. Diese Vernunft bringe den Menschen dazu, nach dem Wahren und Guten zu suchen. Im Glauben wiederum wird das Wahre und Gute Gott zugeschrieben, sodass der Mensch kraft seiner Vernunft nach Gott suchen kann. Insofern ergibt sich eine Verbindung von Vernunft und Glaube.

Augustinus (354–430) gilt als einer der bedeutendsten Theologen der Alten Kirche und zählt neben Ambrosius von Mailand, Gregor dem Großen und Hieronymus zu den vier lateinischen Kirchenlehrern.

Pastorale Konstitution: Eine pastorale Konstitution ist ein seelsorglicher Beschluss. Das Schreiben „Gaudium et spes" wurde auf dem II. Vatikanischen Konzil verfasst und widmet sich dem Verhältnis der Kirche zur Welt und den Menschen von heute. Der Name rührt von den ersten Wörtern des lateinischen Originaltextes her.

> **15. Die Würde der Vernunft, die Wahrheit und die Weisheit**
>
> In Teilnahme am Licht des göttlichen Geistes urteilt der Mensch richtig, daß er durch seine Vernunft die Dingwelt überragt. In unermüdlicher Anwendung seiner Geistesanlagen hat er im Lauf der Zeit die empirischen Wissenschaften, die Technik und seine geistige und künstlerische Bildung sehr entwickelt. In unserer Zeit aber hat er mit ungewöhnlichem Erfolg besonders die materielle Welt erforscht und sich dienstbar gemacht. Immer jedoch suchte und fand er eine tiefere Wahrheit. Die Vernunft ist nämlich nicht auf die bloßen Phänomene eingeengt, sondern vermag geistig-tiefere Strukturen der Wirklichkeit mit wahrer Sicherheit zu erreichen, wenn sie auch infolge der Sünde zum Teil verdunkelt und geschwächt ist. Die zu erstrebende Vollendung der Vernunftnatur der menschlichen Person ist die Weisheit, die den Geist des Menschen sanft zur Suche und Liebe des Wahren und Guten hinzieht und den durch sie geleiteten Menschen vom Sichtbaren zum Unsichtbaren führt.
>
> (Gaudium et spes 15)

Zitat

Pascalsche Wette

Ein Argument für die Vernunftgemäßheit des Glaubens an Gott führt der französische Philosoph und Mathematiker Blaise Pascal mit der sogenannten **Pascalschen Wette** an.

Pascal behauptet, dass es stets besser sei, an Gott zu glauben als dies nicht zu tun. Der zu erwartende Gewinn für einen Gläubigen sei nämlich größer als für einen Ungläubigen. Daher sei es immer besser, darauf zu wetten, dass es einen Gott gibt und man daher auch glaubt.

Kritisch an dieser Wette ist jedoch, dass bereits von einem festen Gottesbild ausgegangen wird, das der Argumentation zugrunde gelegt wird.

Blaise Pascal (1623–1662), französischer Philosoph, Mathematiker, Physiker und Schriftsteller; seine christliche Prägung ist in seinem Denken stets erkennbar.

	man glaubt	man glaubt nicht
Gott existiert	größtmöglicher Gewinn	größtmöglicher Verlust (Hölle)
Gott existiert nicht	weder Gewinn noch Verlust, aber Glaube erleichtert das Leben	weder Gewinn noch Verlust

Zugänge zur Wirklichkeit

Abraham – hebr: „Vater der Vielen"; Stammvater der drei abrahamitischen Religionen Judentum, Christentum und Islam. Die vorliegende Szene zeigt die Heilsverheißung, die Nachkommen Abrahams seien so zahlreich wie die Sterne.

Glaube als dialogisches Geschehen

So kann beispielsweise das Vertrauen, das im Glauben auf Gott gesetzt wird, dazu führen, dass sich ein Mensch zuversichtlich und damit sicher durch sein Leben bewegt und dadurch auch Erfolg hat. Die biblischen Geschichten geben ein eindrucksvolles Zeugnis von diesen Erfahrungen aus dem Glauben heraus, die die Menschen gemacht haben.

Für Gläubige ist der Glaube an sich ein dialogisches Geschehen. Das heißt, dass auf der einen Seite der Glaube eines Menschen mit den damit verbundenen Handlungen steht (z. B. Gebet oder gelebte Nächstenliebe), woraus sich auf der anderen Seite sozusagen „Antworten" bzw. Impulse ergeben, die den Gläubigen bestärken und eine Entwicklung in Gang setzen.

Exemplarisch sei hier die Geschichte Abrahams herausgegriffen. Gott verlangt von Abraham, seine Heimat zu verlassen und in ein unbekanntes Land zu ziehen. Abraham **hört** auf das **Wort Gottes** und **vertraut** darauf. Außerdem erhält er von Gott die Zusage, zahlreiche Nachkommen zu bekommen (Gen 15,1–20). Zunächst hat Abraham allerdings **Zweifel** an der Richtigkeit der Verheißung Gottes, denn er war bereits alt. Letztlich glaubt er aber der Zusage, seine Nachkommen würden so zahlreich wie die Sterne sein. Glaube ist hier somit gleichzusetzen mit **Vertrauen** bzw. der Annahme, etwas sei glaubwürdig.

Zitat

1 Nach diesen Ereignissen erging das Wort des Herrn in einer Vision an Abram: Fürchte dich nicht, Abram, ich selbst bin dir ein Schild; dein Lohn wird sehr groß sein.

2 Abram antwortete: Herr und Gott, was kannst du mir geben? Ich gehe kinderlos dahin und Erbe meines Hauses ist Eliëser aus Damaskus.

3 Und Abram sagte: Du hast mir keine Nachkommen gegeben; so wird mich mein Hausklave beerben.

4 Aber siehe, das Wort des Herrn erging an ihn: Nicht er wird dich beerben, sondern dein leiblicher Sohn wird dein Erbe sein.

5 Er führte ihn hinaus und sprach: Sieh doch zum Himmel hinauf und zähl die Sterne, wenn du sie zählen kannst! Und er sprach zu ihm: So zahlreich werden deine Nachkommen sein.

6 Und er glaubte dem Herrn und das rechnete er ihm als Gerechtigkeit an.

(Gen 15, 1–6)

Als Abraham dann tatsächlich einen leiblichen Nachkommen, seinen Sohn Isaak, bekommen hat, stellt ihn Gott gewissermaßen auf die Probe. Er fordert nämlich, wie es in Abrahams Umwelt gängig war, die Opferung des Erstgeborenen. Abraham widersetzt sich dieser Forderung nicht etwa, sondern ist **in seinem Glauben gehorsam** und hört auf das Wort Gottes – wiederum vertraut Abraham also aus seinem Glauben heraus. Im letzten Moment erst wird die Opferung Isaaks verhindert, sodass der Mut Abrahams und sein Vertrauen auf Gott doch belohnt werden. In seiner **Offenheit für das Wort Gottes** und dem vertrauenden Hoffen, dass letztlich alles gut wird, verkörpert Abraham auf typologische Weise Erfahrungen des gläubigen Menschen.

1.5 Verhältnis von Theologie und Naturwissenschaft am Beispiel Schöpfung

Die alttestamentlichen Geschichten im Buch Genesis über die Entstehung der Welt und aller Lebewesen auf ihr sind mit den naturwissenschaftlichen Erkenntnissen darüber nicht zu vereinbaren.
Daraus ergibt sich ein vieldiskutierter Widerspruch zwischen Theologie und Naturwissenschaft. Diesem Widerspruch liegt aber die falsche Annahme zugrunde, dass beide Wissensbereiche – man spricht auch von **Weltsichten** – die gleiche Frage klären möchten.

Konkurrenz von Naturwissenschaft und Glaube

Jahrhundertelang kam es teils zu erbitterten Kämpfen zwischen Vertretern der Naturwissenschaften und des Glaubens. Das christliche Weltbild fußte, ausgehend von den biblischen Schöpfungserzählungen, darauf, dass der Mensch und die Welt das Zentrum der Schöpfung sind. Man spricht dabei vom **geozentrischen** (Welt im Mittelpunkt) bzw. **anthropozentrischen Weltbild** (Mensch im Mittelpunkt).
Aufgrund verbesserte Möglichkeiten zur Beobachtung der Himmelskörper kamen Astronomen im 16./17. Jh. zur Erkenntnis, dass sich die Erde um die Sonne bewegt und nicht umgekehrt. Namentlich zu nennen sind etwa Giordano Bruno, der von der Unendlichkeit des Universums ausging und Nikolaus Kopernikus, der die Wende zum **heliozentrischen Weltbild** (Sonne als Zentralgestirn) einleitete. Unterstützung fand Kopernikus durch Galileo Galilei. Die Kirche sah durch die neuen Thesen ihre Machtstellung in Gefahr und strengte einen Prozess gegen Galilei an, bei dem dieser zum Widerruf seiner Thesen gezwungen wurde.

Während seiner fünfjährigen Weltumsegelung auf der HMS Beagle sammelte der britische Naturforscher **Charles Darwin** (1809–1882) wichtige Belege für seine Theorie über die Entstehung der Arten.

Positivismus:
Philosophische Position, wonach Erkenntnis nur auf Basis des Tatsächlichen möglich ist. Dinge, die nicht auf logischen und empirisch nachweisbaren Tatsachen beruhen, werden aus positivistischer Sicht abgelehnt.

→ **Schöpfungserzählung:** vgl. S. 148

Ein ähnlicher Konflikt, wenn auch nicht mehr ganz so drastisch geführt, kam auf, als **Charles Darwin** seine Theorie über die Entstehung der Arten im Jahr 1859 vorlegte und somit der kirchlichen Überzeugung eines einmaligen Schöpfungsaktes widersprach.

An beiden Fällen wird ersichtlich, dass sich Kirche und Naturwissenschaften lange Zeit in einer strikten Konkurrenzsituation befunden haben und nicht aufeinander zugehen wollten bzw. konnten, da der Glaube der Kirche der **positivistischen** Weltsicht der Naturwissenschaften zuwiderlief.

Komplementarität der Weltsichten

Vielfach wurden die beiden Weltsichten tatsächlich völlig getrennt voneinander betrachtet. Dabei hat man jedoch außer Acht gelassen, dass beide Sichtweisen auch voneinander profitieren können, obwohl oder vielleicht gerade weil sie verschiedene Herangehensweisen an die Wirklichkeit haben.

Die Theologie ist der sog. **symbolischen Weltsicht** zuzuordnen. Wie der Name schon sagt, versucht diese Weltsicht mithilfe von Symbolen, also Zeichen, die über sich selbst hinaus auf einen tieferen Zusammenhang verweisen, zu erklären, zu welchem Zweck beispielsweise die Welt geschaffen wurde. Die Grundfrage der symbolischen Weltsicht lautet somit: „**Wozu?/Zu welchem Zweck?**" Es wird versucht, die **Sinnfrage** hinter dem Dasein der Welt und der Menschen zu klären.

Auf die biblischen Schöpfungsvorgänge übertragen könnte man daraus etwa folgende Konsequenzen ziehen: Gott schafft die Welt nach einer bestimmten zeitlichen und sachlichen Reihenfolge. Mit dieser Darstellung soll der Gedanke zum Ausdruck gebracht werden, dass die Welt in ihrem Grundprinzip auf Ordnung ausgelegt ist. Nach der zweiten **Schöpfungserzählung** in Gen 2,4b–25 lässt Gott den Menschen bei der Benennung von Tieren helfen. Das bedeutet, der Mensch kann bzw. sollte Verantwortung für die Schöpfung übernehmen.

Textebene		Bedeutungsebene (Sinn)
Schöpfung vollzieht sich als klar strukturierter und planmäßiger Vorgang.	→	Ordnung und Gleichgewicht bilden den Idealzustand dieser Welt.
Der Mensch soll jedem Lebewesen einen Namen geben.	→	Der Mensch trägt Verantwortung und wirkt an der Schöpfung mit.

Die naturwissenschaftliche Sichtweise auf die Schöpfung der Welt versucht dagegen **Kausalzusammenhänge** zu klären, indem das Prinzip von Ursache und Wirkung experimentell untersucht wird. Die Grundfrage auf Seiten der **naturwissenschaftlichen Weltsicht** lautet daher: „**Weshalb?/Aus welchen Zusammenhängen heraus?**" Diese Zusammenhänge vermag die Bibel nicht zu erklären, möchte dies aber auch gar nicht, da sie ja ein völlig anderes Ziel verfolgt.

	Symbolische Weltsicht	Naturwissenschaftliche Weltsicht
Grundfrage	Wozu wurde alles geschaffen?	Wie/Weshalb/Aufgrund welcher Zusammenhänge entstand alles?
Vorgehen	bilderreiche Sprache in Erzählungen und Mythen	objektiv nachvollziehbare Versuche und Experimente
Zielsetzung	Sinnzusammenhänge darlegen; Klärung des menschlichen Selbstverständnisses	Kausalzusammenhänge aufdecken; Erweiterung des überprüfbaren Wissens

Dass sich beide Zugänge zur Wirklichkeit nicht ausschließen, hat Max Planck, deutscher Physiker und Begründer der Quantenphysik, in folgender Aussage zusammengefasst:

Zitat

> Die Naturwissenschaften braucht der Mensch zum Erkennen, den Glauben zum Handeln. Religion und Naturwissenschaft schließen sich nicht aus, wie heutzutage manche glauben und fürchten, sondern sie ergänzen und bedingen einander. Für den gläubigen Menschen steht Gott am Anfang, für den Wissenschaftler am Ende aller Überlegungen.
>
> (Max Planck)

Plancks Aussage legt nahe, dass es eine objektiv materielle Welt (→ Erkennen) und eine Welt der Werte (→ Handeln) gibt. Beiden Bereichen liegt eine eigene Weltsicht zugrunde – eine naturwissenschaftliche und eine symbolische. Da beide Weltsichten völlig unterschiedliche Zugänge zur Wirklichkeit anbieten, schließt dies auch nicht aus, dass ein Naturwissenschaftler auf seinem Forschungsgebiet streng nach den Methoden seiner jeweiligen Wissenschaft forscht, außerhalb seiner Forschungen jedoch ein gläubiger Mensch ist. Eine solche Position wird als **methodischer Atheismus** bezeichnet.

Innerhalb der naturwissenschaftlichen Weltsicht wird dabei davon ausgegangen, dass man mit den jeweils spezifischen Methoden keine Aussagen über Gott machen kann, sodass man ganz bewusst darauf verzichtet. Außerhalb der naturwissenschaftlichen Forschung wird die Existenz Gottes jedoch nicht geleugnet, da andere „Methoden" zur Verfügung stehen.

methodischer Atheismus: Wissenschaftlicher Ansatz, wonach innerhalb der Forschung Überlegungen in Bezug auf eine transzendente Wirklichkeit abgelehnt werden. Außerhalb naturwissenschaftlicher Forschung werden metaphysische Fragestellungen durchaus zugelassen.

Die **Erschütterungen des Fortschrittsoptimismus** durch wirtschaftliche und politische Krisen des 20. Jahrhunderts haben ebenso wie die **Anerkennung naturwissenschaftlicher Erkenntnisse** seitens der Kirche dazu geführt, dass es zu einem kritisch-konstruktiven Dialog zwischen beiden Bereichen kam. In manchen Bereichen wird deutlich, dass man von beiden Sichtweisen profitieren kann, obwohl oder vielleicht gerade weil Glaube und Naturwissenschaft verschiedene Herangehensweisen an die Wirklichkeit haben. Je mehr die Naturwissenschaften beispielsweise an ihre Grenzen stoßen, desto näher rücken sie an Fragen heran, die auch für die symbolische Weltsicht eine zentrale Rolle spielen.

Werner Heisenberg stellte diesen Zusammenhang bereits in folgender Aussage dar: *Der erste Trunk aus dem Becher der Naturwissenschaft macht atheistisch, aber auf dem Grunde des Bechers wartet Gott.*

Aus Sicht der Theologie können die Naturwissenschaften einen Beitrag leisten, Gegenstandsbereiche, die auch von theologischem Interesse sind, tiefer und eingehender zu verstehen. Zudem können fragwürdige Entwicklungen oder falsche Vorstellungen innerhalb der Theologie, wie beispielsweise eine ungebührliche Erhöhung des Menschen über andere Lebewesen, mithilfe der Naturwissenschaften korrigiert werden. Dieser Zusammenhang der gegenseitigen Ergänzung von Naturwissenschaft und Glaube wird als **Komplementarität** bezeichnet. Die beiden Wissensgebiete können und müssen einander unterstützen, wollen sie in ihrer Erkenntnis weiterkommen.

Je schwieriger naturwissenschaftliche Zusammenhänge also nachzuweisen sind, desto mehr entlehnen Naturwissenschaftler Erkenntnisse aus anderen Bereichen. Erkenntnisse der modernen Biologie bzw. Biomedizin mit tiefgreifenden Möglichkeiten zur genetischen Veränderung von Lebewesen, auch der Menschen, werfen ernsthafte moralische Fragen auf. Zur Beantwortung dieser Fragen kann die Naturwissenschaft auf Überlegungen zurückgreifen, die seitens der symbolischen Weltsicht angestoßen wurden. Es geht darum, in moralisch-ethischer Hinsicht bedenkliche Möglichkeiten kritisch zu hinterfragen. Daher ist gerade die **Bioethik** auf die Berücksichtigung verschiedener Sichtweisen angewiesen.

Werner Heisenberg (1901–1976) war Professor für theoretische Physik und Direktor des Max-Planck-Instituts in Göttingen. Für seine Forschungsergebnisse in der Quantenmechanik erhielt er 1932 den Nobelpreis für Physik.

→ **Bioethik:** vgl. S. 199

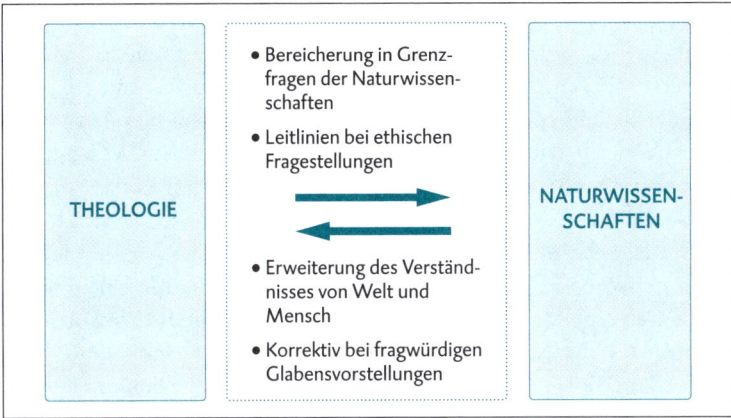

Komplementarität von Theologie und Naturwissenschaft

2 Religion als Deutung der Wirklichkeit

2.1 Annäherungen an den Religionsbegriff

Häufig spricht man von „Religion" und hat aber nur eine vage Vorstellung, was unter diesem Begriff zu verstehen ist.

Zunächst ist festzuhalten, dass das Wort „Religion" lateinischen Ursprungs ist. Der Begriff **religio** ist sehr vielschichtig. Mögliche Übersetzungen sind etwa: Rücksicht, Bedenken, Gewissenhaftigkeit, religiöses Gefühl, Gottesfurcht, Gottesverehrung, Aberglaube. In diesen Übersetzungsmöglichkeiten klingen bereits verschiedene, aber wesentliche Elemente dessen an, was den Begriff „Religion" auszeichnet.

Zunächst wird ein **göttliches Wesen**, das Gegenstand von Verehrung oder auch Furcht ist, angesprochen. Zudem bringt Religion die Menschen dazu, über ihr Handeln vor dem Hintergrund eines speziellen **Wertekanons** nachzudenken, sich daran zu orientieren und somit Rücksicht zu nehmen bzw. gewissenhaft zu handeln.

Verschiedene Definitionen von Religion

Es ist sehr schwierig, eine umfängliche Definition von Religion zu liefern, da der Begriff so vielfältig ist und so viele verschiedene Bereiche umfasst. Daher haben sich verschiedene Herangehensweisen herauskristallisiert, die sich dem Religionsbegriff von unterschiedlichen Seiten nähern.

Numen/Numinose:
aus dem Lateinischen: das göttliche Wirken; Eingreifen einer göttlichen Macht; zentraler Begriff bei Rudolf Otto

→ **Buddhismus:**
vgl. 168 ff., 266 ff.

Dabei gibt es beispielsweise den sog. **substanziellen Definitionsansatz**, der die Substanz, also den innersten Kern der Religion, zu klären versucht. Zentrale Inhalte dieses Definitionsansatzes sind z. B., dass es in der Religion eine Auseinandersetzung mit einem höheren Wesen bzw. einem sog. **Numen** oder **Numinosen** gibt, da dieses Wesen in die Welt eingreift und Einfluss auf das Handeln der Menschen hat.

Die Bezeichnung des Buddhismus als Religion steht nach dieser Definition infrage, da es im Theravada-Buddhismus im Gegensatz zu den abrahamitischen Religionen keine Auseinandersetzung mit einem höheren Wesen gibt. Ein weiterer Ansatz ist der **funktionale Definitionsansatz**. Wie der Name bereits sagt, versucht dieser Ansatz zu klären, welche Funktionen Religion übernimmt. Als mögliche Funktionen von Religion können dabei neben vielen weiteren gelten: Integration in ein Sozialgefüge, Orientierung und Sinn im Leben geben, Entwicklung der Persönlichkeit. Viele der Funktionen, die auf klassische Religionen zutreffen, können aber auch in anderen Lebensbereichen gefunden werden, z. B. in der Fankultur oder im Gesundheitswahn. Da manche Funktionen außerhalb der Religion erfüllt und religiöse Elemente von säkularen „Sinnangeboten" verdrängt werden können, spricht man von sog. **Ersatzreligionen** bzw. **Religionsäquivalenten**. Daher gilt es genau zu prüfen, welche Funktionen spezifisch auf die eigentlichen Religionen zutreffen bzw. inwieweit diese Funktionen von Religionsäquivalenten erfüllt werden.

Ein **weiteres** Vorgehen zur Annäherung an den Religionsbegriff besteht darin, die äußerlich wahrnehmbaren Erscheinungsweisen von Religion in den Blick zu nehmen. Statt sich mit dem schwer zu fassenden Bezugspunkt von Religion auseinanderzusetzen, wird bei dem **phänomenologischen Ansatz** anhand von gegenwärtigen Religionen danach gefragt, worin typische Merkmale einer Religion bestehen. So kann im Hinblick auf geschichtlich geprägte Stammes-, Volks- oder auch Weltreligionen festgestellt werden, dass häufig ähnliche Elemente wie heilige Texte, Gebetsformeln, liturgische Formen oder auch ethische Bestimmungen für eine Religion konstitutiv sind. Diese konkret fassbaren Merkmale, die über verschiedene Religionen hinweg bestehen, dienen als Maßstab bei der Frage, ob ein gesellschaftliches Phänomen als Religion bezeichnet werden kann oder nicht.

Definitionstypus	Grundfrage	Beispieldefinition	
Substanzieller Typ	Was ist der Bezugspunkt einer religiösen Erscheinung?	„Religion ist Sinn und Geschmack fürs Unendliche." (Friedrich Schleiermacher)	
Funktionaler Typ	Welche Funktion übernimmt eine religiöse Erscheinung in Bezug auf das Individuum oder die Gesellschaft?	„Religion bewältigt praktisch menschliche Kontingenzerfahrungen." (Hermann Lübbe)	→ **Kontingenz** vgl. S. 260
Phänomenologischer Typ	Welche Erscheinungsformen nimmt ein religiöses Phänomen ein?	„Religion ist die Kultur der Symbolisierung letzter Sinnhorizonte in der alltagsweltlichen Lebensorientierung." (Willhelm Grab)	

Überblick über verschiedene Defintionstypen von Religion

2.2 Ausdrucksformen von Religiosität

Religionen treten als gesellschaftliche Erscheinungsform weltweit in den verschiedensten Kulturkreisen und in unterschiedlichen Ausprägungen auf. Religiöse Vorstellungen haben sich im Laufe der Zeit fest im **kollektiven Gedächtnis einer Gesellschaft** eingeprägt, da Religion zumeist eine wichtige Rolle bei der Entwicklung einer Gesellschaft spielte. Daher gibt es in fast allen Gesellschaften einen **gemeinsamen Erinnerungsschatz** an religiösen Motiven und Geschichten.

In unserem Kulturkreis etwa sind immer noch viele **biblische Geschichten** oder auch **Heiligenerzählungen** präsent, die den meisten bekannt sind. Man denke nur an die Geschichten um Adam und Eva, Noah oder den Heiligen Nikolaus und Sankt Martin. Die Religion hat über viele Jahrhunderte das Leben der Menschen geprägt, indem Feiertage und bestimmte Rituale den Alltag strukturierten.

Auf dieser Verankerung in der Gesellschaft bauen Künstler auf, wenn sie auf religiöse Motive zurückgreifen, sei dies in der Malerei, der Bildhauerei, der Literatur, der Musik oder der Architektur. Daher können Künstler durch das Aufgreifen religiöser Motive sehr tiefgehende Fragen thematisieren und durch ihre Kunst sowohl aus ihrer eigenen Sicht Antwortversuche auf diese Fragen geben als auch bei den Rezipienten eine Beschäftigung mit diesen Fragen anstoßen. Den allgemeinen Bekanntheitsgrad religiöser Themen macht sich auch die Werbung zunutze, wenn sie gezielt religiöse Motive zitiert, um Interesse zu wecken und Produkte zu verkaufen.

Dass religiöse Motive genutzt werden, um Aufmerksamkeit zu sichern, macht dieses Werbeplakat für Spirituosen deutlich.

2.3 Religion im Spannungsfeld von Individuum und Gesellschaft

Religionen sind in der Regel auf eine Religionsgemeinschaft hin ausgelegt und auch angewiesen. Vielfach verwenden die Religionen Zeichen und Symbole, um den Glauben bzw. die Religion sichtbar zu machen. So ist es in christlich geprägten Regionen selbstverständlich, dass der Mittelpunkt eines Dorfes die Kirche ist, deren Glocken die Gläubigen zum Gottesdienst rufen. Ähnlich verhält es sich in muslimisch geprägten Regionen mit der Moschee und dem Ruf des Muezzins zum Gebet.

Der Einzelne kann die Gemeinschaft Gleichgesinnter als Stütze für seinen Glauben erfahren. Nicht immer müssen aber die Überzeugungen, die in einer Glaubensgemeinschaft überliefert werden, der eigenen Anschauung entsprechen. Daher kann es auch notwendig werden, sich von einer bestimmten Gruppe oder fragwürdigen Glaubensinhalten zu distanzieren. In keinem Fall darf eine Religionsgemeinschaft Druck ausüben, um eine Einzelperson zur Übernahme von bestimmten Positionen zu zwingen. Dies gilt auch für Personen, die außerhalb der eigenen Glaubensgemeinschaft stehen.

Positive und negative Religionsfreiheit

Grundsätzlich hat jeder Mensch bzw. jede Gruppe von Menschen **das Recht darauf, eine Religion auszuüben**.

Zitat

> Jeder hat das Recht auf Gedanken-, Gewissens- und Religionsfreiheit; dieses Recht schließt die Freiheit ein, seine Religion oder seine Weltanschauung zu wechseln, sowie die Freiheit, seine Religion oder seine Weltanschauung allein oder in Gemeinschaft mit anderen, öffentlich oder privat durch Lehre, Ausübung, Gottesdienst und Kulthandlungen zu bekennen.
>
> (UNO Menschenrechtserklärung Art. 18)

Dieses Recht wird auch als **positive Religionsfreiheit** bezeichnet. Auch im **Grundgesetz** der Bundesrepublik Deutschland ist dieses Recht in Art. 4 verankert:

(1) Die Freiheit des Glaubens, des Gewissens und die Freiheit des religiösen und weltanschaulichen Bekenntnisses sind unverletzlich.

(2) Die ungestörte Religionsausübung wird gewährleistet.

Aus Absatz 1 lässt sich eine weitere Forderung ableiten. Ein Mensch darf in seinem Bekenntnis, egal welcher Art, nicht verletzt werden. Dabei bedeutet „verletzt werden", dass man zu nichts gebracht bzw. gezwungen werden darf, was der eigenen Überzeugung widerspricht. Dadurch können sich aber Probleme ergeben. Sollte ein Mensch seinen Glauben ausleben, z. B. indem er ein Kreuz als Zeichen seiner Überzeugung öffentlich sichtbar aufstellt, könnte sich ein anderer Mensch, der diese Überzeugung nicht teilt, davon gestört und somit in seiner Weltanschauung verletzt fühlen.

Unter dem Begriff der **negativen Religionsfreiheit** wird diesem Zusammenhang Rechnung getragen. Die negative Religionsfreiheit besagt nämlich, dass man **nicht zu einer religiösen Handlung gezwungen werden** kann. Inwieweit das bloße Sehen eines Kreuzes schon als religiöse Handlung gedeutet werden kann, bedarf einer genaueren Interpretation.

Auf jeden Fall stehen positive und negative Religionsfreiheit einander gegenüber und provozieren immer wieder Konflikte. Insbesondere beim Aufeinandertreffen verschiedener Weltanschauungen kann es zu Problemen kommen. Beispiele dafür wären etwa die Frage nach dem Tragen eines **Kopftuches** in der Öffentlichkeit oder das Aufhängen von **Kreuzen** in Klassenzimmern in Deutschland. Das Bundesverfassungsgericht in Karlsruhe beschäftigte sich im Jahr 1995 mit der Frage, ob in bayerischen Klassenzimmern Kreuze hängen dürfen. Nach dem „Kruzifix-Urteil" dürfen in nicht-konfessionellen Schulen keine Kreuze angebracht werden, wenn sich dadurch jemand in seiner religiösen Überzeugung gestört fühlt. Noch im gleichen Jahr legte die bayerische Regierung jedoch fest, dass das Abnehmen der Kreuze nur im Einzelfall angebracht sei.

Das Kreuz im Klassenzimmer war 1995 ein Fall für den Bundesgerichtshof.

Verhältnis von Staat und Kirche

Das Verhältnis von Staat und Kirche im Christentum war lange Zeit von einer Abhängigkeit geprägt. Die Kaiser des Abendlandes bedurften nämlich der Krönung durch den Papst, weshalb sich die weltliche nicht mit der kirchlichen Macht überwerfen durfte. Gleichzeitig hatte der Papst als Oberhaupt der Kirche sehr große weltliche Macht als Oberhaupt des Kirchenstaates, der weite Teile Italiens umfasste.

Dieser umfassende Einfluss der Kirche nahm im Zuge der **Aufklärung** allmählich ab. Der Gedanke, dass das Individuum Gebrauch von seiner

Während „**Säkularisierung**" ein allgemeiner Begriff ist, der mit „Verweltlichung" übersetzt werden kann, bezieht sich der Begriff „**Säkularisation**" auf einen konkreten Vorgang, nämlich auf die Einziehung geistlicher Besitzungen.

Glaubens- und Gewissensfreiheit machen müsse, gewann zunehmend an Bedeutung. Dadurch wurden seit Jahrhunderten tradierte Vorstellungen und Glaubenssätze auch kritisch hinterfragt und abgelöst. Dieser Prozess wird als **Säkularisierung** bezeichnet.

Allgemein versteht man darunter die Verweltlichung in jeglicher Hinsicht. In einem engeren Sinn kennzeichnet die Säkularisierung jedoch die Abnahme des Einflusses der Kirche bzw. einen Rückzug aus dem Einflussbereich der Kirche.

Vorreiter für die Aufklärung war unter anderem Immanuel Kant (1724–1804), der die Frage danach, was Aufklärung denn sei, folgendermaßen beantwortet:

Zitat

> Aufklärung ist der Ausgang des Menschen aus seiner selbst verschuldeten Unmündigkeit. Unmündigkeit ist das Unvermögen, sich seines Verstandes ohne Leitung eines anderen zu bedienen. Selbstverschuldet ist diese Unmündigkeit, wenn die Ursache derselben nicht am Mangel des Verstandes, sondern der Entschließung und des Mutes liegt, sich seiner ohne Leitung eines anderen zu bedienen. Sapere aude! Habe Mut dich deines eigenen Verstandes zu bedienen! ist also der Wahlspruch der Aufklärung.
>
> (Immanuel Kant: Beantwortung der Frage: Was ist Aufklärung?)

Die zunehmende **Freiheit des Individuums** in Glaubensfragen war ein wesentlicher Faktor für die beginnende Säkularisierung in der Aufklärung. Demnach kommt jedem Menschen die Aufgabe zu, seinen Verstand einzusetzen, auch gegen Widerstände. Dieses grundsätzlich positive Menschenbild ermunterte natürlich dazu, Althergebrachtes zu hinterfragen und teilweise auch abzulehnen. Dies wiederum trieb die Säkularisierung weiter voran. Der Prozess der Säkularisierung ist auch heute noch zu beobachten, verliert die Kirche doch nach wie vor an Einfluss im öffentlichen wie im privaten Leben.

Laizismus

Denkt man die Forderungen der Säkularisierung konsequent weiter, muss eine vollständige Trennung von Staat und Kirche erfolgen. Dies bezeichnet man mit dem Begriff **Laizismus**. Der Staat wird dabei in einer neutralen Position gegenüber der Religion gesehen. Man geht davon aus, dass politische Entscheidungen nicht religiös beeinflusst werden sollen, beispielsweise die Gesetzgebung. Dementsprechend mischen sich Politiker nicht in religiöse Entscheidungen ein, da diese – und nur diese – in den Aufgabenbereich der Geistlichkeit fallen.

Gewissermaßen das Mutterland des Laizismus ist Frankreich. Dort ist laut der Verfassung Religion einzig und allein eine Privatangelegenheit, die nicht in den öffentlichen Raum hineingehört oder gar öffentlich gefördert wird.

Kooperationsmodell
Obwohl die Säkularisierung weiter fortschreitet, gibt es in Deutschland doch Bereiche, in denen Kirche und Staat miteinander verflochten sind. So zieht z. B. der Staat für die Kirchen die Kirchensteuer ein, Religionslehrer werden vom Staat angestellt und der Staat kann bei der Neubesetzung z. B. eines Bischofsstuhles politische Bedenken äußern, ohne jedoch bei der Besetzung aktiv mitzuwirken.
Das in Deutschland praktizierte Modell beruht auf einer Kooperation zwischen Kirche und Staat. Das Wirken von Religionsgemeinschaften in der Gesellschaft wird von Seiten des Staates gewürdigt und gemäß dem **Prinzip der Subsidiarität** auch unterstützt. Das Verhältnis von Staat und Kirche wird durch spezielle Gesetze genau geregelt, z. B. über sog. Konkordate mit der katholischen Kirche.

→ **Subsidiarität**
vgl. S. 189 ff.

Wahrheitsansprüche der Religionen
Die Anhänger einer Religion gehen zunächst einmal davon aus, dass der eigene Glaube der richtige ist. Andernfalls bräuchte man gar nicht erst daran zu glauben. Natürlich stellt sich dann die Frage, wie eine Religion sich mit dieser Einstellung einer anderen Religion gegenüber verhält. Üblicherweise werden dabei drei grundlegende Varianten unterschieden.
Zunächst könnte sich eine Religion als alleinig richtige Tradition empfinden, die den einzigen Weg zum Heil darstellt. Alle anderen Religionen bzw. Traditionen wären dann falsch. Da der eigenen Tradition in dieser Sichtweise eine gewisse Exklusivität zugeschrieben wird, lautet der Fachbegriff dafür **Exklusivismus**.
Hält man die eigene Tradition nach wie vor für den einzig richtigen Weg, gesteht aber auch anderen Traditionen zu, dass sie Spuren der Wahrheit auf dem Weg zum Heil beinhalten, spricht man vom sog. **Inklusivismus**. Diese Position vertritt unter anderem die katholische Kirche in der Erklärung „Nostra Aetate":

Zitat

Die katholische Kirche lehnt nichts von alledem ab, was in diesen Religionen wahr und heilig ist. Mit aufrichtigem Ernst betrachtet sie jene Handlungs- und Lebensweisen, jene Vorschriften und Lehren, die zwar in manchem von dem abweichen, was sie selber für wahr hält und lehrt, doch nicht selten einen Strahl jener Wahrheit erkennen lassen, die alle Menschen erleuchtet. Unablässig aber verkündet sie und muß sie verkündigen Christus, der ist „der Weg, die Wahrheit und das Leben" (Joh 14,6), in dem die Menschen die Fülle des religiösen Lebens finden, in dem Gott alles mit sich versöhnt hat. Deshalb mahnt sie ihre Söhne, daß sie mit Klugheit und Liebe, durch Gespräch und Zusammenarbeit mit den Bekennern anderer Religionen sowie durch ihr Zeugnis des christlichen Glaubens und Lebens jene geistlichen und sittlichen Güter und auch die sozial-kulturellen Werte, die sich bei ihnen finden, anerkennen, wahren und fördern.

(Nostra Aetate 2)

Misst man der eigenen Tradition keine größere Bedeutung zu als anderen Überzeugungen, sondern lässt verschiedene religiöse Traditionen gleichwertig nebeneinander gelten, nennt man dies **Pluralismus**.
Während exklusivistisches Denken dazu führt, die eigene Tradition zu überschätzen und andere zu verachten, setzen sich Anhänger des Pluralismus dem Vorwurf der Beliebigkeit aus, da sie mitunter keine eindeutige Linie verfolgen und damit eine klare Überzeugung erschweren.

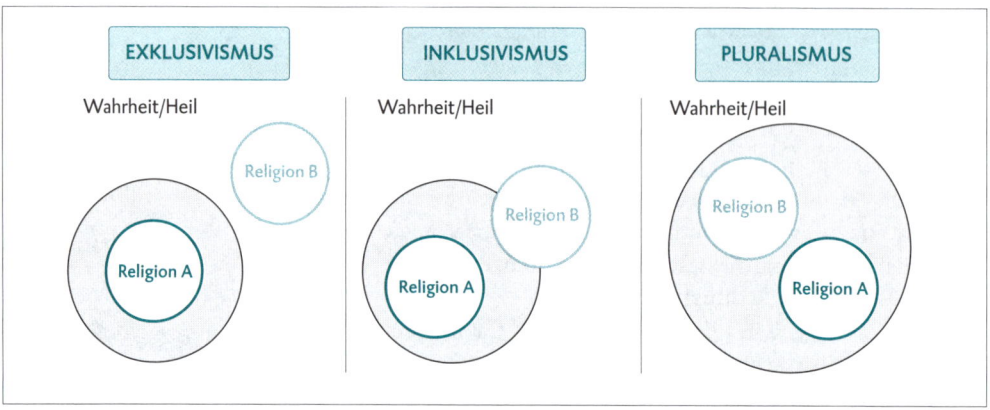
Verhältnisbestimmung der Religionen in Abhängigkeit von ihren Wahrheitsansprüchen

2.4 Dialog der Religionen

In einer vernetzten Welt, in der sich Menschen mit unterschiedlichsten Überzeugungen und Glaubensvorstellungen im Alltag begegnen, ist es erforderlich, dass auch Vertreter der Religionsgemeinschaften in einen Dialog treten. Allein schon um das Wirken der Religionen in einer Gesellschaft zu ermöglichen, die verschiedene religiöse Strömungen akzeptiert, ist es notwendig, dass sich diese Religionen austauschen, um **keine Rivalitäten hervorzurufen**. Ein gegenseitiger Austausch kann die unterschiedlichen Positionen klären und Konflikten vorbeugen. Zudem kann eine Religion im Austausch mit anderen Überzeugungen die **eigene Position** klarer definieren und sich so weiterentwickeln. Voraussetzung für einen gelungenen Dialog ist die Bereitschaft aller Beteiligten, sich **nicht auf Kosten anderer** in ein positives Licht zu rücken, sondern tatsächlich ein offenes Gespräch zu suchen.

Ein Beispiel für ein Aufeinander-Zugehen der Religionen bietet das Projekt „Weltethos" von Hans Küng. Der Theologe formuliert drei Grundüberzeugungen:

- Es kann keinen Frieden unter den Nationen geben, wenn die Religionen nicht in Frieden miteinander leben.
- Friede unter den Religionen kann es nur geben, wenn es einen Dialog zwischen den Religionen gibt.
- Ein Dialog zwischen Religionen baut auf Grundlagenforschung in den Religionen auf.

Auf der Grundlage dieser Überzeugungen formulierte das Parlament der Weltreligionen im Jahr 1993 die „Erklärung zum Weltethos", in der ein friedliches, gemeinschaftliches Miteinander angestrebt wird (siehe dazu auch: *http://www.weltethos.org*).

Im Zuge der Weltausstellung traf sich das Weltparlament der Religionen zum ersten Mal 1893 in Chicago. Das Treffen hatte vor allem symbolischen Charakter.

Zusammenfassung

- Unter dem Begriff „Wahrheit" versteht man die Entsprechung einer Sache mit der Vorstellung davon im Verstand (Korrespondenz). Da diese Vorstellungen durchaus divergieren können, unterscheidet man subjektive und objektive Wahrheit.
- Eine Erkenntnis zu gewinnen bedeutet, einen Sachverhalt begriffen zu haben. In der Philosophie stellt die Erkenntnis der Zusammenhänge ein hohes Ziel dar.
- Platon stellt im Höhlengleichnis diesen Erkenntnisprozess auf bildliche Weise dar: Die Menschen werden mit Höhlenbewohnern verglichen, die nur Schatten der Dinge an sich sehen können. Nur derjenige, dem es gelingt, die Höhle zu verlassen, kann zur „Schau der Dinge", also zu wahrer Erkenntnis, gelangen.
- Für Kant stellt die Grundlage der Erkenntnis die im Menschen vorhandene Vernunft dar. Sein Kernsatz lautet daher „Sapere aude" – Wage es, weise zu sein.
- Auch der Glaube, der stark subjektiv geprägt ist, kann als vernünftiges Vertrauen bezeichnet werden.
- Der französische Philosoph Blaise Pascal stellt fest, dass er ohne zu zögern auf die Existenz Gottes wetten und auch dementsprechend leben würde, da er sich davon den größtmöglichen Gewinn verspricht.
- Es gibt verschiedene Modelle zur Verhältnisbestimmung von Naturwissenschaft und Glaube, die entweder die Unvereinbarkeit, die Trennung oder die Komplementarität beider Bereiche beschreiben.
- Eine letztgültige Definition von Religion ist aufgrund des äußerst vielfältigen Begriffes nicht möglich. Definitionen können allerdings in substanzielle, funktionale und phänomenologische Typen gegliedert werden.
- Beim Begriff der Religionsfreiheit kann zwischen der positiven und der negativen Religionsfreiheit unterschieden werden.
- Das Verhältnis verschiedener Religionen unter Berücksichtigung ihrer Wahrheitsansprüche kann mit den Begriffen Exklusivismus, Inklusivismus oder Pluralismus bezeichnet werden.

Die Bibel

1 Herausforderungen im Umgang mit der Bibel

Wer hat sie nicht im Bücherregal stehen, manchmal vielleicht sogar in mehreren Ausgaben? Die Bibel ist mit beeindruckendem Abstand das am meisten verbreitete Buch der Welt. Kein Wunder, ist die Bibel doch die Glaubensgrundlage von derzeit etwa zwei Milliarden Christen. Umso verblüffender ist ein anderer Befund: dass nämlich kaum einer von ihnen die 1 400 Seiten von „Am Anfang schuf Gott Himmel und Erde" bis hin zu „Die Gnade des Herrn Jesus sei mit allen" wirklich gelesen hat. Dafür gibt es viele Gründe:

Die Bibel – widersprüchlich, fordernd, spannend

- **Vertrautheit:** Die meisten Christen kennen die **zentralen Aussagen** der Bibel, z. B. die Zehn Gebote oder auch das Doppelgebot der Nächstenliebe. Lässt sich die christliche Botschaft damit nicht **hinreichend** auf den Punkt bringen? Wozu noch die vielen Gleichnisse und Wundererzählungen entschlüsseln? Weshalb sich durch die sprachlich mitunter anspruchsvollen Paulustexte wühlen? Oder das „Gesetz und die Propheten" (also das Alte Testament) studieren? Auch prominente **biblische Geschichten** sind vielen ein Begriff, wie die von der Erschaffung der Welt, von Josef und seinen Brüdern, dem Auszug aus Ägypten, von Daniel in der Löwengrube, von der Geburt Jesu in Betlehem oder der Passion. Von ihrer Lektüre erwarten sich potenzielle Bibelleser daher **nicht viel Neues**.

- **Fremdheit:** Schauplatz der biblischen Erzählungen ist eine **längst vergangene Kultur** mit ganz eigenen politischen, sozialen und religiösen Verhältnissen. Das Gleichnis vom Sämann richtet sich an die bäuerliche Landbevölkerung Palästinas zur Zeit Jesu. Die Verwünschungen des Buches Ezechiel gegen Ammoniter und Moabiter sind ein Reflex auf vorangegangene politische Konflikte mit den Nachbarvölkern Israels. Die Reinheitsvorschriften aus dem Buch Levitikus beschäftigen sich kapitelweise mit dem „Aussatz", einer Hautkrankheit, mit der heutige Leser nicht mehr zu kämpfen haben. Ihnen fällt es daher oftmals schwer, sich in die **Lebenssituation** der damaligen Adressaten hineinzuversetzen.

- **Widersprüchlichkeit:** Wird nun zunächst Adam erschaffen und dann erst die Frau oder beide gleichzeitig? Teilt sich das Rote Meer oder wird es vom Wind hinweggeblasen? Soll man den Sabbat im Gedenken an den Exodus halten oder an Gottes Ruhe am siebten Tag der Schöpfung? Was waren Jesu letzte Worte am Kreuz – „es ist vollbracht", wie bei Johannes, oder: „Vater, vergib ihnen, denn sie wissen nicht, was sie tun", wie bei Lukas? Wer die Bibel liest, stolpert unweigerlich über Widersprüche, was nicht nur den Lesefluss stört, sondern auch zu einer gewissen **Ratlosigkeit** führt.

- **Unverständlichkeit:** Die Bibel beinhaltet **religiöse Traditionen**, **mythische Vorstellungen** und **theologische Aussagen** verschiedener Couleur. Was ist gemeint, wenn Gott die Herzen der Menschen absichtlich „verstockt", sodass sie seine Botschaft nicht verstehen? Jesus will, dass kein „Jota" des Gesetzes vergessen wird. Aber was meint er mit dem Gesetz, und was ist überhaupt ein „Jota"? Wie sieht der „Leviathan" aus, dieses seltsame Wesen aus dem Buch Hiob? Viele Texte der Bibel verlangen, will man ihren Sinn erschließen, nach ein wenig Hintergrundwissen oder zumindest der Bereitschaft, sich dieses anzulesen. Dies bedeutet zusätzlichen „Aufwand", den so mancher Bibelleser scheut.

- **Provokation:** Darüber hinaus gibt es Passagen in der Bibel, die **kritikwürdig** erscheinen: Die Tötung der Erstgeborenen der Ägypter, dass eine Frau nach der Geburt eines Mädchens länger unrein sein soll als nach der Geburt eines Jungen, aber auch die Geschichte vom verlorenen Sohn, dem der Vater scheinbar mehr Wertschätzung entgegenbringt als dem, der brav daheimgeblieben ist. Und überhaupt, wieso ist Gott, der doch über menschliche Charakterschwächen erhaben sein sollte, mitunter „zornig" oder gar „eifersüchtig"? Wie verträgt sich das mit seiner Liebe zu den Menschen? Die Bibel regt an vielen Stellen zum Weiterdenken und Diskutieren an. Wer einfache Antworten sucht, den wird die Bibellektüre womöglich überfordern oder auch verärgern.

- **Unbequemlichkeit:** Einige Aussagen der Bibel fordern den Leser dazu auf, seine Komfortzone zu verlassen. Der jüdisch-christliche Glaube begnügt sich nicht damit, die Seelen der Menschen zu trösten – er ist nicht nur Zuspruch –, sondern formuliert auch den klaren Anspruch an den Menschen, in Nächstenliebe tätig zu werden; und zwar nicht nur an den „Nächsten", sondern auch an den „Feinden". Eine ziemliche **Zumutung** für so manchen, der in der Bibel eigentlich nur von Gottes bedingungsloser Liebe lesen will.

Berührungsängste mit der Bibel sind also nur zu verständlich. Was als Problem ausgelegt werden kann, ist allerdings zugleich auch eine **Stärke der biblischen Texte:** Sie erfordern genaues Hinsehen, sie sind vielschichtig, lassen Raum für persönliche Interpretationen und die Fantasie, regen zum Nachdenken und zum Widerspruch an, trösten und ermahnen zugleich. Sie sind zwar eine **Herausforderung**, doch genau das macht sie auf der anderen Seite so spannend.

Will man ihren schier **unerschöpflichen Reichtum** zugänglich machen, ist es allerdings nötig und zudem äußerst hilfreich, gewisse **Lese- und Erschließungstechniken** anzuwenden. Mit solchen Umgangsformen vertraut zu machen und Grundwissen zur Entstehung und Bedeutung der Bibel zu vermitteln, sind die Ziele dieses Kapitels.

2 Entstehung

2.1 Der Begriff „Bibel"

Phönizien bezeichnet einen Küstenstreifen nördlich von Israel.

Der Name „Bibel" geht auf die phönizische **Hafenstadt „Byblos"** zurück, einen antiken Umschlagplatz für **Papyrus**, das als Schreibmaterial diente. Darauf bezugnehmend bildeten die Griechen das Wort *biblion* für Buch, im Plural *biblia*.

Papyrusrolle mit hebräischem Bibeltext

2.2 Die Niederschrift der Bibel

*Der älteste Bibeltext, das sog. **Mirjamlied** in Ex 15,21 lässt sich auf etwa 1000 v. Chr. datieren. Die jüngste Schrift der Bibel ist vermutlich der **2. Petrusbrief**, der aus der Mitte des 2. Jahrhunderts stammt.*

Die Texte der Bibel beruhen meist auf **mündlichen Vorformen**, wie Sprüchen von Propheten, Gebeten oder Erzählungen über denkwürdige Begebenheiten. Irgendwann fand eine **Verschriftlichung** statt, und so kamen die ersten Bibeltexte zustande. Doch bei der Verschriftlichung endete die Textgeschichte noch lange nicht, denn die vielen so entstandenen Einzeltexte wurden anschließend von **Sammlern und Redaktoren** zusammengetragen und mit anderen, gleichartigen Texten verbunden (z. B. Taten Davids oder Gleichnisse Jesu). Solche **Sammlungen** bildeten den Grundstock einzelner biblischer **Bücher** bzw. übergreifender **Geschichtswerke**, wie wir sie im Alten Testament finden. So wuchsen über einen **Zeitraum von mehr als 1 000 Jahren** nach und nach die einzelnen biblischen Bücher. Durch den Gebrauch im Gottesdienst der jüdischen bzw. christlichen Gemeinden wurden diese anerkannt und schließlich von der Kirche offiziell zur Heiligen Schrift erklärt. In diesem äußerst komplizierten und hier nur grob skizzierten Entstehungsprozess liegt auch die in der Einleitung angesprochene theologische Reichhaltigkeit begründet, mitunter aber auch Widersprüchlichkeit der biblischen Texte.

2.3 Bibelübersetzungen

Die Bibel wurde ursprünglich in **Hebräisch** (bzw. zum Teil Aramäisch) und **Griechisch** verfasst. Aufgrund der jüdischen Diaspora (Juden, die außerhalb Palästinas lebten), der Ablösung des Hebräischen durch das Aramäische und der christlichen Mission wurden jedoch bald Übersetzungen notwendig.

Eine frühe Übersetzung erfolgte bereits mit der Übertragung des Alten Testaments ins Griechische, die damalige Weltsprache. Im jüdischen Kernland wurden die Bibeltexte ins **Aramäische** übersetzt.

Mit der Ausbreitung des Christentums kamen dann viele weitere Übersetzungen des Alten Testaments hinzu, beispielsweise die lateinische „**Vulgata**" des Hieronymus (347–420 n. Chr.). Sie ist in der katholischen Kirche der bis heute gültige Bibeltext.

Die **Reformation** bildet eine Zäsur in der Geschichte der Bibelübersetzungen. **Martin Luther** war zwar nicht der Erste, der auf die Idee einer Übersetzung der Bibel in seine Heimatsprache kam, doch erstens verwendete Luther als Grundlage statt der lateinischen Vulgata, die ja selbst eine Übersetzung darstellt, den **hebräischen Urtext**. Zweitens übersetzte er in ein Deutsch, das mit dem **Sprachgebrauch der Zeit** übereinstimmte, also nicht so steif und umständlich war wie bei seinen Vorgängern. Drittens spielte der Reformation der Buchdruck in die Hände, der eine Verbreitung **kostengünstiger** Bibeln ermöglichte.

Seitdem ist eine Vielzahl neuer Übersetzungen entstanden, so die „**Elberfelder Bibel**", die sich mehr um eine wörtliche Übersetzung bemühte als um sprachliche Schönheit, die katholische „**Einheitsübersetzung**", die an der Jugendsprache orientierte „**Volxbibel**" oder auch die evangelische „**Bibel in gerechter Sprache**", die patriarchale, judenfeindliche bzw. herrschaftliche Sichtweisen bei der Übersetzung ausgleichen will.

> Die erste vollständige griechische Version des Alten Testaments heißt „**Septuaginta**" und entstand in Alexandria, Ägypten. Dort lebten damals viele Juden. Die Übersetzung war um 100 n. Chr. abgeschlossen.

3 Aufbau

3.1 Der biblische Kanon

Kanon von griech. *kanon*: Richtschnur

Die Bibel ist nicht *ein* Buch, sondern eine Sammlung von Büchern. Den Umfang dieser Sammlung legte die Alte Kirche fest. So entstand der **Kanon**, also der Gesamtbestand der als heilig anerkannten Schriften. Der Prozess der Kanonbildung war erst im 4. Jahrhundert nach Christus abgeschlossen.

deuterokanonisch von griech. *deuteros kanon*: zweiter Kanon

Welche Schriften heute als „kanonisch" gelten, ist je nach **Konfession** unterschiedlich. Das liegt an der **unterschiedlichen Gewichtung** der **deuterokanonischen Bücher** Tobit, Judit, 1 und 2 Makkabäer, Weisheit, Jesus Sirach und Baruch. Diese entstanden erst in den letzten beiden Jahrhunderten vor Christi Geburt **außerhalb Palästinas** und wurden ursprünglich auf **Griechisch**, nicht auf Hebräisch, geschrieben. Daher fanden diese sog. „Spätschriften" auch keinen Eingang in die jüdische Bibel, deren Kanon um 100 n. Chr. festgelegt war, sondern lediglich in die griechische Übersetzung des Alten Testaments (**Septuaginta**), die von den **frühen Christen** verwendet wurde. Auf diesem Weg gelangten sie in die christliche Bibel.

Die katholische Kirche hat sie ausdrücklich in den Kanon aufgenommen, die reformierte hat sie ausdrücklich abgelehnt und die lutherische Kirche hat bis heute auf eine definitive Abgrenzung des Kanons verzichtet und die Schriften zwar in die Lutherbibel aufgenommen, aber an deren Ende gestellt. Sie spielen in der kirchlichen Praxis eine untergeordnete Rolle.

Apokryphen kommt von griech. *apokryphos*: verborgen, unecht. Im Alten Testament gehört zu den echten Apokryphen z. B. das 3. und 4. Buch der Makkabäer, im Neuen das Thomasevangelium.

Eine alternative Bezeichnung dieser Bücher ist „**Apokryphen**", weil sie ursprünglich nicht im offiziellen kirchlichen Gebrauch waren. Apokryphe Bücher im eigentlichen Sinne sind allerdings solche, die **überhaupt nicht in den Kanon aufgenommen** oder wieder aus ihm ausgeschlossen wurden.

3.2 Die Grobstruktur der Bibel

Innerhalb der Bücher der Bibel lassen sich **zwei Teile** klar voneinander abgrenzen:

- Das **Alte Testament** (von lat. *testamentum*, hier in der Bedeutung von „Bund"): die Sammlung der Schriften, die sich auf den „Alten Bund" Gottes durch die Weisungen am Sinai beziehen

- Das **Neue Testament:** die Sammlung der Schriften, die Aussagen zum „Neuen Bund" Gottes und der Offenbarung durch seinen Sohn Jesus Christus beinhalten

„Alt" und „Neu" sind als Bezeichnungen problematisch, da die jüdische Bibel auf diese Weise mitunter als „verjährt" und „überholt" abqualifiziert wurde. Der alternative Begriff **„Erstes Testament"** konnte sich allerdings nicht durchsetzen. Zudem lässt sich „alt" auch positiv deuten im Sinne von „ursprünglich", „altehrwürdig". An dieser Stelle wird jedoch bereits eine große Besonderheit der Bibel ersichtlich: Sie vereint in sich eigentlich **zwei heilige Schriften**, nämlich die des Judentums und die des Christentums.

3.3 Das Alte Testament

Das Alte Testament, aufgrund seiner Originalsprache auch **„hebräische Bibel"** genannt, wird im Judentum als **„Tenach"** bezeichnet. Dies entspricht den Anfangsbuchstaben seiner drei Hauptteile:

Tora	„Weisung": die 5 Bücher Mose
Nebi'im	„Propheten": die Geschichtsbücher („frühere Propheten": Josua, Richter, Samuel, Könige) und die Einzelpropheten wie Jesaja oder Jeremia („spätere Propheten")
Chetubim	„Schriften": die Psalmen und Weisheitsbücher, die „Festrollen" (wie Rut oder Esther) und späten Geschichtsbücher

Torarollen werden in speziellen Schreinen aufbewahrt. Sind sie verschlissen, werden sie nicht weggeworfen, sondern feierlich beerdigt.

Diese Reihenfolge spiegelt grob die chronologische Entstehung der verschiedenartigen Bücher und ihren Rang in der jüdischen Gemeinde wider (die Tora ist also am ältesten).

Das christliche **Alte Testament** enthält dieselben (und auch zusätzliche) Schriften, ist aber anders aufgebaut. Hier werden die Bücher nach dem Schema Vergangenheit – Gegenwart – Zukunft geordnet:

Geschichtsbücher	die 5 Bücher Mose und die Bücher der Geschichte Israels
Lehrbücher (poetische Bücher)	die Psalmen und die Weisheitsbücher
Prophetische Bücher	die Einzelpropheten

Innerhalb der drei großen Teile des Alten Testaments lassen sich noch weitere, feinere Strukturen ausmachen:

- Das Alte Testament beginnt mit der **Erschaffung der Welt** und erzählt dann bis Ex 20 die **Geschichte Israels** bis hin zur Ankunft der Israeliten am Berg Sinai.
- Es folgt ein langer Einschub von **Gesetzestexten und Kultvorschriften** (vor allem im Buch Levitikus). Erst in Numeri 10 wird die Erzählung fortgesetzt.
- Das Buch **Deuteronomium** stellt nochmals einen Einschub dar. Es ist als **Abschiedsrede** des Mose stilisiert und enthält einen Rückblick auf die Wüstenwanderung sowie viele Ermahnungen, unter anderem eine Version der Zehn Gebote.
- Daran schließen sich mehrere **Geschichtsbücher** (z. B. Josua oder Richter) an, welche die **Ereignisse in Israel** von der vorstaatlichen Zeit bis in die hellenistische Zeit wiedergeben.
- Gänzlich anders geartet ist die folgende Sammlung poetischer Werke, die **Weisheitslehren** und **Gebetstexte** enthält (z. B. die Bücher Ijob, Psalmen, Sprüche).
- Den Abschluss bilden die **Propheten** (z. B. Jesaja, Jeremia, Ezechiel, Amos, Maleachi), die zu religiösen und sozialen Missständen in Israel Stellung beziehen, Jahwes Gericht über Israel verkünden, aber auch eine kommende Heilszeit verheißen.

→ **babylonisches Exil**
vgl. S. 147

Die Schriften der jüdischen und christlichen Bibel beginnen also gleich (nämlich mit der **Schöpfung**), enden aber anders: einmal mit der Heimkehr der Israeliten aus dem babylonischen Exil in 2 Chr 36,22 f. (jüdische Bibel); einmal mit der **Ankündigung des wiederkommenden Propheten Elija** in Mal 3,23 f. (Altes Testament).

3.4 Das Neue Testament

Das Neue Testament ist ähnlich aufgebaut wie das Alte:

Geschichtsbücher	die vier Evangelien (als Bücher der Geschichte Jesu) und die Apostelgeschichte
Lehrtexte	die Briefe des Paulus und anderer Autoren; Weisungen für das christliche Gemeindeleben in der Gegenwart
Prophetisches Buch	die Apokalypse als Ausblick auf die Vollendung der Welt

Auch hier gibt es nochmals eine Feinstruktur:

- Die vier **Evangelien**, mit denen das Neue Testament einsetzt, erzählen die Geschichte Jesu.
- Es folgt die Apostelgeschichte als **geschichtliches Buch** über die Entstehung und Ausbreitung der frühen christlichen Gemeinden nach dem Tod Jesu.
- Dann schließt sich eine Reihe von **Briefen** (des Paulus und weiterer Autoren) an Gemeinden der frühchristlichen Zeit an.
- Den Abschluss der Bibel bildet das **apokalyptische Buch** der Offenbarung des Johannes, das in prophetischen Visionen die Wiederkunft Christi am Ende der Zeit schildert.

→ **Apokalyptik**
vgl. S. 254 f.

info

Die Paulusbriefe

Im Anschluss an die Apostelgeschichte folgt eine Briefsammlung. Bei 13 der folgenden 14 Briefe wird Paulus als Verfasser genannt, aber nur sieben dürften tatsächlich von dem Missionar aus Tarsus stammen (1 Thess, 1 und 2 Kor, Gal, Phil, Philemon, Röm). Paulus betrachtete den Brief als geeignetes Medium, um theologische Fragen und Streitfälle auch in seiner Abwesenheit zu klären. Meist richtet er sich an Gemeinden bzw. Gemeindemitglieder, zu denen ein Bezug aus seiner Missionstätigkeit besteht. Offensichtlich hatte er Erfolg mit seinen Schreiben, denn Teile davon sind bis heute überliefert und fanden Eingang in den biblischen Kanon. Außerdem gab es Nachahmer, die ihre Briefe als solche von Paulus ausgaben, um von der Autorität des Apostels zu profitieren. Auch diese wurden teils in das Neue Testament aufgenommen und werden heute als deuteropaulinische Briefe bezeichnet (2 Thess, Kol, Eph, 1 und 2 Tim, Titus).

Die Bücher der Bibel (katholische Fassung)

4 Schriftverständnis

4.1 Frühkirchliches und mittelalterliches Schriftverständnis

Als man sich in der jungen Kirche dazu entschloss, das Alte Testament in den Kanon aufzunehmen, stellten sich drängende Fragen: Wie sollte man mit Schriften umgehen, in denen von Jesus Christus nicht die Rede war? Zerfiel das Wort Gottes dadurch nicht in zwei unabhängige Bereiche? Diesen Schluss zogen die frühen Ausleger der Bibel nicht. Sie verstanden die Bibel als eine **Einheit**. Daher deuteten sie das Neue Testament als **Grundlage des Christusgeschehens**, das Alte Testament als dessen **Verheißung**. Eine Verheißung Christi ist dem Alten Testament allerdings nicht direkt zu entnehmen. Zudem galt es, einige Inhalte der neutestamentlichen Schriften (z. B. die Antithesen der Bergpredigt) mit dem Alten Testament zu harmonisieren. Hier kam die **Auslegung** ins Spiel. So wurden die Forderungen nach Beschneidung nicht mehr wörtlich verstanden, sondern geistig als Beschneidung der Herzen. Man führte also eine Unterscheidung zwischen der wörtlichen oder auch historischen Bedeutung und der geistlichen Aussage einer Textstelle ein. Dieses Vorgehen bildete die Grundlage für die auf **Origenes** zurückgehende „**Lehre vom vierfachen Schriftsinn**". In Anlehnung daran entstand eine Auslegungsmethode, die in der Bibel vier verschiedene Sinnebenen freilegt: Demnach bezeichnet etwa das biblische „Jerusalem" nicht nur die historisch-geografische Stadt **(Literalsinn)**, sondern steht auch für die „Kirche Christi" **(typologisch/allegorisch)**, die „menschliche Seele" **(tropologisch)** und für das „himmlische Jerusalem" **(anagogisch)**. Der folgende lateinische Merkspruch fasst die Lehre vom vierfachen Schriftsinn zusammen: *Littera gesta docet, quid credas allegoria, moralis quid agas, quo tendas anagogia* (lat. „Der Buchstabe lehrt die Ereignisse; was du zu glauben hast, die Allegorie; die Moral, was du zu tun hast; wohin du streben sollst, die Anagogie").

Origines war ein frühchristlicher Theologe (185–ca. 254).

Sinnebene	Bedeutung	Jerusalem ist …	Merksatz	Passende Frage
literal	wörtlich (historisch)	eine Stadt in Palästina	Littera gesta docet	Was steht da?
typologisch/ allegorisch	heilsgeschichtlich (dogmatisch)	die Kirche Christi	Quid credas allegoria	Was soll ich glauben? (Glaube)
tropologisch	seelsorglich (moralisch)	die menschliche Seele	Moralis quid agas	Was soll ich tun? (Liebe)
anagogisch	endzeitlich (eschatologisch)	das himmlische Jerusalem	Quo tendas anagogia	Was darf ich hoffen? (Hoffnung)

Die mittelalterliche Bibelexegese nach dem vierfachen Schriftsinn

4.2 Schriftverständnis in der Folge der Kirchenspaltung

Die Lehre vom vierfachen Schriftsinn steht für eine Überzeugung, nach der der Bibel ihre eigentlichen Aussagen erst mühsam abgerungen werden müssen. Der Sinn der Schriftworte wurde also nicht als „klar" angesehen, weshalb es einer kirchlich anerkannten Auslegung bedurfte, um ihn zu erhellen. Das **Lehramt** bekam damit eine ungeheuer wichtige Bedeutung. Ohne Lehramt hatte der einzelne Gläubige quasi keine Chance, die Bibel richtig zu verstehen.

> Das **Lehramt** ist ein abstrakter Begriff für die seitens kirchlicher Amtsträger und Instanzen ausgeübte Autorität in Fragen der Kirchenlehre.

Dies wurde von den Reformatoren kritisiert, die das Lehramt der Schrift unterordnen wollten, nicht umgekehrt. Und so sah sich die katholische Kirche zur Rechtfertigung gezwungen. Sie verwies unter anderem auf den Prozess der Kanonisierung. Dieser zeige: Die Schrift ist selbst ein **Ergebnis der kirchlichen Tradition**. Wie solle sie also über dem kirchlichen Lehramt stehen? Hinzu kam eine zweite Überzeugung: Die Apostel hätten bestimmte ihnen übermittelte Lehren von und über Christus ausschließlich mündlich weitergegeben. In der Kirche seien diese Lehren bewahrt worden. Diese **mündliche Tradition** sei, gleich wie die Schrift, von Christus autorisiert, ginge aber inhaltlich über das in der Heiligen Schrift enthaltene Offenbarungszeugnis hinaus. Demnach sei nicht alles, was für das Heil notwendig ist, in der Schrift enthalten, aber in der Kirche bewahrt.

Lutherdenkmal vor dem Rathaus Wittenberg

Die Reformatoren warfen denn auch der katholischen Kirche vor, sie lehre eine Ergänzungsbedürftigkeit der Heiligen Schrift durch Lehramt und mündliche Tradition. Daher hoben sie die Funktion der Schrift als **Korrektiv zum Lehramt** hervor. Allein aufgrund der Schrift („**sola scriptura**"), so Luther, sollte festgelegt werden, was legitime kirchliche Verkündigung ist und was nicht. Anders gesagt: Jedwede menschliche (auch kirchliche) Auslegung habe sich dem „**Richtspruch der Schrift**" (M. Luther) unterzuordnen. Dahinter standen zwei Überzeugungen:

- Alles, was für das **Heil** notwendig ist, sei in der Bibel enthalten.
- Die Schrift sei „**klar**", das heißt, ihre Hauptintention, nämlich das **Evangelium von Jesus Christus**, sei unmissverständlich. Lediglich einzelne Stellen erschienen „dunkel und verworren", was allerdings an „unserer Unkenntnis der Worte und der Grammatik" (M. Luther) liege.

Das Prinzip des *sola scriptura* führte unweigerlich zur Preisgabe des vierfachen Schriftsinnes. Die Bibel sollte schließlich nicht mehr aufwendig von der kirchlichen Lehre interpretiert werden, sondern vielmehr umgekehrt die alleinige Norm für jene sein. Daher ließ Luther alleine den Literalsinn gelten.

> Das ist auch der rechte Prüfstein, alle Bücher zu beurteilen, wenn man sieht, ob sie Christus treiben [ob sie der Christusbotschaft entsprechen] oder nicht.
>
> (Martin Luther, Vorrede auf die Episteln Sanct Jacobi und Judas)

4.3 Modernes Schriftverständnis

Die großen Differenzen, die noch zu Zeiten der Reformation zwischen den Kirchen bestanden, wurden im 20. Jahrhundert beseitigt. Die Ergänzungsbedürftigkeit der Schrift wird nicht mehr behauptet, da man die mündliche Tradition anders interpretiert: Ein- und derselbe Inhalt sei in verschiedener Gestalt überliefert (einmal mündlich, einmal schriftlich). **Die Heilsoffenbarung Gottes ist also vollständig in der Bibel enthalten**.

Auch die Bedeutung des kirchlichen Lehramts hat sich gewandelt: Es hat zwar nach katholischem Verständnis nach wie vor die Kompetenz zur verbindlichen Interpretation der Heiligen Schrift, übernimmt bei deren Auslegung allerdings eine **dienende Funktion**, wie die Konzilsväter auf dem Zweiten Vatikanum (1962–1965) betonen.

> Die Aufgabe aber, das geschriebene oder überlieferte Wort Gottes verbindlich zu erklären, ist nur dem lebendigen Lehramt der Kirche anvertraut, dessen Vollmacht im Namen Jesu Christi ausgeübt wird. Das Lehramt ist nicht über dem Wort Gottes, sondern dient ihm, indem es nichts lehrt, als was überliefert ist, weil es das Wort Gottes aus göttlichem Auftrag und mit dem Beistand des Heiligen Geistes voll Ehrfurcht hört, heilig bewahrt und treu auslegt […].
>
> (Dei verbum 10)

Umgekehrt gestanden die reformatorischen Kirchen ein, dass die **Schrift selbst Ergebnis der Tradition** ist. Sie erkannten zudem an, dass die **Kirche große Bedeutung für die sachgemäße Auslegung der Schrift** hat.

4.4 Das Verhältnis von Altem und Neuem Testament

Die jüdische oder hebräische Bibel ist als „Altes Testament" auch ein Teil der christlichen Bibel. Allerdings erhielt sie im Christentum nur vom Neuen Testament her ihre Bedeutung für die Kirche. Dies zeigt sich sowohl in der Entwicklung des vierfachen Schriftsinnes als auch in Luthers Definition Christi als „Mitte der Schrift". Die **Überzeugung** lautete: **Nur aus christlicher Sicht** wird die **Bibel Israels** so gelesen, wie Gott sein Wort eigentlich **von Anfang an gemeint** hatte. Es gab daher sogar Versuche, das Alte Testament aus der Bibel zu streichen, z. B. um 140 n. Chr. durch **Markion**. Ausgehend vom Galaterbrief proklamierte er nicht nur den Gegensatz von Gesetz und Evangelium, sondern folgerte daraus auch einen absoluten Gegensatz zwischen der Bibel Israels und der Predigt Jesu, zwischen dem Gott Israels und dem Gott Jesu. Er wollte daher auch solche Teile des Neuen Testaments entfernen, die sich seiner Meinung nach zu stark auf das Alte Testament bezogen, so die Evangelien nach Matthäus, Markus und Johannes sowie alle biblischen Zitate der übrigen Schriften.

Die Kirche ist diesen Schritt aus gutem Grund niemals gegangen. Dennoch hielt sich die Meinung, das Alte Testament erhalte erst vom Neuen seinen eigentlichen Sinn. So schreibt **Karl Rahner:**

Markion (ca. 85–160) war ein einflussreiches Mitglied der römischen Gemeinde.

Karl Rahner (1904–1984) war ein katholischer Theologe und wirkte als Berater auf dem II. Vatikanum.

Zitat

> Als „vorgeschichtliche" Vergangenheit des Neuen und Ewigen Bundes, in den hinein das Alte Testament sich aufgehoben hat, ist es nur vom Neuen Bund her adäquat richtig interpretierbar [...]. Eine bloß alttestamentlich immanente Bedeutung [...] würde verkennen, daß das Alte Testament sein ganzes Wesen erst im Neuen Testament enthüllt hat.

Auch die am 18. November 1965 vom Zweiten Vatikanum verabschiedete Dogmatische Konstitution **„Dei Verbum"** stellt fest: Die Bedeutung des Alten Testaments liegt darin, Jesus Christus „vorauszuverkünden". Das Alte Testament ist nur Vorwort des Neuen Testaments.
Problematisch daran ist, dass dem Alten Testament als jüdischer Bibel **keine Eigenbedeutung zugemessen** wird. Dies wirkt sich selbstverständlich auch auf das **Verhältnis zum Judentum** an sich aus, das zu einer Art Vorstufe zum Christentum **herabgewürdigt** wird.

Dies zu ändern war die Intention von **Johannes Paul II.**, als dieser im Jahr 1980 in Mainz die Juden als das „Gottesvolk des von Gott nie gekündigten Alten Bundes" bezeichnete. Er beendete damit, in Anlehnung an Röm 9–11 und die Konstitution des Zweiten Vatikanischen Konzils „Nostra aetate", die alte Lehrtradition von Israel als dem verworfenen Gottesvolk. Die Juden seien keine defizitären Christen, sondern unsere „**älteren Brüder**".

Was ist aber nun die eigentliche Bedeutung des Alten Testaments? Zunächst zeigt schon die Voranstellung in der Bibel: Das Alte Testament ist das **Fundament**, auf dem der zweite Teil ruht. Es ist also umgekehrt das Neue Testament nur im Lichte des Alten verständlich. Doch für uns Christen fällt natürlich vom Evangelium her ein **neues Licht** auf das Alte Testament zurück. Beide Teile haben ihre **je eigene Botschaft**, ihre **eigene Würde**, ihren **eigenen Wert**. Doch sie sind auch **eng miteinander verbunden**. Wenn wir das Alte Testament unter dieser Denkvoraussetzung lesen, als zunächst **ganz und gar jüdische Bibel**, dann lösen sich viele Missverständnisse von selbst auf. Wir stellen z. B. fest, dass die Tora Israels nicht ein unfrei machendes „Gesetz" ist, sondern eine heilbringende Wegweisung für die Menschen, und dass die Geschichte Gottes mit Israel hinzielt auf das alle Völker in Frieden zusammenführende Gottesreich.

Johannes Paul II.
(1920–2005) hieß mit bürgerlichem Namen Karol Wojtyla und stammte aus Polen. Er hatte von 1978 bis zu seinem Tod das Papstamt inne.

5 Methodische Zugänge zur Bibel

5.1 Biblische Hermeneutik

Der Begriff **Hermeneutik** verweist auf den griechischen Götterboten Hermes, der Botschaften zwischen den olympischen Göttern und den Menschen überbrachte. Die Hermeneutik **vermittelt** jedoch nun nicht zwischen Göttern und Menschen, sondern **zwischen einem Text und dem menschlichen Geist**. Obwohl als Wissenschaft erst im Zuge des Humanismus entstanden (also um 1500), so finden sich hermeneutische Grundüberlegungen bereits in der Bibel: „Verstehst du auch, was du liest?" Diese Frage des Philippus an den Kämmerer vom äthiopischen Königshof provoziert die Antwort: *Wie könnte ich es, wenn mich niemand anleitet?* (Apg. 8,30 f.)

Die Anleitung zur Auslegung der Bibel oder auch die Auslegung selbst ist nun aber gerade nicht das Ziel der Hermeneutik; diese Aufgabe kommt der Exegese zu. Die Hermeneutik geht stattdessen noch einmal

Hermeneutik kommt von griech. *hermeneuein*: aussagen, auslegen, erklären

einen Schritt zurück. Sie ist die **Theorie der Auslegung**. Als solche untersucht sie die **Voraussetzungen** sowie **bewusste oder unbewusste Grundannahmen oder Absichten der Bibelauslegung**.

- **Voraussetzungen:** Dazu zählt z. B. die Verständlichkeit, d. h., der Bibeltext muss in eine Sprache übersetzt werden, derer der Ausleger mächtig ist. Doch auch nach der Übersetzung bleiben viele Begriffe möglicherweise unklar, da sie aus dem Kontext der damaligen Lebenswelt stammen (Was ist z. B. ein „Scheffel" Mehl?).
- **Grundannahmen:** Ein Mitteleuropäer liest z. B. die Beschreibung der Wüstenwanderung ganz anders als ein Nomade aus der Sahelzone (lebensgeschichtlich bedingte Grundannahmen). Darüber hinaus hält der eine die Auferstehungsberichte für die Folgen einer Halluzination, der andere für die Beschreibung eines historischen Geschehens (theologisch bedingte Grundannahmen).
- **Absichten:** Sucht der Leser Trost? Oder schreibt er eine Predigt?

Jeder Interpret bzw. jede Interpretin liest also gewisse Dinge in einen Text hinein und verändert dadurch möglicherweise dessen ursprünglichen Sinn. Vielleicht wählt er oder sie darüber hinaus eine jeweils passende Auslegungsmethode aus. Dies ist bis zu einem gewissen Grad unumgänglich und kein Problem, solange sich die Interpreten ihrer **eigenen Voraussetzungen, Grundannahmen und Absichten** bewusst sind. Genau dieses Bewusstsein will nun die Hermeneutik erzeugen. Denn „selbst-bewusste" Leser sind eher dazu bereit, ihr Vorverständnis in der Begegnung mit dem Text ggf. zu revidieren („**hermeneutischer Zirkel**"), und können so dem Text eher gerecht werden.

→ **hermeutischer Zirkel** vgl. S. 6 f.

Nach diesen Grundaussagen zur Theorie der Auslegung werden in den folgenden Unterkapiteln einige der aktuellen Auslegungsmethoden der Bibel vorgestellt.

5.2 Historisch-kritische Exegese

Entwicklung

Mit der Aufklärung im 18. Jahrhundert setzte sich, zunächst im Protestantismus, später auch in der katholischen Kirche, die heute zum wissenschaftlichen Standard gewordene historisch-kritische **Exegese** durch. Sie war entstanden, als Theologen durch sorgfältiges Lesen und Vergleichen auf zahlreiche Widersprüche zwischen verschiedenen biblischen Texten aufmerksam wurden, die sich schlecht mit der traditionellen

Exegese kommt von griech. *exégesis*: Deutung, Auslegung

dogmatischen Lehre von der Irrtumslosigkeit der Schrift in Einklang bringen ließen.

Die Exegeten machten sich also daran, die Texte gründlich zu untersuchen. Ihr Interesse lag dabei alleine auf der **Entstehung** und **ursprünglichen Verwendung** biblischer Worte, nicht auf deren Bedeutung für den Glauben oder die kirchliche Praxis. Zudem stellte die historisch-kritische Exegese eine rein wissenschaftliche Herangehensweise an den Text dar und war insofern unvoreingenommen und ergebnisoffen. Dies führte mitunter zu Spannungen oder **Widersprüchen zur kirchlichen Lehre**.

Vor allem innerhalb der katholischen Kirche wurde sie daher lange als Gefahr für den „rechten Glauben" gesehen; auf Veranlassung von Papst Pius X. mussten katholische Kleriker ab 1910 einen „Antimodernisteneid" schwören, der u. a. eine Absage an die historisch-kritische Exegese enthielt. Es hat rund zwei Jahrhunderte gedauert, bis sie vom kirchlichen Lehramt anerkannt wurde. Dies geschah durch die Konstitution „Dei Verbum" (1965) des Zweiten Vatikanischen Konzils. Heute ist auch für die päpstliche Bibelkommission die Bedeutung der historisch-kritischen Methode unumstritten:

> Die historisch-kritische Methode ist die unerlässliche Methode für die wissenschaftliche Erforschung des Sinnes alter Texte. Da die Heilige Schrift, als „Wort Gottes in menschlicher Sprache", in all ihren Teilen und Quellen von menschlichen Autoren verfasst wurde, lässt ihr echtes Verständnis diese Methode nicht nur als legitim zu, sondern es erfordert ihre Anwendung.
>
> (Päpstl. Bibelkommission, Die Interpretation der Bibel in der Kirche, 1993)

Zitat

Methodische Schritte

Als wissenschaftliche Methode zur Erschließung biblischer Texte hat die Exegese klar definierte Arbeitsschritte. Diese sind:

1. Textkritik

Die Originale der biblischen Texte sind uns nicht erhalten geblieben. Alles, was wir zur Verfügung haben, sind Abschriften (sog. **„Textzeugen"**), die bereits einen **großen zeitlichen Abstand zu den Originalquellen** aufweisen. Die Abschreiber arbeiteten zwar sehr sorgfältig. Dennoch schlichen sich über die Jahrhunderte einige kleinere **Fehler** ein; zudem wurden, wenn auch sehr wenige Stellen, **bewusst verändert**. Die heute vorhandenen Handschriften (es sind Tausende!) gleichen sich also nicht bis ins Detail, sondern weisen Unterschiede auf.

Der **älteste Textzeuge** des Neuen Testaments ist ein winziger Papyrus („p52"), der einen Teil aus dem Johannesevangelium enthält. Er wird auf 125–150 n. Chr. datiert.

Die **ältesten Gesamtausgaben** des Neuen Testaments (Codex Sinaiticus, Codex Vaticanus) stammen vermutlich aus dem Jahr 350 n. Chr.

Daher befindet sich in wissenschaftlichen Textausgaben unter dem von den Kirchen anerkannten Bibeltext (in der Originalsprache) auch stets ein sog. „kritischer Apparat", der zu den betreffenden Textstellen alle vorhandenen Varianten auflistet. Die **Aufgabe des Exegeten** besteht nun darin, herauszufinden, welche der vorliegenden Varianten dem **Urtext** am nächsten kommt. Dazu muss er einerseits die **Qualität und Quantität** der Textzeugen beurteilen (dabei haben nicht immer die ältesten Quellen den Vorrang; auch eine jüngere Handschrift kann näher am Originaltext sein, wenn sie eine alte Vorlage zur Verfügung hatte, die uns verlorengegangen ist). Zudem muss er inhaltlich argumentieren und dadurch aufzeigen, welche Textvarianten sich logisch aus anderen Texten ergeben. Besonders bei **Abschreibe- oder Hörfehlern** ist das einfach (viele Bibeltexte wurden in Klöstern vervielfältigt und dabei den Mönchen diktiert). Griechisch, Hebräisch und Aramäisch wurden z. B. ursprünglich in einem Zug ohne Wortabstände geschrieben. So konnte es passieren, dass Wörter beim Abschreiben falsch getrennt wurden. Ein Beispiel aus dem Englischen soll diesen Vorgang verdeutlichen: „Godisnowhere" wird je nach Worttrennung zu „God is now here" oder „God is nowhere" – ein großer Unterschied! Darüber hinaus kam es an einigen Stellen zu Wortverdopplungen oder Buchstabenverwechslungen (im Hebräischen sehen z. B. „R" und „D" fast gleich aus). Bewusste Veränderungen geschahen meist, wenn ein Schreiber eine (scheinbar) „defekte" Vorlage hatte. Er korrigierte den Text dann oder fügte eine erklärende Notiz hinzu. Manche Textveränderungen sind aber auch umfangreich und zudem **theologisch motiviert**. So fand die Textkritik heraus, dass Mk 16,9–20 (das Ende des Markus-Evangeliums) in den ältesten Handschriften fehlt. Erst im 2. Jh. wurden diese Verse als Zusammenfassung anderer Berichte über die Erscheinungen des Auferstandenen an den Markus-Text angehängt. Der Grund: Das Evangelium sollte nicht damit enden, dass die Frauen das leere Grab sehen, sich fürchten und niemandem etwas sagen (vgl. Mk 16,8).

Die alten Bibelhandschriften haben keine Wortabstände.

2. Literarkritik

Die Literarkritik arbeitet mit dem von der Textkritik rekonstruierten Urtext. Sie versucht herauszufinden, wie es zu diesem Text gekommen ist. Dazu vollzieht sie die **Geschichte des Textes von der ersten Verschriftlichung bis zur Endgestalt** nach; schließlich wurden die biblischen Texte nicht von einem Autor in einem Zug geschrieben, sondern gingen durch viele Hände, ehe sie fixiert wurden. Diese **Wachstumsspuren** sind mitunter deutlich erkennbar: abruptes Auftauchen neuer Personen, Orte, Zeitangaben oder anderer Themen, Widersprüche oder fehlende Bezüge zwischen einzelnen Versen bzw. Wiederholungen im Text, die den Erzählfluss stören. **Ziel** der Literarkritik ist es, die verschiedenen Textschichten oder **Quellen**, aus denen der Text zusammengefügt wurde, zu ermitteln. Ein besonders wichtiges Ergebnis der Literarkritik in der Verhältnisbestimmung der drei Evangelien Mt, Mk und Lk ist die **Zwei-Quellen-Theorie**, mit der sich die **synoptische Frage** (Welches Evangelium war zuerst da? Wer hat wen als Quelle benutzt?) beantworten lässt. Demnach verwendeten die Verfasser von Mt und Lk als gemeinsame Grundlage zum einen Mk und zum anderen eine nicht mehr erhaltene Logien-, also Spruchquelle (Quelle Q), nebst jeweils unterschiedlicher mündlicher Erzähltradition („Sondergut").

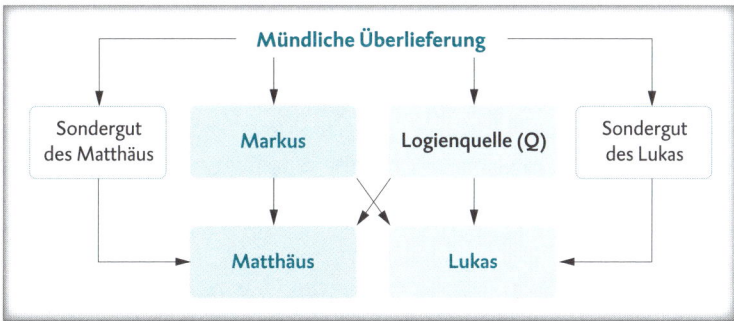

Die Entstehung der synoptischen Evangelien nach der Zwei-Quellen-Theorie

3. Gattungs- und Traditionskritik

Anhand formaler, sprachlicher und inhaltlicher Merkmale kann man in der Bibel **verschiedene Gattungen** ausmachen. Dazu gehören Bildworte, Wundergeschichten, Totenklagen, Hochzeitslieder, Predigten, Psalmen, Briefe, Evangelien u. v. a. Die Ergebnisse der Gattungskritik sind für die Ermittlung der ursprünglichen Kommunikationssituation („**Sitz im Leben**", z. B. Predigt, Hochzeit, Beerdigung, Mission, Unterweisung etc.) unverzichtbar. Davon ausgehend überprüft die Traditionskritik, ob der Text auf **mündliche Vorformen** zurückgeht, was beispielsweise bei Totenklagen sehr wahrscheinlich ist.

4. Begriffs- und Motivkritik

Bei diesem Arbeitsschritt stehen **einzelne Begriffe oder Motive**, die im Text verwendet werden, im Vordergrund, z. B. „Sohn Gottes", „Gesetz", aber auch „Verlobung" oder „Magie". Ziel ist es, evtl. mithilfe einer Wortfeldanalyse, den jeweiligen **Vorstellungshintergrund** des antiken biblischen Autors zu rekonstruieren. Dazu werden **andere biblische oder außerbiblische Texte** derselben Entstehungszeit, die denselben Ausdruck benutzen, zum **Vergleich** herangezogen. Dadurch fällt es sehr viel leichter, die **ursprüngliche Aussageabsicht** des Textes zu erhellen. So werden z. B. Maria und Josef im Neuen Testament als „verlobt" bezeichnet. Um die Ernsthaftigkeit dieser Verbindung nun richtig einschätzen zu können, muss man wissen, dass die Verlobung im Alten Israel die Eheschließung bereits besiegelte und ein Treuebruch der Verlobten (nur der Frau) daher genauso geahndet wurde wie ein Ehebruch. Diese und weitere Ergebnisse der Motivgeschichte findet man beispielsweise in **Bibellexika** zusammengefasst.

5. Redaktionskritik

Wie bereits zuvor gesehen, wurden viele biblische Texte aus verschiedenen Quellen erstellt. Für die **Komposition** waren ein oder mehrere **Redaktoren** verantwortlich, deren **Eingreifen** am Text **erkennbar** ist, z. B. in Form stilistischer Anpassungen, Umstellungen von Textabschnitten, Kürzungen, Erweiterungen, Zusammenfügungen verschiedener Traditionen, theologischer Deutungen der literarischen Vorlage. Ein Beispiel für einen theologisch motivierten redaktionellen Eingriff ist die Ergänzung im 1 Korintherbrief (1 Kor 14,34): *Die Frau schweige in der Gemeindeversammlung.* Das wird unter anderem daran ersichtlich, dass diese Stelle in Spannung zu 1 Kor 11,5 steht, wonach den Frauen das geisterfüllte laute Beten und prophetische Reden in der Gemeinde ausdrücklich erlaubt war.

Methode	Gegenstand	Schritte	Ziel
1. Textkritik	Verschiedene Handschriften	Vergleich der Handschriften	Rekonstruktion des Urtextes
2. Literarkritik	Sinnabschnitt innerhalb des Urtextes	Analyse inhaltl., sprachl. und formaler Analogien oder Unterschiede	Identifizierung verschiedener Schichten/Quellen
3. Gattungs- und Traditionskritik	Einheiten/ Elemente	Identifizierung formaler, sprachl. und inhaltl. Merkmale einer Textstelle	Bestimmung der Gattung(en) und ihres „Sitz im Leben", Rekonstruktion mündlicher Vorformen
4. Begriffs- und Motivkritik	Einzelne Ausdrücke	Vergleich mit Vorkommen in anderen Texten	Bestimmung des damaligen Verständnisses
5. Redaktionskritik	Schichten/Quellen eines Textes	Trennung des überlieferten Textes von redaktionellen Eingriffen	Identifizierung redaktioneller Eingriffe

Die methodischen Schritte der historisch-kritischen Exegese

Würdigung

Die historisch-kritische Methode sicherte eine **verlässliche Textgrundlage** für die weitere theologische Auslegung. Darüber hinaus lieferte sie **viele Erkenntnisse** über die biblischen Texte (Alter, Ort, Zeit, Bedeutungsspektrum der Begriffe etc.) und damit über die ursprüngliche **Aussageabsicht der Autoren**. Auch darf man nicht unterschätzen, wie wichtig der historisch-kritische Umgang mit der Bibel für den **Status der Theologie als Wissenschaft** ist; die einzelnen Schritte und Ergebnisse können schließlich von jedermann – auch ohne Glaubensvoraussetzung – nachvollzogen werden.

Auf der anderen Seite führte die Anwendung der historisch-kritischen Methode zu einer **Entgöttlichung** biblischer Texte, da sie von der Vorstellung der Bibel als Wort Gottes absieht und die Texte lediglich als **schriftstellerisches Produkt** betrachtet; daher bleibt eine solche Betrachtungsweise der Bibel sehr abstrakt literaturwissenschaftlich. So sind in den letzten Jahrzehnten weitere Verfahren der Bibelexegese entstanden, die einen eher religiösen Praxisbezug aufweisen.

5.3 Kontextuelle Exegese

Die kontextuelle Exegese erschließt die Bibel im Hinblick auf **bestimmte Zielgruppen**, die in früheren, traditionellen Bibelauslegungen zu kurz gekommen sind, also z. B. Frauen, Afroamerikaner, Juden, Kinder, Homosexuelle oder auch sozial Benachteiligte.

Sozialkritische Exegese

Die Bibel ist durchzogen von sozialkritischen Tönen. Vor allem der Prophet **Amos** ergreift um 760 v. Chr. Partei **für die sozial Benachteiligten** seiner Zeit. Die **prophetische Sozialkritik** findet ihren Widerhall in der **Botschaft Jesu:** Gleich zu Beginn der **Bergpredigt** werden Arme, Hungernde, Trauernde und Verfolgte seliggepriesen (Mt 5,3–12 und Lk 6,20–23). Reichtum kann ein Hinderungsgrund sein, Jesus nachzufolgen: „Leichter geht ein Kamel durch ein Nadelöhr, als dass ein Reicher in das Reich Gottes gelangt." (Mt 19,24) Und an verschiedenen Beispielen zeigt Jesus den **Vorzug der Armen** vor den Reichen (vgl. Mk 12,41–44).

→ Amos vgl. S. 253 f.

Diese biblische Parteinahme für die Armen (**„Option für die Armen"**) wurde seit den 1960er-Jahren insbesondere in der in Lateinamerika entstandenen „Befreiungstheologie" aufgegriffen; ihre zentrale Forderung war es, als Kirche angesichts eines gesellschaftlichen

Prominenter Vertreter der Befreiungstheologie ist zum Beispiel der brasilianische, katholische Theologe Leonardo **Boff** (* 1938).

Konflikts zwischen Reichen und Armen, zwischen Mächtigen und Ausgebeuteten, nicht neutral zu bleiben, sondern klar Position zugunsten der Schwachen zu beziehen. Zudem verbanden viele Befreiungstheologen ihre Forderungen mit dem Eintreten für eine sozialistische Gesellschaftsordnung. Sie kritisierten des Weiteren die Kirchenhierarchie und den Missbrauch der Religion als Unterdrückungsinstrument. Dies führte dazu, dass sie nicht nur staatlich und gesellschaftlich verfolgt, sondern auch vom Vatikan abgelehnt und diszipliniert wurden (z. B. durch den Entzug der Lehrerlaubnis). Die **lange gespannten Beziehungen** zwischen dem Vatikan und den Befreiungstheologen scheinen sich jedoch unter Papst Franziskus zu verbessern, der selbst wiederholt eine Kirche an der Seite der Armen forderte.

Die **befreiungstheologische Exegese** zeichnete sich nicht durch neue Methoden aus, sondern durch die Bereitschaft des Exegeten, sich konkret **auf Benachteiligte einzulassen** und sich **aktiv an deren Befreiung zu beteiligen**. Es geht ihr also nicht nur darum, den Sinn der biblischen Texte zu erschließen, sondern auf ihrer Basis den Status quo zu verändern. Exegese findet demnach auch nicht mehr im Studierzimmer der Professoren statt, sondern verlagert sich auf Bibellektüre in **Basisgemeinden**, die daraus **Kraft und Wegweisung zur politischen Veränderung** bekommen. Entsprechend wurden auch besonders gerne solche Texte ausgelegt, die diesen Befreiungsgedanken thematisieren (z. B. die Exoduserzählung).

Feministische Exegese

Die Texte der Bibel wurden von Männern in einer **patriarchalischen Gesellschaft** niedergeschrieben. Die Bibel als **zeitgeschichtlich gebundenes Dokument** spiegelt vielfach dieses Denken wider. Dementsprechend sieht die **Hierarchie** des Paulus aus: Gott ist das Haupt Christi – Christus das Haupt des Mannes – der Mann das Haupt der Frau (1 Kor 11,3). Auch die neutestamentlichen „Haustafeln" (Anweisungen für das Leben der Christen in der Familie) verfügen immer wieder die **Unterordnung der Frau** unter ihren Mann (vgl. Eph 5,22; Kol 3,18; 1 Petr 3,1) – freilich nicht, ohne im selben Zusammenhang auch auf die **Verpflichtung der Männer** zur Liebe und Achtung ihrer Frau hinzuweisen (vgl. Eph 5,25; Kol 3,19; 1 Petr 3,7). Auch das **Gottesbild** der Bibel wird von **männlichen Zuschreibungen** dominiert („Vater", „Richter" etc.). Hinzu kommt eine **Wirkungsgeschichte**, die das emanzipatorische Potenzial von Aussagen wie „Es gibt nicht mehr Juden und Griechen, nicht Sklaven und Freie, nicht Mann und Frau;

denn ihr alle seid ‚einer' in Christus Jesus" (Gal 3,28) unterdrückte. Aufgabe der Exegese ist es daher, **zeitbedingte Einflüsse zu benennen** und sie **vom zeitlos gültigen Gehalt der Texte zu unterscheiden**. So sind die Verhaltensregeln der „Haustafeln" nicht spezifisch christlich, sondern aus ähnlichen populären Zusammenstellungen aus dem griechischen Kulturkreis übernommen. Auch muss die einzelne Aussage in den **Gesamtzusammenhang** des jeweiligen Abschnitts, des einzelnen Briefes, der Theologie ihres Verfassers oder sogar der neutestamentlichen Botschaft eingebettet werden.

Die **feministische Bibellektüre** geht jedoch noch darüber hinaus: Sie will die verschütteten **Spuren des Weiblichen** in der Bibel freilegen. Dazu werden **weibliche Elemente des Gottesbildes** wiederentdeckt (Gott als Mutter in Jes 49,15 oder als Hebamme in Psalm 22,10) oder auch **biblische Frauengestalten** neu gewürdigt. Besonders an der Figur der **Maria von Magdala** lässt sich deutlich zeigen, dass die Lektüre biblischer Texte aus einer bewusst weiblichen Perspektive zu anderen Erkenntnissen führt als die jahrhundertelange patriarchalische Auslegung. Letztere setzte Maria mit der Sünderin (vgl. Lk 7,36–50) bzw. Ehebrecherin (vgl. Joh 8,1–11) gleich, obwohl die Identität dieser Frau mit Maria von Magdala nicht nachweisbar ist. Demgegenüber verweist die feministische Exegese auf Marias authentische Glaubenshaltung und ihr Vertrauen. In den Evangelien wird sie vor allem als eine der ersten Zeuginnen der Auferweckung Jesu genannt (vgl. Mt 28,8; Lk 24,9; Joh 20,11–18).

Magdalena (Gemälde von Giovanni Pietro Rizzli, 16. Jh.): eine zentrale Figur der feministischen Bibelexegese

Zudem erscheint Maria bei Lukas (vgl. Lk 8,1 ff.) als Geheilte, die in engem Kontakt zum Sohn Gottes steht – eine äußerst ungewöhnliche Stellung in der männerdominierten Gesellschaft des Alten Israel.

Auch die feministische Exegese entwickelte **keine eigenen exegetischen Methoden**, sondern adaptierte „klassische" Methodenschritte durch spezifisch feministische Fragestellungen.

5.4 Weitere Formen der Exegese

Narrative Exegese

Die narrative Exegese behandelt die Bibel wie ein **literarisches Kunstwerk**. Dementsprechend arbeitet sie mit den **methodischen Werkzeugen der Romanforschung**, um die narrative Struktur (Spannungsbogen, Charakterzeichnung etc.) des Textes in seiner Jetztgestalt zu beschreiben. Dadurch kann sie herausfinden, wie eine Geschichte „funktioniert" und wodurch der Leser in „die Welt der Erzählung" und in ihr Wertesystem einbezogen wird. Da diese Mechanismen bei heutigen Lesern unter Umständen nicht mehr so gut funktionieren wie bei den ursprünglichen Adressaten, macht es sich die narrative Exegese auch zur Aufgabe, die Bedeutungs- und Kommunikationsformen des biblischen Erzählens auf neue historische Kontexte zu übertragen.

Tiefenpsychologische Auslegung

In den 1980er-Jahren eröffnete die Tiefenpsychologie auf der Grundlage der Forschungen von **Sigmund Freud** (1856–1939) und **Carl Gustav Jung** (1875–1961) neue Zugänge zu den biblischen Texten. Analog zur **Traumdeutung** unterschied man in biblischen Texten zwischen der erzählten Oberflächenhandlung und der darin verschlüsselten seelischen Problematik. Zur Beschreibung dieser Problematik bediente man sich psychologischer Kategorien (z. B. Ich – Es – Über-Ich, das Unbewusste, Angst). Ihr prominentester Vertreter ist **Eugen Drewermann**, der in den biblischen Texten eine **überzeitliche Wahrheit** freilegen will. Für ihn ist das eigentlich Entscheidende beispielsweise an den Wunderheilungen nicht eine einmalige (historische) Begebenheit, sondern die **Überwindung der verdrängten Angst** durch den Kranken, dem sich Jesus auf einmalige Weise zuwendet.

Eugen **Drewermann** (* 1940) ist katholischer Theologe und Psychoanalytiker.

Untersuchung der Wirkungsgeschichte und Rezeptionsästhetik

→ biblische Wirkungsgeschichte vgl. S. 57 ff.

Eine weitere Methode der Erschließung biblischer Texte ist die Untersuchung ihrer **Wirkungsgeschichte** (z. B. in **Film, Kunst, Literatur oder Musik**). Auf diese Weise werden fremde Deutungen zur Auslegung des Textes herangezogen. Die Rezeptionsästhetik geht davon aus, dass (biblische) Texte keine allgemeingültigen Aussagen enthalten, da das **Textverständnis** von Rezipient zu Rezipient durch den jeweiligen Wissens- und Erfahrungsschatz stark variiert. Der/die Leser/-in erzeugt den Text also quasi im Akt der Rezeption im Zusammenspiel aus dem Vorwissen, das bei der Textlektüre abgerufen wird, und der **Integration** neuer, durch die Lektüre gewonnener Erkenntnisse. Im Sinne der Heiligen Schrift ist es, dass der Mensch als **„Hörer des Wortes"** (Karl Rahner) biblische Texte nicht nur aufnimmt, sondern sie im eigenen Leben auch umsetzt. So heißt es in Jak 1,22: „Werdet aber Täter des Wortes und nicht nur Hörer, sonst betrügt ihr euch selbst!"

Kanonische Exegese

Nachdem man feststellte, dass die Ergebnisse der historisch-kritischen Methode häufig nicht unmittelbar theologisch aussagekräftig waren, sollte mit dem „kanonischen" Zugang eine theologische Interpretationsmethode angewendet werden, die sich ausdrücklich im Rahmen des Glaubens bewegt. Dann wird z. B. Psalm 8 nicht im Hinblick auf vermeintlich historische Gattungen untersucht, sondern in seiner intertextuellen Wechselwirkung mit Hiob 7,17–19, Hebr 2,5–9 oder auch Röm 5,7–8. Die einzelne Perikope, also ein bestimmter Abschnitt in der Bibel, wird sowohl im Spiegel der **Gesamtstruktur der Heiligen Schrift, der Heilsgeschichte** als auch der **christlichen Tradition**, wie sie durch das kirchliche Lehramt vermittelt wird, gedeutet.

Intertextuelle Auslegung

Hinter der intertextuellen Auslegung steht die Erkenntnis, dass **Texte eines gemeinsamen Kulturraumes miteinander verbunden** sind, wobei jeder Teil immer nur im Gesamten verstanden werden kann. Daher beginnt die intertextuelle Exegese immer mit der Feststellung von **Bezügen zwischen verschiedenen Texten** (innerhalb der Bibel, aber auch außerhalb). Bei derartigen Bezügen kann es sich um absichtliche (Zitate, Verweise), aber auch um unabsichtliche Gemeinsamkeiten oder Anknüpfungspunkte handeln. Im daraufhin einsetzenden Leseprozess treten beide Texte in einen Dialog miteinander, sie verändern, erweitern, ergänzen ihre Interpretation gegenseitig.

6 Sprachformen in der Bibel

Friedrich Daniel Ernst **Schleiermacher** (1768–1834) war ein bedeutender evangelischer Theologe, Prediger, Schriftsteller und Philologe.

→ **Negative Theologie** vgl. S. 66

Dass es zum **Bedürfnis** des Menschen gehört, sich über **existenziell wichtige Themen** und persönliche Überzeugungen mit anderen **auszutauschen**, bringt der Gelehrte **Friedrich Daniel Schleiermacher** mit folgenden Worten zum Ausdruck: *Ihr müßt gestehen, daß es etwas höchst Widernatürliches ist, wenn der Mensch dasjenige, was er in sich erzeugt und ausgearbeitet hat, auch in sich verschließen will.* Glaube und Glaubenszweifel will man nicht in sich „verschließen", sondern mitteilen. Doch sofort sieht sich der Gläubige oder auch der Zweifler vor das Problem gestellt: Wie soll man von einer Sache reden, die sich so radikal unserem Zugriff entzieht? Wie das Göttliche in menschliche Worte fassen? Die präzise menschliche Sprache stößt hier an ihre Grenzen. Der Mensch will also von Gott sprechen, kann es aber nicht.

Einige Theologen haben aus diesem **Dilemma** den Schluss gezogen, dass man über das Unfassbare nur „negative" Aussagen treffen könne (**„negative Theologie"**). Positive Bezeichnungen würden Gott auf unsere Vorstellungskraft begrenzen und ihn auf diese Weise klein machen. Statt also zu sagen, was oder wie Gott ist (Gott *ist* gut, allmächtig usw.), beschränkte man sich darauf zu sagen, was er *nicht* ist (Gott ist *un-endlich, un-begreiflich* usw.).

Ein anderer und zugleich der einzig mögliche Weg, „**positiv**" von Gott zu sprechen, ist die Verwendung einer **analogen („ähnlichen") und bildhaften Sprache**. Diesen Weg wählten auch die biblischen Autoren, weshalb ihre Texte von **Bildworten** geprägt sind. Diese haben einen entscheidenden Vorteil: Sie sind **offen und mehrdeutig**. Bilder wollen das, worüber gesprochen wird, nicht „festnageln", sondern sich ihm vorsichtig nähern. Sie respektieren also die Göttlichkeit, die „Unfassbarkeit" Gottes, ohne bei der Sprachlosigkeit zu verweilen. Zudem achten sie auch den Leser, dem **Spielraum für eigenständiges Denken und seine ganz persönliche Sichtweise** bleibt.

Metapher kommt von griech. *metaphora*: Übertragung

Metapher und Vergleich: Gott wird im biblischen Sprachgebrauch u. a. umschrieben als Vater (vgl. Ps 103,13; Mt 6,9), Hirte (vgl. Ps 23,1), Burg (vgl. Ps 46,8.12), Frau (vgl. Dtn 32,18; Num 11,12), Löwe (vgl. Hos 5,14), Panther (vgl. Hos 13,7), ja sogar als eifersüchtiger Liebhaber (vgl. Hos 2,4 ff.). Hier werden also Worte nicht in ihrer wörtlichen, sondern in einer **übertragenen Bedeutung** gebraucht; zwischen der wörtlich bezeichneten Sache und der übertragen gemeinten besteht eine **Beziehung der Ähnlichkeit**. Gott wird z. B. als Burg beschrieben, wenn der Sprecher sich ihn als starken Beschützer vorstellt.

Vergleich und Metapher sind einander ähnlich. Allerdings kommt Letztere ohne Vergleichspartikel aus. Statt: „Ihr seid wie Salz" (das wäre ein Vergleich), heißt es in der Metapher also: *Ihr seid das Salz der Erde.* (Mt 5,13)

Sprachliche Bilder machen einen wesentlichen Teil religiöser Sprache aus. Auf diese Weise finden Erfahrungen mit Gott einen Ausdruck in menschlicher Sprache. Im Laufe der Theologiegeschichte wurde aber immer wieder darauf hingewiesen, dass die so hergestellten Ähnlichkeitsbeziehungen Gottes Wirklichkeit nie voll abbilden können.

Gott wird metaphorisch u. a. als Adler umschrieben (vgl. Dtn 32,11).

Gleichnis: Das Gleichnis spielt als religiöse Sprachform vor allem in den **Evangelien** eine herausragende Rolle. Im Matthäus-Evangelium heißt es beispielsweise:

> Das Himmelreich gleicht einem Sauerteig, den eine Frau nahm und unter drei Scheffel Mehl mengte, bis es ganz durchsäuert war.
>
> (Mt 13,33)

Zitat

Hier wird ein **Vergleich** (Das Himmelreich gleicht einem Sauerteig) zu einer **Erzählung** ausformuliert, wobei das verwendete Bild aus einem Bereich stammt, der **alltäglich** und für jedermann **verständlich** ist (z. B. Saat, Ernte, Wachstum, Suche nach Verlorenem).

Parabel: Parabeln erzählen im Gegensatz zum typischen Gleichnis nicht von einer alltäglichen Tätigkeit oder einem natürlichen Vorgang, sondern von einer **einmaligen, ungewöhnlichen Begebenheit**. Dabei berühren sich der gemeinte Sachverhalt und das dargestellte Bild nur in einem Punkt. Beispielsweise soll König David in der Nathan-Parabel dafür kritisiert werden, dass er seinem pflichtbewussten Soldaten Uria die Frau (Bathseba) geraubt hat. Dazu wird die Geschichte vom armen Mann erzählt, dem von einem reichen Mann das einzige Schaf genommen wird. Diese Geschichte deckt sich nur darin mit dem Verhalten von König David, dass beide Protagonisten (der Reiche wie David) ihre Macht missbrauchen und jemandem etwas nehmen, das sie selbst reichlich besitzen.

Zitat

1 Darum schickte der Herr den Natan zu David; dieser ging zu David und sagte zu ihm: In einer Stadt lebten einst zwei Männer; der eine war reich, der andere arm.

2 Der Reiche besaß sehr viele Schafe und Rinder,

3 der Arme aber besaß nichts außer einem einzigen kleinen Lamm, das er gekauft hatte. Er zog es auf und es wurde bei ihm zusammen mit seinen Kindern groß. Es aß von seinem Stück Brot und es trank aus seinem Becher, in seinem Schoß lag es und war für ihn wie eine Tochter.

4 Da kam ein Besucher zu dem reichen Mann und er brachte es nicht über sich, eines von seinen Schafen oder Rindern zu nehmen, um es für den zuzubereiten, der zu ihm gekommen war. Darum nahm er dem Armen das Lamm weg und bereitete es für den Mann zu, der zu ihm gekommen war.

(2 Samuel 12,1–4)

Allegorie: Allegorien bestehen aus **mehreren Metaphern**, die aber aus **unterschiedlichen Zusammenhängen** stammen. Ohne „Entschlüsselung" ergeben sie oftmals keinen Sinn. Das Gleichnis von den bösen Weingärtnern kann zum Beispiel auch allegorisch gedeutet werden:

Zitat

1 Ein Mann legte einen Weinberg (steht für: Königreich Gottes, Welt) an und zog ringsherum einen Zaun (steht für: das Gesetz des Mose) […] und verpachtete [ihn] an Winzer (steht für: die Menschen im Allgemeinen oder die Führer im Volk Israel) und reiste in ein anderes Land. **2** Als nun die Zeit dafür gekommen war, schickte er einen Knecht (steht für: Prophet) zu den Winzern, um bei ihnen seinen Anteil an den Früchten des Weinbergs (steht für: Frucht, die die Menschen für Gott bringen sollten, also Liebe, Gemeinschaft, Heiligung) holen zu lassen. **3** Sie aber packten und prügelten ihn und jagten ihn mit leeren Händen fort. […] **6** Schließlich blieb ihm nur noch einer, sein geliebter Sohn (steht für: Christus); […] **8** Und sie packten ihn und brachten ihn um und warfen ihn aus dem Weinberg hinaus. **9** Was wird nun der Besitzer des Weinbergs (steht für: Gott) tun? Er wird kommen und die Winzer vernichten und den Weinberg anderen (anderen Menschen/Völkern) geben.

(Mk 12,1–9)

Symbol kommt von griech. *symbolon*: das Zusammengefügte; lat. *symbolum*: Kennzeichen

Symbol: Das Symbol, auch „Sinnbild", ist ein **Bedeutungsträger** (Zeichen, Wörter, Gegenstände, Vorgänge usw.), der auf etwas anderes **verweist**. Im Gegensatz zur Metapher ergibt sich die übertragene Bedeutung nicht aus der Überschneidung zweier Bereiche, sondern ist gesellschaftlich bzw. kulturell festgelegt, z. B. die weiße Taube als Symbol des Friedens oder der Weg als Symbol der Lebensgeschichte. Ein besonders prominentes biblisches Beispiel ist „Zion", Synonym für Jerusalem und Bezeichnung für den Gottesberg, den Ort, an dem sich himmlische und irdische Welt berühren (vgl. Ps 48). Dieser Ort wurde zum Symbol für die Heilshoffnungen Israels. Ein anderes Beispiel ist die Schlange, die für List und Weisheit steht (vgl. zweiter Schöpfungstext Gen 2,4b–25).

7 Biblische Wirkungsgeschichte

7.1 Alltagssprache

Die Wirkungsgeschichte der Bibel reicht über den religiös-weltanschaulichen Bereich weit hinaus. Es gibt kaum einen Lebensbereich, der nicht von biblischen Motiven (Himmel, Hölle, Teufel, Kreuz, Auferstehung, Sünde etc.) oder Ausdrücken durchdrungen wurde. Vor allem unsere **Alltagssprache** zeugt vom immensen Einfluss der Bibel auf unser Denken: *Wer anderen eine Grube gräbt, fällt selbst hinein.* (Spr 26,27), *Hochmut kommt vor dem Fall.* (Spr 16,18) oder *Der Mensch denkt und Gott lenkt* (Spr 16,9). Abgesehen von diesen **direkten Zitaten** gingen auch viele biblische **Begriffe** in den **Sprachschatz** ein: Ein großes Durcheinander wird als *Tohuwabohu* bezeichnet (das ist hebräisch für „wüst und leer" und wird im ersten Schöpfungsbericht verwendet), bei Katastrophen wird ein *Sündenbock* gesucht (am jüdischen Versöhnungstag wurde, so steht es im Buch Levitikus, dieser symbolisch *in die Wüste geschickt*, vgl. Lev 16,21 f.) und die Eltern müssen ihren Kindern hin und wieder *die Leviten lesen* (das Buch Levitikus enthält besonders umfangreiche Verhaltensregeln). Auch folgende **Redewendungen** entstammen alle der Bibel: ein *Dorn im Auge* (vgl. Num 33,55), *mit Füßen treten* (vgl. 1 Sam 2,29), *auf Herz und Nieren prüfen* (vgl. Ps 7,10), *auf keinen grünen Zweig kommen* (vgl. Ijob 15,32), *zu Berge stehende Haare* (vgl. Ijob 4,15) oder *der Wolf im Schafspelz* (vgl. Mt 7,15).

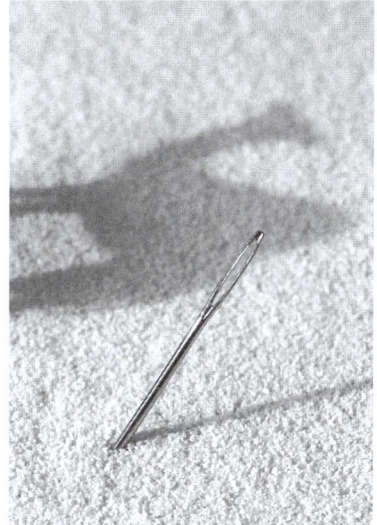

Viele Redewendungen kommen aus der Bibel, z. B.: „Leichter geht ein Kamel durch ein Nadelöhr, als dass ein Reicher in das Reich Gottes gelangt." (Mk 10,25)

7.2 Kunst

Ein besonderes Wirkungsfeld der Bibel ist selbstverständlich die Kunst, allen voran die bildende – angefangen bei den Fischdarstellungen der frühen Christen über Michelangelos Fresken in der Sixtinischen Kapelle bis hin zu modernen Bearbeitung biblischer Stoffe z. B. von Marc Chagall. Kreuzesdarstellungen haben dabei einen besonderen Stellenwert. In diese Sparte gehört auch **Salvador Dalís** (1904–1989) Gemälde „Christus des Heiligen Johannes vom Kreuz" (1951). Als Inspiration diente ihm eine Zeichnung, die dem Heiligen Johannes vom Kreuz zugeschrieben wird (daher der Titel).

Salvador Dalís Kreuzesdarstellung als typisches Beispiel für die Aufnahme biblischer Motive in der Kunst

Das Bild ist zweigeteilt. Die untere Hälfte zeigt eine Szene aus Dalís Heimatdorf in Portugal. Die obere Bildhälfte setzt sich kontrastreich von der Fischer-Idylle ab. Sie wird dominiert von einem übergroßen Christus am Kreuz. Ein goldener Lichtschein fällt auf ihn herab, während der Hintergrund in tiefes Schwarz getaucht ist.

Das Bild liefert **viele Ansätze für die Interpretation**. Gottes warmes Licht erhellt nicht nur Jesus, dieselben Farben finden sich auch in der Landschaft, dem Wolkenhimmel, ja auch im Fischerboot wieder. Seine **Präsenz** ist also **überall spürbar**. Gleichzeitig drängt sie das Dunkel zurück, das den Gekreuzigten umgibt. Jesus ist den Menschen zugewandt, er neigt sich zu ihnen herab. Auch wird er, obwohl er sich schon im Bereich der göttlichen Sphäre befindet, als Gekreuzigter dargestellt, nicht als Auferstandener. Er ist also hier noch ganz Mensch und **den Menschen verbunden**.

Auch **kritische Töne** lassen sich der Darstellung entnehmen. So steht die Friedlichkeit der Fischerszene in deutlichem **Kontrast** zur bedrohlichen Schwärze, die Jesus umgibt. Die Menschen nehmen davon keine Notiz, sie sind ganz in ihre Arbeit vertieft. Womöglich haben sie also weder einen Blick für die Dunkelheit, das Böse, die Nachtseite der Existenz noch für deren Überwindung in Jesus Christus. Es scheint, als ginge sie das nichts an. Und doch dominiert, von ihnen unbemerkt, der Sieg des Lichtes über den Schatten, von Gut über Böse, von Erlösung über Sünde, ihr Dasein.

7.3 Literatur

Ein Beispiel für die Aufnahme biblischer Motive in die Literatur ist das dreistrophige, reimlose Gedicht „Immer noch Mitternacht" von **Nelly Sachs** aus dem Gedichtband „Und niemand weiss weiter. Flügel der Prophetie" (1957). In vielen ihrer Gedichte verarbeitet sie das **Schicksal der Juden in Deutschland**, das auch ihr eigenes war. Im Angesicht der Shoa entfernte sie sich völlig vom romantischen Stil ihrer frühen Gedichte und fand neue Ausdrucksformen, die um die Leitbegriffe Nacht, Stern, Verdunkelung, Rauch und Staub kreisen, was auch am folgenden Gedicht ersichtlich wird.

Nelly **Sachs** (1891–1970) war eine deutsche Dichterin. Als fast Fünfzigjährige emigrierte sie gerade noch rechtzeitig ins schwedische Exil.

> **Immer noch Mitternacht auf diesem Stern**
>
> 1 und die Heerscharen des Schlafes.
> Nur einige von den großen Verzweiflern
> haben so geliebt,
> dass der Nacht Granit aufsprang
> 5 vor ihres Blitzes weißschneidendem Geweih.
> So Elia; wie ein Wald mit ausgerissenen Wurzeln
> erhob er sich unter dem Wachholder,
> schleifte, Aderlaß eines Volkes,
> blutige Sehnsuchtsstücke hinter sich her,
> 10 immer den Engelfinger
> wie einen Müdigkeit ansaugenden Mondstrahl
> an seine Schwere geheftet,
> Untiefen heimwärtsziehend –
> Und Christus! An der Inbrunst Kreuz
> 15 nur geneigtes Haupt –
> den Unterkiefer hängend,
> mit dem Felsen:
> Genug.

Zitat

Es herrscht tiefe **Nacht**, die schwer ist wie „Granit". Zudem ist sie von unnatürlicher Dauer, und die meisten („Heerscharen", V. 1) scheinen sich damit abgefunden zu haben – denn sie schlafen. Nur manche stemmen sich gegen diese Nacht mithilfe ihrer **Liebe**, die als heller Blitz die Dunkelheit durchbricht. Doch diese „Verzweifler[ ]" (V. 2) haben kein leichtes Schicksal. Einer von ihnen ist der Prophet **Elia**. Mit Elia und seiner Wiederkehr wird in der Bibel die große Zeitenwende verknüpft:

Zitat

> Bevor aber der Tag des Herrn kommt, der große und furchtbare Tag, seht, da sende ich zu euch den Propheten Elija. Er wird das Herz der Väter wieder den Söhnen zuwenden und das Herz der Söhne ihren Vätern, damit ich nicht komme und das Land schlage mit Bann.
>
> (Mal 3,23 f.)

Im Gedicht von Nelly Sachs klingt jedoch nicht der sonst so starke, leidenschaftliche Gotteskämpfer Elia an, sondern der **schwache Prophet**, der nach dem Gottesurteil auf dem Karmel (vgl. 1 Kön 18,20 ff.) verwundet, geschlagen und bedroht in die Wüste aufbricht, um dort einsam zu sterben. Er will sein Prophetenamt nicht mehr. Er legt sich hin und schläft unter einem Ginsterstrauch ein. So **verkörpert** Elia **das heimatlose jüdische Volk** („Wald mit ausgerissenen Wurzeln", V. 6). Er hat dessen Sehnsüchte mit in seinem Gepäck („blutige Sehnsuchtsstücke", V. 9). Zwar bleibt Elia die endzeitliche Hoffnungsgestalt, doch in diesem Moment, den das Gedicht eingefangen hat, in dieser ewig dauernden Mitternacht, erscheint jedwede **Erlösungsverheißung unvorstellbar**.

Auch **Christus** wird nicht als der Auferstandene vorgestellt, sondern lediglich als leidender Schmerzensmann. Nichts weist auf den Erlöser oder dergleichen hin, im Gegenteil. Die Liebe („Inbrunst", V. 14), die ihn ans Kreuz bringt, bleibt **vergeblich**. Er neigt sein Haupt in Ergebung, macht- und kraftlos, „den Unterkiefer hängend"(V. 16).

In ihrer völligen **Verzweiflung** decken sich das Leiden Elias und Jesu und letztlich auch das Leiden der Menschen.

Das letzte, kursiv gedruckte Wort „genug" (V. 18) beschwört das Ende dieses Leidens herauf. Die Liebestaten dieser großen Verzweifler müssen ausreichen, um die Nacht zu beenden. So klingt am Ende doch noch die **Hoffnung** auf einen möglichen, ja voller Sehnsucht erhofften Wendepunkt, der endlich die erstarrte Mitternacht aufsprengt und Erlösung schenkt.

7.4 Film

Als relativ junges Medium künstlerischer Darstellung ist der Film längst nicht so von christlichen Motiven durchzogen wie die Malerei oder die Dichtung. Dennoch tragen zahlreiche Filmproduktionen religiöse Züge, z. B. die Romanverfilmung „**Der König von Narnia**" (2005):

- Parallelität zwischen dem Löwen **Aslan** und **Jesus**: Aslan wird als „der König des ganzen Waldes, […] der Sohn des großen Königs jenseits der Meere" vorgestellt; er hat die Fähigkeit, Verwundete zu heilen und Tote wieder zum Leben zu erwecken; er nimmt die Schuld eines anderen auf sich und stirbt an seiner statt; bei seiner Hinrichtung wird er verspottet und gedemütigt; am nächsten Morgen bebt plötzlich die Erde, der steinerne Opfertisch zerbricht und Aslans Leichnam ist verschwunden. Dann steht der auferstandene Aslan in hellem Licht im Torbogen über der Opferstätte.
- Im Vergleich mit der Leidensgeschichte Jesu erinnert der Junge **Edmund** sehr an **Judas** Iskariot. Beide haben aus niederen Beweggründen nahestehende Menschen verraten. Weiterhin bereuen beide ihre Taten.
- Die Verführerin **Jadis** (die Hexe im Film) erinnert an den **Satan**.

8 Die Bibel als Offenbarungszeugnis

8.1 Christliches Offenbarungsverständnis

Für die christlichen Glaubensgemeinschaften ist die Botschaft der Bibel das **Wort Gottes**. Gott offenbart sich demnach den Menschen in der Schrift. Schon Paulus schreibt an seine Gemeinde in Thessalonich:

> Darum danken wir Gott unablässig dafür, dass ihr das Wort Gottes, das ihr durch unsere Verkündigung empfangen habt, nicht als Menschenwort, sondern – was es in Wahrheit ist– als Gottes Wort angenommen habt; und jetzt ist es in euch, den Glaubenden, wirksam.
>
> (1 Thess 2,13)

Zitat

Freilich darf die Bezeichnung „Gottes Wort" nicht missverstanden werden. Die christliche (wie auch die jüdische) Tradition hat immer **menschliche Autoren** als Verfasser der biblischen Schriften angesehen: Mose, David, die Propheten; die Evangelisten, Paulus und die anderen neutestamentlichen Briefautoren. Eine Ausnahme bildet allein die Übermittlung der Zehn Gebote, die der alttestamentlichen Überlieferung zufolge von Gott selbst auf steinerne Tafeln geschrieben wurden (vgl. Ex 31,18; Dtn 10,4). Das Bewusstsein für die eigene Schriftstellertätigkeit tritt bei verschiedenen biblischen Autoren offen zutage. So schreibt der Evangelist Lukas:

Zitat

> Schon viele haben es unternommen, eine Erzählung über die Ereignisse abzufassen, die sich unter uns erfüllt haben. […] Nun habe auch ich mich entschlossen, nachdem ich allem von Beginn an sorgfältig nachgegangen bin, es für dich, hochverehrter Theophilus, der Reihe nach aufzuschreiben.
> (Lk 1,1.3)

→ **Verbalinspiration**
vgl. S. 96

Gott hat also die Schrift nach christlicher Überzeugung nicht selbst verfasst. Allerdings glaubte man lange Zeit an eine „**Verbalinspiration**", wonach Gott den biblischen Autoren den Text eingegeben hat wie ein Chef seinem Sekretär. Vor allem die Ergebnisse der **historisch-kritischen Forschung** haben diese Auffassung falsifiziert, denn die verschiedenen Entstehungsphasen, Widersprüche, Spannungen und redaktionellen Überarbeitungen sind mit der Theorie der Verbalinspiration unvereinbar. Die beiden großen Kirchen haben sich daher in einem langen, schmerzhaften Prozess von dieser Auffassung gelöst. Heute wird die Bibel als **menschliches Wort** verstanden, das Zeugnis gibt vom Glaubensverständnis bestimmter Menschen zu einer ganz bestimmten Zeit an einem bestimmten Ort.

Für denjenigen, der nicht glaubt, ist die Bibel also rein (religions-)geschichtlich von Belang. Anders **für den Gläubigen:** Ihm wird die Bibel zum **wirkmächtigen Wort Gottes**. Glaube und Verkündigung gehen dabei Hand in Hand. Die Botschaft bewirkt den Glauben, und der Glaube wiederum erkennt die Botschaft als göttlich. Dabei „macht" der einzelne Gläubige die Bibel nicht erst zum Wort Gottes, er entdeckt sie vielmehr als solches. Die Gleichung Bibel = „Wort Gottes" ist also **subjektiv**. Doch das schmälert ihre Bedeutung keineswegs, kann doch nur dasjenige eine Veränderung bewirken, was subjektiv als wahr und gut erkannt wird.

8.2 Vergleich mit dem Islam

Das Christentum unterscheidet zwischen der göttlichen Offenbarung und den Texten der Bibel, in denen die Autoren ihre Offenbarungserlebnisse verarbeitet haben. Der Koran ist nach muslimischem Verständnis hingegen **identisch mit der Offenbarung**, die Mohammed (570–632) durch den Engel Gabriel ab dem Jahr 610 direkt zuteilwurde. Gott ist also quasi „Buch geworden" **(Inlibration)** – im Gegensatz zum Christentum, bei dem Gott „Mensch geworden" **(Inkarnation)** ist. Der Koran enthält demnach keine menschlichen Texte, sondern ausschließlich Gottes Wort. Deshalb muss er auch nicht interpretiert werden, sondern der Wille Allahs muss lediglich gehorsam umgesetzt werden.

	Christentum	**Islam**

Offenbarungs-verständnis	Offenbarungen sind **Gotteserfahrungen** im menschlichen Leben, die ihren literarischen Niederschlag u. a. in der Bibel gefunden haben; Offenbarung findet **auch heute noch** statt (u. a. im Gottesdienst durch das Hören der Bibel).	Offenbarung ist die **direkte Mitteilung** der göttlichen Worte durch den Engel Gabriel an Mohammed, die dieser im Koran niedergeschrieben hat; **heute** findet **keine Offenbarung mehr** statt.
Besonderheit	Offenbarung durch **Inkarnation** (Menschwerdung Gottes)	Offenbarung durch **Inlibration** (Koran)

Offenbarungskonzepte von Christentum und Islam im Vergleich

Zusammenfassung

- Die Bibel ist in einem Zeitraum von über 1 000 Jahren entstanden. Die Kanonisierung der Schriften war im 4. Jahrhundert abgeschlossen.
- Altes und Neues Testament sind nach dem Schema Vergangenheit, Gegenwart und Zukunft geordnet. Nach dem frühkirchlichen und mittelalterlichen Schriftverständnis wurden beide Teile nach dem Muster von Verheißung und Erfüllung aufeinander bezogen.
- Der reformatorische Streit um das Verhältnis von Heiliger Schrift und Lehramt gilt als überwunden. Während die Bedeutung des Lehramts für die Auslegung der Schrift in der protestantischen Tradition Anerkennung findet, wird vonseiten der katholischen Kirche die dienende Funktion des Lehramts hervorgehoben.
- Aus Sicht der gegenwärtigen Theologie sind Altes und Neues Testament eng miteinander verbunden. Die Botschaft Jesu ist nur im Licht des Alten Testaments verständlich. Umgekehrt fällt durch das Evangelium ein neues Licht auf das Alte Testament.
- Während die biblische Hermeneutik nach den Grundannahmen bei der Auslegung von Texten fragt, zielt die historisch-kritische Exegese auf die wissenschaftliche Analyse von Bibeltexten ab.
- Textkritik, Literarkritik, Gattungskritik, Motivkritik und Redaktionskritik gehören zum Inventar der historisch-kritischen Methode.
- Zu den verschiedenen Lesarten der Bibel zählt die kontextuelle Exegese. Hierbei werden neue Perspektiven (u. a. sozialkritisch, feministisch, tiefenpsychologisch) auf biblische Texte eröffnet.
- Die Bibel enthält unterschiedlichste Formen religiöser Sprache, die einerseits von der Unmöglichkeit ausgehen, Gott begrifflich zu erfassen (negative Theologie), sich aber andererseits Gott sprachlich annähern (u. a. durch Metaphern, Vergleiche oder Gleichnisse).
- Die Bibel gehört zur Weltliteratur und hat aufgrund ihrer langen Überlieferungsgeschichte eine breite Wirkung in der Alltagssprache sowie in der Literatur und Kunst entfaltet.
- Die Bibel gibt Zeugnis von der Offenbarung Gottes in der menschlichen Geschichte. Aus Sicht eines Gläubigen enthält sie Gottes Wort in Menschenwort. Im Gegensatz zum Islam werden im Christentum die Texte der Heiligen Schrift nicht (mehr) so verstanden, als seien sie direkte Produkte göttlicher Eingebung.

Der Glaube an Gott – Anfragen und Annäherungen

1 Mit Gott in Kontakt sein

Unabhängig von seinem religiösen Umfeld stellt sich jedem Menschen ganz persönlich die Frage nach dem Sinn der eigenen Existenz. Auch heute noch gibt es eine beachtliche Anzahl von Menschen, die diesen Sinn in einer höheren, transzendenten Wirklichkeit aufgehoben sehen. Neben der eher abstrakten **Sinnfrage** weisen Erfahrungen der eigenen Endlichkeit **(Kontingenzerfahrungen)** auf Gott hin. Im Glauben an Gott suchen Menschen angesichts ihrer Begrenztheit ein Gefühl von Ganzheit und Heil. Daneben berichten manche Menschen von außergewöhnlichen Erfahrungen, in denen sie auf eine alles Irdische übersteigende Dimension verwiesen waren **(Transzendenzerfahrungen)**. Der Austausch über diese Erfahrungen kann wiederum den Glauben an Gott stärken. Es stellt sich allerdings die Frage, wie **Erfahrungen des Göttlichen in menschlicher Sprache** zum Ausdruck gebracht werden können. Davon abgesehen sind die Vorstellungen von Gott einem steten Wandel unterzogen, da vor allem auch die **persönliche Entwicklung Auswirkungen auf den Glauben** hat.

→ **Kontingenz** vgl. S. 260

1.1 Von Gott reden

Der „Tractatus logico-philosophicus" (1921), in dem Ludwig Wittgenstein die Grenzen philosophischer Erkenntnis aufzeigt, endet mit den Worten: *Wovon man nicht sprechen kann, darüber muss man schweigen.* Obwohl diese Aussage in erster Linie auf die Grenzen der Sprache in der Philosophie bezogen ist, erscheint sie auch für das Reden von Gott bedeutsam. Kann man überhaupt von einem Gott sprechen, der dem menschlichen Sinn weitgehend verborgen ist? In der Tat stellt **Schweigen** eine Möglichkeit dar, der Geheimnishaftigkeit Gottes gerecht zu werden. Von Thomas von Aquin ist überliefert, dass er die Arbeit an seinem Hauptwerk, der „Summa theologica", plötzlich abbrach und einen Winter lang kein Wort mehr zu Papier brachte. Einem Mitbruder gegenüber bekannte er, dass ihm das bisher Geschriebene nach einer Begegnung mit dem Göttlichen als nichtig erscheine. Ein anderer Weg, die Unsagbarkeit Gottes in Worte zu fassen, besteht darin, alle Aussagen von Gott zu verneinen *(via negativa).* Diese Ausdrucksform religiöser Rede wird auch als **negative Theologie** bezeichnet. Gemeint ist nicht, negative Aussagen über Gott zu machen, sondern die Unbeschreiblichkeit Gottes zu unterstreichen. Demnach ist Gott „*un*-ermesslich", „*un*-begreiflich", „*un*-endlich" oder „*un*-vergänglich".

Thomas von Aquin (1225–1275) gilt als einer der bedeutendsten Theologen des Mittelalters.

Eine Theologie aber, die von Gott nur schweigt oder lediglich aussagt, was er nicht ist, macht einen Austausch über religiöse Erfahrungen nahezu unmöglich. Daher entwickelten sich auch Sprachformen, die positive Aussagen über Gott zulassen. Um beispielsweise die Größe Gottes zum Ausdruck zu bringen, wurde der **Weg der Steigerung** beschritten *(via ementiae)*. Dabei werden Attribute aus dem Erfahrungsbereich des Menschen ins Unendliche gesteigert. So wird Gott als „*all*-wissend", „*all*-mächtig" oder „*all*-gegenwärtig" bezeichnet. Am häufigsten wird von Gott aber in Form von **Analogien** *(via analogia)* gesprochen. Dabei werden Erfahrungen und Vorstellungen aus dem menschlichen Bereich in Beziehung gesetzt mit der Wirklichkeit Gottes. Die Aussagen, Gott sei „wie ein Fels" (vgl. Ps 18) oder „wie ein guter Hirte" (vgl. Ps 23), verweisen auf ganz bestimmte Erfahrungen, die der Gläubige mit Gott gemacht hat, z. B. Halt im Leben zu erfahren oder sich geborgen zu wissen. Insbesondere in der **Psalmensprache** werden zahlreiche **metaphorische Bilder** für Gott gefunden, die einer persönlichen Beziehung des Beters zu Gott entspringen. Daneben wird in der Bibel auch in **Hymnen** (vgl. Schöpfungshymnus) oder längeren **Erzählungen** (vgl. Gott als Befreier im Buch Exodus) von Gott gesprochen. Dabei soll in Worte gefasst werden, wie sich Gott in der Geschichte den Menschen zeigt. Auch wenn Vergleiche und Bilder die Chance eröffnen, der Rede von Gott einen ganz konkreten Ausdruck zu verleihen, muss doch festgehalten werden, dass diese Sprachformen immer unzulänglich bleiben. Daher formulieren die Konzilsväter auf dem IV. Laterankonzil:

Zitat

> Denn zwischen dem Schöpfer und dem Geschöpf kann man keine so große Ähnlichkeit feststellen, daß zwischen ihnen keine noch größere Unähnlichkeit festzustellen wäre.
>
> (IV. Laterankonzil, 1215)

Zu den Formen religiöser Sprache gehört auch, nicht nur *von* Gott zu sprechen, sondern auch *zu* ihm. Dieses **existenzielle Reden** zu Gott wird im **Gebet** vollzogen und spiegelt die jeweilige Situation des Beters wider (u. a. Lob, Dank, Bitten, Klagen). Da sich mit der Äußerung des Gebets in der Beziehung zu Gott auch tatsächlich etwas vollzieht, handelt es sich um einen performativen Sprechakt. Neben dem Gebet geht auch der **Segen** über bloßes Sprechen hinaus, da sich die Segenswünsche positiv auf die Lebenswirklichkeit der Gläubigen auswirken sollen.

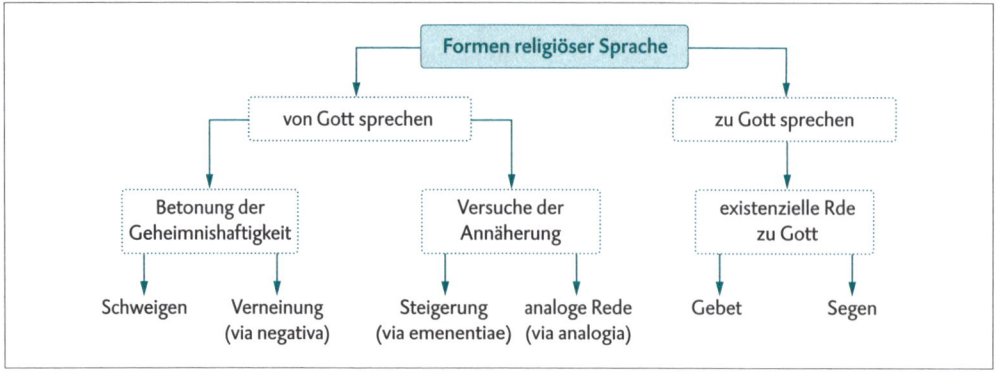

1.2 Gott in der eigenen Biografie

Die Entwicklung religiöser Vorstellungen ist ein sehr komplexer Vorgang, der nicht nur stark von dem jeweiligen **sozialen Umfeld** abhängig ist, sondern auch von eigenen **Lebenserfahrungen**. Ohne Zweifel spielt es in Bezug auf das eigene Gottesbild eine große Rolle, in welchem **Altersabschnitt** man sich befindet. Der Pädagoge **Fritz Oser** und der Theologe **Paul Gmünder** untersuchten in den 1980er-Jahren, wie Menschen über den Zusammenhang zwischen Gott und Welt denken. Hierzu legten die Wissenschaftler Probanden verschiedenen Alters Dilemma-Geschichten vor.

> **info**
>
> **Das Paul-Dilemma**
>
> Im sog. Paul-Dilemma wird der junge Arzt Paul vor eine schwierige Entscheidung gestellt, als das Flugzeug, in dem er sitzt, abstürzt. Während des Sinkflugs gelobt er Gott, nach Afrika zu gehen und Menschen in armen Ländern zu helfen, wenn er gerettet wird. Auf eine Hochzeit mit seiner Verlobten will er verzichten, falls sie ihn nicht begleitet. Wie durch ein Wunder überlebt Paul als Einziger den Absturz. Kurze Zeit danach wird ihm eine lukrative Stelle als Arzt in einer Privatklinik seines Heimatlandes angeboten. Paul muss sich entscheiden: Soll er sein Versprechen gegenüber Gott halten?

Oser und Gmünder stellten fest, dass Probanden gleichen Alters ähnliche Antworten auf diese Frage geben. Darauf aufbauend unterscheiden die Wissenschaftler, je nach Abstraktion und Differenzierung, verschiedene **Stufen des religiösen Urteils**. Grundsätzlich vertreten die beiden Wissenschaftler folgende Auffassung: Mit höherem Alter korreliert eine höhere Stufe des religiösen Urteils. Die vier wichtigsten (von insgesamt sechs) Stufen dieser Entwicklung werden im Folgenden kurz erläutert.

- **Stufe 1 – Orientierung an absoluter Heteronomie:** Das Kind nimmt an, dass es von externalen (äußeren) Kräften geleitet, geführt und gesteuert wird. Auf dieser Stufe erkennt es bereits, dass es Kräfte gibt, die noch über die der Erzieher und Eltern hinausgehen. Diese Kräfte greifen der Vorstellung der Kinder nach unvermittelt in die Welt ein *(deus ex machina)*. Grundsätzlich gilt: Das Letztgültige (Gott) ist aktiv, der Mensch ist reaktiv. Zudem nimmt das Kind an, dass das Regelverhalten, das von Eltern und Erziehern eingefordert wird, auch Gott bzw. eine höhere Instanz verlangt. Eine typische Antwort auf das Paul-Dilemma könnte auf dieser Stufe lauten: *Wenn Paul zufrieden weiterleben will, sollte er Gott gehorchen und sein Versprechen einlösen.*

- **Stufe 2 – Orientierung an relativer Autonomie:** Der Fortschritt zu Stufe 1 besteht im Wesentlichen darin, dass sich der Mensch nicht mehr als rein reaktives Wesen zu einer höheren Macht begreift. Es gibt jetzt Mittel, so die Annahme, die das über uns stehende Absolute (Schicksal, Geister, Gott) beeinflussen. Durch diese Beeinflussung wird versucht, das Ausmaß befürchteter Strafen zu mildern oder sich Vorteile zu verschaffen. Religiöse Handlungen sind in erster Linie dazu da, Begünstigungen, z. B. in Form von Reichtum oder Gesundheit, zu erhalten. Dieses Denken folgt dem Prinzip des *do ut des* („Ich gebe, damit du gibst."). Treten Unglücksfälle auf, werden diese umgekehrt als Folge von zu geringem persönlichen Einsatz gedeutet. In Bezug auf das Paul-Dilemma ist folgende Antwort auf dieser Stufe typisch: *Falls Paul bei seiner Freundin bleibt, sollte er zu Gott beten und sich entschuldigen.*

- **Stufe 3 – Orientierung an absoluter Autonomie:** Personen auf dieser religiösen Stufe beginnen zu trennen zwischen dem, wofür sie selber verantwortlich sind, und dem, was sie einem Absoluten bzw. Gott zuschreiben (Trennung von Immanenz und Transzendenz). Dieser Raum, der dem Letztgültigen bzw. Gott zugebilligt wird, hängt auch von der religiösen Sozialisation ab. Die Vorstellung, dass der Mensch das Absolute beeinflussen kann, wird überwiegend abgelehnt. Vielmehr ist er für sein eigenes Tun verantwortlich. Der Fortschritt dieser Entwicklungsstufe besteht also darin, dass der Mensch nun auf seine eigenen Entscheidungskompetenzen blickt und sich nicht weiter als Spielball einer höheren Macht begreift. Charakteristisch für dieses Denken ist folgende Antwort: *Egal, wie sich*

Paul entscheidet, er sollte es ohne Angst und mit voller Überzeugung tun.

- **Stufe 4 – Orientierung an vermittelter Autonomie:** Auf dieser Stufe des religiösen Urteils kommt es erneut zu einer Vermittlung zwischen dem eigenen Entscheidungsbereich und dem Absoluten. Im Gegensatz zu Stufe 1 ist die Welt aber nicht mehr unmittelbar von einem Letztgültigen beeinflusst. Vielmehr ist die Auffassung verbreitet, dass das Absolute oder Gott zeichenhaft in der irdischen Welt erscheint. Die Bewunderung neugeborenen Lebens oder das Staunen über die pure Möglichkeit des Seins können solche Zeichen sein. Das Subjekt gibt seinen Anspruch auf, alles aus sich heraus leisten zu können. Vielmehr begreift es sich als Teil eines größeren Ganzen, als Teil eines Heilsplans oder einer kosmischen Evolution. Ein Proband auf dieser Stufe äußerte in Bezug auf das Paul-Dilemma beispielsweise: *Die Liebe Pauls zu seiner Freundin spiegelt die Liebe Gottes wider.*

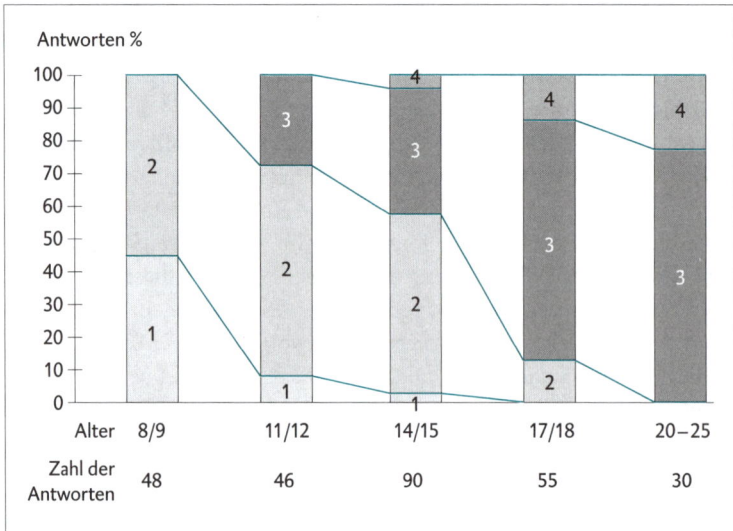

Prozentuale Anteile an Stufe 1-, Stufe 2-, Stufe 3-, Stufe 4-Antworten in verschiedenen Altersgruppen (über alle Dilemmata hinweg)

Zwar nehmen Oser und Gmünder auch die Existenz einer fünften und sechsten Stufe bei der Entwicklung des religiösen Urteils an, diese waren aber bei den Studien nicht nachzuweisen. Die abgebildete Grafik gibt einen Überblick über den Zusammenhang zwischen den Stufen der religiösen Entwicklung und dem Alter der befragten Personen.

2 Grundzüge des biblisch-theologischen Gottesbildes

2.1 Gottesbilder im Alten Testament

Grundlage für das Nachdenken über Gott bildet im christlichen Kontext die Bibel. In der Heiligen Schrift finden sich ganz **unterschiedliche Erfahrungen**, die einzelne Menschen oder auch Gruppen mit Gott gemacht haben. Neben der großen Bandbreite an Erfahrungen spielt auch der **enorme Zeitraum** von über tausend Jahren eine Rolle, in dem die biblischen Schriften verfasst, bearbeitet und überliefert wurden. Daher ist es schwierig, von *dem* biblischen Gottesbild zu sprechen. In der Bibel werden ganz **unterschiedliche Gottesbilder**, die einander teils auch widersprechen, überliefert. Dennoch gibt es eine Mitte in der biblischen Überlieferung, die den Kern des christlichen Gottesbildes ausmacht. Grundzüge des biblisch-theologischen Gottesbildes sollen im Folgenden vorgestellt werden.

→ **Entstehung der Bibel**
vgl. S. 32 f.

Gott als Schöpfer

Ich glaube an Gott, den Schöpfer des Himmels und der Erde, heißt es zu Beginn des apostolischen Glaubensbekenntnisses. Nicht nur in den beiden Schöpfungserzählungen im **Buch Genesis**, dem ersten Buch der Bibel, wird diese Seite Gottes offenbar. Das ganze Alte Testament ist von dem Gedanken durchzogen, dass alle geschaffenen Dinge auf den einen göttlichen Urheber zurückzuführen sind. So stimmen verschiedene Lieder in der **Psalmendichtung** ein Lob auf die Größe des Schöpfers an (vgl. Ps 104) und im **Buch der Weisheit** betont dessen Verfasser, dass in der Ordnung und Schönheit der Welt der Schlüssel zur **Erkenntnis des göttlichen Wesens** liege (vgl. Weis 13,1–9) – ein Gedanke, der vielfach Widerhall in der Theologiegeschichte gefunden hat. Gerade in einer seiner größten Krisen, dem **babylonischen Exil**, entdeckt Israel die besondere Bedeutung des Glaubens an einen Schöpfergott. In einer Umwelt, in der die Natur teilweise vergöttlicht und **pantheistisch** gedeutet wird, beispielsweise durch die Verehrung von Mond und Sonne, setzt sich unter den Exilierten der Glaube durch, dass auch die größten Naturphänomene in der Hand des einen Gottes liegen. Angesichts der Bedrohung durch fremde Mächte vertrauen die Israeliten auf die **Allmacht Gottes:** Weil Gott der schöpferische Ursprung der Welt ist, kann er in die Geschichte eingreifen und sich auch als Retter und Befreier (s. u.) erweisen. Neben dem Aspekt der Allmacht wird

→ **babylonisches Exil:**
vgl. S. 147

Pantheismus: Glaube an das Göttliche in allen Dingen (griech. *pan*: alles, ganz)

Die **Priesterschrift** ist eine literarische Schicht innerhalb der ersten fünf Bücher Mose. Kennzeichen der Schrift sind u. a. ihre formelhafte Sprache und die Akzentuierung kultischer Aspekte.

→ **Theodizee** vgl. S. 86 ff.

auch die **Güte Gottes** bei seinem schöpferischen Handeln offenbar. Mehrfach weisen die Autoren der **Priesterschrift** auf den göttlichen Willen hin, die Schöpfung in einen heilvollen Zustand zu versetzen, wenn sie wiederholen: *Gott sah, dass es gut war* (vgl. Gen 1,10.12. 18.21.25). Auch damit erfolgt eine gezielte Abgrenzung zum babylonischen Schöpfungsmythos, wonach die Welt das Ergebnis eines Kampfes unter den Göttern ist. Die göttlichen Attribute der Allmacht und Güte sind also untrennbar mit dem Schöpfungsglauben verbunden. Beide Aspekte waren und sind für viele Gläubige ein Grund der Hoffnung, ebenso wie sie Kopfzerbrechen angesichts der Erfahrung von Leid und Übel in der Welt bereiten **(Theodizeefrage)**.

Gott als Retter und Befreier

Dass sich Gott als **Retter und Befreier** offenbart, gehört zu den Grundüberzeugungen des jüdisch-christlichen Gottesbilds. Im Buch **Exodus** werden aus einem theologischen Blickwinkel die Ereignisse erzählt, die zur **Befreiung des Zwölfstämmevolkes Israel aus der Gefangenschaft** durch den ägyptischen Pharao geführt haben. Am Beginn des Buches werden die Leiden des israelitischen Volkes beschrieben, das nach biblischer Darstellung unter der Herrschaft Ramses', des ägyptischen Pharaos, in die Sklaverei gerät und dort Fronarbeit bei der Ziegelherstellung und der Feldarbeit leisten muss. Gott lässt das Elend seines Volkes jedoch nicht unberührt. Als er sich Mose im brennenden Dornbusch offenbart, erklärt er: *Ich habe das Elend meines Volkes in Ägypten gesehen und ihre laute Klage über ihre Antreiber habe ich gehört. Ich kenne sein Leid. Ich bin herabgestiegen, um es der Hand der Ägypter zu entreißen [...]* (Ex 3,7 f.). Nach der Erzählschicht der Priesterschrift gibt sich Gott erst bei der Berufung des Mose als „Jahwe" zu erkennen, was mit „Der-ich-bin-da" bzw. „Ich werde mich (wirksam, mächtig) erweisen, als der ich mich erweisen werde" übersetzt werden kann. Nach biblischem Zeugnis vollbringt Gott die Rettung der Israeliten durch ein **Wunder am Schilfmeer**. Während das israelitische Volk trockenen Fußes durch das geteilte Meer wandert, werden die feindlichen Armeen des ägyptischen Pharaos von den Fluten vernichtet. Aus Sicht der Isareliten wird damit deutlich: Gott ist einer, der **Leben und Freiheit** schenkt. Ihm ist das Schicksal der Menschen nicht gleichgültig, sondern er **teilt sich in der menschlichen Geschichte mit**, um seine Nähe und sein

Das Buch **Exodus** ist die zweite Schrift der Bibel und berichtet vom Auszug der Israeliten aus Ägypten.

Byzantinisches Mosaik zur Offenbarung des Gottesnamens aus dem Kloster Sankt Katharina am Fuße des Sinai

Heil zu schenken. Gleichzeitig ist die Befreiungstat Gottes mit einem **sittlichen Anspruch** verbunden: Die Menschen sollen die von Gott geschenkte Freiheit so ausfüllen, dass sie zur Ehre Gottes und zum Wohl des Nächsten gereicht. Daher ist den Zehn Geboten, die sittliches Handeln einfordern, auch eine Glaubensformel vorangestellt: *Ich bin der Herr, dein Gott, der dich aus Ägypten geführt hat; aus dem Sklavenhaus.* (Ex 20,2; Dtn 5,6)

Gott – der ganz Andere

Die Existenz Gottes ist nicht wie in vielen anderen mythologischen Erzählungen in der Umwelt Israels das Ergebnis eines göttlichen Kampfes. Die Bibel kennt den Gedanken einer **Theogonie** nicht. Gott ist nicht bloßer Teil des Kosmos, er übersteigt ihn. In der Theologie spricht man von **Transzendenz** (lat. *transcendere:* überschreiten). Bei aller religiöser Erfahrung, die die Menschen der göttlichen Sphäre näherbringt, und aller menschlichen Vernunft, die Einsicht in übergeordnete Zusammenhänge ermöglicht, bleibt doch eines festzuhalten: Der Mensch kann Gott nie begreifen. Bei menschlichen Vorstellungen von Gott muss klar sein, dass sich das göttliche Wesen dem Menschen entzieht und letztlich ein **Geheimnis** bleibt.

Als **Theogonie** bezeichnet man eine mythologische Erzählung von der Entstehung einer Gottheit.

Das Wissen um das Nichtwissen von Gott hat in der Religionsgeschichte verschiedene Ausprägungen erfahren. Das **alttestamentliche Bilderverbot** warnt davor, sich Gott durch die Schaffung von Bildern gefügig zu machen.

> #### info
> **Das alttestamentliche Bilderverbot**
>
> Das alttestamentliche Bilderverbot ist innerhalb des Dekalogs überliefert (vgl. Ex 20,4; Dtn 5,8). Dort heißt es: „Du sollst dir kein Kultbild machen und keine Gestalt von irgendetwas am Himmel droben, auf der Erde unten oder im Wasser unter der Erde." Wichtig für das Verständnis des Gebots ist der historische Kontext: Das alte Israel sah sich einem polytheistischen Umfeld gegenüber. Götter wurden in den Nachbarkulturen Israels nicht nur dargestellt, sie galten in Form von Bildern, Statuen und Schnitzereien als real präsent. Durch eine Verehrung Jahwes in Form eines Kultbilds wäre er nur einer von vielen angebeteten Göttern gewesen. In Israel setzte sich jedoch der Glaube durch, dass sich Gott bei der Befreiung aus Ägypten als wirkmächtig erwiesen hat und darum allein verehrt werden muss. Daher steht das Bilderverbot in engem Zusammenhang mit dem Fremdgötterverbot. Eine symbolische und künstlerische Auseinandersetzung mit Gott steht aber in Einklang mit dem Gebot, solange die Darstellung nicht mit dem Göttlichen verwechselt wird.

→ **negative Theologie**
vgl. S. 54

Auch die **negative Theologie** ist als Versuch zu werten, Aussagen über Gott zu treffen, ohne ihn zu vereinnahmen. Dabei darf jedoch nicht übersehen werden, dass die Bibel ein lebendiges Zeugnis dafür ist, dass sich Gott den Menschen mitteilen und immer wieder neu zeigen will. Dass sich Gott auch ganz unerwartet und als der ganz Andere offenbart, wird besonders im Schicksal des Propheten Elija deutlich. Da sich dieser im Kampf gegen den Baalskult den Zorn der Königin zugezogen hat, flieht er in eine Höhle am Berg Horeb. In der Stunde seiner größten Not vernimmt er die Stimmte Gottes.

Zitat

> **11** Der Herr antwortete: Komm heraus und stell dich auf den Berg vor den Herrn! Da zog der Herr vorüber: Ein starker, heftiger Sturm, der die Berge zerriss und die Felsen zerbrach, ging dem Herrn voraus. Doch der Herr war nicht im Sturm. Nach dem Sturm kam ein Erdbeben. Doch der Herr war nicht im Erdbeben. **12** Nach dem Beben kam ein Feuer. Doch der Herr war nicht im Feuer. Nach dem Feuer kam ein sanftes, leises Säuseln. **13** Als Elija es hörte, hüllte er sein Gesicht in den Mantel, trat hinaus und stellte sich an den Eingang der Höhle. **14** Da vernahm er eine Stimme, die ihm zurief: Was willst du hier, Elija?
>
> (1 Kön 19,11–14)

In seiner Verzweiflung und Einsamkeit macht der Prophet eine Erfahrung mit Gott, die sich in radikaler Weise von konventionellen Gottesvorstellungen seiner Zeit unterscheidet: Gott ist nicht gleichzusetzen mit den unermesslichen Kräften der Natur. Dieser Vorstellung hafteten noch die Diener des Baal, also die Gegner Elijas, an. Gott begegnet dem Propheten in dieser Erzählung in Form einer sanften Stimme, die ihn in seinem Innersten anspricht.

Grundzüge des alttestamentlichen Gottesbildes	Auswahl relevanter Bibelstellen	Bedeutung für die Gegenwart
Gott als Schöpfer	Gen 1,1–2,25; Ps 8	• Aussagen über Gott im Rückgriff auf seine Schöpfung möglich • Verantwortung für die Schöpfung, die der Mensch Gott verdankt
Gott als Retter und Befreier	Ps 9; Ex 3,7 f.; Dtn 5,6	• Freiheit des Menschen als Geschenk Gottes • Achtung vor der Freiheit anderer
Gott, der ganz Andere	Dtn 5,8; 1 Kön 19,11–14	• Absage an eine Instrumentalisierung Gottes für eigene Zwecke • Offenheit des Gottesbegriffs

2.2 Der dreieine Gott des Neuen Testaments

Obwohl der Glaube an einen dreieinen Gott das spezifisch Christliche im Vergleich zu Gottesbildern anderer Religionen ausmacht, spielt diese Vorstellung im Bewusstsein der gläubigen Christen eine erstaunlich untergeordnete Rolle. Für viele ist der Glaube an den einen Gott nur schwer mit dem Bekenntnis zu Gott als Vater, Sohn und Heiligem Geist vereinbar. Doch nicht nur innerhalb der eigenen Religionsgemeinschaft ist das trinitarische Gottesbild Anfechtungen ausgesetzt. Auch von außen wird das christliche Gottesbild in Zweifel gezogen und der **Vorwurf** geäußert, das Christentum falle mit dem Bekenntnis zu einem trinitarischen Gott dem **Tritheismus** anheim. Daher soll im Folgenden wichtigen Fragen zum trinitarischen Gottesbild des Neuen Testaments nachgegangen werden: Auf welchem Fundament ruht der Glaube an einen dreieinen Gott? Wie wurde der Glaube an Vater, Sohn und Geist zur Lehrmeinung der Kirche? Welche Modelle stehen zur Verfügung, sich dem Geheimnis eines dreifaltigen Gottes anzunähern?

Tritheismus:
Glaube an drei Götter

Das Neue Testament als Fundament des trinitarischen Gottesbildes

Grundlage für den Glauben an einen dreifaltigen Gott bildet das Zeugnis des Neuen Testaments. Im Gegensatz zum Alten Testament, in dem das Wort, die Weisheit oder der Geist Gottes noch eher als Medien der göttlichen Selbstmitteilung erscheinen, sind Vater, Sohn und Geist im Neuen Testament voneinander zu unterscheidende Wirklichkeiten. Die **Vorstellung Gottes als ein gütiger Vater** stellt einen Grundzug im **Gottesbild Jesu** dar. Über 250 Mal ist von Gott als Vater die Rede. Im „Vaterunser" lehrt Jesus, dass man Gott vertrauensvoll als Vater ansprechen darf (vgl. Mt 6,9 f.). Gleichzeitig betonen die Evangelien, dass Jesus nicht nur ein Sohn, sondern *der* **Sohn Gottes** ist. Ganz besonders wird die herausgehobene Stellung Jesu beispielsweise bei seiner Taufe im Jordan deutlich. Nach der Darstellung des Markus-Evangeliums öffnet sich der Himmel und die Umstehenden vernehmen eine göttliche Stimme, die zu erkennen gibt: *Du bist mein geliebter Sohn, an dir habe ich Gefallen gefunden.* (Mk 9,11) Schließlich spielt der **Heilige Geist** im Neuen Testament eine entscheidende Rolle: Er ist es, der als Bindeglied in der Gemeinschaft von Vater und Sohn erscheint. So stimmt Jesus nach der Aussendung der Jünger ein vom Heiligen Geist inspiriertes Danklied an: *Alles ist mir von meinem Vater übergeben worden; niemand erkennt, wer der Sohn ist, nur der Vater, und niemand erkennt, wer der Vater ist, nur der Sohn und der, dem es der Sohn offenbaren will.* (Lk 10,22) Aber auch unter den Menschen stiftet der Heilige

→ **Gottesbild Jesu**
vgl. S. 109

Geist Gemeinschaft, wie im Zeugnis des Neuen Testaments deutlich wird (vgl. 1 Kor 6,15–20). An wenigen Stellen im Neuen Testament finden sich bereits **trinitarische Formeln**. Neben dem Schlusssegen in 1 Kor 13,13 ist die dreigliedrige Taufformel am Ende des Matthäusevangeliums bemerkenswert. Dort heißt es:

Zitat

> Darum geht und macht alle Völker zu meinen Jüngern; tauft sie auf den Namen des Vaters, des Sohnes und des Heiligen Geistes [...].
> (Mt 28,19)

In der hellenistischen Rechtssprache bedeutet die Formel, auf den Namen eines anderen getauft zu werden, dass man in dessen Besitz übergeht. In diesem Sinne wird der Getaufte also hineingenommen in die Beziehung von Vater, Sohn und Geist. Damit erhält der Glaube an einen trinitarischen Gott eine **heilsgeschichtliche Bedeutung**.

Theologische Reflexionen zur Trinität im Anschluss an das neutestamentliche Zeugnis

Die zahlreichen Belegstellen für den Glauben an Vater, Sohn und Geist dürfen jedoch nicht darüber hinwegtäuschen, dass im Neuen Testament **keine Reflexion** darüber stattfindet, wie das innere Verhältnis dieser drei göttlichen Seinsweisen zu denken ist. In der Heiligen Schrift gibt es keinen in sich geschlossenen Ansatz über die Lehre von der Trinität. So bleibt auch die Frage, wie an der Einzigkeit Gottes festgehalten werden kann, wenn Gott als Vater, Sohn und Geist angesprochen wird, unbeantwortet. Mit dieser und anderen Fragen setzten sich die **Theologen der ersten nachchristlichen Jahrhunderte** auseinander. Eine Möglichkeit, die Einzigkeit Gottes zu wahren, sahen manche Theologen darin, dass Sohn und Geist dem Vater untergeordnet wurden **(Subordinatianismus)**. Der bekannteste Vertreter dieser Überzeugung war der Presbyter **Arius von Alexandrien**, der lehrte, der Sohn habe im Gegensatz zum Vater einen zeitlichen Anfang. Zwischen beiden bestehe also nur eine Wesensähnlichkeit. Problematisch dabei ist, dass mit der Herabwürdigung Jesu Christi auch der Glaube an Christus als Erlöser infrage gestellt wurde. Eine andere Möglichkeit zur Wahrung des Monotheismus sah man darin, Vater, Sohn und Geist als Erscheinungsformen des einen Gottes **(Modalismus)** zu begreifen. Aus dieser Position ergab sich allerdings fol-

Auf dem Konzil von Nizäa (325) wurde die Ansicht des Presbyters Arius verworfen, der Sohn sei dem Vater nachgeordnet.

gende Frage: Wenn Vater, Sohn und Geist an sich nicht zu unterscheiden sind, wer hat dann am Kreuz gelitten?

Auf dem von Konstantin dem Großen einberufenen **Konzil von Nizäa** (325 n. Chr.) wurden beide Ansätze verworfen. Stattdessen setzten die Konzilsväter die folgende Glaubenslehre durch: Jesus Christus ist „nicht geschaffen" und **„eines Wesens mit dem Vater"**. Damit wurde die Lehre des Arius abgelehnt. Da Fragen nach dem Verhältnis von Vater und Sohn lange Zeit in der alten Kirche im Vordergrund standen, wurde der Glaube an den **Heiligen Geist als Teil der Trinität** erst relativ spät durch ein lehramtliches Dokument bestätigt. Dies geschah 381 n. Chr. auf dem **Konzil von Konstantinopel**. Dort wurde das bis heute für alle Konfessionen gültige Glaubensbekenntnis festgeschrieben:

Zitat

> Wir glauben an den einen **Gott**,
> den Vater, den Allmächtigen,
> der alles geschaffen hat, Himmel und Erde
> (…)
> Und an den einen Herrn **Jesus Christus**,
> Gottes eingeborenen Sohn, (…)
> eines Wesens mit dem Vater;
> (…)
> Wir glauben an den **Heiligen Geist**,
> der Herr ist und lebendig macht,
> der aus dem Vater (und dem Sohn)* hervorgeht (…).

* Der Zusatz „und dem Sohn" wird erst seit dem 5. Jahrhundert n. Chr. in der westlichen Kirche verwendet. Die orthodoxe Kirche lehnt diesen Zusatz, das sog. Filioque, ab.

Zur Wahrung des Monotheismus wurde auf den ersten Konzilien der Kirchen festgehalten, dass Gott eine **„Einheit in drei Gestalten"** *(una substantia, tres personae)* bildet. Dass die Reflexion über das Wesen Gottes mit den ersten lehramtlichen Aussagen der alten Kirche nicht abgeschlossen war, geht allein aus der Tatsache hervor, dass der Kirchenlehrer **Augustinus** circa zwanzig Jahre nach dem Konzil von Konstantinopel mit seinem Hauptwerk über die Trinität (**„De Trinitate"**) begann. Um den leicht missverständlichen Personenbegriff (Person als eigenständiges, klar abzugrenzendes Subjekt) zu vermeiden, beschreibt Augustinus darin das Wesen Gottes als ein Beziehungsgeschehen: Der Vater ist der Urgrund, aus dem Sohn und Geist hervorgehen, der Sohn geht mit dem Geist aus dem Vater hervor, der Geist verbindet Vater und Sohn. Vater, Sohn und Geist sind also **Relationen**, die das göttliche Wesen charakterisieren. In Analogien versucht Augustinus, dieses Beziehungsgeflecht zu beschreiben. In der Liebe sieht er passende Entsprechungen: *Siehe, da sind Drei: Der Liebende, das Geliebte und die Liebe.* (De Trinitate VIII 8) Neben diesen eher spekulativen Ansätzen besteht ein Weg, dem Glauben an einen dreifaltigen Gott Ausdruck zu verleihen, in der Veranschaulichung dieses Geheimnisses durch entsprechende **Bilder**. Der Transzendenz Gottes können diese Bilder zwar nicht gerecht werden, jedoch helfen sie, bestimmte Aspekte und Reflexionen zu einem trinitarischen Gottesbild zum Ausdruck zu bringen.

Die Verehrung Gottes als Vater, Sohn und Geist ist ohne Zweifel eine **Herausforderung für den Glauben**. Zum einen ist ein Gottesbild umso unglaubwürdiger, je weniger einsichtig es ist. Zum anderen bleibt eine Theologie, die äußerst spekulativ und abstrakt ist, letztlich folgenlos für den Glauben. Auf der anderen Seite birgt ein trinitarisches Gottesbild jedoch auch **Chancen**. Die Vorstellung, dass zum Wesen Gottes Beziehung gehört, bewahrt vor einer streng hierarchischen Sichtweise auf die Beziehung zwischen Gott und Mensch. Zudem schützt die Schwierigkeit, Gott als Vater, Sohn und Geist zu denken, vor einer Vereinnahmung Gottes. Dieser bleibt letztlich ein Geheimnis.

Darstellung der Trinität in Form eines sog. Gnadenstuhls

3 Gefährdeter Gottesglaube

Der Glaube an Gott ist immer wieder auch Anfechtungen ausgesetzt, die sich nicht nur aus eigenen Zweifeln ergeben, sondern aus berechtigten Fragen, die über persönliche Zweifel hinausgehen und Religion als Ganzes betreffen. Dabei ist zu unterscheiden zwischen einer Kritik von Vertretern einer Glaubensgemeinschaft, die auf Fehlentwicklungen innerhalb der eigenen Tradition aufmerksam machen **(interne Religionskritik)**, und einer Kritik von nichtreligiöser Seite, die das Fundament einer Religion und ihre Glaubensinhalte grundsätzlich infrage stellt **(externe Religionskritik)**. Da bei Letzterer die Existenz eines Gottes auf Basis rationaler Überlegungen geleugnet wird, spricht man auch von einem **theoretischen Atheismus**. Davon zu unterscheiden ist der **praktische Atheismus**. Damit ist gemeint, dass es Menschen gibt, die der Frage nach Gott gleichgültig gegenüberstehen. In ihrem praktischen Lebensvollzug spielt Gott keine Rolle, eine theoretische Auseinandersetzung mit der Gottesfrage erfolgt nicht.

3.1 Ludwig Feuerbach und die humanistische Religionskritik

Als erster bedeutender Vertreter der klassischen Religionskritik gilt **Ludwig Feuerbach**. Der aus Landshut stammende Philosoph studierte kurze Zeit Theologie, bevor er an der Berliner Universität philosophische Vorlesungen von Hegel hörte. Obwohl er eine Lehrtätigkeit an einer Universität anstrebte und kurze Zeit auch ausübte, blieb ihm aufgrund seiner Schrift „Gedanken über Tod und Unsterblichkeit" (1830) eine akademische Karriere verwehrt. Der Ertrag aus der Porzellanfabrik seiner Frau ermöglichte ihm aber nicht nur ein bescheidenes Auskommen auf dem Land, sondern eröffnete ihm auch große Freiräume im Denken, die er in philosophischen Schriften entfaltete.

Ludwig Feuerbach (1804–1872)

Zu Feuerbachs Hauptwerk gehört die Schrift **„Das Wesen des Christentums" (1841)**, die große Aufmerksamkeit erfuhr. Kennzeichnend für dieses Werk ist, dass sich seine Kritik am Christentun nicht auf eine bloße Protesthaltung beschränkt, sondern durch systematische Reflexion auf eine argumentative Grundlage gestellt wird. Im Kern besteht Feuerbachs kritischer Ansatz darin, die Existenz Gottes zu widerlegen, indem er die **Entstehung des Gottesglaubens** erklären und dessen Wahrheitsanspruch bestreiten will. Seiner Ansicht nach ist der Glaube an Gott das Ergebnis einer **Projektion:** Der Mensch erfährt sich selbst als endliches, begrenztes und unvollkommenes Wesen. Seine Wünsche und Sehnsüchte, an etwas Überzeitlichem und Größerem teilzuhaben, überträgt er auf ein göttliches Wesen. Dadurch versucht der Mensch, seine eigene Unvollkommenheit zu überwinden. Dass Gott als ewiges, vollkommenes, heiliges, allmächtiges und allwissendes Wesen erscheint, ist nach Feuerbach also kein Zufall, sondern ein Produkt des menschlichen Wunschdenkens. Die Projektion dieser Eigenschaften auf ein anderes Wesen bewertet Feuerbach allerdings als krankhaft, da sie zur **Entzweiung des Menschen** mit sich selbst führe. Ziel der Religionskritik muss es nach Ansicht des Philosophen also sein, den Glauben an Gott als falsch zu überführen, damit der Mensch sein eigenes Wesen und die Größe und Würde darin entdeckt. Die Liebe zu Gott müsse überführt werden in eine **Liebe zu den Menschen** *(homo homini deus est)*. Diesen humanistischen Ansatz bringt Feuerbach auf die Formel: *Das Geheimnis der Theologie ist die*

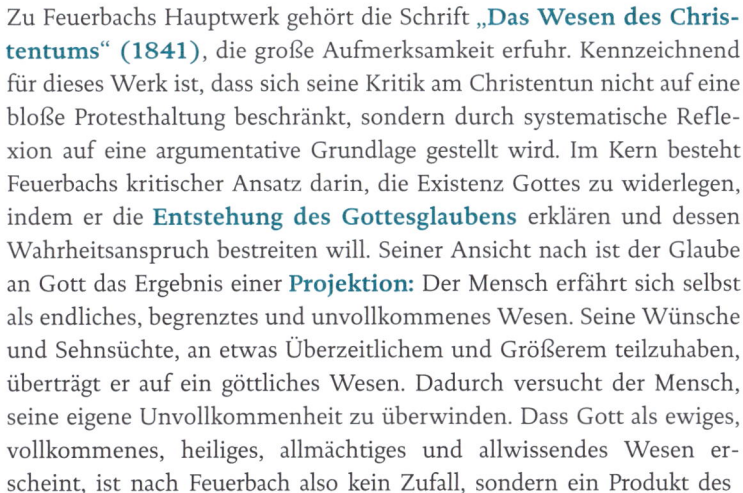

Anthropologie. Das heißt, die krankhafte Projektion muss überwunden werden, damit sich der Mensch seiner erhabenen Natur bewusst wird. Diesem Denken zufolge ist die Glaubensaussage *Der Mensch ist ein Abbild Gottes* auf den Menschen zu beziehen. So müsse es heißen: *Der Mensch ist dem Menschen ein Gott (homo homini deus est).*

Zitat

> Du glaubst an die Liebe als eine göttliche Eigenschaft, weil du selbst liebst, du glaubst, daß Gott ein weises, ein gütiges Wesen ist, weil du nichts Besseres von dir kennst als Güte und Verstand, und du glaubst, daß Gott existiert, daß er also Subjekt oder Wesen ist […], weil du selbst existierst, selbst Wesen bist. Du kennst kein höheres menschliches Gut, als zu lieben, als gut und weise zu sein, und ebenso kennst du kein höheres Glück, als überhaupt zu existieren, Wesen zu sein; denn das Bewußtsein alles Guten, alles Glückes ist dir an das Bewußtsein des Wesenseins, der Existenz gebunden.
>
> (Ludwig Feuerbach, Das Wesen des Christentums)

3.2 Karl Marx und die sozialistische Religionskritik

Karl Marx (1818–1883)

Karl Marx, der Ökonom aus Trier und Mitbegründer des Sozialismus, zeigt sich von den religionsphilosophischen Ideen Feuerbachs nachhaltig beeinflusst. Wie Feuerbach geht er davon aus, dass Religion menschengemacht ist. Allerdings entwickelt er den kritischen Ansatz Feuerbachs weiter, indem er Religion nicht als psychologische Fehlleistung des Einzelnen deutet, sondern als **Ausdruck einer kranken Gesellschaft**. Diese befindet sich Marx zufolge in einer Schieflage, die das Resultat einer **Zwei-Klassen-Struktur** ist. Auf der einen Seite nennt er die **Kapitalisten**, die über Boden und Produktionsmittel verfügen und Profit aus der Arbeit anderer ziehen. Die **Proletarier** auf der anderen Seite können lediglich ihre Arbeitskraft als Wert anbieten und sind gezwungen, diese billig zu verkaufen. Neben dieser Form der **Ausbeutung** führen immer kleinschrittigere Herstellungsprozesse zur **Entfremdung des Menschen** von seiner Arbeit. In dieser Situation, die historisch im Kontext der **Industrialisierung** zu verorten ist, können Staat und Gesellschaft nur zu einem „verkehrten Weltbewusstsein" führen, da sie in sich verkehrt sind. Die Kritik von Marx zielt nun insbesondere auf die **Funktion von Religion** ab. Indem sie das Proletariat **durch ihr Heilsversprechen auf eine jenseitige Welt vertröste**, trage sie zur Zementierung ungerechter Strukturen bei. Damit werde Religion ein **Instrument in der Hand der Mächtigen**, die es zur Festigung ausbeuterischer Strukturen einsetzten. Wie ein Betäubungsmittel (**„Opium des Volkes"**) lege sich Religion auf das Gemüt der Arbeiterklasse und führe auf diese Weise dazu, dass eine erforderliche Revolution zur Überwindung von Unrecht und Ausbeutung ausbleibe. In seiner Schrift **„Zur Kritik der Hegelschen Rechtsphilosophie"** legt Marx seine Gedanken über den schädlichen Einfluss der Religion auf die Gesellschaft dar und fordert ihre Überwindung:

> Die Religion ist der Seufzer der bedrängten Kreatur, das Gemüt einer herzlosen Welt, wie sie der Geist geistloser Zustände ist. Sie ist das Opium des Volkes. Die Aufhebung der Religion als des illusorischen Glücks des Volkes ist die Forderung seines wirklichen Glücks. Die Forderung, die Illusionen über seinen Zustand aufzugeben, ist die Forderung, einen Zustand aufzugeben, der der Illusion bedarf. Die Kritik der Religion ist also im Keim die Kritik des Jammertales, dessen Heiligenschein die Religion ist.
>
> (Karl Marx, Zur Kritik der Hegelschen Rechtsphilosophie. Einleitung)

Zitat

Auch wenn die Loslösung von der Religion und ihren Versprechungen Schmerzen bereite, sei dieser Schritt unerlässlich für **die Gestaltung einer gerechten Gesellschaft**, die sich mit der Wirklichkeit auseinandersetzt, anstatt in Traumbildern zu verharren. Marx prophezeit, dass Religion überflüssig werde, sobald die ungerechten gesellschaftlichen und ökonomischen Zustände überwunden seien. Dazu bedürfe es aber einer politischen Agitation. Religionskritik muss Marx zufolge daher auch in eine **Gesellschaftskritik** münden. Seinem Vordenker Feuerbach wirft Marx vor, es bei einer bloßen psychologischen Beschreibung der Entstehung von Religion belassen zu haben.

3.3 Friedrich Nietzsche und die nihilistische Religionskritik

Friedrich Nietzsche ist der Nachwelt vor allem als Philosoph in Erinnerung geblieben, doch begann seine akademische Laufbahn in der klassischen Philologie. Mit 24 Jahren hielt Nietzsche seine Antrittsvorlesung als Professor in Basel. Bereits in seinen frühen philologischen Schriften entfaltet Nietzsche seine philosophischen Gedanken, die beeinflusst sind von der pessimistischen Weltsicht Schopenhauers und dem naturwissenschaftlich-positivistischen Weltbild des ausgehenden 19. Jahrhunderts. In seinen Schriften vertritt Nietzsche einen **nihilistischen Ansatz** (lat. *nihil:* nichts). Er bestreitet sowohl die Gültigkeit einer allgemeinen Wahrheit als auch die Ausrichtung des menschlichen Lebens auf überzeitliche Werte wie das Gute, Wahre und Schöne. Der

Friedrich Nietzsche (1844–1900)

Teleologie: Lehre, wonach Prozesse auf ein Ziel bzw. einen Zweck hin ausgerichtet sind (griech. *télos*: das Ziel)

Verzicht auf eine teleologische Ordnung der Welt ermögliche dem Menschen ein **Leben in absoluter Freiheit**. Diese Freiheit sieht Nietzsche in der bürgerlichen Gesellschaft seiner Zeit nicht verwirklicht. Hier setzt auch seine Religionskritik an. So propagiere das Christentum eine **Moral** (Demut, Gehorsam, Brüderlichkeit, Gerechtigkeit), die lediglich darauf ausgerichtet sei, den **starken Menschen Fesseln anzulegen**. Der Glaube an Gott und an ein Jenseits sei nur etwas für Schwache, die Vertröstung suchen. In seinen späten Schriften vertritt Nietzsche die Ansicht, dass jedem Menschen der **Wille zur Macht** innewohne, der zu einer Steigerung der Lebenskraft und der menschlichen Vitalität führe. Um diesem Willen zur Durchsetzung zu verhelfen, sei eine Auflösung der bisherigen Weltordnung und die **Umwertung aller Werte erforderlich**. Die Überwindung der alten Werteordnung kann Nietzsche zufolge nicht ohne Schmerz, Orientierungslosigkeit und Unsicherheit erfolgen. Dennoch sei die Zertrümmerung dieser Ordnung nötig, um eine Fortentwicklung der Menschheit zu ermöglichen. Nietzsche beschreibt in dem Aphorismus „**Der tolle Mensch**" eine prophetische Figur, die den Umbruch von einer bürgerlich-zivilisierten Welt hin zu einem nihilistischen Zeitalter verkündet:

Zitat

> Der tolle Mensch sprang mitten unter sie und durchbohrte sie mit seinen Blicken. „Wohin ist Gott?", rief er, „ich will es euch sagen! Wir haben ihn getötet – ihr und ich! Wir alle sind seine Mörder! Aber wie haben wir dies gemacht? Wie vermochten wir das Meer auszutrinken? Wer gab uns den Schwamm, um den ganzen Horizont wegzuwischen? Was taten wir, als wir diese Erde von ihrer Sonne losketteten? Wohin bewegt sie sich nun? Wohin bewegen wir uns? Fort von allen Sonnen? Stürzen wir nicht fortwährend? Und rückwärts, seitwärts, vorwärts, nach allen Seiten? […] Irren wir nicht wie durch ein unendliches Nichts? […] Gott ist tot! Gott bleibt tot! Und wir haben ihn getötet! […] Ist nicht die Größe dieser Tat zu groß für uns? Müssen wir nicht selber zu Göttern werden, um nur ihrer würdig zu erscheinen?"
>
> (Friedrich Nietzsche, Der tolle Mensch, in: Die fröhliche Wissenschaft 125)

Gott ist tot, postuliert Nietzsche, um mit dem christlichen Gott auch alle Werte auszulöschen, die mit diesem ihre Gültigkeit erhalten. An deren Stelle trete eine **neue Moral**, die gekennzeichnet sei von Mut, Stolz, Härte, Kraft und Rücksichtslosigkeit. Diese Eigenschaften zeichnen Nietzsche zufolge auch den **Übermenschen** aus, der das Ergebnis dieser neuen Weltordnung sein werde.

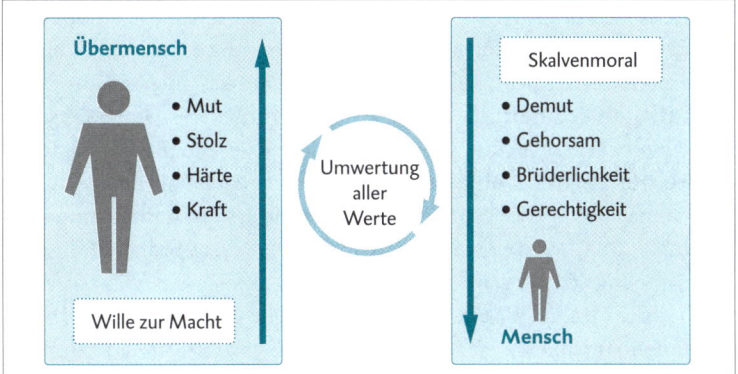

Diesen Menschentypus beschreibt Nietzsche in seinem Werk **„Also sprach Zarathustra"** als ein autonomes Wesen, das in völliger Freiheit und ohne Rücksicht auf andere seinem **eigenen Wertekanon** folgt. Die damit einhergehende Unterdrückung der Schwachen sei zwar ungerecht, jedoch die natürliche Folge einer evolutionären Entwicklung. Dass sich Nietzsche zeit seines Lebens aufgrund zahlreicher Erkrankungen selbst als schwach wahrnahm und im Jahr 1889 schließlich psychisch erkrankte, gehört zu den Widersprüchen, die nicht nur seine Person, sondern insgesamt auch sein Werk kennzeichnen.

3.4 Jean-Paul Sartre und die existenzialistische Religionskritik

Jean-Paul Sartre ist eine der prägenden Gestalten in der französischen Philosophie des 20. Jahrhunderts. Seine enorme Produktivität schlug sich nicht nur in philosophischen Schriften nieder, er tat sich auch als Dramatiker, Journalist und politischer Aktivist hervor. Der Nachwelt bleibt er aber vor allem als einer der **Hauptvertreter des Existenzialismus** in Erinnerung. Das Programm dieser philosophischen Strömung wird auf folgende Formel gebracht: **„Die Existenz geht der Essenz voraus".** Mit dem Begriff „Existenz" ist das bloße Vorhandensein einer Sache gemeint. Der Mensch ist, wenn er in diese Welt tritt, zunächst einmal einfach nur da. An erster Stelle steht seine Existenz. In einer Welt, in der sich die Annahme einer jenseitigen Wirklichkeit aufgelöst hat, gibt es auch **keinen vorgegebenen Sinn oder eine Wesensnatur des Menschen**, wie z. B. in der christlichen Religion. Vielmehr ist die menschliche Existenz Sartre zufolge absurd, sinnlos und zufällig. Allerdings besteht nach Ansicht des Philosophen die Möglich-

Jean-Paul Sartre
(1905–1980)

keit, dass sich der Mensch selbst durch seine Entscheidungen und sein Handeln einen Sinn gibt und sich gleichsam **seine Essenz, d. h. das Sosein seiner Person, selbst bestimmt**. Dies geschieht in absoluter, ja **radikaler Freiheit**, da es keine Größen gibt, die dem Menschen etwas vorgeben oder ihn an etwas binden. Konsequenterweise **lehnt Sartre die Existenz eines Gottes ab**. Der Glaube an einen gütigen und allmächtigen Gott ist mit dem Konzept des Existenzialismus unvereinbar, da Glaube mit der Annahme eines übergeordneten Sinnzusammenhangs einhergeht. Zudem ist Sartre zufolge das hohe Ausmaß von **Leid in der Welt** ein Beleg für die Nicht-Existenz Gottes. In den folgenden Ausführungen wird jedoch deutlich, dass die radikale Freiheit des Menschen mit einem ebenso hohen Ausmaß an Verantwortung für sich und andere verbunden ist:

Zitat

> In der Tat, alles ist erlaubt, wenn Gott nicht existiert, und demzufolge ist der Mensch verlassen, da er weder in sich noch außerhalb seiner eine Möglichkeit findet, sich anzuklammern. Vor allem findet er keine Entschuldigungen. Geht tatsächlich die Existenz der Essenz voraus, so kann man nie durch Bezugnahme auf eine gegebene und feststehende menschliche Natur Erklärungen geben; anders gesagt, es gibt keine Vorausbestimmungen mehr, der Mensch ist frei, der Mensch ist Freiheit. Wenn wiederum Gott nicht existiert, so finden wir uns keinen Werten, keinen Geboten gegenüber, die unser Betragen rechtfertigen. So haben wir weder […] Rechtfertigungen oder Entschuldigungen. […] Das ist es, was ich durch die Worte ausdrücken will: Der Mensch ist verurteilt, frei zu sein. Verurteilt, weil er sich nicht selbst erschaffen hat, anderweit aber dennoch frei, da er, einmal in die Welt geworfen, für alles verantwortlich ist, was er tut.
>
> (Jean-Paul Sartre, Ist der Existentialismus ein Humanismus?)

3.5 Die klassische Religionskritik in der Diskussion

Die klassische Religionskritik zielt darauf ab, die Annahme eines absoluten personalen Gottes als Irrglauben zu überführen. Mit den für ihre Zeit durchaus mutigen Überlegungen haben die Religionskritiker des 19./20. Jahrhunderts Positionen formuliert, die sich in ihrer **humanistischen Ausrichtung** am Wohl des Menschen orientieren. Der Glaube an Gott ist damit freilich nicht überwunden. Zum einen liegt das daran, dass die vorgebrachte **Kritik selbst auch Anhaltspunkte zum Widerspruch** enthält. Zum anderen eröffnet die Religionskritik auch die **Chance, an der Auseinandersetzung mit kritischen Einwänden im Glauben zu wachsen**.

Der Glaube an Gott

Kritische Würdigung von Feuerbachs Kritik

Chancen des Ansatzes für Christentum und Glaube	Widerspruch zu Feuerbachs Religionskritik
Feuerbachs Ansatz macht auf die Gefahr aufmerksam, sich Gott zu machen, wie man ihn sich wünscht. Gott ist und bleibt der ganz Andere.	Das biblische Gottesbild ist so vielfältig, dass es sich nicht auf Wunschprojektionen des Menschen reduzieren lässt (z. B. Kreuzestod Jesu).
Der Glaube an ein allmächtiges, jenseitiges Wesen darf nicht Gleichgültigkeit gegenüber den Mitmenschen zur Folge haben.	Die Erklärung der Art und Weise, wie Glaube entsteht, liefert letztlich keine Aussage darüber, ob Gott existiert oder nicht.

Kritische Würdigung von Marx' Kritik

Chancen des Ansatzes für Christentum und Glaube	Widerspruch zu Marx' Religionskritik
Marx erinnert die Christen seiner Zeit daran, sich nicht mit gesellschaftlichen Ungerechtigkeiten abzufinden.	Marx blendet aus, dass die Überwindung ungerechter Strukturen zum Kern des christlichen Auftrags in der Welt gehört.
Marx' Kritik ist auch als Warnung zu verstehen, Religion nicht als Machtmittel zu missbrauchen und für gesellschaftliche Zwecke zu instrumentalisieren.	Die Tatsache, dass Religion in der Geschichte und Gegenwart als Machtmittel instrumentalisiert wurde bzw. wird, widerlegt noch nicht die Existenz Gottes.

Kritische Würdigung von Nietzsches Kritik

Chancen des Ansatzes für Christentum und Glaube	Widerspruch zu Nietzsches Religionskritik
Nietzsche zeigt auf, dass Hilfsbereitschaft, Nächstenliebe und Bescheidenheit auch als Vorwand verwendet werden können, um persönliche Schwächen zu überdecken.	Ohne es zu wollen, liefert Nietzsche mit seiner Lehre vom Übermenschen die ideologische Vorlage für die menschenverachtende Rassenpolitik des NS-Regimes.
Nietzsche warnt vor Autoritätshörigkeit und Konformität und ruft seine Zeitgenossen zur Auflehnung gegen jede Form von Unterdrückung auf.	Nietzsches Postulat vom Tod Gottes und der Ankunft eines neuen Menschentypus wirkt spekulativ und entbehrt einer argumentativen Grundlage.

Kritische Würdigung von Sartres Kritik

Chancen des Ansatzes für Christentum und Glaube	Widerspruch zu Sartres Religionskritik
Sartre verknüpft den Gedanken der radikalen Freiheit mit dem Prinzip der Verantwortung.	Ohne vorgegebene Werte und Normen ist verantwortliches Handeln in komplexen Gesellschaften kaum realisierbar.
Sartre zeigt großes Zutrauen in die Fähigkeiten des Menschen, der durch sein Handeln das eigene Wesen bestimmt.	Sartres Annahme einer absoluten Freiheit kann den Menschen überfordern und widerspricht daneben den Erfahrungen von menschlicher Begrenzung.

3.6 Die offene Frage der Theodizee

Noch mehr als durch die philosophischen Argumente der klassischen Religionskritik wird der Glaube an einen Gott durch die **Erfahrung von Leid** infrage gestellt. Das hohe Ausmaß an Übeln, die sowohl im Weltgeschehen (Naturkatastrophen, Terror, Kriege) also auch in der eigenen Biografie (Verluste, Krankheit, Tod) erfahren werden, wirft grundsätzlich die Frage auf: Wie ist das Übel in der Welt mit dem Glauben an einen guten und allmächtigen Schöpfer zu vereinbaren?

Das Grundproblem der Theodizee

Gottfried Wilhelm Leibniz (1646–1716)

Der Philosoph Leibniz führte zur Beschreibung des Problems den Begriff der **Theodizee** (griech. *theós*: Gott; griech. *díke*: Recht) ein. Der Begriff konzentriert das Grundproblem auf folgende Frage: „**Wie kann Gott gerechtfertigt werden angesichts von Übel und Leid in der Welt?**" Wenn in diesem Zusammenhang von „Gott" gesprochen wird, ist der christlich-biblische Gott gemeint. Es sind vor allem zwei Attribute Gottes, die angesichts von Übel und Leid infrage gestellt werden, nämlich seine **Allmacht** und seine **Güte**. Der Dichter Heinrich Heine verdeutlicht in seinem Gedicht „Die verdammten Fragen", weshalb gerade diese beiden Eigenschaften Gottes anzuzweifeln sind:

Zitat

> Warum schleppt sich blutend, elend
> Unter Kreuzlast der Gerechte,
> Während glücklich als ein Sieger
> Trabt auf hohem Ross der Schlechte?
> Woran liegt die Schuld? Ist etwa
> unser Herr nicht ganz allmächtig?
> Oder treibt er selbst den Unfug?
> Ach, das wäre niederträchtig.
>
> (Heinrich Heine, Die verdammten Fragen)

Unter dem Hinweis auf bestehende Ungerechtigkeiten macht Heinrich Heine also auf folgende Frage aufmerksam: **Wenn Gott allmächtig ist, wieso beseitigt er nicht das Unrecht?** Weiter spitzt er zu: Wenn Gott allmächtig ist, **steht seine Güte in Zweifel, denn sonst würde er ja eingreifen**. Damit ist das Grundproblem der Theodizee umrissen. Fragen, die sich aus dieser Problematik ergeben, wurden nicht erst mit der Aufklärung virulent, sondern haben die Menschen seit der Antike beschäftigt. Bis heute gibt es keine zufriedenstellende, rationale Antwort auf die Theodizeefrage. Dennoch kann eine theoretische Auseinandersetzung auch als Versuch verstanden werden, dem Problem nicht gänzlich hilflos gegenüberzustehen. Daher werden im Folgenden verschiedene philosophische und theologische Antwortversuche auf die Theodizeefrage vorgestellt.

Die Theodizeefrage bei Gottfried Wilhelm Leibniz

In seinem Werk „**Theodizee. Von der Güte Gottes, der Freiheit des Menschen und dem Ursprung des Übels**" (1710) versucht der gläubige Christ und Aufklärer Gottfried Wilhelm Leibniz die Theodizeefrage **mithilfe der Vernunft** zu beantworten. Dabei verknüpft er das Theodizeeproblem mit seiner Weltdeutung. Demnach bestehe der Kosmos aus Monaden, kleinsten Energieeinheiten. Diese seien so strukturiert, dass die Welt ein Gefüge bilde, in dem die **größtmögliche Ordnung bei maximaler Vielfalt** gewährleistet sei. Die vollkommene Güte und Weisheit hätten Gott dazu geleitet, **aus einer Vielzahl denkbarer Welten die beste auszuwählen**. Seine Allmacht lasse ihn die beste alle möglichen Welten hervorbringen. Dem naheliegenden Einwand, in der besten aller denkbarer Welten dürfe es kein Leid geben, begegnet der aufklärerische Philosoph wie folgt: Alle im Universum existierenden Dinge seien durch Gesetzmäßigkeiten miteinander verwoben. Die Änderung einer Konstante hätte große Auswirkungen an anderer Stelle zur Folge. Auf die Theodizeeproblematik bezogen hieße das: Würde an einer Stelle Leid aus dieser Welt entfernt, hätte das womöglich noch größeres Leid an anderer Stelle zur Folge. Die beste aller Welten habe es aber nur in einer Art *package deal* gegeben. Daher sei unsere Welt, trotz der darin vorfindlichen Übel, die beste.

Die übergeordnete Antwort auf die Theodizeefrage differenziert Leibniz noch weiter aus, indem er verschiedene Erklärungen auf unterschiedliche Erfahrungen von Leid entwickelt. Zunächst unterscheidet der Philosoph **drei Grundarten von Übeln**, nämlich **physische Übel, moralische Übel und metaphysische Übel**. Während physische Übel Dinge seien, die dem Menschen ohne sein Zutun Schaden zufügen (z. B. Krankheiten und Naturkatastrophen), seien moralische Übel vom Menschen selbst verschuldet, indem er sich willentlich für das Böse entscheide. Schließlich führt Leibniz metaphysische Übel an, die aus der Begrenztheit des Menschen resultieren, wie z. B. seine Sterblichkeit. Als Rechtfertigung Gottes angesichts metaphysischer Übel führt Leibniz ins Feld, die Begrenztheit des Menschen sei die Folge der

Konstitution dieser Welt. Ohne diese Gegebenheit sei auch die beste aller Welten nicht zu haben. Die physischen Übel seien in einem göttlichen Plan aufgehoben. Nach diesem Plan könne aus Übeln, die der Mensch nicht verursacht habe, auch Positives hervorgehen. Die moralischen Übel schließlich lasse Gott zu, um den freien Willen des Menschen nicht zu gefährden.

Die Theodizeefrage im Buch Hiob

Nicht erst seit der Aufklärung wird der Glaube an einen gütigen und allmächtigen Gott angesichts von Übel und Leid infrage gestellt. Das wohl eindrücklichste Beispiel, wie um Antworten auf die Frage der Theodizee gerungen wird, ist in der Bibel selbst zu finden, nämlich im Buch Hiob (auch als Buch Ijob bezeichnet). Dass in dem Buch **verschiedene Erklärungen** für die Erfahrung von Leid gegeben werden, liegt auch an den unterschiedlichen Erzählschichten dieser Schrift. So erscheint in der Rahmengeschichte (Ijob 1,1–2,10; 42,7–17) **Leid als Prüfung Gottes**. Ein wohlhabender und reicher Mann namens Hiob wird zwei Glaubensproben ausgesetzt: Zunächst verliert er seinen gesamten Hausstand sowie seine sieben Söhne und seine drei Töchter. Trotz des Verlusts all seiner Besitztümer hält Hiob an seinem Glauben an Gott fest. Auch eine zweite Bewährungsprobe besteht er. Als ihm nämlich auch noch seine Gesundheit genommen wird, **anerkennt er den Willen Gottes** und bekundet: *Nackt kam ich hervor aus dem Schoß meiner Mutter; nackt kehre ich dahin zurück. Der Herr hat gegeben, der Herr hat genommen; gelobt sei der Name des Herrn.* (Ijob 1,21) Während Leid in der Rahmenerzählung als Prüfung Gottes erscheint, wird im Binnenteil des Buches (Ijob 2,11–42,6) mit der Frage gerungen, ob **Leid als Strafe Gottes** zu verstehen ist.

Erzählschicht	Antwort auf die Leidfrage	Verhalten Hiobs
Rahmenerzählung	Leid als Prüfung	Ergebenheit in das Schicksal
Streitreden	Leid als Strafe	Auflehnung gegen den Tun-Ergehen-Zusammenhang; Anklage gegen Gott
Gottesreden	Verzicht auf eine Antwort auf das Leid	Einsicht in die eigene Schwachheit und Annahme des Leids

Drei Freunde, die Hiob besuchen, konfrontieren ihn mit dieser Annahme. Weil Gott die Guten belohne und die Bösen bestrafe, müsse auch Hiob selbst für sein Leid verantwortlich sein. Mit dieser Argumentation greifen die Freunde Hiobs zurück auf die Vorstellung eines **Tun-Ergehen-Zusammenhangs:** So wie man handelt, so ergeht es einem auch. Das entspreche dem Willen Gottes. Hiob, der um seine Unschuld weiß, verfällt daraufhin in lautes Klagen. Erstaunlich ist die Vehemenz, mit der in einer biblischen Schrift **Anklage gegen Gott** erhoben wird: Er verflucht den Tag seiner Geburt (vgl. Ijob 3,3.11) und erhebt schwere Vorwürfe gegen Gott: Dieser sei willkürlich *(Schuldlos wie schuldig bringt er um,* Ijob 9,22), ungerecht *(Warum bleiben Frevler am Leben, werden alt und stark an Kraft?,* Ijob 21,7) und grausam *(In der Stadt stöhnen Menschen, die Seelen der Erschlagenen schreien laut.,* Ijob 24,12). Gott lässt die Anklage Hiobs nicht unberührt. Er offenbart sich Hiob in **Gottesreden** (Ijob 38,1–41,26) als Schöpfer, der Ordnung in das Chaos bringt, und weist auf die Fürsorge hin, mit der er seine Schöpfung begleitet.

→ **Tun-Ergehen-Zusammenhang**
vgl. S. 211

> Da antwortete der Herr dem Ijob aus dem Wettersturm und sprach: Wer ist es, der den Ratschluss verdunkelt mit Gerede ohne Einsicht? Auf, gürte deine Lenden wie ein Mann: Ich will dich fragen, du belehre mich! Wo warst du, als ich die Erde gegründet? Sag es denn, wenn du Bescheid weißt! Wer setzte ihre Maße? […] Wer verschloss das Meer mit Toren, als schäumend es dem Mutterschoß entquoll, als Wolken ich zum Kleid ihm machte […], als ich ihm ausbrach meine Grenze, ihm Tor und Riegel setzte […]?
>
> (Ijob 38,1–11)

Zitat

Auch wenn Hiob **keine direkte Antwort** auf die Frage nach dem Leid erhält, verändert ihn die Begegnung mit Gott. Er wird sich der eigenen Schwachheit bewusst und nimmt sein Leid an. In der Rahmenerzählung am Ende des Buches wird Hiob für seine Treue zu Gott belohnt. Er wird wieder gesund, erhält seine Besitztümer zurück und lebt viele Jahre an der Seite von Freunden und seiner Familie.

4 Argumente für den Glauben an Gott

Neben der Leidfrage gibt es eine Vielzahl anderer Aspekte, die es dem Einzelnen schwer machen, an einen personalen Gott zu glauben. Unter anderem seien an dieser Stelle die Diesseitsorientierung angesichts einer schnelllebigen Zeit, die sinkende Bindung an kirchliche Institutionen oder das Nebeneinander verschiedener Weltanschauungen genannt. Umso mehr ist jeder gläubige Christ dazu aufgerufen, seinen Mitmenschen **Gründe für die eigene Glaubensentscheidung** zu nennen und diese auch einsichtig zu machen. Dass dies jedoch keineswegs ein neuer Anspruch ist, belegt ein Zitat aus dem ersten Petrusbrief: *Seid stets bereit, jedem Rede und Antwort zu stehen, der von euch Rechenschaft fordert über die Hoffnung, die euch erfüllt.* (1 Petr 3,15) Der Verfasser des Briefs ermutigt die Gemeindemitglieder, sich in ihrem Glauben nicht abzuschotten, sondern anderen die eigenen Glaubensüberzeugungen offen und ohne Scheu mitzuteilen. Um die eigene Position **nachvollziehbar** darzulegen, ist es von grundlegender Bedeutung, **vernünftig zu argumentieren**. Insbesondere die Theologie des Mittelalters suchte nach Wegen, die enge **Verbindung von Glaube und Vernunft** aufzuzeigen. Heute sind die Denkmodelle der mittelalterlichen Theologen zur Fundierung des Gottesglaubens mithilfe der Vernunft als „**Gottesbeweise**" bekannt. Dass es sich nicht um „Beweise" im engeren Sinne handelt, wird bei näherer Betrachtung schnell deutlich. Allerdings sind die **Argumente** eines Thomas von Aquin oder Anselm von Canterbury **als Wege** zu verstehen, die die Richtung **rationaler Gotteserkenntnis** vorgeben.

4.1 Das kosmologische Argument

Thomas von Aquin, einer der bedeutendsten Denker des Mittelalters, beschäftigte sich außer mit Theologie auch mit griechisch-antiker und arabischer Philosophie. Um die Plausibilität des Gottesglaubens nachzuweisen, zeigt er in seinem Hauptwerk, der „Summa theologica", fünf Wege *(quinquae viae)* auf. Diese **fünf Wege zu Gott** sind nicht als „Beweise" im engeren Sinne zu verstehen, sondern als Überlegungen, die den Glauben an einen Gott vernünftig erscheinen lassen. Die ersten drei Wege werden auch als **kosmologische Gottesbeweise** bezeichnet, da sie ihren Ausgangspunkt an den physikalischen Gesetzmäßigkeiten und Grundprinzipien des Kosmos nehmen.

Thomas von Aquin wendet bei seinen Gedankengängen einen Dreischritt an, der in der Logik auch als **Syllogismus** bezeichnet wird. Dabei wird zunächst auf eine vertraute **empirische** Gegebenheit (**Obersatz**) hingewiesen, die mit einem plausibel erscheinenden Prinzip (**Untersatz**) in Verbindung gebracht wird. Dieses Prinzip erscheint logisch, ist letztlich aber nicht beweisbar. Man spricht auch von einem **Axiom**. Aus der Verknüpfung von Ober- und Untersatz ergibt sich eine logische Schlussfolgerung (**Schlusssatz**), die im Falle der Gottesbeweise die Existenz Gottes nahelegen soll. Der erste der von Thomas zusammengestellten Wege wird auch als **Bewegungsbeweis** (kinesiologischer Beweis) bezeichnet, da er von den Bewegungen ausgeht. Diesen Weg entfaltet der mittelalterliche Philosoph wie folgt:

→ empirisch vgl. S. 6

Zitat

Es ist gewiss und zwar bereits in der Erfahrung der Sinne begründet, <u>dass manches in der Welt der Bewegung</u> <u>unterliegt</u>.	Obersatz: Um uns herum gibt es Bewegung.
<u>Was aber auch immer in Bewegung ist, das wird von einem anderen in Bewegung gesetzt.</u> [...] So also ist es unumgänglich notwendig, dass, was auch immer in Bewegung ist, von anderem bewegt werde. [...]	Untersatz: Jede Bewegung setzt einen Beweger voraus.
Notwendigerweise also muss folgerichtig eine erstbewegende Kraft angenommen werden, die selber völlig unbeweglich ist [...]; diese aber ist nach dem Geständnisse aller Gott.	Schlusssatz: Es gibt einen ersten unbewegten Beweger (= Gott).

(Thomas von Aquin, Summa theologica I, q. 2, art. 3)

Die Schlussfolgerung, Gott mit dem ersten unbewegten Beweger gleichzusetzen, unterstellt, dass sich die Reihe der Bewegungen **nicht ins Unendliche** fortsetzen lässt. Nach Ansicht des Aquinaten bringt es eine unendliche Reihe nämlich mit sich, dass es letztlich keinen ersten bewegenden Impuls gibt. Ohne diesen ersten Impuls dürfte aber gar nichts existieren. Daher **lehnt** der Philosoph einen **Rückgriff ins Unendliche (infiniter Regress) ab**.

Die beiden anderen Wege, die ebenfalls dem kosmologischen Argument zurückzuordnen sind, gehen wie im ersten Fall von allgemein beobachtbaren Phänomenen aus. So setzt der zweite Weg bei der Tatsache an, dass jede Wirkung auf eine Ursache zurückzuführen ist (**Kausalitätsbeweis**). Der dritte Weg besagt, dass alle Dinge und Wesen auf dieser Welt, die letztlich ja nicht vorhanden sein müssten, also kontingent sind, ihre Existenz notwendigerweise von einem anderen haben (**Kontingenzbeweis**). Auch in diesen Fällen lehnt Thomas von Aquin die Möglichkeit ab, dass es eine unendliche Kette aus Ursachen und Wirkungen bzw. eine unendliche „Daseinskette" geben könne.

Kausalitätsbeweis	Kontingenzbeweis
Obersatz: Um uns herum gibt es Wirkungen, die auf eine Ursache zurückgehen.	Obersatz: Um uns herum existieren Dinge (z. B. Pflanzen, Menschen, Tiere), die nicht notwendig da sein müssten.
Untersatz: Keine Wirkung kann ihre eigene Ursache sein.	Untersatz: Eine nicht-notwendige (kontingente) Sache kann sich nicht selbst die eigene Existenz geben.
Schlusssatz: Es gibt eine erste Ursache, die nicht selbst verursacht ist (= Gott).	Schlusssatz: Es gibt ein erstes Wesen, das die Notwendigkeit seines Seins aus sich heraus hat (= Gott).

4.2 Das teleologische Argument

In einer Miniatur der Bible moralisée (Paris um 1250) erscheint Gott als Architekt des Universums, der mit Maß und Ziel vorgeht.

Der fünfte Weg, den Thomas von Aquin in seiner „Summa Theologica" aufzeigt, setzt ebenso wie die ersten drei Gedankengänge voraus, dass aus der Beobachtung des Kosmos auf die Existenz Gottes geschlossen werden kann. Während das kosmologische Argument jedoch auf grundsätzliche Prinzipien und allgemeine Gesetzmäßigkeiten abhebt, geht es bei dem teleologischen Argument darum, aus der Art und Weise, wie der Kosmos beschaffen ist, Rückschlüsse zu ziehen. Der Grundgedanke der Argumentation besteht darin, dass **Ordnung und Zielgerichtetheit** (griech. „**télos**": **das Ziel**) innerhalb der geschaffenen Dinge auf ein **intelligentes Wesen**, das diese Dinge so ordnete bzw. hervorbrachte, hindeuten. Wie ein gepflegter Garten auf einen Gärtner oder eine Uhr auf einen Uhrmacher verweise, so zeigten geordnete Strukturen innerhalb der geschaffenen Dinge einen Schöpfer an. Thomas von Aquin gibt diesen Zusammenhang wie folgt wieder:

		Zitat
Der fünfte Beweis […] geht von der Leitung der Dinge aus. Wir sehen nämlich, dass so manche Wesen, die der erkennenden Vernunft entbehren, […] bei ihrer Tätigkeit einen Endzweck verfolgen […]. Sonach werden dieselben nicht vom Zufalle getrieben, sondern durch eine bestimmte Absicht bis zur Erreichung des Zweckes geleitet.	Obersatz: Vernunftlose Dinge erscheinen bisweilen nicht zufällig, sondern gesetzmäßig und sinnvoll geordnet.	
Mit Absicht aber zu einem bestimmten Zwecke leiten, kann nur ein mit Wille und Einsicht begabtes Wesen, gleichwie die bestimmte Richtung des Pfeiles den Schützen verrät.	Untersatz: Vernunftlose Dinge sind nicht geordnet, es sei denn, es gibt einen ordnenden Urheber.	
Also gibt es ein vernünftiges Sein, welches alle natürlichen Dinge, und zwar insoweit dieselben eben eine Natur haben, zum Zwecke geleitet; und dieses Sein nennen wir Gott.	Schlusssatz: Es gibt einen Urheber, der alles ordnet (= Gott).	

(Thomas von Aquin, Summa theologica I, q.2, art. 3)

Thomas von Aquin kann sich bei seinen Ausführungen auf den antiken Philosophen Aristoteles berufen, der den Gedanken einer Ordnung, die nicht auf Zufall beruht, sondern auf ein souveränes Wesen zurückzuführen ist, bereits im 4. Jahrhundert v. Chr. artikulierte. Im Laufe der Geschichte wurde die teleologische Argumentation immer wieder aufgegriffen. Gegenwärtig wird sie von Vertretern des **Intelligent Design** wiederbelebt. Einzelne Forscher im US-amerikanischen Raum vertreten die These, dass es in der Natur derart komplexe Strukturen gebe, dass sie nicht das Ergebnis einer Evolution sein könnten. Diese Strukturen führen sie auf das Wirken eines Schöpfergottes zurück, der als eine Art „Designer" direkt in sein Werk eingreift. Dabei wird suggeriert, die biblischen Schöpfungserzählungen enthielten aus naturwissenschaftlicher Sicht relevante Information, da dort von einem Schöpfer, der komplexe Strukturen hervorbringt, die Rede ist. Eine naturwissenschaftliche Lesart an Texte anzulegen, die eine **symbolische Weltsicht** widerspiegeln, wird von den meisten Theologen jedoch als irreführend abgelehnt.

→ symbolische Weltsicht
vgl. S. 16 ff.

4.3 Das ontologische Argument

Anselm von Canterbury (1033–1109) ist ein Vertreter der mittelalterlichen Scholastik, in der eine Synthese von Philosophie und Religion angestrebt wurde.

Im Gegensatz zur kosmologischen bzw. teleologischen Argumentation will der mittelalterliche Theologe **Anselm von Canterbury** einen Weg aufzeigen, wie die Existenz Gottes **a priori**, d. h. ohne auf Vorerfahrungen zurückzugreifen, einsichtig gemacht werden kann. Dabei darf jedoch nicht übersehen werden, dass Anselm bereits gläubiger Christ ist und seine philosophische Argumentation einen christlichen Gottesbegriff voraussetzt. Dieser Gottesbegriff beinhaltet, dass jede positive Eigenschaft Gott im höchsten Maße zukommt: Güte, Liebe, Macht, Wissen. Wenn Gott in nichts übertroffen werden kann, so kann ihn auch gedanklich nichts überschreiten. Seine Gottesvorstellung bringt Anselm in der Schrift „Proslogion" auf folgende Formel: **Gott ist das, worüber hinaus nichts Größeres gedacht werden kann.** Diese Formel bildet auch den Ausgangspunkt seines Gottesbeweises. Nach Ansicht des mittelalterlichen Theologen ist die zuvor genannte Definition nur korrekt, wenn Gott eine weitere zentrale Eigenschaft zukommt: seine Existenz. Wenn nämlich Gott nicht existierte, wäre er ein Wesen, das einen Mangel hätte. Dann wäre er nicht das Wesen, über das hinaus nichts Größeres gedacht werden kann. Man könnte auch anders sagen: Wenn Gott nur gedanklich existierte, könnte man noch etwas Größeres als ihn denken, nämlich seine reale Existenz. Auch in diesem Fall wäre Gott nicht mehr das größte denkbare Wesen. Anselm ist nämlich der Überzeugung, dass das, **was real existiert, größer ist als das, was nur im Verstand vorhanden ist**. Daher kommt Anselm von Canterbury zu dem Schluss, dass Gott real existieren müsse, um das Wesen zu sein, über das hinaus nichts Größeres gedacht werden kann.

4.4 „Gottesbeweise" in der Diskussion

Wie die Einwände der Religionskritik gegen den Glauben an Gott unterschiedlich überzeugend sind, so gibt es auch bei den Argumenten für die Existenz Gottes Aspekte, die durchaus plausibel erscheinen, und Aspekte, die infrage zu stellen sind. Das Ringen um eine Vernunftgemäßheit des Glaubens ist die Voraussetzung dafür, sowohl die **eigene Position** im Diskurs mit anderen **glaubhaft darzulegen** als auch **persönlich im Glauben zu reifen**. Im Folgenden sollen die zuvor genannten Argumente für den Glauben an Gott einer kritischen Prüfung unterzogen werden.

Das kosmologische Argument in der Diskussion

Chancen	Kritik
Die Aufdeckung kausaler Verhältnisse führt nicht zur „Entzauberung" der Welt, sondern eröffnet einen Zugang zu Gott.	Wenn eine Reihe unendlich ist, muss es kein erstes unbewegtes, unverursachtes oder notwendiges Prinzip geben.
Die fünf Wege zu Gott gehen bereits auf andere religiöse und philosophische Traditionen zurück und erheben somit den Anspruch der Universalität.	Wenn für *alles* ein Beweger, eine Ursache oder ein „Erzeuger" gefordert wird, könnte das auch für Gott gelten.
Ausgangspunkt der kosmologischen Gottesbeweise sind allgemein nachprüfbare Erfahrungen. Damit sind die philosophischen Gedankengänge in hohem Maße nachvollziehbar.	Es ist fraglich, ob jede Bewegung ein Bewegendes, jede Wirkung eine Ursache und jedes Seiende ein zuvor Seiendes voraussetzt.

Das teleologische Argument in der Diskussion

Chancen	Kritik
Trotz teils chaotischer Zustände können Zweckmäßigkeit und Zielgerichtetheit als Ordnungsprinzipien innerhalb der Welt erfahren werden. Der Ausgangspunkt des teleologischen Arguments ist also grundsätzlich plausibel.	Die Erfahrung zeigt, dass die Welt nicht nur geordnet, sondern auch ungeordnet, chaotisch und zum Teil sinnentleert ist.
Das teleologische Argument lässt Raum, Gott auch als Initiator einer evolutiven Entwicklung zu verstehen, weshalb sich Evolutionslehre und Gottesglaube nicht ausschließen.	Das Auftreten geordneter Strukturen lässt sich durch die Evolutionslehre ohne weitere Annahmen erklären und auf die Prinzipien von Mutation, Reorganisation und Selektion zurückführen.
Aufgrund ihrer Offenheit kann die teleologische Argumentation in verschiedene Kontexte eingebettet werden, wie ihre lange Tradition (von Aristoteles über Thomas v. Aquin bis zum *Intelligent Design*) belegt.	Die Annahme eines souveränen und ordnenden Prinzips ist so offen, dass unklar bleibt, welches Gottesbild der Argumentation zugrunde liegt.

Das ontologische Argument in der Diskussion

Chancen	Kritik
Das Argument kommt ohne Rückgriff auf Erfahrungen aus, die irdischen Gegebenheiten unterliegen.	„Existenz" ist keine Eigenschaft, die eine (nur gedachte) Sache aufwertet.
Die Definition, dass über Gott hinaus nichts gedacht werden könne, scheint dem Wesen Gottes angemessen und daher ein geeigneter Ausgangspunkt.	Die Definition enthält Gott bereits in der Prämisse. Daher liegt bei der Beweisführung über die Existenz Gottes ein Zirkelschluss vor.
Sofern man die Grundannahme akzeptiert, dass man über Gott hinaus nichts denken könne, erscheint die Schlussfolgerung logisch und konsequent.	So könnte die Existenz einer beliebigen Sache, die in der Vorstellung existiert, z. B. eine vollkommene Insel, bewiesen werden.

5 Gottesvorstellungen in anderen Religionen

5.1 Gott im Islam

Der Begriff „Islam" kommt aus dem Arabischen und bedeutet so viel wie „**Hingabe an Gott**". Diese Hingabe resultiert aus der Anerkennung der Größe und **Einzigkeit Gottes**. Schlimmer als Unglaube ist nach islamischer Vorstellung, die Einheit (tauhid) Gottes infrage zu stellen, indem ihm andere göttliche Wesen beigestellt werden. Gott ist nicht einfach nur ein Gott, sondern *der* Gott (arab. *al-ilah*). Daher lautet der erste Teil des Glaubensbekenntnisses der Muslime: *Ich bezeuge, dass es keine Gottheit außer Gott gibt [...]*. Einem Glauben an mehrere Götter (Polytheismus) wird damit ebenso eine Absage erteilt wie dem Glauben an einen dreifaltigen Gott. Daher verkörpert der Islam einen **strengen Monotheismus**, der sich beispielsweise in einem strikten **Bilderverbot** manifestiert.

→ **Bilderverbot** vgl. S. 73

Dennoch ist Gott nach islamischer Überzeugung kein völlig weltabgewandtes Wesen, sondern er hat sich im Laufe der Menschheitsgeschichte mehrere Male offenbart. Zu den Empfängern der göttlichen Offenbarung wird neben Abraham auch Jesus gezählt. Beide biblischen Gestalten werden im Islam als Propheten verehrt, aber deren Botschaft sei im Laufe der Jahre von Menschen verfälscht worden. Das reine Wort Gottes hat die Menschen nach Glaubensüberzeugung der Muslime nur durch eine wiederholte Offenbarung erreicht. In **Auditionen** sei dem **Propheten Mohammed** Wort für Wort die Botschaft Gottes diktiert worden **(Verbalinspiration)**. Ergebnis dieses Prozesses, der sich nach der Überlieferung von 610 bis 632 erstreckte, ist der **Koran**. Da nach der Niederschrift kein Schriftzeichen verändert worden sei, enthalte der Koran die göttliche Offenbarung in Reinform. Mit der Übermittlung des Koran wurde also ein Schlusspunkt in der Offenbarung gesetzt, weshalb **Mohammed** auch als „**Siegel der Propheten**" bezeichnet wird. Im Gegensatz zum Christentum wird die Gründergestalt des Islam jedoch nicht als göttliche Person verehrt. Daher bekennen Muslime im zweiten Teil des Glaubensbekenntnisses, *„[...] dass Mohammed der Gesandte Gottes ist"* und damit ein sterblicher Mensch. Wie Christen bezeugen jedoch auch Muslime, dass **Gott der Schöpfer und Erhalter dieser Welt** ist. Gott durchdringt nach islamischer Vorstellung die geschaffene Welt bis in das kleinste Element. Daher sei er auch in jeder Situation des Alltags präsent. Der Nähe Gottes müsse bzw. dürfe sich jeder Mensch gewahr werden. Stärker als im Christentum wird im Islam der **Gedanke der göttlichen Vorhersehung (Prädestination)**

Audition: göttliche Offenbarung, die über den Gehörsinn erfolgt

→ **Koran** vgl. S. 62 f.

betont. Nicht zuletzt besteht eine Übereinstimmung zum christlichen Glauben in der Vorstellung von Gott als **gerechtem und barmherzigen Richter**. Bereits in der ersten Sure des Koran, die auch als *al-Fatiha* („die Eröffnende") bezeichnet wird, kommt dies zum Ausdruck:

> 1 Im Namen des barmherzigen und gnädigen Gottes
> 2 Lob sei Gott, dem Herrn der Welten,
> 3 dem Barmherzigen und Gnädigen,
> 4 der am Tag des Gerichts regiert!
> 5 Dir dienen wir, und Dich bitten wir um Hilfe.
> 6 Führe uns den geraden Weg,
> 7 den Weg derer, denen Du Gnade erwiesen hast, nicht (den Weg) derer, die D(ein)em Zorn verfallen sind und irregehen!

Zitat

5.2 Das Göttliche im Hinduismus

Hinduismus ist eine Sammelbezeichnung für verschiedene religiöse Strömungen auf dem indischen Subkontinent. Ein Glaubensbekenntnis, das wie im Christentum oder Islam ein klar umrissenes Gottesbild enthält, fehlt daher. Hindus eint jedoch der Glaube an eine ewige und ungeteilte Allseele, das sog. **Brahman**. Aus der Allseele geht nach hinduistischer Überzeugung der **Dharma** hervor. Das ist eine ewige Ordnung, auf die jeder Mensch sein Leben auszurichten habe. Das Absolute ist im Hinduismus nicht ein göttliches Wesen, sondern ein kosmisches Prinzip ist. Daher spricht man von einer **apersonalen Transzendenzvorstellung**. Nicht nur darin liegt ein fundamentaler Unterschied zu den abrahamitischen Religionen. Im Gegensatz zu Juden, Christen und Muslimen glauben Hindus an die Existenz **mehrerer Götter**. Die Tatsache, dass der hinduistische Götterhimmel mehrere Millionen Götter (über 300 Mio.) umfasst, muss auch vor dem Hintergrund betrachtet werden, dass es sich teils nur um lokale Gottheiten handelt oder sich einzelne Gottheiten in verschiedener Gestalt zeigen. Trotz dieser Vielzahl an Göttern ist es schwierig, in Bezug auf den Hinduismus von einer polytheistischen Religion zu sprechen. Zum einen kennt der Hinduismus in der Annahme einer absoluten und ungeteilten Weltseele das Prinzip der Einheit. Zum anderen glauben viele Hindus, dass die Verehrung eines jeden Gottes als Verehrung des Göttlichen an sich zu sehen ist. Eine **besondere** Stellung nehmen die **Hochgottheiten Brahma, Vishnu und Shiva** ein. Diese Götter bilden eine Trias, die das Prinzip von Werden und Vergehen in der Welt verkörpert. Brahma

→ **Menschenbild im Hinduismus** vgl. S. 166 ff.

wird als Schöpfer verehrt, während Vishnu als Erhalter gilt und Shiva für das Prinzip von Zerstörung und Neubeginn steht. Der Glaube an einen einmaligen Schöpfungsakt, nach dem die Zeit linear auf ein endzeitliches Gericht zuläuft, ist Hindus gänzlich fremd. Dem Hinduismus liegt im Gegensatz dazu ein **zyklisches Weltbild** zugrunde, das vom Werden und Vergehen verschiedener Welten ausgeht **(Samsara)**. Diesem Prinzip seien Menschen und Götter gleichermaßen unterworfen. **Erlösung (Moksha)** besteht aus hinduistischer Sicht darin, diesem Kreislauf zu entfliehen. Dies sei aber **nicht durch göttliche Gnade** möglich, sondern müsse von jedem Menschen selbst geleistet werden. Indem der Mensch den Weg der Erkenntnis, des Handelns und der Hingabe beschreite, könne die Flucht aus dem Kreislauf der Wiedergeburten gelingen. Ziel sei es, dass der göttliche Funke **(Atman)** in jedem Menschen in der kosmischen Weltseele **(Brahman)** aufgehe.

Zusammenfassung

- Es gibt Sprachformen, die sich Gott durch bildhafte Rede anzunähern versuchen, und Formen, die seine Geheimnishaftigkeit betonen.
- Im Alten und Neuen Testament werden unterschiedliche Vorstellungen von Gott entfaltet (u. a. Schöpfer, Retter oder der dreifaltige Gott).
- Mithilfe von Dilemma-Szenarien entwickelten Oser und Gmünder ein Stufenmodell zur Beschreibung der religiösen Entwicklung.
- Die klassische Religionskritik setzt an verschiedenen Punkten des Gottesglaubens an. Während Feuerbach die Existenz Gottes bestreitet, indem er die Ursache für den Gottesglauben zu erklären versucht, üben Marx und Sartre Kritik an dessen vermeintlicher Wirkung.
- Die Erfahrung von Leid stellt die Existenz Gottes infrage. Antworten auf die Theodizeefrage werden sowohl in der Philosophie (Leibniz) als auch in der Theologie gesucht (Buch Hiob).
- Argumente für den Glauben an Gott stützen sich zum einen auf Erfahrung (kosmologisches und teleologisches Argument) oder sind das Ergebnis von Grundannahmen und logischen Folgerungen (ontologisches Argument).
- Gottesvorstellungen gehen in anderen Religionen teils weit auseinander. Während der Islam die Einzigkeit Gottes betont, zeigt sich das Göttliche im Hinduismus im Spannungsfeld von Einheit und Vielfalt.

Jesus, der Christus

1 Zur Person Jesu

1.1 Der historische Jesus aus Nazaret und der Christus des Glaubens

Mit dem Begriff **Evangelium**, wörtl. „frohe Botschaft", wird eine neutestamentliche Schrift bezeichnet, die von Jesu Leben, Tod und Auferstehung erzählt. Die ersten vier Bücher des Neuen Testaments sind Evangelien und werden den Evangelisten Matthäus, Markus, Lukas und Johannes zugeschrieben.

→ **Christus** als Würdetitel vgl. S. 125 f.

Als **synoptisch** werden die Evangelien von Matthäus, Markus und Lukas deshalb bezeichnet, da sie gegenüber dem Johannesevangelium größere Übereinstimmungen aufweisen.
Synopse – wörtl. „Zusammenschau"

Jesus selbst hat keine schriftlichen Quellen hinterlassen. Alles, was wir von Jesus wissen, ist erst nach seinem Tod aufgeschrieben worden. Neben einigen wenigen außerchristlichen Quellen (Tacitus, Sueton, Plinius aus römischer, Flavius Josephus aus jüdischer Sicht), die lediglich von seiner Existenz und seinem gewaltsamen Tod berichten, ist man auf die Schriften des Neuen Testaments angewiesen, um mehr über seine Person zu erfahren. Die **Evangelien** gehen alle auf das Zeugnis von Menschen zurück, die daran glaubten, dass Gott diesen Jesus von Nazaret von den Toten auferweckt hat. Die Ostererfahrung war für sie so bedeutend, dass sie ihr Leben grundlegend veränderte. Ihre Berichte sind daher immer **Glaubenszeugnisse**, d. h., ihre Aussagen über die Person Jesu sind aus dem „Licht des Glaubens" getroffen. In diesem Licht sind sie bemüht, die Bedeutung der Person Jesu für andere begreiflich zu machen. Für sie war dieser Jesus nämlich der im Judentum erwartete Erlöser, hebräisch „Messias", griechisch **„Christus"** genannt. Jesus war für sie daher „der Christus".

Historiker beschäftigen sich **mit dem Menschen Jesus**, seinem Auftreten und seiner Botschaft ohne diese „Brille des Glaubens". Hierbei gibt es klare Kriterien, welche Aussagen der Evangelien als historisch wahrscheinlich gelten können. So sind z. B. Aussagen in den Evangelien, die Jesus herabwürdigen, historisch besonders relevant, da sie eine Sicht auf Jesus widerspiegeln, die nicht von dem Glauben der Urchristen beeinflusst ist. In Mt 11,19 wird Jesus beispielsweise als „Freund der Zöllner und Sünder" bezeichnet. Es ist davon auszugehen, dass diese Aussage über ihn unter seinen Gegnern verbreitet war, weil sich Jesus diesen gesellschaftlichen Randgruppen zugewandt hatte.

Durch solche und andere Beobachtungen können einige Grunddaten aus dem Leben Jesu rekonstruiert werden, über die unter Historikern weitgehend Übereinstimmung herrscht: Vermutlich wurde Jesus in der Regierungszeit des jüdischen Königs Herodes des Großen, d. h. vor 4 v. Chr., geboren. Die meiste Zeit seines Lebens verbrachte er in Nazaret, einem kleinen Dorf in Galiläa. Als gesichert kann auch gelten, dass er eine Zeit lang Verbindung zu einem Prediger hatte, der in der Bibel als Johannes der Täufer bezeichnet wird (vgl Mk 1,1–8). Erst kurz vor seinem Tod begann Jesus, öffentlich aufzutreten und zu predigen. Die drei **synoptischen Evangelien (Mk, Mt, Lk)** lassen vermuten, dass dieses

Auftreten weniger als ein Jahr dauerte. Dabei verkündete Jesus das kommende **Reich Gottes**, das für alle Menschen zugänglich sein sollte, und Gott als den liebenden, den Menschen zugewandten Vater. Dieser Botschaft verlieh Jesus auch in seinem konkreten Handeln Ausdruck, indem er zum Beispiel Kranke heilte und Dämonen austrieb. Jesus sammelte um sich herum Menschen, die sich ihm und seiner Botschaft anschlossen und diese mit ihm nach außen trugen. Er trat mit seinen Jüngern zunächst in Galiläa auf, wandte sich dann aber nach Jerusalem, dem religiösen Zentrum des Judentums. Dabei geriet er in Konflikt mit herrschenden Gruppen seiner Zeit, was schließlich zu seiner Verurteilung und Hinrichtung am Kreuz führte.

→ **Reich-Gottes-Botschaft** Jesu vgl. S. 109 ff.

Historischer Jesus	Christus des Glaubens
Zeugnisse nichtchristlicher Autoren über die Existenz Jesu	Erfahrungen mit dem auferweckten Jesus (Erscheinungen)
Analyse der historisch wahrscheinlichen Aussagen der Evangelien	Deutung der Erscheinungserfahrungen in den Evangelien
Eckdaten der Biografie	Glaubensaussagen über Jesus als den Christus

1.2 Die Lebenswelt Jesu

Jesus lebte und wirkte in der Gegend, die wir heute als **Israel bzw. Palästina** kennen. Dieser Raum war sowohl in Bezug auf das Klima als auch die Bodenverhältnisse zweigeteilt. Der Norden mit **Galiläa** und der Gegend um den See Gennesaret war ausgesprochen fruchtbar und ernährte die Menschen durch Landwirtschaft und Fischerei, während der gebirgigere und kargere Süden mit Judäa und Jerusalem als politischem und religiösem Zentrum Handel und Handwerk förderte. **Nazaret**, die Heimatstadt Jesu, lag im Nordreich Israel. Erst gegen Ende seines Wirkens zog er nach Jerusalem in den Süden.

Das **Römische Reich** hatte von seinem Zentrum Rom aus den gesamten Mittelmeerraum militärisch besetzt, in Provinzen aufgeteilt und mithilfe von **Statthaltern** als obersten Verwaltungsbeamten politisch unter seine Kontrolle gebracht. Wirtschaftlich durchdrang Rom diese Provinzen v. a. durch ein ausgeklügeltes **Steuersystem**, an dessen unterem Ende einheimische Steuerpächter, sogenannte Zöllner, auf eigene Rechnung Abgaben und Zölle von Bauern und Fischern, Handwerkern und Händlern eintrieben. Am oberen Ende dieses Systems flossen die Einnahmen in die römische Staatskasse, um weitere militärische Maßnahmen oder einfach nur den römischen Lebensstandard zu finanzieren.

Augustusstatue von Primaporta – Die Darstellung des Kaisers ohne Schuhwerk entspricht antiken Götterstatuen.

Zur Zeit der Geburt Jesu war oberster Herrscher des Römischen Reiches Kaiser **Augustus Oktavian** (63 v. Chr. – 14 n. Chr.), Adoptivsohn des vergöttlichten C. Julius Cäsar. Er hatte damit beste Aussichten, selbst als Gott verehrt zu werden. Augustus hatte die jahrzehntelangen innerrömischen Auseinandersetzungen um Ehre und Macht beendet, indem er alle anderen Mitbewerber um die Führung im Römischen Reich beseitigte und ein System installierte, das ihm als „Erstem unter Gleichen" (*primus inter pares*) allen Einfluss garantierte, ohne dass die traditionellen Ideen der Republik völlig aufgegeben wurden. Auch nach außen hin hatte der „Princeps" Augustus die Situation stabilisiert, die Grenzen des Imperiums weitgehend gesichert sowie die Provinzen und die daraus resultierenden Einnahmen unter seine Kontrolle gebracht. In manchen Gegenden des ausgedehnten Reiches mochte es jedoch ratsamer sein, die dortige Bevölkerung nicht direkt mit einem römischen Statthalter und dessen Machtinsignien zu konfrontieren, sondern subtiler vorzugehen. So stellte Palästina am östlichen Ende des Mittelmeers ebenfalls eine Region dar, in der solch subtilere Vorgehensweisen ratsam erschienen. Es handelte sich dabei im Wesentlichen um das Wohngebiet des jüdischen Volkes mit der Haupt- und Tempelstadt Jerusalem als Zentrum. In diesem **Tempel** verehrten die Juden ihren Gott, den einen und einzigen Gott. Dieser **strenge Monotheismus** unterschied das jüdische Volk von allen anderen Völkern des Mittelmeerraumes ebenso wie die zahlreichen **rituellen Gebote**, die es, genau wie die **ethischen Weisungen**, als Ausdruck und Vollzug des **Bundes mit Gott** ansah. Während Gott im Tempel von Jerusalem ohne Bilder, dafür aber mit den in der Umgebung üblichen Brand- und Schlachtopfern verehrt wurde, hatte sich zur Zeit Jesu eine weitere, höchst innovative Form der Gottesverehrung etabliert. Überall im Land waren **Synagogen** entstanden, einfache Versammlungsräume, die von privater Seite zur Verfügung gestellt wurden. Im Zentrum dieser Gottesverehrung stand nicht das von Priestern durchgeführte Opfer, sondern die von jedem Laien vollziehbare Lesung und Auslegung der Heiligen Schriften des Judentums, der Tora.

Die **Tora** ist der erste Teil der hebräischen Bibel und entspricht den ersten fünf Büchern Mose.

So weit also waren sich Juden in dieser Zeit einig: Der eine und einzige Gott hat einen exklusiven Bund mit seinem auserwählten Volk geschlossen und wird im Tempel verehrt, seine in der Tora gegebenen Weisungen sorgen dafür, dass das Volk in diesem Bund bleiben kann.

Unter dieser Schicht des Einverständnisses aber brodelte schon seit mehr als hundert Jahren ein explosives Gemisch aus unterschiedlichsten politischen, sozialen, v. a. aber religiösen Überzeugungen und Interessen. Die Ursprünge dieser Differenzen reichen zurück bis in die Zeit der Auseinandersetzungen des Judentums mit den hellenistischen Besatzern im 2. Jahrhundert v. Chr. Nach der Eroberung durch Alexander den Großen wurde der gesamte Vordere Orient einschließlich Palästinas in den griechischen Kulturkreis integriert. Die hellenistischen Herrscher Palästinas versuchten immer wieder, die jüdische Religion abzuschaffen, was schließlich zu einem Volksaufstand und 142 v. Chr. zu einem zwischenzeitlichen Ende der Fremdherrschaft in Palästina führte.

Hellenismus: Epoche, in der weite Teile des Orients durch die griechische Sprache und griechisch-antike Kultur geprägt waren

Dem neuen hellenistischen Zeitgeist am nächsten stand eine religiöse Partei, deren Anhänger sich aus adligen Familien am Jerusalemer Tempel rekrutierten: die **Sadduzäer**. Nach einer Reihe von Abspaltungen untereinander war dies die einzig verbliebene Gruppe von Priestern, die am Tempel den Dienst versehen durfte. Aufgrund ihrer sozialen und politischen Herkunft hatten sie ein großes Interesse daran, durch eine gemäßigte Auslegung der Religionsgesetze den Anschluss an die hellenistische Kultur zu gewinnen und als Teil der römisch-griechischen Welt von deren Segnungen zu profitieren. Vorsichtige Reform mischte sich so oftmals mit einträglicher Kollaboration. Diese Reformer hatten im 2. Jahrhundert v. Chr. einen legitimen Hohenpriester aus seinem Tempelamt in Jerusalem verdrängt. Der rief daraufhin als „Lehrer der Gerechtigkeit" eine neue, fundamentalistische Gemeinschaft aus all jenen Kräften ins Leben, die sich den „Griechen-Freunden" am Tempel widersetzten: die **Essener**. Weil sich die neue, elitäre Gemeinschaft als das „wahre Israel" betrachtete, das als Ersatz für den in ihren Augen entweihten Tempelkult in Jerusalem dienen sollte, spielten Fragen der kultischen Reinheit eine dominierende Rolle. Die Ab-

Rekonstruktion der Siedlung von Qumran am Toten Meer

grenzung der „reinen" Mitglieder der Gemeinschaft von all jenen, die nach damaligen Vorstellungen aus Gründen der Volkszugehörigkeit, wegen Krankheit oder Nichteinhaltung der Reinheitsvorschriften oder aufgrund anderer Sünden „unrein" waren, wurde zum wichtigsten Aspekt der Gruppenidentität. Aus diesem Grund führten wohl die meisten der essenischen Gläubigen ein zurückgezogenes Leben in klosterähnlicher Umgebung. Bekannt wurden die Essener vor allem durch die spektakulären Schriftfunde aus einem ihrer „Wüstenkloster" bei Qumran am Toten Meer.

Auch die dritte Gruppe, die Partei der **Pharisäer**, hatte ihre Wurzeln im Widerstand gegen die Anpassung der Aristokratie an die griechische Kultur. Nicht Rückzug in ein inneres oder äußeres Exil war ihre Strategie, ihr vordringlichstes Interesse galt vielmehr dem Alltagsleben der Anhänger ihres Volkes. Der gläubige Jude sollte Gott durch die strenge Befolgung aller ethischen und kultischen Normen in seinem Alltag, im Beruf wie im Privatleben, ehren und heiligen. Um dies zu garantieren, formulierten die Pharisäer als die Schriftgelehrten schlechthin auf Grundlage der Tora immer neue Vorschriften zum Schutz der göttlichen Gebote und achteten peinlich genau auf deren Einhaltung.

Synedrium: Hoher Rat der Juden in griechischer und römischer Zeit, der die höchste richterliche Instanz in innerjüdischen Fragen darstellte

Während sich die Essener zu einer sehr exklusiven, vorwiegend im Geheimen wirkenden Sondergemeinschaft entwickelten, stellten Pharisäer und Sadduzäer zur Zeit Jesu die Mitglieder im **Synedrium**, dem Hohen Rat der Juden, und beeinflussten damit maßgeblich die Geschicke des jüdischen Volkes, ohne dass die augenfälligen Differenzen zwischen ihnen damit geklärt gewesen wären. In den Evangelien wird Jesus immer wieder in der Auseinandersetzung mit diesen beiden Gruppen gezeigt, wobei er in seinem Denken wohl am ehesten den Pharisäern nahegestanden hat. Vielleicht ist gerade das der Grund, warum die Evangelien die Auseinandersetzung mit diesen „Schriftgelehrten" als besonders erbittert beschreiben.

Angesichts dieser oftmals undurchsichtigen, für einen Römer nur schwer verständlichen religiösen Lage, war es klug, das Gebiet des jüdischen Volkes nicht direkt unter römische Kontrolle zu stellen, zumal der strenge Monotheismus des Judentums weitere Probleme für die Herrschaftssicherung aufwarf. Die bessere Alternative erschien in dem Fall, dieses Volk von einem einheimischen Herrscher regieren zu lassen, dessen Loyalität zu Rom unbestritten war und der zum Dank für seine treuen Dienste den Titel „König" tragen durfte. **Herodes I.**, dem die Nachwelt den Beinamen „der Große" zukommen ließ, scheint ein solcher Herrscher gewesen zu sein. Immerhin schaffte es dieser König von Roms Gnaden, durch eine Kombination aus brutaler Unterdrückung

und wohl auch einer gewissen Tüchtigkeit, das Land bis zu seinem Tod im Jahre 4 v. Chr. unter der ungefährdeten Kontrolle Roms zu halten.
Nach Herodes' Tod aber traten die alten Konflikte um Anpassung und Beharren, um Kollaboration und Widerstand wieder an die Oberfläche. Die Römer übernahmen nach und nach selbst die direkte Kontrolle über die jüdischen Gebiete – und verschärften damit die Auseinandersetzungen. Einen ersten Höhepunkt stellte die Widerstandsbewegung um einen gewissen „Judas, den Galiläer" dar, der die Lehre von der Alleinherrschaft Gottes verkündete und die Pflicht jedes Juden, mit Eifer bei der Durchsetzung dieser Alleinherrschaft mitzuwirken. Praktische Konsequenz aus seiner Lehre war die Weigerung, Steuern an den römischen Kaiser zu zahlen. Die Gruppe, die sich um Judas sammelte, wird in der Forschung mit der Partei der **Zeloten** („Eiferer") gleichgesetzt, die der jüdische Geschichtsschreiber Josephus als vierte Religionspartei neben den Sadduzäern, Essenern und Pharisäern beschreibt und die mit militanten Mitteln die Gottesherrschaft zum Durchbruch bringen wollten. Auch in der Liste der zwölf Jünger Jesu findet sich mit „Simon, dem Zeloten" offenbar ein solcher Eiferer (vgl. Lk 6,15).

Jüdische Gruppierungen zur Zeit Jesu

Den Glauben an eine ungebrochene Herrschaft Gottes, der sich auch die politischen Eliten beugen müssen, hatte ebenso eine spätere Bewegung im Blick, die sich um **Johannes den Täufer** sammelte. Johannes ging vor allem auf Konfrontation mit den Nachfolgern Herodes' des Großen, die sich aus seiner Sicht schwerer Verstöße gegen die Gebote der Tora schuldig gemacht hatten. In seiner Predigt forderte er das ganze Volk zu Umkehr und Reinigung auf und bot die Taufe im Jordan als Zeichen dieser Erneuerung an. Auch Jesus ließ sich nach Mk 1,9–11 von Johannes taufen. Die Opposition des Johannes gegen Herodes Antipas, den Nachfolger Herodes' des Großen in Galiläa, kostete ihn schließlich das Leben. Unklar bleibt, ob der Grund für seine Hinrichtung in der Kritik an der Heirat mit Herodias lag, wie die synoptischen Evangelien behaupten, oder ob es um die Furcht vor einem durch die Johannes-Predigt provozierten Aufruhr (Flavius Josephus) ging.

2 Das Wirken Jesu und seine Botschaft

2.1 Selbstverständnis und Anspruch Jesu

Das Leben der meisten Menschen während der Zeit, in der Jesus lebte, war von Not, **Leid und Armut** geprägt. Die Widrigkeiten der Natur wie Missernten und Dürre bedrückten die Zeitgenossen Jesu ebenso wie die politische Situation. Neben direkten **Steuern an die römische Besatzungsmacht**, wie der Grund- und Kopfsteuer, wurden zusätzlich von kollaborierenden Zöllnern indirekte Steuern, vor allem Wegegelder, erhoben. Eine Anzahl religiöser Abgaben wie der Zehnte, der den Priestern und Leviten zukam, sowie die **Tempelsteuer**, mit der die Kosten des öffentlichen Gottesdienstes gedeckt wurden, erhöhten die steuerlichen Belastungen.

Gegen diese oft als negativ erfahrene irdische Herrschaft stand die Botschaft des Alten Testaments von der **Befreiung Gottes aus Knechtschaft und Elend**, wie sie vor allem im Exodus-Geschehen erlebt und im Judentum durch zahlreiche Feste wachgehalten wurde. Zur Zeit Jesu erreichte die Hoffnung, Gott werde sein Volk wie einst aus Ägypten aus dem gegenwärtigen Elend befreien und seine „Gottesherrschaft" errichten, einen erneuten Höhepunkt.

In diese unruhige Zeit fällt das Auftreten und die Verkündigung Jesu. Gewissermaßen wie ein Politiker in einer Regierungserklärung lässt der Evangelist Markus das Auftreten Jesu mit einem programmatischen Wort beginnen, das die Botschaft Jesu zusammenfasst: **„Die Zeit ist erfüllt, das Reich Gottes ist nahe. Kehrt um und glaubt an das Evangelium"** (Mk 1,15). Mit dieser Aussage werden zentrale Aspekte seiner Verkündigung quasi vorweggenommen. Zudem drückt sie das Selbstverständnis und den Anspruch aus, mit dem Jesus seine Verkündigung vorträgt.

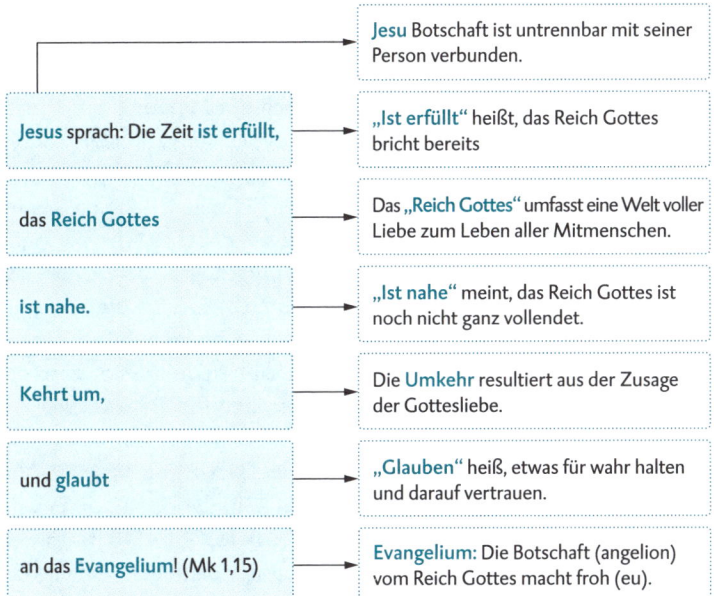

Was die Rolle Jesu betrifft, so geht aus dem programmatischen Wort zu Beginn des Markusevangeliums hervor, dass die Botschaft an den Boten geknüpft ist. Wichtiger ist aber, dass Jesus das **Reich Gottes verkündet** – und nicht sich selbst. Das Wirken Jesu in Wort und Tat ist im weiteren Erzählverlauf auf diese Worte hin ausgerichtet. Der außergewöhnliche Anspruch der Verkündigung Jesu manifestiert sich sowohl in seinem Verhalten, das diesen Anspruch glaubwürdig machen muss, als auch in seinem einzigartigen Gottesverhältnis.

Auf den ersten Blick könnte man nämlich das Auftreten und Wirken Jesu durchaus in das **Muster jüdischer Rabbinertätigkeiten** einordnen. Wie diese sammelte er Jünger um sich und verkündete das Nahen der Gottesherrschaft. Die Verkündigung der Rabbiner berief sich auf die Autorität der Tora als „Gesetz Gottes". So begann die rabbinische Schriftauslegung in der Regel auch mit dem Bezug zur Tora *Es steht geschrieben* oder *Ihr habt gehört, dass zu den Alten gesagt worden ist …* Diese Auslegung der Schrift sprengt Jesus, wenn er zum Beispiel in Mt 5,21 f. seine Verkündigung beginnt mit den Worten *Ich aber sage euch …* Damit dokumentiert er einen einzigartigen **Vollmachtanspruch**, der zeigt, dass seine Verkündigung im Einklang mit Gottes Willen steht.

Rabbiner: hebräische Bezeichnung für einen „Meister" bzw. „Lehrer" der jüdischen Religion

Vollmachtanspruch: Jesus beansprucht nicht nur, Gottes Wort auf neue Weise zu verkünden, sondern er bürgt durch seine Verkündigung für die Glaubwürdigkeit der Botschaft (vgl. Mk 1,22–27).

Dieses Selbstverständnis wirkte sich auch auf das **Verhalten Jesu** aus, das ebenfalls nicht dem üblichen Verhalten frommer Rabbiner entsprach. Im Gegensatz zum orthodoxen Judentum seiner Zeit suchte Jesus gezielt Kontakt zu Menschen, die nach der Meinung der Schriftgelehrten als von Gott Verstoßene, als „Unreine" und „Sünder", galten. Dazu gehörten zum einen Menschen, die sich nach damaliger Auffassung aufgrund ihres Berufes außerhalb der jüdischen Religion gestellt hatten: Zöllner, Geldwechsler, Prostituierte, aber ebenso Hirten. Gerade zu diesen Gruppen aber fühlte sich Jesus hingezogen, betrat ihr Haus und saß mit ihnen sogar bei Tisch (vgl. Mk 2,13–17). Zu diesen Personen gehörten auch Frauen, die im patriarchalischen Judentum aufgrund zahlreicher Reinheitsgebote zu denjenigen zählten, mit denen man den Umgang mied. Jesus zeigt ihnen gegenüber eine für die damalige Zeit ungewöhnliche Nähe. So finden sich in seiner Begleitung immer wieder zahlreiche, namentlich bekannte Frauen wie Maria von Magdala. Von anderen Frauen, die in den Evangelien als „Sünderinnen" bezeichnet werden, ließ er sich sogar die Füße salben (vgl. Lk 7,36–50). Nach dem Zeugnis der Evangelien stand Jesus auch an der Seite der Zöllner oder der Aussätzigen, die allesamt als „unberührbar" galten. Die **Gemeinschaft Jesu mit sozial marginalisierten Gruppen** verdeutlicht den Kern seiner Botschaft, dass nämlich Gottes Liebe allen Menschen gilt (vgl. Mt 5,45). Diese Aussage, die Jesus durch sein Verhalten unterstrich, war für manche seiner Zeitgenossen unerhört, ja sogar unerträglich, und führte zu massiver Kritik und Anfeindung. Jesus selbst unterstrich damit aber nochmals den Anspruch, durch sein Wirken nichts anderem als Gottes Willen zum Durchbruch zu verhelfen.

→ gemeinschaftsstiftendes Handeln Jesu
vgl. S. 210

Zitat

> **28** Und es geschah, als Jesus diese Rede beendet hatte, war die Menge voll Staunen über seine Lehre; **29** denn er lehrte sie wie einer, der [göttliche] Vollmacht hat, und nicht wie ihre Schriftgelehrten.
> (Mt 7,28 f.)

Das Verhalten Jesu spiegelt sich auch in seinem **Gesetzesverständnis** wider. Während für fromme Juden unbedingter Gehorsam gegenüber den Weisungen der Tora eine wesentliche Voraussetzung für ein gottgefälliges Leben war, beanspruchte Jesus für sich das Recht, die **Tora konkret im Sinne der Menschlichkeit auszulegen**. Für Jesus war die Erfüllung des Gesetzes mehr als die wortgetreue Beachtung der Tora, nämlich die „größere Gerechtigkeit" (Mt 5,17–20), die sich hinter den Buchstaben der Gesetze verbirgt.

2.2 Das Gottesbild Jesu

Wesentlich für Anspruch und Selbstverständnis Jesu ist auch seine Vorstellung von Gott: Das Gottesbild Jesu ist bestimmt durch seine **innige, geradezu intime Beziehung zu Gott**. Anders als im traditionellen Judentum, in dem man den Namen Gottes nicht auszusprechen pflegte, sondern ihn durch die Anrede „Adonai" (= Herr) ersetzte, sprach Jesus ganz direkt und sehr persönlich von und mit Gott. Am deutlichsten wird das Gottesbild Jesu in seiner Anrede Gottes mit „Abba", einem familiären Kosewort, das einem **liebenden Vater** gilt (vgl. Mk 4,36). Aber auch an anderen Stellen redet Jesus von Gott als Vater, so zum Beispiel, wenn er seine Jünger das „Vaterunser" lehrt (vgl. Mt 6,9–13). Diese **Gottesnähe** durchzieht die Verkündigung Jesu wie ein roter Faden: Gott ist nicht nur derjenige, der in der Geschichte des Judentums immer wieder heilbringend am jüdischen Volk gehandelt hat, sondern er handelt weiter, und zwar auch gegenwärtig durch Jesu Worte und Taten.

→ **Gott als Vater** vgl. S. 75

Diese einzigartige Gottesnähe Jesu erklärt auch, dass Jesus für sich beanspruchte, böse Geister auszutreiben, d. h. Exorzismen durchzuführen (vgl. Mt 12,28) und sogar **Sünden zu vergeben** – eine Vollmacht, die nach den Vorstellungen gläubiger Juden allein Gott zukommt. Dass Jesus sich hierzu berufen fühlte, verdeutlicht abermals seinen Anspruch, dass das Hereinbrechen der Gottesherrschaft mit seinem Auftreten verbunden ist.

2.3 Die Botschaft vom Reich Gottes

Die Botschaft Jesu umkreist den Gedanken des **unmittelbar bevorstehenden Anbruchs der Gottesherrschaft**, des Kommens des Reiches Gottes oder auch des „Himmelreiches" bzw. der „Königsherrschaft Gottes" (griech. *basileía toû theoû*). Jesus hat diesen Begriff nicht selbst geprägt, sondern er stammt aus dem Judentum. Im Judentum aber war dieser Begriff **eschatologisch** (griech. *ta éschata*: Lehre von den letzten Dingen), also streng auf das Jenseits ausgerichtet. Am Ende der Tage werde Gott in einem Endgericht Himmel und Erde erneuern, woraufhin eine Heilszeit beginne. Zudem war die Vorstellung verbreitet, dass der Mensch durch besonders fromme Leistungen und durch Gebete dieses Kommen beschleunigen oder gar erzwingen könne.

→ **Eschatologie** vgl. S 252

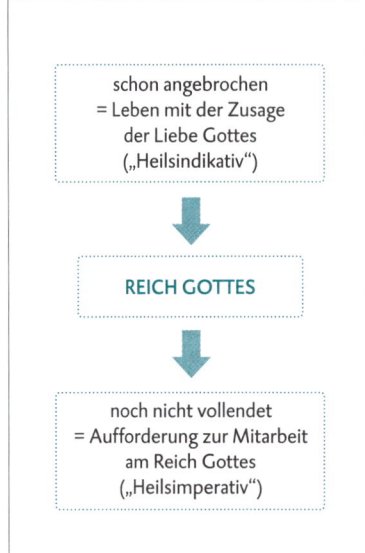

Das Reich Gottes, das Jesus ankündigt, ist anders. Es ist ein **Geschenk**, das bereits gegeben ist. Mit seinem Auftreten ist die Heilswirklichkeit **bereits angebrochen**. Diese zeigt sich darin, dass menschliches Leid überwunden wird und die Beziehungen zwischen Gott und den Menschen sowie den Menschen untereinander zu einer **Einheit** finden. Mit dem Begriff des Gottesreiches wird also in Aussicht gestellt, dass der Mensch im „Be-Reich" Gottes Heil erfährt. Nur weil durch Jesus Gott seine **bedingungslose Liebe** zu den Menschen offenbart hat, können wir Menschen **in der Nachfolge Jesu diese Liebe an andere weitergeben** und so am Kommen des Gottesreiches mitwirken. Da in der Verkündigung Jesu der Anbruch der Gottesherrschaft nicht mit der Vollendung gleichgesetzt wird, **fordert Jesus die Adressaten seiner Botschaft zur Mitarbeit** („Umkehr") an der angebrochenen Gottesherrschaft auf.

Wie ein Geschenk, das Positives in einem Menschen auslöst, so gilt es, auch das angebrochene Reich Gottes durch eigenes Engagement und Mitarbeit weiterzuentwickeln. Immer wieder ruft Jesus daher die Menschen auf, alles stehen und liegen zu lassen und ihm nachzufolgen. Dieser auffordernde **(= imperativische)** Ruf zur Nachfolge ergibt sich aus der gegebenen **(= indikativischen)** Heilszusage. Die Spannung zwischen „**schon angebrochen**" und „**noch nicht vollendet**" wird in der Theologie als „**eschatologischer Vorbehalt**" bezeichnet. So gesehen macht Jesus mit der Zukunftserwartung des Judentums auf eine radikale Art und Weise Ernst, ohne sie deswegen zu verändern. Das Reich Gottes, das sehnlichst erwartet wurde, ist mit ihm da. Wer dies erkennt, muss nicht mehr auf das Kommen des Messias warten. Mit der Verkündigung des Gottesreiches wird also die gesamte Hoffnung des damaligen Judentums auf Erlösung – weltlicher und jenseitiger Art – gebündelt. Für Jesus ist das Reich Gottes die Metapher für das **Zulassen der Liebe Gottes im menschlichen Leben**. Diese Botschaft kleidet Jesus immer wieder in metaphorische Bilder, denen er beispielsweise in **Gleichnissen** Ausdruck verleiht.

Durch diese bildliche Übertragung versucht Jesus, die Wirklichkeit des Reiches Gottes auch den einfachen und ungebildeten Menschen zu verdeutlichen. Daher verwendet er wiederholt **Vergleiche aus der konkreten Umwelt seiner Adressaten** wie Aussaat, Ernte, Mahlgemeinschaften oder Hochzeitsfeste. Dabei wird in den Gleichnissen

→ **eschatologischer Vorbehalt** vgl. S. 258

Gleichnis: kürzerer Erzähltext, der einem abstrakten Sachverhalt (Sachebene) in Form einer bildhaften Rede (Bildebene) Ausdruck verleiht. Im Text selbst sind Hinweise darauf enthalten, auf welche Sache die sprachlichen Bilder zu beziehen sind.

Jesu auch nicht das von Teilen des Judentums erwartete plötzliche Anbrechen der Gottesherrschaft als Apokalypse beschrieben, sondern als eine bereits anfangshaft verwirklichte, aber sich im Wachsen befindliche Gottesherrschaft. So wird das Himmelreich mit einem **Sauerteig** verglichen, der das Mehl unmerklich, aber stetig durchsäuert (vgl. Mt 13,33), oder mit einem **Senfkorn**, dem kleinsten aller Samenkörner, das bereits gesät ist und immer größer wird, bis alle Vögel des Himmels in seinen Zweigen wohnen können:

Zitat

Das Gleichnis vom Senfkorn

31 Er legte ihnen ein weiteres Gleichnis vor und sagte: Mit dem Himmelreich ist es wie mit einem Senfkorn, das ein Mann auf seinen Acker säte.

32 Es ist das kleinste von allen Samenkörnern; sobald es aber hochgewachsen ist, ist es größer als die anderen Gewächse und wird zu einem Baum, sodass die Vögel des Himmels kommen und in seinen Zweigen nisten.

(Mt 13,31 f.)

Ein weiterer Aspekt der Botschaft Jesu vom Gottesreich besteht in der Offenheit dieses Reiches für alle Menschen, besonders auch für Randgruppen der damaligen Gesellschaft. Aus der Zusage der bedingungslosen Liebe Gottes ergibt sich die **Umkehr des Menschen**. Diese zeigt sich darin, das Geschenk des Heils in der Beziehung zu Gott und den Menschen widerzuspiegeln. Auch hierin unterscheidet sich die Botschaft Jesu von großen Teilen des damaligen Judentums, die das Gottesreich als Art „Gericht" verstanden und es für eine exklusive Belohnung für frommes Leben hielten. Der „Drohbotschaft", die auch noch von Johannes dem Täufer vertreten wurde, hält Jesus seine „Frohbotschaft" der grenzenlosen Liebe Gottes entgegen. Auch diese Gottesvorstellung verkündigt Jesus in Gleichnissen, so zum Beispiel im **Gleichnis vom verlorenen Schaf** (vgl. Lk 15,1–10) oder im **Gleichnis vom verlorenen Sohn** bzw. **barmherzigen Vater** (vgl. Lk 15,11–32), in dem ein liebender, verzeihender Gott seine Zuneigung gerade den gescheiterten Menschen zusagt.

> **info**
>
> **Zentrale Merkmale der Reich-Gottes-Botschaft**
> - Jesus spricht vom Reich Gottes in Gleichnissen, die bildhafte Vergleiche aus der konkreten Umwelt der Menschen (Aussaat, Ernte, Feste) enthalten.
> - Das Reich Gottes setzt kein Gericht voraus, sondern beinhaltet eine Heilszusage Gottes an alle Menschen.
> - Die bedingungslose Liebe Gottes, die im Reich Gottes aufscheint, ruft die Menschen zur Umkehr und befähigt sie zum Guten.
> - Mit Jesu Verkündigung ist das Reich Gottes bereits angebrochen, die Heilszusage gilt. Die Vollendung des Gottesreiches steht aber noch aus.
> - Das Reich Gottes lässt sich einerseits nicht durch fromme Taten „erarbeiten", da es ein „Geschenk" ist, aber es fordert zur Mitwirkung auf („Geschenk annehmen und weitergeben").
> - Das Reich Gottes ist allen Menschen zugesagt. Besonders für Randgruppen zur Zeit Jesu war das ein Novum.

2.4 Die Ethik Jesu in der Bergpredigt

Aufbau der Bergpredigt und Verankerung im Neuen Testament

Ähnlich wie das programmatische Wort Jesu zum Beginn seines Auftretens (vgl. Mk 1,15) als Zusammenfassung des Anspruchs Jesu gesehen werden kann, so ist die **Bergpredigt** eine Art Zusammenfassung der jesuanischen Ethik und wird daher oft als „Herzstück" der Verkündigung Jesu bezeichnet.

→ **Bergpredigt** vgl. S. 187 f.

Die Bergpredigt ist Teil des **Matthäusevangeliums, Kapitel 5–7**, und bildet die erste von insgesamt fünf Lehrreden zum Thema „Die größere Gerechtigkeit". Diesen Lehrreden folgt im Matthäusevangelium quasi als „greifbarer Beweis" ein Wunderzyklus. Der Name „Bergpredigt" leitet sich von dem Ort ab, an dem Jesus diese Predigt gehalten haben soll. Zugleich ist der Berg im Judentum wiederholt als **Ort besonderer Gottesnähe** tradiert. So werden unter anderem auch die Zehn Gebote auf dem Berg Sinai an Mose übergeben. Daher gehen die Exegeten heute davon aus, dass Matthäus die Predigt gezielt auf einem Berg verortet hat. Eine – allerdings deutlich kürzere – Parallele zur Bergpredigt findet sich im Lukasevangelium (vgl. Lk 6,20–49). Diese wird aufgrund des Predigtortes auf einem Feld als „Feldrede" bezeichnet. Exegeten sind sich heute einig darüber, dass die Bergpredigt keine Originalrede Jesu ist, sondern eine **Komposition des Evangelisten Matthäus**. Die Rede wurde etwa um 80–90 n. Chr. verfasst und von Matthäus wohl zum großen Teil aus Worten bzw. kurzen Reden Jesu aus ihm vorliegenden Quellen, der **Logienquelle Q** und dem Markus-Evangelium, bewusst

→ **Logienquelle** vgl. S. 47

zusammengestellt. Zentrale Textpassagen sind die Seligpreisungen (Mt 5,3–12) sowie die Worte über die „größere Gerechtigkeit", die am Beginn der Rede als Zuspruch und Ermutigung zu verstehen sind. Erst im Anschluss wird in den Antithesen (Mt 5,21–48) deutlich, welcher Anspruch sich aus der Zusage der Liebe Gottes ergibt. Genau im Zentrum der Predigt steht zudem das „Vaterunser" (Mt 6,9–13), das von Aussagen über die Gerechtigkeit vor Gott gleichsam eingerahmt wird (Mt 6,1.14). Der ethische Anspruch Jesu wird am Ende des Hauptteils in der Goldenen Regel gebündelt (Mt 7,12). Zum Abschluss der Bergpredigt warnt Jesus vor dem Einschlagen eines falschen Weges und vor falschen Propheten (Mt 7,13 – 23). Mit der Notiz von der Betroffenheit seiner Hörerschaft endet die Bergpredigt (Mt 7,28 f.).

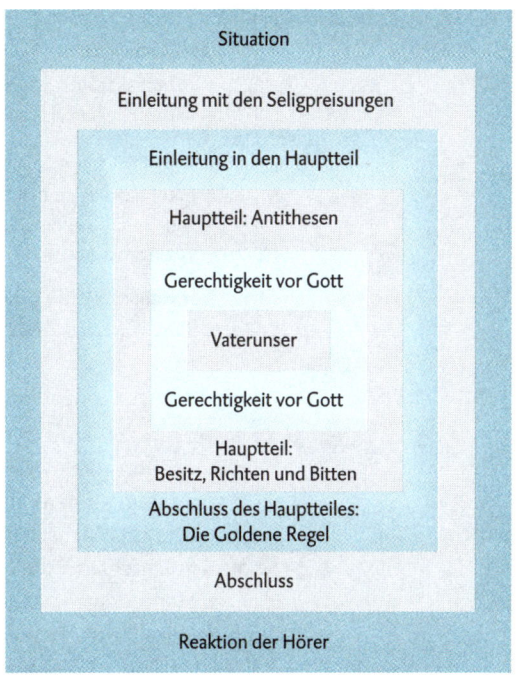

Anspruch und Zuspruch Jesu in der Bergpredigt

Kaum ein anderer Text des Neuen Testaments ist in seiner Deutung aufgrund der radikalen Forderungen so umstritten wie die Bergpredigt. Eine wichtige Hilfe für das Verständnis des Textes besteht darin, dass sich die Ethik Jesu aus zwei Polen speist: einerseits dem Zuspruch Gottes und andererseits dem sich daraus ergebenden Anspruch. Der eine Pol ist der sogenannte **Heilsindikativ** (Indikativ: Wirklichkeitsform), d. h. die Zusage des Heils Gottes an uns Menschen jetzt. Der andere Pol ist der sogenannte **Heilsimperativ** (Imperativ: Befehlsform), d. h. die Forderung, das Heil Gottes in der Welt an andere Menschen weiterzugeben. Dabei ist von ganz entscheidender Bedeutung, dass der **Zuspruch als Mut machende Voraussetzung an erster Stelle** steht. Nur deswegen ist der Anspruch keine Überforderung, an der man verzweifeln muss. Weil Gott allen Menschen das Heil zusagt (Indikativ), können die Menschen an diesem Heil mitwirken, indem sie einander in Solidarität und Nächstenliebe begegnen (Imperativ). Weil du von Gott geliebt wirst, kannst und sollst du deinen Nächsten lieben. Der Zuspruch geht dem Anspruch also voraus.

> **info**
>
> **Der Zuspruch ...**
> - richtet sich auch an jene, die zur Zeit Jesu nicht damit rechnen durften.
> - wird zu Beginn als von Gott schon gegeben verkündet („Heilsindikativ").
>
> **Der Anspruch ...**
> - leitet sich aus dem bedingungslosen, von Gott zugesprochenen Heil ab.
> - kann erfüllt werden, da der Mensch dazu befähigt wird, das ihm zugesprochene Heil in der Welt weiterzugeben („Heilsimperativ").
>
> **Der Heilsindikativ geht dem Heilsimperativ voraus.**

Erläuterungen einzelner Bestandteile der Bergpredigt

Die Bergpredigt wird mit den **Seligpreisungen** eröffnet, die den Heilsindikativ vor allen weiteren Forderungen betonen. Sie machen klar, dass vor dem hohen sittlichen Anspruch der Bergpredigt die **Heilszusage** an uns Menschen steht. Es ist eine Heilszusage Jesu an die, die sozial geächtet sind, die Leid erfahren, die hungern, die verfolgt werden. Diese Heilszusage bedeutet, dass gerade sie die Zuwendung Gottes erfahren, und zwar nicht in Form einer Vertröstung auf eine jenseitige Welt, sondern als Zusage für die Gegenwart.

Danach folgt eine Interpretation dessen, was Jesus unter „Gerechtigkeit" versteht. Hier geht es für Jesus um die **Verhältnisbestimmung von Gesetz und Gerechtigkeit**. Jesus verlangt keine Aufhebung des jüdischen Gesetzes (= Tora), wendet sich aber gegen eine buchstabengetreue Gesetzesbefolgung, hinter der sich die Menschen gewissenlos verstecken können. Er fordert dagegen Gerechtigkeit, die größer als alle Gesetzestreue ist und mittels derer sich das ganze Gesetz erfüllen lässt. Dieses Erfüllen aber meint, **die Intention des Gesetzes zu beachten** und nicht seinen äußeren Wortlaut. Die größere Gerechtigkeit legt als **Maßstab die Liebe Gottes** zu den Menschen zugrunde. Diese sollen die Menschen weiterschenken. Auf die Erfüllung der Gottes- und Nächstenliebe muss das Gesetz **in der ganz konkreten Situation** überprüft und angewendet werden. Man muss sich demnach immer fragen, ob man ein Gesetz nur äußerlich anwendet oder ob tatsächlich eine innere Haltung die Gesetzesanwendung begleitet. Mit anderen Worten: Es ist nicht ausreichend, im Recht zu sein, man muss im Recht leben, denn das Gesetz der Menschlichkeit steht über dem Gesetz der Menschen.

In diesem Sinn sind auch die nun folgenden sechs **Antithesen** zu verstehen. Die Bezeichnung leitet sich von ihrem Aufbau ab: einem Zitat aus dem Alten Testament, das mit den Worten *Es ist den Alten gesagt worden* eingeleitet wird, wird eine Interpretation Jesu gegenübergestellt, die mit den Worten beginnt: *Ich aber sage euch*. Diese Auslegung Jesu hebt nicht die Gültigkeit des Alten Testaments auf, sondern radikalisiert sie im eben beschriebenen Sinn der **„größeren Gerechtigkeit"**. So wird beispielsweise das Tötungsverbot in der 1. Antithese (*Du sollst nicht töten*) dahingehend verschärft, dass auch das verachtende Verhalten gegenüber dem Mitmenschen untersagt wird. Durch diese Radikalisierung und Konkretisierung weg von einer allgemeinen Regel hin zu einem ganz konkreten Alltagsbeispiel wird in allen Antithesen deutlich: Gesetze sind sinnlos, wenn ihre Intention, andere zu schützen, nicht mit der praktischen Handlung übereinstimmt. Besonders kontrovers erscheint dabei die sechste und (sicher nicht zufällig) letzte Antithese von der Feindesliebe.

„Größere Gerechtigkeit" zielt auf eine Grundhaltung und nicht auf buchstabengetreuen Gesetzesgehorsam.

> **Von der Liebe zu den Feinden**
>
> 43 Ihr habt gehört, dass gesagt worden ist: Du sollst deinen Nächsten lieben und deinen Feind hassen.
>
> 44 Ich aber sage euch: Liebt eure Feinde und betet für die, die euch verfolgen,
>
> 45 damit ihr Kinder eures Vaters im Himmel werdet; denn er lässt seine Sonne aufgehen über Bösen und Guten, und er lässt regnen über Gerechte und Ungerechte.
>
> 46 Wenn ihr nämlich nur die liebt, die euch lieben, welchen Lohn könnt ihr dafür erwarten? Tun das nicht auch die Zöllner?
>
> 47 Und wenn ihr nur eure Brüder grüßt, was tut ihr damit Besonderes? Tun das nicht auch die Heiden?
>
> 48 Seid also vollkommen, wie euer himmlischer Vater vollkommen ist.
>
> (Mt 5,43–48)

Zitat

Jesus fordert hier die Liebe nicht nur zum eigenen Volk, sondern universell zu allen Menschen. Diese Liebe gilt trotz Disharmonie, d. h., er verlangt, den Feind als Feind zu lieben. Diese auch als **„Entfeindungsliebe"** bezeichnete Forderung verlangt keine Zuneigung oder Selbstverleugnung, sondern hier bewährt sich Nächstenliebe ausdrücklich gegenüber Menschen, von denen man keinerlei Vorteile zu erwarten hat. Es geht um die **Achtung des Mitmenschen um seiner selbst willen** und um die Beendigung von Feindschaft. Zu verstehen ist diese Forderung nur aufgrund der zuvor erfolgten Heilszusage angesichts des nahenden Gottesreiches. Denn Gottes Heilszusage gilt ja bereits allen,

„Entfeindungsliebe" heißt, den Feind als Mitmenschen zu achten.

und jetzt geht es darum, diese Liebe wirklich allen, also auch dem Feind, zukommen zu lassen. Das bedeutet nicht nur den **Verzicht auf Hass oder Rache**, sondern sogar die **aktive Zuwendung zum Feind**.

Deutungsansätze der Bergpredigt

Wie sind die Forderungen der Bergpredigt heute zu verstehen? Besonders die als radikal empfundene Forderung der Feindesliebe hat immer wieder zu unterschiedlichen Interpretationsansätzen geführt. Der Reformator **Martin Luther** sprach von der Nicht-Erfüllbarkeit der Bergpredigt, die uns Menschen nur unsere **Erlösungsbedürftigkeit** vor Augen stellen wolle. Andere Exegeten legen ihr eine „**Zwei-Stufen-Ethik**" zugrunde, die besagt, dass die extremen Forderungen der Bergpredigt nur an die Jünger gerichtet seien bzw. heute an Menschen, die sich zu einem besonders christlichen Leben z. B. in den Klöstern entschließen. Nur die uns erfüllbar erscheinenden Forderungen seien an alle Christen gerichtet. Der protestantische Theologe **Albert Schweitzer** war der Meinung, die Radikalität der Bergpredigt ließe sich nur durchhalten angesichts der Vorstellung des unmittelbaren Kommens des Reiches Gottes, so wie Jesus und seine Jünger sie hatten. Nur in dieser „Naherwartung" und für diese kurze Zwischenzeit **(Interimsethik)** bis zur vollkommenen Verwirklichung des Reiches Gottes seien Jesu Weisungen gedacht. Wiederum andere meinen, dass es bei der Bergpredigt nicht um das konkrete Befolgen der Forderungen gehe, sondern um die dahinterstehende **Gesinnung**. Jesus habe mit seiner Predigt nur ein neues Bewusstsein begründen wollen. Politische Theologen allerdings halten die Bergpredigt durchaus für erfüllbar. Für sie ist nirgendwo die sozialrevolutionäre Botschaft Jesu besser zusammengefasst als hier. Würden alle Menschen damit Ernst machen und nach diesen Geboten leben, hätten wir eine bessere, friedlichere und gerechtere Welt.

Albert Schweitzer (1875–1965) war ein deutsch-französischer Arzt, Philosoph, Theologe und Organist. In seinen Schriften beschäftigte er sich u. a. intensiv mit dem Leben Jesu.

2.5 Die Wunder Jesu

Aus dem Wirken Jesu sind die **Wunder** nicht wegzudenken. Alle Evangelien berichten an vielen Stellen, dass Jesus Wunder gewirkt hat. Die Wunder Jesu und die Reich-Gottes-Botschaft gehören untrennbar zusammen. Sie werden als **greifbare Zeichen der Verkündigung Jesu** verstanden, die den Anbruch der Gottesherrschaft anzeigen. Ausdrücklich heißt es im Lukasevangelium: *Wenn ich aber die Dämonen durch den Finger Gottes austreibe, dann ist das Reich Gottes schon zu euch gekommen.* (Lk 11,20) Bei den Wundererzählungen lassen sich verschiedene Formen von Wundern unterscheiden.

Wunder Jesu sind greifbare Zeichen der anbrechenden Gottesherrschaft.

> **info**
> **Verschiedene Kategorien von Wundererzählungen in den Evangelien**
> - Heilungswunder
>   (z. B. Mk 10,46–52: Die Heilung des blinden Bettlers Bartimäus)
> - Dämonenaustreibungen/Exorzismen
>   (z. B. Mk 5,1–20: Die Heilung des Besessenen von Gerasa)
> - Totenerweckungen
>   (z. B. Mk 5,21–43: Die Auferweckung der Tochter des Jairus)
> - Naturwunder (z. B. Mk 6,45–52: Der Gang Jesu auf dem Wasser)
> - Rettungswunder (z. B. Mt 4,35–41: Die Stillung des Seesturms)
> - Speisungswunder (z. B. Mk 6,30–44: Die Speisung der 5 000)

Alle diese Wundererzählungen zeigen aber eines, nämlich dass es im Reich Gottes keine Krankheiten, keine Besessenheit, keinen Tod, keine Angst vor Naturgewalten, keine Not und keinen Hunger mehr gibt. Daneben verdeutlichen die neutestamentlichen Wundererzählungen, dass eben diese **Heilszeit mit Jesu Auftreten bereits begonnen** hat.

Die Frage bleibt, ob sich die Wunder Jesu wirklich ereignet haben oder ob sie nicht eher als fantastische Erzählungen über das „wunderbare" Reich Gottes zu verstehen sind. Diesbezüglich ist zunächst zu klären, was überhaupt als „Wunder" bezeichnet wird. In der Regel versteht man darunter eine unerwartete, zunächst **nicht erklärbare Veränderung**, die aber sinnlich wahrnehmbar ist und eine Irritation bei den Personen, die mit solchen Phänomenen konfrontiert werden, auslöst. Das Nichterklärbare wird also wahrgenommen, umstritten bleibt nur der Erklärungsversuch.

Im Weltbild der Menschen zur Zeit Jesu gehörten **Wunder zum Alltag**. Man kannte keine absoluten Naturgesetze im heutigen Sinn. Die Erfahrung des Göttlichen, aber auch des Dämonischen, war zwar etwas Besonderes, aber nichts Überweltliches, sondern geschah mitten im

Leben. Gott sprechen zu hören war in der Vorstellungswelt des Menschen ebenso möglich wie Krankenheilungen oder auch Totenerweckungen. Daher überrascht die Vielzahl der Wundererzählungen um Jesus keineswegs. Diese weisen ihn auch nicht als einzigartig aus, sondern zeigen zahlreiche **strukturelle und motivliche Parallelen** zu anderen antiken Wundererzählungen. Andererseits unterscheiden sich die Wunder Jesu von den **antiken Wundergeschichten**. So heilt Jesus im Gegensatz zu antiken Wunderheilern fast immer nur durch sein Wort (z. B. Mk 3,1–6). Seine Wundertaten sind zudem auch **an den Glauben der zu Heilenden gebunden:** *Dein Glaube hat dir geholfen* (Mk 10,52), betont Jesus immer wieder, nachdem eine Heilung eingetreten ist. Zudem vollbringt Jesus keine Wunder zu seinem persönlichen Nutzen (beispielsweise fügt er sich seinem Leiden am Kreuz, vgl. Mk 15,30 f.) und **lehnt Schauwunder zur Demonstration seiner Macht und Größe ab**; er verbietet sogar den Geheilten, von seinen Wundern zu erzählen (vgl. Mk 1,32–34,44).

Seit der evangelische Theologe **Rudolf Bultmann** in den 1940er-Jahren das **Konzept der Entmythologisierung** entwickelte und die Ansicht vertrat, die Wunder seien Mythen, die über Jesus erzählt wurden, um die Botschaft vom rettenden, helfenden Gott zum Ausdruck zu bringen, tut sich die Theologie schwer mit dem historischen Verständnis der Wunder. Dass die Wunder eins zu eins so passiert sind, wie sie in der Bibel stehen, schließen die meisten Theologen heute aus. Bis die Evangelien aufgeschrieben wurden, vergingen Jahrzehnte und keiner der Evangelisten kannte Jesus persönlich, sodass **Ausschmückungen und Vermischungen mit anderen Wundergeschichten** durchaus wahrscheinlich sind. Die Wundererzählungen verfolgen zudem eine **theologische Absicht:** Die Evangelien sind als Glaubenszeugnisse der nachösterlichen Gemeinde zu verstehen. Sie wollen primär keine Sachinformationen liefern, sondern Jesus als den auferstandenen Christus verkündigen: Jesus, der Wundertäter, ist der helfende, Rettung schaffende, Leben bringende Heiland, der Messias.

Es geht bei den Wundererzählungen um Jesus allerdings um mehr als allein um die Frage, ob sie historisch zu verstehen sind. Auch neuere Erkenntnisse der Naturwissenschaften und Medizin lassen die Wunder nicht als „erfunden" oder unglaubwürdig erscheinen, denn auch heute noch gibt es Wunderheilungen, die nicht zu erklären sind. Ohne Zweifel kommt es im Leben mancher Menschen zu Geschehnissen, die als etwas „Wundersames" erlebt werden: Krankheiten, die plötzlich verschwinden, innerhalb des medizinischen Weltbildes nicht erklärbare Phänomene wie Spontanheilungen und vieles mehr. So gibt es sehr

Rudolf Bultmann (1884–1976): Der evangelische Theologe und Professor für Neues Testament vertrat in seiner Schrift „Neues Testament und Mythologie" (1941) den Ansatz, dass das Neue Testament auf einem mythologischen Weltbild basiere. Da dieses Weltbild heute überwunden sei, könne das Neue Testament nur richtig verstanden werden, wenn es entmythologisiert wird.

viele Menschen, die solche Erlebnisse als Wunder oder als unmittelbares Einwirken von Gottes Kraft deuten. Auch in den Evangelien wird hierzu eine **von Jesus ausgehende göttliche Kraft** angeführt. Aus dem Zeugnis des Neuen Testaments ergeben sich durchaus Anhaltspunkte, die dafür sprechen, dass Jesus besondere Zeichen vollbrachte. Dazu gehören unter anderem folgende Beobachtungen: Teils sind noch **genaue Angaben über Namen einzelner Orte oder Personen** überliefert, die mit dem Wunderwirken Jesu verbunden sind (z. B. Heilung der Schwiegermutter des Petrus in Mk 1,29–31). Zudem lag die **Anziehungskraft Jesu** wohl nicht allein an seiner Wortverkündigung, sondern ebenso an seinen außergewöhnlichen Zeichenhandlungen (z. B. die Heilung eines Gelähmten in Mk 2,1–12). Nicht zuletzt ist die in den Evangelien überlieferte **Kritik am Wunderwirken Jesu indirekt als Indiz für deren Historizität** zu werten. Die Evangelisten selbst hätten keinen Grund gehabt, eine negative Sicht auf Jesus in ihren Schriften zu erdichten (z. B. Vorwurf gegen Jesu, er stehe mit dem „Herrscher[] der Dämonen" im Bunde, vgl. Mk 3,22).

info
Die Wunder Jesu …
- … sind greifbare Zeichen der angebrochenen Gottesherrschaft, die so keine bloße Lehre bleibt, sondern durch die Wunder sinnlich erfahrbar wird.
- … wollen Jesus aus der Perspektive der Auferstehung als Messias verkündigen.
- … zeigen, dass der Gott der Bibel nicht an unsere Denk- und Wahrnehmungskategorien gebunden ist.
- … sind nicht das alles Entscheidende an der Verkündigung Jesu, sondern verdeutlichen seine Botschaft.
- … dürfen nicht als objektive Tatsachenberichte verstanden werden, sondern sind eine eigene Erzählgattung der damaligen Zeit.
- … stehen nicht im Widerspruch zur modernen Welt, die nach wie vor unerklärliche Irritationen aushalten muss.

3 Tod und Auferstehung

3.1 Der Prozess gegen Jesus und sein Tod am Kreuz

Gründe für die Hinrichtung Jesu
Schon während seines Auftretens in Galiläa hatte Jesus den Konflikt mit den religiösen und politischen Eliten nicht gescheut. Teile der

Pharisäer gingen deshalb in Opposition zu ihm. Auch sein großer Zulauf gab Anlass zur Beunruhigung. So war denn dieser Jesus aus Nazaret kein unbeschriebenes Blatt mehr, als er **nach Jerusalem hinaufzog**, um mit seinen Anhängern das **Pasahfest** zu feiern. Man hatte ihn im Auge und beobachtete ihn wohl auch mit einiger Besorgnis, wenn nicht gar Misstrauen. Daher war es kein Zufall, dass Jesus bereits wenige Tage nach seinem Eintreffen in Jerusalem von den Dienern des Hohen Rates verhaftet und angeklagt wurde. Unmittelbarer Anlass für das Vorgehen gegen Jesus durch den Hohen Rat dürfte die **Kritik Jesu am Tempel** gewesen sein. Sein aggressives Auftreten im Tempel, bei dem er offensichtlich die gewohnten Abläufe nachhaltig gestört hatte, verbunden mit einem Wort über den Untergang des Tempels, betraf die Einwohnerschaft Jerusalems als Ganzes, besonders aber die religiöse und politische Führungsschicht der **Sadduzäer**, und dies in zweifacher Hinsicht: Zum einen war der Tempel das Herz ihrer religiösen Existenzberechtigung; sie stellten die Tempelpriester, die den Kult und die Opfer vollzogen. Zum anderen war der Tempel die Quelle ihrer politischen Macht und ihrer wirtschaftlichen Existenz. Wenn Jesus den Tempel in seiner derzeitigen Form infrage stellte, so unterwanderte er den religiösen Einfluss, die politische Macht und die wirtschaftliche Existenz der führenden Schicht der Tempelaristokratie und bedrohte darüber hinaus den **instabilen Frieden mit Rom** sowie die innere Ordnung in Jerusalem.

Der zweite Jerusalemer Tempel zur Zeit König Herodes' im rekonstruierten Modell

Zitat

> Wir haben ihn sagen hören: Ich werde diesen von Menschen erbauten Tempel niederreißen und in drei Tagen einen anderen aufbauen, der nicht von Menschenhand gemacht ist.
>
> (Mk 14,58)

Gegen das Verhalten Jesu mussten die Sadduzäer und an ihrer Spitze der amtierende **Hohepriester Kajaphas** mit aller Konsequenz vorgehen. Da die jüdische Führungsschicht aber ganz offensichtlich nicht das *ius gladii*, d. h. das Recht, Menschen hinzurichten, besaß, war sie auf die Mithilfe der römischen Besatzungsmacht, konkret des römischen Prokurators **Pontius Pilatus**, angewiesen. Für diesen wären weder die religiösen Streitigkeiten innerhalb der jüdischen Glaubensgruppen noch die Stellung der lokalen Aristokratie ein Grund für eine massive Intervention gewesen, zumal sich Pilatus wenig um die religiösen Befindlichkeiten des Judentums kümmerte, sondern diese im Gegenteil immer wieder auf provozierende Weise missachtete. Deshalb musste die Anklage vor der römischen Gerichtsbarkeit anders akzentuiert werden. Man tat dies, indem man an die wesentlichen Interessen der römischen Besatzungsmacht appellierte: an das Bedürfnis nach Ruhe, Stabilität und uneingeschränkte Anerkennung der römischen Oberhoheit.

Hier konnte nun vonseiten der jüdischen Obrigkeit die Botschaft Jesu von der **anbrechenden Königsherrschaft Gottes** ins Spiel gebracht werden. Diese ließ sich umdeuten in politische Ambitionen Jesu, selbst die Herrschaft als König der Juden zu beanspruchen. Auch wenn Jesus selbst wohl nie einen solchen Anspruch erhoben hatte, so mochte er mit seiner Botschaft und seinem Auftreten bei manchen im Volk die Erwartung geweckt haben, er sei der Messias, der von Gott gesandte Herrscher. Ein solches Bestreben jedenfalls konnte die römische Besatzungsmacht, konnte Pilatus unmöglich beiseiteschieben.

Die Frage nach der Schuld am Tod Jesu

Hier handelten also im Wesentlichen die Eliten der **jüdischen und römischen Oberschicht gemeinsam**, um ihre jeweiligen Interessen zu wahren. So unterschiedlich diese Ambitionen im Einzelnen auch gewesen sein mögen, so waren doch beide durchaus daran interessiert, die bestehenden Zustände, von denen sie profitierten, zu bewahren und Unruhen zu unterbinden. Jesus und seine Anhänger, die eine neue Zeit ankündigten, eine Zeit, in der auch die Armen und Ausgestoßenen zu ihrem Recht kommen und in der die Letzten die Ersten sein würden, wurden als massive Bedrohung angesehen, die es im Interesse der etablierten Mächte zu beseitigen galt. **Politische, religiöse und wirtschaftliche Gründe** waren hierbei nicht zu trennen.

Auf Basis dieser Feststellungen kann man sich der Frage nach der Verantwortung für den Tod Jesu annähern. Es waren nicht *die* Römer und erst recht nicht *die* Juden, die für den Tod Jesu verantwortlich waren, sondern der Hohe Rat, der maßgeblich aus Sadduzäern bestand. Eine Schuld des ganzen jüdischen Volkes, gar des heutigen Judentums daraus abzuleiten, wie es in der Geschichte des Christentums immer wieder getan wurde, muss ganz entschieden abgelehnt werden.

Jesus selbst hat wohl das Risiko seiner Hinrichtung bewusst in Kauf genommen, als er nach Jerusalem zog und seine Botschaft in dem Bewusstsein verkündete, sich damit den Anfeindungen seiner Gegner auszusetzen. Diese **Proexistenz** steht vollkommen in Einklang mit

Proexistenz: Jesus setzt sich mit seiner ganzen Person, seinem ganzen Leben, für die Menschen ein, insbesondere für die Armen und Ausgegrenzten.

seinem Wirken, in dem er sich für seine Botschaft von der Herrschaft Gottes in der Welt durch den Zuspruch von Heil und Heilung einsetzte, in letzter Konsequenz bis zu seinem Tod. Jesus war sich bewusst: Wer sich einsetzt, setzt sich aus.

In der Forschung wird diskutiert, ob nicht auch **Jesu Kritik am Gesetz**, zum Beispiel in der Sabbat-Frage, zu seiner Verurteilung beigetragen hat. Hier hatte sich Jesus in Konflikt mit der Gruppe der Pharisäer begeben. Diese tritt aber in den Passionserzählungen nicht als entscheidende Größe auf, die die Verurteilung Jesu vorantreibt. Von wenigen Ausnahmen abgesehen scheinen Pharisäer aber auch nicht aktiv für ihn eingetreten zu sein. Dies gilt ebenso für andere religiöse Gruppen des Judentums dieser Zeit. Weder die Essener, die sich an Jesu freiem Umgang mit den Reinheitsgeboten stießen, noch die Zeloten, denen Jesus zu unpolitisch und gewaltlos auftrat, mochten sich an seine Seite stellen. So blieb Jesus in diesen entscheidenden Stunden isoliert, da sein Auftreten und seine Botschaft nur sehr bedingt anschlussfähig an die Überzeugungen dieser Gruppen waren.

Der Tod Jesu am Kreuz

Dornenkrönung Jesu bei einer Inszenierung der seit 1634 stattfindenden Passionsspiele in Oberammergau

Solchermaßen isoliert war es für den von den Sadduzäern dominierten **Hohen Rat** ein Leichtes, Jesus noch vor dem Passahfest gefangen zu nehmen und dem römischen Prokurator vorzuführen mit der Aufforderung, Jesus hinrichten zu lassen. Das Urteil des **Pilatus** hätte für Jesus und seine Anhänger nicht fataler sein können: Die Hinrichtung am Kreuz war eine der qualvollsten und langwierigsten Todesarten, die die an Grausamkeiten reiche antike Welt kannte. Der Delinquent wurde an einem Pfahl befestigt und dem Spott und den Schmähungen der Vorübergehenden preisgegeben. Der Tod trat oft erst nach mehreren Stunden oder gar Tagen ein, wenn der im wahrsten Sinne zu Tode Erschöpfte sich nicht mehr aufrichten konnte und deshalb erstickte.

Darüber hinaus aber war die Kreuzigung auch in politischer, juristischer und religiöser Hinsicht ein Desaster für den Verurteilten und seine Freunde. Entsprechend der religiösen **Tradition des jüdischen Denkens** bedeutete nämlich der Tod am Kreuz gleichzeitig die **Aufkündigung der Solidarität Gottes mit dem Hingerichteten:** *Verflucht ist, wer am Holze hängt* (vgl. Dtn 21,23b). Dieses Bibelwort hatte man bereits zur Zeit Jesu im Judentum auf die von Rom für Sklaven und Aufständische vorgesehene Hinrichtungsart bezogen. Fluchtartig verließen daher die Anhänger Jesu auch die Stadt und zogen sich in ihre Heimatdörfer nach Galiläa zurück. So schien die Geschichte von dem in Jesus herannahenden Gottesreich in der **tiefsten Niederlage** zu enden: Der, auf den so viele Menschen ihre Hoffnung gesetzt hatten, war gestorben in tiefster Schmach und Einsamkeit, augenscheinlich verlassen von den Menschen und Gott.

3.2 Begegnungen mit dem Auferweckten

Von dem Vorgang der **Auferweckung** Jesu wissen wir nichts. Kein Text, keine Erzählung, keine Predigt im Neuen Testament berichtet davon, wie Jesus auferstanden ist. Was wir jedoch wissen, ist, dass nur kürzeste Zeit nach dem verheerenden Ende Jesu und der Flucht der Jünger nach Galiläa genau diese Jünger wieder in Jerusalem auftauchen und verkünden: „Gott hat Jesus von den Toten auferweckt."

→ **Auferweckung** vgl. S. 262 f.

Wie es zu diesem **Neuanfang**, dieser radikalen Neubewertung des Schicksals Jesu gekommen ist, lässt **das älteste uns bekannte Osterzeugnis** erahnen. Es ist das von Paulus überlieferte Glaubensbekenntnis **1 Kor 15,3–9**, das Paulus spätestens 55 n. Chr. in seinem Brief an die Gemeinde von Korinth erwähnt und das in seinem Kern sicher viel älter ist. Darin überliefert Paulus die Erfahrungen der Freundinnen und Freunde Jesu, des Simon Petrus und anderer, dass ihnen Jesus begegnet ist und sich gezeigt hat – und zwar als ein und derselbe, der mit ihnen durch Galiläa gewandert und der in Jerusalem am Kreuz gestorben ist. Dieser lebt nun aber in einer ganz anderen Weise und ist **lebendig in einem neuen Sein**, das anders ist als alles, was mit objektiven Fakten beschrieben werden kann.

Das älteste Osterzeugnis
In 1 Kor 15 überliefert Paulus eine Bekenntnisformel, die er selbst übernommen hat. Im Kern geht dieses Bekenntnis auf alte Formulierungen wahrscheinlich der Jerusalemer Urgemeinde aus der Zeit kurz nach dem Tod Jesu zurück. Paulus ergänzt das Bekenntnis um seine eigene Erscheinungserfahrung (vgl. V. 8).

Zitat

> **3** Christus ist für unsere Sünden gestorben, gemäß der Schrift,
>
> **4** und ist begraben worden. Er ist am dritten Tag auferweckt worden, gemäß der Schrift,
>
> **5** und erschien dem Kephas, dann den Zwölf.
>
> **6** Danach erschien er mehr als fünfhundert Brüdern zugleich; die meisten von ihnen sind noch am Leben, einige sind entschlafen.
>
> **7** Danach erschien er dem Jakobus, dann allen Aposteln.
>
> **8** Zuletzt erschien er auch mir, gleichsam der „Missgeburt".
>
> (1 Kor 15,3b-8)

Damit erschließt sich für die Jünger die Botschaft und das Schicksal Jesu auf vollkommen neue Weise: Gott hat Jesus nicht dem Tod überlassen, sondern ihn zu einem ganz neuen Leben geführt. Auf diese Weise hat er sich unwiderruflich auf die Seite Jesu gestellt und seine Botschaft von Gott als dem den Menschen zugewandten Vater bestätigt.

4 Bekenntnis zum auferstandenen Christus

Die Erfahrung der Jünger, dass Jesus lebt, ist der entscheidende Anlass für die Neubewertung seiner Person. Die ersten Christen betrachten sein Leben von nun an immer unter dem Blickwinkel der Auferweckung. Der Anspruch, den Jesus zu Lebzeiten implizit durch sein Verhalten hat erkennen lassen, nämlich dass er mit der **Vollmacht Gottes** ausgestattet und von einer **außergewöhnlichen Gottesnähe** geprägt ist, wird nun von den Zeugen der Ostererfahrung bestätigt – auch unter Einsatz ihres eigenen Lebens.

Für die Anhänger Jesu stellt sich dabei von Anfang an das Problem, wie diese Erfahrung der Auferweckung Jesu, die ja jeden menschlichen Vorstellungsrahmen sprengt, an andere weitergegeben werden kann, und zwar so, dass ihre Botschaft von den Menschen verstanden wird.

Nach der Darstellung der Emmaus-Geschichte erkennen die Jünger den Auferstandenen erst, als er ihnen das Brot bricht.

Dazu mussten die Zeugen der Auferweckung auf **Bilder und Vorstellungen** eingehen, die bei ihren Zuhörern bekannt waren. Hierzu bedienten sie sich bereits überlieferter Denkweisen und Sprachformen, die sie dann entsprechend ihrer Botschaft vom auferweckten Jesus veränderten. Um sich sprachlich dieser Botschaft anzunähern, bildeten sich neben den zuvor genannten **Bekenntnisformeln** (vgl. 1 Kor 15,3–9) **Erzählungen von Begegnungen** der Freundinnen und Freunde Jesu mit dem Auferstandenen heraus. Zu den bekanntesten Texten gehören die Begegnung Jesu mit Maria aus Magdala vor dem leeren Grab (vgl. Joh 20,11–18) oder die Erscheinung auf dem Weg nach Emmaus (vgl. Lk 24,13–35). Als sich die Anhänger Jesu mit ihrer Botschaft bald aber auch an die von griechischem Denken geprägten Menschen wandten, mussten nun Sprachbilder und Vorstellungen aus dieser griechischen Gedankenwelt („**Hellenismus**") gefunden und mit den neuen Inhalten des Christusglaubens gefüllt werden (**Inkulturation**). In dieser Entwicklung von den frühen Gemeinden des jüdisch-palästinischen Raums in die antike Geisteswelt des Hellenismus hinein spielten zwei Sprach- und Denkformen eine große Rolle: die **Würdetitel Jesu** und **christologische Modelle**.

4.1 Würdetitel Jesu

Eine Möglichkeit der Versprachlichung ihrer Erfahrungen war die Bezeichnung Jesu mit **Würde- oder Hoheitstiteln**. Dabei bediente man sich unterschiedlicher Traditionen aus dem religiösen und kulturellen Umfeld. Es sind vor allem Begriffe aus der jüdischen sowie der hellenistischen Kultur, die dabei eine Rolle spielen. Auch innerhalb einer Gemeinde, wie der **Gemeinde in Jerusalem**, konnten Anknüpfungspunkte an beide Traditionen gefunden werden. Interessant ist die Art und Weise, wie die ersten Gemeinden nach Ostern versuchten, bereits bestehende Würdebezeichnungen auf Jesus anzuwenden. Man kann erkennen, dass die Begegnung mit dem Auferweckten eine Umkehr im Denken und Empfinden der ersten Christen bewirkte. Vor allem das Schicksal Jesu am Kreuz wurde neu bewertet. Anhand der drei wichtigsten dieser Titel soll aufgezeigt werden, welche Bedeutung die Würdebezeichnungen in ihrem jeweiligen Umfeld besaßen und wie die Gemeinden diese Bezeichnungen auf Jesus hin neu deuteten.

Die Gemeinde in Jerusalem
Nach der Rückkehr der Jünger nach Jerusalem scheinen sich dort zwei christliche Gemeinden etabliert zu haben: eine aramäisch sprechende Gemeinschaft von Judenchristen unter der Führung der „Zwölf" und eine Gemeinde griechisch sprechender Juden unter der Führung des Stephanus.

Der Messias/der Christus

Der Titel „**Messias**", (hebr. Maschiach = der **Gesalbte**, das entspricht dem Griechischen „**Christos**") kommt aus dem jüdischen Umfeld der frühen Gemeinden. Die Salbung war Ausdruck der besonderen **Erwählung und Zuwendung Gottes**. Gesalbt wurden nach dem Zeugnis des Alten Testaments Könige, Priester und Propheten. Der Gesalbte war der von Gott Geliebte. Zur Zeit Jesu verbanden sich mit diesem Titel auch Hoffnungen auf eine von Gott gesandte, politische **Befreier-Gestalt**. Aus diesem Grund hat Jesus den Titel wohl für sich abgelehnt. Nach seinem Tod und den neuen Erfahrungen mit Jesus als dem Auferweckten konnten die ersten christlichen Gemeinden diese Bezeichnung neu füllen: Jesus ist der Messias, der Christus, aber eben nicht als politisch-triumphale Retter-Gestalt, sondern als der leidende Messias, an dem sich Gottes Heilswillen offenbart hat. Die biblische Grundlage dieser Vorstellung stellte für die Jünger das Gottesknechtslied des Jesaja (vgl. Jes 53) dar, in dem dieser Messias bereits vorgestellt und angekündigt wurde.

Zitat

10 Doch der Herr hat Gefallen an dem von Krankheit Zermalmten. Wenn du, Gott, sein Leben als Schuldopfer einsetzt, wird er Nachkommen sehen und lange leben. Was Gott gefällt, wird durch seine Hand gelingen.

11 Nachdem er so vieles ertrug, erblickt er das Licht. Er sättigt sich an Erkenntnis. Mein Knecht, der gerechte, macht die Vielen gerecht; er lädt ihre Schuld auf sich.

12 Deshalb gebe ich ihm Anteil unter den Großen und mit den Mächtigen teilt er die Beute, weil er sein Leben dem Tod preisgab und sich unter die Abtrünnigen rechnen ließ. Er hob die Sünden der Vielen auf und trat für die Abtrünnigen ein.

(Jes 53,10–12)

Sohn Gottes

Auch die Bezeichnung „**Sohn Gottes**" drückt im **Judentum** die besondere Nähe zu Gott aus. Ein Sohn Gottes ist in besonderer Weise erwählt, im Dienst Gottes zu wirken. Dabei wird die Sohnschaft **im Sinne einer Adoption** durch den Vater gedeutet. Im Denken der **griechisch-römischen Welt** jedoch meint diese Zuweisung eher die biologische **Abstammung von einer Gottheit**, die dann die herausragende Stellung des jeweiligen Titelträgers als eines Gottgleichen begründet. So wurde eine „Gottessohnschaft" vielen besonders bedeutenden Persönlichkeiten zugesprochen, z. B. auch Alexander dem Großen. Wenn die christlichen Gemeinden von Jesus ganz exklusiv als *dem* Sohn Gottes sprechen, greifen sie auf beide Vorstellungen zurück, entwickeln diese aber weiter. In der Auferweckung Jesu bestätigt sich dessen Anspruch auf die besondere Nähe zu Gott, wie sie in der „Abba"-Anrede zum Ausdruck kommt. Gleichzeitig weitet sich seine Verheißung auf die Nähe Gottes im Vater-Unser auf alle Menschen.

Kyrios/der Herr

Wie die Sohn-Gottes-Vorstellung, so ist auch der Titel **Kyrios** (wörtl. „der Herr") in der jüdischen Welt ebenso zu finden wie im hellenistischen Denken: Für Juden ist die Anrede *Adonai* (Herr) eine Möglichkeit, die Aussprache des Gottesnamens Jahwe im Gebet zu vermeiden. Wenn dann aber **im griechischen Kontext** vom Herrn als Kyrios gesprochen wird, ist eher ein **Herrscher im politischen Sinne** gemeint. So wurden die römischen Caesaren mit dem Titel geehrt. Als die ersten christlichen Gemeinden diesen Würdetitel auf Jesus anwandten, war das mit einer besonderen Pointe verbunden: Nicht der römische

Kaiser, in dessen Namen Jesus hingerichtet wurde, hat die Macht über Leben und Tod, sondern der Gekreuzigte selbst, der an der Seite Gottes steht und über göttliche Vollmacht verfügt.

4.2 Christologische Modelle

Schon in den Schriften des Neuen Testaments ist der Versuch zu beobachten, Erfahrungen mit dem Leben und der Botschaft Jesu, seinen Tod und die Begegnung mit dem Auferweckten in einen stimmigen Zusammenhang zu bringen. Dabei lassen sich zwei grundlegende Erklärungsmuster unterscheiden: In den **frühesten Glaubenszeugnissen** wird Jesus **als der wahre Mensch** bezeugt, der in Galiläa geboren und aufgewachsen ist und an einem bestimmten Punkt seines Lebens (in der Taufe am Jordan, im Tod am Kreuz mit der Auferstehung) als Sohn angenommen worden ist. Weil diesem Gedanken die Vorstellung der Erwählung oder Erhöhung zugrunde liegt, spricht man hier von der **Aszendenzchristologie** (lat. *ascendere* = aufsteigen). Andere Traditionen des Neuen Testaments nehmen stärker seine **göttliche Vollmacht** in den Blick. Unter Zuhilfenahme griechischer Vorstellungen betrachten sie Christus als den, der schon immer, vor aller Zeit als das göttliche Wort bei Gott war **(Präexistenz)**, der aber in diese Welt hinabgestiegen (lat. *descendere* = hinabsteigen) ist, um sie zu retten. Deshalb spricht man in diesem Fall von **Deszendenzchristologie**.

Christologie: Teilgebiet der Theologie, das sich mit dem Wesen Jesu beschäftigt

Christologisches Modell	Beispieltext
Aszendenzchristologie	Und es geschah in jenen Tagen, da kam Jesus aus Nazaret in Galiläa und ließ sich von Johannes im Jordan taufen. Und sogleich, als er aus dem Wasser stieg, sah er, dass der Himmel aufriss und der Geist wie eine Taube auf ihn herabkam. Und eine Stimme aus dem Himmel sprach: Du bist mein geliebter Sohn, an dir habe ich Wohlgefallen gefunden. (Mk 1,9–11)
Deszendenzchristologie	Im Anfang war das Wort und das Wort war bei Gott. Dieses war im Anfang bei Gott. […] Das wahre Licht, das jeden Menschen erleuchtet, kam in die Welt. (Joh 1,1.2.9)

Im Brief von Paulus an die Philipper ist ein hymnischer Text überliefert, der beide Denkformen vereint: Der Philipper-Hymnus **(Phil 2,6–11)** deutet das Geschick Jesu nach den Modellen von Herabsteigen („Entäußerung", Erniedrigung) und Erhöhung durch Gott.

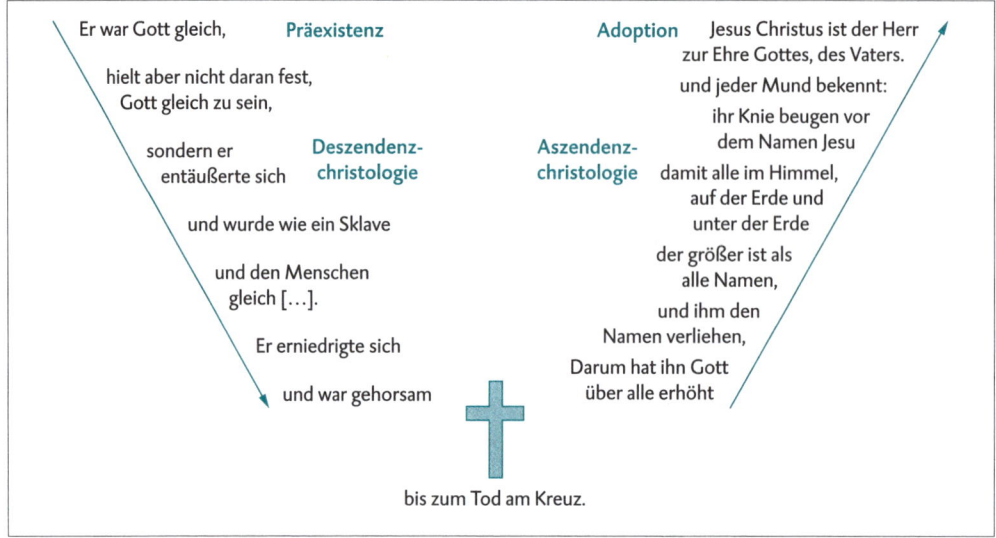

Schema zur Zusammenführung von Deszendenz- und Aszendenzchristologie im Philipper-Hymnus

Im Ringen um die Bedeutung des Lebens und des Schicksals Jesu Christi für die Menschen kamen somit verschiedene Ansätze miteinander ins Gespräch und befruchteten sich gegenseitig: Zum einen der eher in der judenchristlichen Vorstellungswelt verankerte Gedanke der **Erhöhung des Menschen** Jesu zu Gott, zum anderen die eher bei den Hellenisten verbreitete Vorstellung von dem **Herabsteigen des göttlichen Christus**.

4.3 Christologische Aussagen auf den ersten Konzilien

Im weiteren Nachdenken über die Person Jesu Christi bestand die Gefahr, eine der beiden Vorstellungen absolut zu setzen und die andere gänzlich auszugrenzen. So behaupteten in den folgenden Jahrzehnten und Jahrhunderten einige Theologen, Jesus wäre ganz Gott gewesen und nur zum Schein Mensch geworden. Somit wäre er aber auch lediglich zum Schein gestorben (**Doketismus**, griech. *dokein* = scheinen), was sein wahres Menschsein verneint hätte. Andere behaupteten dagegen, er wäre nur ganz Mensch gewesen, der von Gott als Sohn angenommen worden sei wie bei einer Adoption (**Adoptianismus**). Weniger radikal waren die Anhänger des lybischen Presbyters **Arius** im 4. Jahrhundert nach Christus. Aber auch sie ordneten Jesus unter,

Arianismus
Lehre des Presbyters Arius, wonach Christus dem Vater nur wesensähnlich, nicht aber wesensgleich sei
→ **Arius von Alexandrien**
vgl. S. 76

indem sie die Lehre verbreiteten, der präexistente Sohn gehöre zu den geschaffenen Dingen und habe einen zeitlichen Anfang **(Arianismus)**. Beide Positionen haben sich als ausgesprochen problematisch erwiesen: Wäre Jesus nur zum Schein gestorben, wäre auch seine Erlösungstat am Kreuz bloß eine Schein-Erlösung. Würde man in ihm jedoch nur einen – wenn auch besonderen – Menschen sehen, so wäre sein einzigartiger Anspruch, mit göttlicher Vollmacht zu handeln, nicht zu erklären. Außerdem stellt sich die Frage nach dem Leid in der Welt in ganz anderer Weise, wenn Gott selbst in Jesus das Schicksal des Todes durchlitten hat.

Um diese Fragen wurde in der frühen Kirche lange und intensiv gerungen, bis man sich schließlich auf verschiedenen **Konzilien** darauf verständigte, beide Positionen in das Lehrgebäude der Kirche zu integrieren, ohne dass eine die Überhand gewinnen konnte. Die Formel, die auf den Konzilien in **Nizäa (325)** und **Chalkedon (451)** gefunden und dann vertieft wurde, lautete: „Jesus Christus ist **wahrer Gott** und **wahrer Mensch**."

Konzil:
Versammlung (concilium) von Bischöfen und anderen Entscheidungsträgern der Kirche, auf der theologische und kirchliche Fragen erörtert und entschieden werden

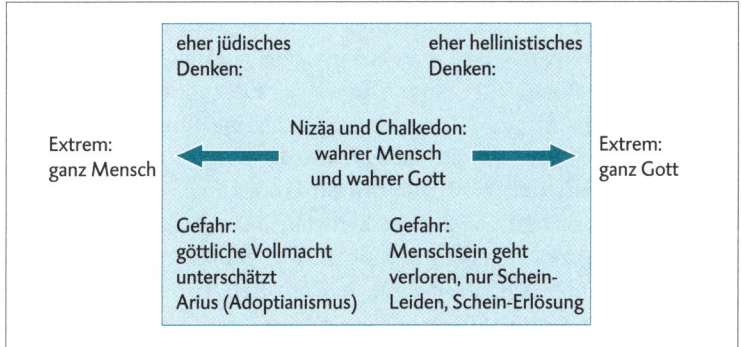

5 Jesus aus nichtchristlicher Sicht

5.1 Jesus im Judentum

Der Jude Jesus

Zunächst ist ganz klar zu betonen, dass Jesus Jude war, wie die Evangelisten immer wieder ganz deutlich herausstreichen: Der Stammbaum Jesu (Mt 1,1–16) nennt seine **Abstammung von Abraham und seinen Nachkommen**, von David bis hin zu Josef, der als Mann Marias bezeichnet wird. Acht Tage nach seiner Geburt wurde Jesus wie alle gläubigen männlichen Juden beschnitten und erhielt den Namen Jesus (Lk 2,21), **hebräisch Joschua bzw. Jehoschua**. Der Name bedeutet so viel wie „Gott ist Hilfe" oder „Gott hilft" und war im Judentum gebräuchlich. Seine Mutter Maria hielt die vom Gesetz des Mose vorgeschriebene Reinigung ein und brachte als Opfer ein Paar Turteltauben dar, wie es das Gesetz verlangte (vgl. Lk 2,22). Mit zwölf Jahren zog Jesus nach dem Zeugnis des Lukasevangeliums mit seinen Eltern zum Passahfest nach Jerusalem, wo er sich im Tempel mit Gelehrten unterhielt (vgl. Lk 2,41 f.). Sein ganzes Leben lang **empfand Jesus sich der Tora verpflichtet** und wies ausdrücklich auf die unveränderliche Bedeutung der Tora hin (vgl. Mt 5,18). Jesus suchte immer wieder die Synagogen der Orte auf, durch die er und seine Jünger zogen (vgl. Mk 1,21). Auch die Anzahl seiner **zwölf Jünger** zeugt von der **Verbindung mit den zwölf Stämmen Israels** (vgl. Mt 19,28). Und selbst im Todeskampf am Kreuz überliefern die Evangelisten Markus und Matthäus, dass Jesus einen **Klagepsalm gebetet** habe: *Eloi, Eloi, lema sabachtani? Gott, mein Gott, warum hast Du mich verlassen?* (Mk 15,34; Mt 27,46). Die ersten Anhänger Jesu, seine Jünger und Jüngerinnen, waren in ihrer jüdischen Kultur beheimatet. Jesus war ein Jude unter Juden. Er ist im Judentum aufgewachsen und wurde im jüdischen Glauben erzogen. Er stand somit den Pharisäern und Schriftgelehrten in seinem Denken näher, als dies die Evangelisten vermuten ließen. Er setzte die Tradition der prophetischen Proteste, z. B. eines **Amos** gegen eine rein äußerliche Auffassung von Religion und Glaube, nahtlos fort und vertrat mit der Botschaft vom Reich Gottes die **Erwartung des jüdischen Volkes nach einer baldigen Veränderung der Lebensumstände**.

Dieses Wissen um die jüdische Identität Jesu änderte sich auch später nicht, als Jesus nach seinem Tod und über seinen Tod hinaus im Glauben seiner Anhänger als ihr Messias und Heiland erkannt wurde: Gott hatte Jesus entsprechend der Prophezeiungen in den heiligen

→ **Berufung des Zwölfer-Kreises** vgl. S. 211 f.

→ **Amos** vgl. S. 185 f., 253 f.

Schriften Israels zum Retter (Messias) seines Volkes bestimmt. Davon waren die ersten Christen überzeugt. Wenn es einen Glaubensunterschied zwischen den Anhängern Jesu und den übrigen Juden zur Zeit Jesu und in der Zeit der ersten Christen gab, so bestand dieser darin, dass **christliche Juden Jesus als den bereits gekommenen Messias bekannt** haben. Ein **Großteil der Juden übernahm diesen Christusglauben aber nicht** und zwischen Juden und Christen besteht dieser Unterschied bis heute fort. Auch wenn es die Überzeugung und der Glaube der Christenheit ist, dass Jesus mehr als ein jüdischer Prophet ist und dass er in seinem Selbstverständnis und seinem Vollmachtsanspruch alle Gottesboten vor ihm überragt, berechtigt dies nicht dazu, über Jesus als Juden hinwegzusehen und alle Aufmerksamkeit nur dem auferstandenen Christus zuzuwenden. Das Judentum kann nicht als „überholte" Religion verstanden werden, dessen „Altes" Testament durch ein „Neues" ersetzt wurde. Aus diesem Grund sprechen manche Theologen auch lieber vom „Ersten" statt vom „Alten Testament".

→ **Verhältnis von Altem und Neuem Testament** vgl. S. 42 f.

Jesus und das Judentum

Lange Zeit hat die kirchliche Tradition im Christentum die jüdische Herkunft Jesu nicht beachtet, zeitweise wie im **Nationalsozialismus** sogar verleugnet und in seinem Namen zum Antisemitismus aufgerufen. Dadurch war auch der **Blick auf Jesus für Juden verstellt**, eine positive Beachtung seines Lebens und Wirkens nicht möglich. Mögen auch **ultraorthodoxe Juden** in Jesus heute immer noch einen **Abtrünnigen** sehen bzw. einen Betrüger am jüdischen Glauben, dessen Nachfolger unaussprechliches Leid wie die Kreuzzüge, Pogrome und vor allem die Verfolgung und Ermordung während der Zeit des Nationalsozialismus über das jüdische Volk gebracht haben, so sehen weite Teile des **heutigen Judentums** Jesus in einem ganz anderen Licht. Jesus wird **durchaus als Rabbi, als Weiser oder als Prophet** anerkannt, der erst in den späteren Generationen falsch dargestellt und missverstanden wurde. Vor allem wird dabei der jüdische Glaube Jesu betont. *„Der Glaube Jesu einigt, der Glaube an Jesus trennt."* So formulierte der jüdische Philosoph **Schalom Ben-Chorin** das heutige Verhältnis des Judentums zu Jesus.
Unproblematisch für das Judentum sind das **Wirken und auch große Teile der Lehre Jesu**, die als durchaus in der Tradition des Judentums stehend wahrgenommen werden. Besonders die ausdrückliche Betonung des Liebesgebots als entscheidendes Gebot vereint Juden und Christen. Im Markus-Evangelium antwortet Jesus auf die Frage nach dem wichtigsten Gebot: *Höre Israel, der Herr, unser Gott, ist der*

→ **Kirche im Nationalsozialismus** vgl. S. 218 ff.

Schalom Ben-Chorin (1913–1999), geboren als Fritz Rosenthal in München, war Journalist und Religionswissenschaftler, der 1935 nach Israel emigrierte und sich nach 1945 für den jüdisch-christlichen Dialog engagierte.

einzige Herr. Darum sollst du den Herrn, deinen Gott, lieben mit ganzem Herzen und ganzer Seele, mit deinem ganzen Denken und deiner ganzen Kraft. Als Zweites kommt hinzu: Du sollst deinen Nächsten lieben wie dich selbst. Kein anderes Gebot ist größer als diese beiden. (Mk 12,29–31) **Problematisch** sind dagegen Stellen in den Evangelien, die **Jesu Vollmachtanspruch** verdeutlichen wollen, so zum Beispiel die Aussage: *Ich bin der Weg und die Wahrheit und das Leben; niemand kommt zum Vater außer durch mich* (Joh 14,6). Hiermit stellt sich Jesus über Mose und die Propheten, die sich selbst nur als Überbringer des Wortes Gottes verstanden. Für das Judentum ist Jesus aber **nicht der von den Propheten verheißene Messias und Erlöser**. Auch die immer wieder in den Evangelien angedeutete besondere Gottesnähe und die daraus resultierende **Lehre von der Gottessohnschaft Jesu wird strikt abgelehnt**. Für Juden gibt es keinen Sohn Gottes. Der jüdische Gelehrte Ben-Chorin meint hierzu:

Zitat

> Wir kennen keinen Sohn Gottes und erwarten ihn nicht für die Zukunft, sondern wir wissen allzumal, daß wir alle Kinder des lebendigen Gottes sind und dass er unser aller Vater und unser König ist.
>
> (Ben Chorin: Jüdische Fragen um Jesus Christus)

→ **Trinität** vgl. S. 75 ff.

Aus jüdischer Sicht stellt der Gedanke einer Gottessohnschaft und der daraus entstandenen Lehre der **Trinität** (= der eine Gott wird in drei Personen gedacht) die Einzigartigkeit Gottes infrage.

info

Zentrale Unterschiede zur christlichen Bewertung der Person Jesu aus jüdischer Sicht

- Jesus ist nicht der gekommene Erlöser, denn die Welt ist nach wie vor unerlöst. Für Christen hat sich Erlösung durch die Offenbarung Gottes in seinem Sohn bereits ansatzweise vollzogen.
- Jesus ist nicht der „Sohn Gottes" oder hat Anteil an der Göttlichkeit, denn der monotheistische Gottesbegriff bedeutet, dass Gott der Eine ist und sich nicht in einem „Sohn" oder „Geist" offenbart.
- Dem Tod Jesu wird keine Heilsbedeutung zugemessen. Solange das Gesetz nicht von allen Menschen erfüllt wird und es weiterhin Vergehen und Sünde gibt, bleibt die Welt unerlöst.
- Die Schriften des Alten Testaments, insbesondere die der Propheten Jesaja und Jeremia, werden nicht gedeutet als Ankündigung des kommenden Gottessohnes.

5.2 Jesus im Islam

Der Koran beruft sich an vielen Stellen auf Jesus, der dort **Isa** genannt wird und **zusammen mit anderen großen Propheten** wie Ibrahim (Abraham), Ismael, Yusuf (Josef), Musa (Mose) und natürlich Muhammad (Mohammed) als Prophet gilt. Sie alle sind von Allah gesandt worden, um den Menschen zu verkünden, dass es nur einen Gott gibt, am Jüngsten Tag das Weltgericht kommt, man zu Gott beten und zu den Mitmenschen barmherzig sein soll. Unter diesen Propheten kommt Jesus eine herausragende Rolle zu. Nach dem **Zeugnis des Koran** ist Jesus ein göttliches Zeichen für die Welt und die Menschen, ein „**Fingerzeig Gottes**" (z. B. Sure 19,21). Ausführlich wird daher in der dritten und neunzehnten Sure über die Geburt Jesu berichtet. Demnach überreichte Gott Jesus ein Buch, und zwar das Evangelium, das somit auch eine Offenbarungsschrift ist. Dadurch bezeugt der Koran nach islamischer Vorstellung Jesus als wahren Propheten, der wie Mose oder Mohammed das Gotteswort offenbart bekam. Zugleich aber betont der Koran hier ausdrücklich, dass Jesus der „**Sohn der Maria**" gewesen sei, um seine **Menschlichkeit** zu verdeutlichen.

> Er sprach: „Ich bin ein Diener Allahs, Er hat mir das Buch gegeben und mich zu einem Propheten gemacht; Er machte mich gesegnet, wo ich auch sein mag, und Er befahl mir Gebet und Almosen, solange ich lebe; Und (Er machte mich) ehrerbietig gegen meine Mutter; Er hat mich nicht hochfahrend, elend gemacht. Friede war über mir am Tage, da ich geboren ward, und (Friede wird über mir sein) am Tage, da ich sterben werde, und am Tage, da ich wieder zum Leben erweckt werde."
>
> (Sure 19,30–33).

Zitat

Auch von der Fähigkeit Jesu, Wunder zu wirken, berichtet der Koran. **Den Tod Jesu am Kreuz versteht der Koran nicht als wirklichen Tod:** Gott habe seinen Propheten nicht im Stich gelassen, sondern, so die Sure 4, Jesus zu sich genommen. Grundsätzlich wird Jesus im Islam bloß als Mensch betrachtet, seine **Bezeichnung als „Gottessohn" wird abgelehnt**. Aus Sicht der Muslime untergräbt die Vorstellung von der Dreifaltigkeit Gottes, die als **Tritheismus** interpretiert wird, die islamische Auffassung von der Einheit und Einzigkeit Gottes. Aufgrund der hohen generellen Wertschätzung der Person Jesu im Koran aber ist **Weihnachten als das Geburtsfest** von Jesus dennoch auch für viele Muslime ein Freudentag.

→ Tritheismus vgl. S. 75

> **info**
>
> **Unterschiede zur christlichen Bewertung der Person Jesu aus islamischer Sicht:**
> - Jesus ist nicht der gekommene Erlöser, sondern wird selbst beim Weltgericht von Gott gerichtet. Der letzte und endgültige Überbringer des Gotteswortes ist Mohammed, der daher auch als das „Siegel der Propheten" bezeichnet wird.
> - Jesus ist nicht „Sohn Gottes", sondern „Sohn der Maria", und hat trotz seiner engen Beziehung zu Gott auch keine göttlichen Eigenschaften.
> - Die Vorstellung, dass Gott ein göttliches Wesen gezeugt hat, widerspricht dem streng monotheistischen Gottesbild des Islam.
> - Jesus ist nicht wirklich am Kreuz gestorben, sondern Gott hat ihn beschützt, zu sich genommen und dafür gesorgt, dass ein anderer Mensch an seiner Stelle gekreuzigt wurde.

5.3 Jesus im Urteil von Nichtchristen

Auch auf Angehörige nichtmonotheistischer Religionen, aber ebenso auf erklärte Atheisten übt Jesus Christus aufgrund seiner authentisch vorgelebten Nächstenliebe und der eingeforderten **Mitmenschlichkeit eine große Faszination** aus. So schrieb der marxistische Philosoph Milan Machovec (1925–2003): *Die Lehre Jesu setzte die Welt in Brand – nicht wegen irgendeiner Überlegenheit des theoretischen Programms, sondern weil er selbst identisch war mit diesem Programm.* Christliche Tugenden wie Wahrhaftigkeit, Barmherzigkeit und Mitmenschlichkeit sind positive Grundlagen weit über das Christentum hinaus geworden.
Der indische Politiker und als Friedenskämpfer weltweit verehrte Hinduist Mahatma Gandhi drückt in verschiedenen Schriften immer wieder seine große **Wertschätzung** für Jesus aus, den er **als einen der größten Propheten und Lehrer** bezeichnet, die die Welt je gesehen hat. Vor allem seine Lehre und seine Aufopferungsbereitschaft bis hin zum Tod sind für Gandhi vorbildlich, wogegen er die Vorstellung der Gottessohnschaft lediglich als rein bildlichen Ausdruck zurückweist. So bleibt Jesus für ihn lediglich **Vorbild und Beispiel** für ein friedliches Zusammenleben der Menschen. Dagegen sind die Forderungen der Bergpredigt für ihn uneingeschränkt gültig und seine Bewunderung ihrer Aussagen geht sogar so weit, dass Gandhi sagt, wenn es nur um die Bergpredigt ginge, würde er nicht zögern, sich als Christ zu bezeichnen.

Umgekehrt haben aber auch Atheisten gerade die **Werte der Nächstenliebe und Barmherzigkeit am Christentum kritisiert**. Hierfür steht stellvertretend vor allem der Philosoph Friedrich Nietzsche, der dem Christentum eine „**Sklavenmoral**" vorwarf, weil für ihn positive Werte wie Macht, Stärke und Herrschaft umgedeutet worden seien zugunsten einer Opferung und Verknechtung. Dies habe zu einem Sieg der Benachteiligten, Schwachen und Ohnmächtigen geführt. Jesus selbst bezeichnet er zwar durchaus respektvoll als „den edelsten Menschen", seine Botschaft ist für ihn aber naiv und letztlich kindlich.

→ **Sklavenmoral** vgl. S. 83

Zusammenfassung

- Zur Zeit Jesu war Israel von den Römern besetzt, die das Land und seine Bevölkerung politisch und wirtschaftlich dominierten.
- Obwohl alle Juden in Jahwe den einen Gott verehrten, war das Volk Israel zu Jesu Lebzeiten in verschiedene religiöse Parteien gespalten.
- Jesus verkündet den Anbruch des Reiches Gottes, das eine Heilszusage an alle Menschen macht. Die Forderung nach radikaler Nächstenliebe ist als Anspruch möglich, weil dieser der Zuspruch Gottes vorausgeht.
- Jesus war im Judentum seiner Zeit beheimatet, ging aber mit seiner Reich-Gottes-Botschaft über traditionelle Vorstellungen hinaus.
- Seine Kritik an der in Jerusalem gängigen Tempelpraxis brachte Jesus in einen tödlichen Konflikt mit den religiösen und politischen Eliten des Judentums, v. a. mit den Sadduzäern.
- Jesu Verurteilung zum Tod geschah im Zusammenspiel zwischen der jüdischen und der römischen Obrigkeit. Jesus starb in völliger Isolation den „Fluchtod" am Kreuz. Die Jüngergemeinschaft zerstreute sich.
- Wenig später sammelten sich die Jünger wieder und verkündeten den am Kreuz Verfluchten als den von Gott Auferweckten.
- Die Neubewertung fand ihren sprachlichen Ausdruck zum einen in den Würdetiteln und christologischen Modellen.
- Auf den Konzilien der frühen Kirche wurden die verschiedenen Vorstellungen über die Person Jesu diskutiert und in der Formel zusammengefasst: Jesus Christus ist wahrer Gott und wahrer Mensch.
- Auch Nichtchristen sind fasziniert von der selbstlosen Nächstenliebe und der Glaubwürdigkeit, mit der Jesus diese gelebt hat.

Anthropologie – Was ist der Mensch?

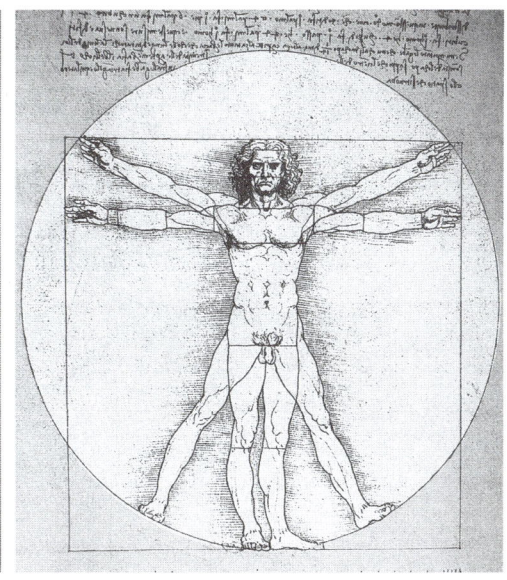

1 Grundfragen des menschlichen Daseins

1.1 Der Mensch – „Krone der Schöpfung"?

Anthropologie: Wissenschaft vom Menschen (von griech. *ánthropos:* „Mensch" und *lógos:* „Wort, Rede")

Die Frage, was der Mensch ist, gehört zum Fachbereich der **Anthropologie**. Neben den empirischen Wissenschaften wie Biologie, Medizin oder Psychologie beschäftigen sich auch geisteswissenschaftliche Disziplinen wie Philosophie und Theologie von alters her mit den Grundbedingungen des Menschseins. Die Grundfrage der Anthropologie lautet, was das Besondere am Menschen ist, vor allem im Vergleich zu anderen Lebewesen: Ist der **Mensch nur ein Teil der Natur** oder kommt ihm eine besondere, **herausragende Stellung** zu?

In dieser Debatte lassen sich zwei Positionen unterscheiden. Anhänger der einen Position gehen von einer **kognitiven und moralischen Sonderstellung** des Menschen aus. Besonders die Fähigkeit zur Kommunikation durch Sprache mache den Menschen zu einem Vernunftwesen, das sich von allen anderen Lebewesen unterscheide. Nur der Mensch sei in der Lage, allem Seienden und letztlich sogar sich selbst distanziert gegenüberzustehen. Nur der Mensch könne die Welt gewissermaßen von außen betrachten und sich so die Welt zum Objekt seiner Verfügbarkeit machen. Nach der anderen Position wird eine Sonderstellung des Menschen mit dem Verweis auf die Überbetonung des Geistigen zuungunsten seiner Körperlichkeit abgelehnt. Des Weiteren wird die Anerkennung der Gleichwertigkeit und damit auch der Gleichberechtigung anderer Lebewesen gefordert. Kritiker des ersten Ansatzes lehnen die These von der Einzigartigkeit des Menschen als Überheblichkeit ab und sprechen daher von „**Anthropozentrik**".

anthropozentrisch: den Menschen in den Mittelpunkt stellend

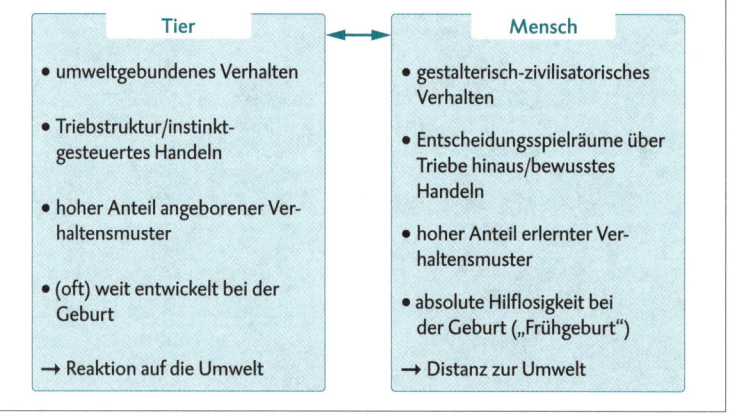

Eine unbestrittene Erkenntnis der Anthropologie ist aber die **Selbstreflexivität des Menschen**. Als einziges Lebewesen ist er sich seiner selbst bewusst und damit auch in der Lage, „ich" zu sagen. Daher wird der Mensch auch als „Person" definiert, die die Möglichkeit zur (relativen) Selbstbestimmung und zur Kreativität hat. Mit diesen Fähigkeiten verbunden ist wiederum seine Zurechnungs- und Schuldfähigkeit. Während Sachen und auch Tiere nur Gegenstand rechtlicher Verhältnisse sind, haben Personen Rechte und Pflichten, die sie wahrnehmen oder verletzen können. Der Personenbegriff umfasst neben einer philosophischen auch eine rechtliche Dimension. Daneben wird der Mensch als „Individuum" (lat. *individuum*: etwas Unteilbares) bezeichnet. Damit ist gemeint, dass der Mensch von anderen Wesen bzw. Dingen aufgrund spezifischer Eigenschaften eindeutig unterschieden werden kann. Im Gegensatz zu bloßen Gegenständen des Handelns, sogenannten Objekten, kann der Mensch aufgrund seiner Entscheidungen selber handeln und wird somit zum autonomen „Subjekt". **Personalität, Individualität und Subjektivität** kennzeichnen den Menschen also wesenhaft und verhelfen ihm zu seiner Identität (lat. *idem*: derselbe). Mit der Fähigkeit zur Selbstreflexivität ist zugleich aber auch der Selbstzweifel verbunden sowie die Fähigkeit, Erkenntnisse zu hinterfragen. Selbstgewissheit und Selbstzweifel sind die beiden Pole, zwischen denen sich menschliche Reflexion abspielt.

1.2 Was heißt „Freiheit"?

Definitionsversuche, was unter „Freiheit" zu verstehen ist, sind seit der antiken Philosophie einem ständigen Wandel ausgesetzt. Der Freiheitsbegriff umfasst nämlich sowohl philosophische als auch biologische, psychologische, soziale, kulturelle, religiöse, politische und vor allem auch rechtliche Dimensionen. Mögliche Definitionsversuche gehen jedoch von zwei grundsätzlich zu unterscheidenden Freiheitsbereichen aus: der positiven Freiheit als **„Freiheit zu etwas"** und der negativen Freiheit als **„Freiheit von etwas"**. Unter „Freiheit von etwas" versteht man die Freiheit von physischen und psychischen Einschränkungen, von Fremdbestimmung oder Bevormundung. Eine absolute Unabhängigkeit ist jedoch nicht möglich, da der Mensch als soziales Wesen von Geburt an in Abhängigkeiten lebt. Um sein Umfeld positiv zu gestalten, hat der Mensch auch die „Freiheit zu etwas", d. h., die gewonnene Freiheit äußert sich darin, sich auf etwas zu verpflichten oder an etwas zu binden. Ebenso wird die **Entscheidungsfreiheit** des Menschen betont, aus mehreren Optionen wählen und dann eine entsprechende Handlung tun bzw. unterlassen zu können (**Handlungsfreiheit**). Der Begriff der **Willensfreiheit** verdeutlicht, dass der Mensch in der Lage ist, sich Ziele frei zu setzen und diese auch selbstbestimmt zu erreichen (**Autonomie**). Wenn aber der Mensch zwischen zwei Möglichkeiten entscheiden kann, ist anzunehmen, dass er sich für die bessere Alternative entscheidet. Das Böse zu unterlassen und das Gute zu wählen, setzt ethische oder „**sittliche Freiheit**" voraus. Diese Form der Freiheit impliziert auch die Entscheidung für das Böse.

→ **Autonomie**
vgl. S. 144 ff.

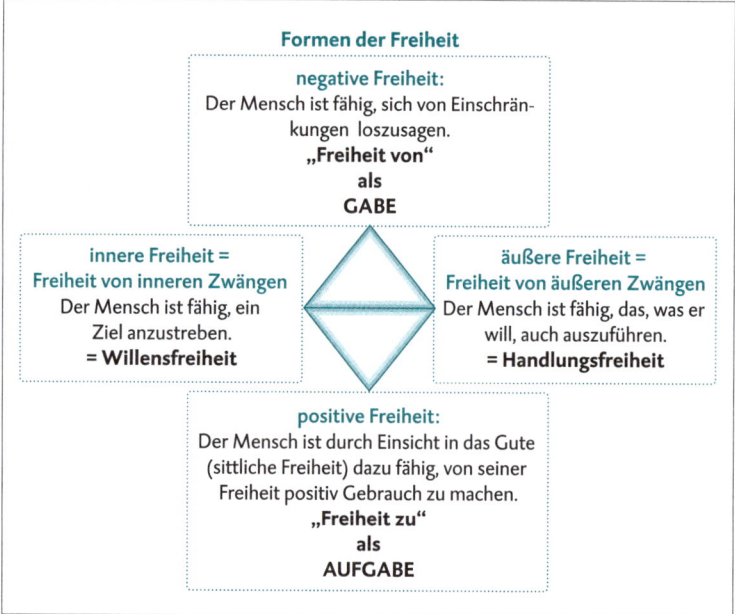

1.3 Der Mensch – frei oder unfrei?

Die Frage nach der menschlichen Freiheit gehört zweifellos zu den „Dauerbrennern" philosophischer, aber auch weltanschaulicher Debatten, die um das Verhältnis von Determination und Willensfreiheit kreisen. Dass menschliches Dasein verschiedenen Bedingungen unterworfen ist, dürfte kaum bestreitbar sein. Sowohl biologische als auch psychische und soziale Determinanten (von lat. *determinare:* abgrenzen, bestimmen) und für gläubige Menschen auch theologische Annahmen prägen den Menschen in seinem Denken und Handeln.

> **info**
>
> **Verschiedene Formen von Determinismus**
> - **vulgärer Determinismus:** Ergebung in das eigene Schicksal
> - **psychischer Determinismus:** Bestimmung durch Triebe bzw. das Unterbewusste
> - **biologischer Determinismus:** Beeinflussung durch Gene
> - **soziokultureller Determinismus:** Einschränkung durch Umwelt- und Kultureinflüsse
> - **theologischer Determinismus:** Vorherbestimmung durch Gott

Fraglich bleibt jedoch, in welchem Ausmaß diese Faktoren das menschliche Handeln beeinflussen. **Deterministische Positionen** gehen dabei soweit, dass sie dem Menschen keinen Spielraum in seinen Entscheidungen lassen und somit seine Freiheit verneinen. Heutzutage ist es vor allem die **neurowissenschaftliche Forschung**, die den freien Willen des Menschen aufgrund empirischer Befunde zurückweist. Die moderne Hirnforschung postuliert mittlerweile sogar, dass es überhaupt keinen Raum für objektiv nachweisbare Freiheit gebe, weil die je nächste Handlung durch das Gehirn bereits determiniert sei, bevor das Subjekt eine bewusste Entscheidung zu treffen glaubt. Das, was als freie Entscheidung erfahren werde, sei nichts anderes als eine nachträgliche Begründung für eine Zustandsveränderung, die ohnehin erfolgt wäre (siehe auch „Libet-Experiment"). Die genauen Ursachen für diese Veränderung aber sind auch der modernen Hirnforschung nicht zugänglich. So gibt es Widerspruch zum „neuronalen Determinismus". Gegen die Bestreitung der menschlichen Willens- und Handlungsfreiheit werden erkenntnistheoretische, logische, anthropologische oder ethische Argumente vorgebracht.

Der Leugnung der menschlichen Freiheit steht die Position des **Existenzialismus**, wie sie von **Jean-Paul Sartre** vertreten wird, gegenüber. Für Sartre ist Freiheit die notwendige Voraussetzung für die menschliche Existenz. Der Mensch muss sich als Person selbst erst erschaffen, d. h., er muss eine Grundwahl treffen, wer er ist und was er tut, weil er sein Ich nicht auf irgendetwas anderes – z. B. auf einen Schöpfergott, aber auch nicht auf die Evolution bzw. physische Gehirnprozesse – zurückführen kann. Seine Grundannahme lautet: Die Existenz, also das Vorhandensein oder Da-Sein, geht der Essenz, dem Wesen bzw. So-Sein, voraus. Das heißt, der Mensch ist in seinem Wesen nicht von irgendetwas, gar einem Schöpfergott (**existenzialistische Religionskritik**), vorherbestimmt, sondern **sein Wesen ist das, wozu er sich macht**. Der Mensch muss also eine Idee von sich entwerfen, sein

Existenzialismus: philosophische Strömung des 20. Jahrhunderts, die eine Wesensbestimmung des Menschen von seiner Existenz abhängig macht

→ existenzialistische Religionskritik vgl. S. 83 f.

Wesen definieren und seinen eigenen Lebensplan finden, den er durch keine Wesensnatur vorgegeben sieht. Die menschliche Person kann und muss also der Mensch selbst begründen, so wie Sartre es formulierte: *Der Mensch ist verurteilt, frei zu sein.* Diese **radikale Freiheit** bedeutet natürlich auch radikale Verantwortung, denn auch die ethischen Maßstäbe können nur vom Menschen selbst festgelegt werden. Aus Sartres bzw. aus existenzialistischer Sicht bedeutet dies, dass der Mensch sich immer wieder in freier Wahl neu finden und „erfinden" muss.

Die Auseinandersetzung zwischen einem zunehmend naturwissenschaftlich begründeten Determinismus und geisteswissenschaftlichen Freiheitstheorien scheint zusehends zum Machtkampf um die Deutungshoheit zu geraten. Die Einsicht, dass die „Freiheit" des Menschen ebenso anzuerkennen ist wie Naturdeterminationen, kann aus dieser ideologischen Sackgasse heraushelfen. Auch wenn unbestritten ist, dass neuronale Prozesse das Verhalten des Menschen bestimmen, so ist weder die unermessliche Vielzahl dieser Prozesse ausreichend erforscht, noch kann bestritten werden, dass auch andere Einflussfaktoren wie zum Beispiel kulturelle Prägungen das Gehirn und damit das menschliche Verhalten bestimmen. Die Debatte um die Freiheit des Menschen darf demnach nicht auf ein Entweder-Oder reduziert werden, sondern es geht um ein Sowohl-als-auch, das **Willensfreiheit und Determination gleichermaßen** berücksichtigt. Vornehmlich steht die Frage im Mittelpunkt, ob und wie man philosophische Annahmen mit Befunden der Naturwissenschaft in Einklang bringen kann.

1.4 Der Mensch – gut oder böse?

Woher kommt das Gewaltpotenzial des Menschen? Was hat den Menschen zum Menschenfeind gemacht? Oder sind Gewalt und Bösartigkeit gar eine Grundkonstante des menschlichen Lebens, quasi **angeboren** und weitervererbt? Ist der Mensch von Natur aus gut oder böse? Die Meinungen zu diesen Fragen gehen in der Anthropologie weit auseinander. Zwei Pole lassen sich dabei ausmachen: Für die einen lässt sich Gewalt aus dem biologisch-genetischen Erbgut des Menschen erklären. Gewalt war ein „Erfolgsmodell" im evolutionären Entwicklungsprozess des Menschen. Der Mensch wurde aus Sicht einiger Evolutionspsychologen zum „gefährlichsten aller Tiere". Erst unter dem Einfluss der Kultur und vor allem der staatlichen Ordnung habe die Gewaltbereitschaft innerhalb der Gesellschaft stark abgenommen. Dem widersprechen viele Kulturwissenschaftler, die entgegenhalten, dass die Evolution allein noch nichts erkläre. Sie machen ihrerseits den jeweiligen **kulturellen Kontext** als entscheidend für oder gegen Gewaltbereitschaft verantwortlich. Für die beiden Pole, dass der Mensch von Natur aus schlecht bzw. gut ist, stehen die Positionen des englischen Philosophen **Thomas Hobbes** (1588–1679) bzw. des französischen Philosophen **Jean-Jacques Rousseau** (1712–1778). Der Engländer Thomas Hobbes, der zu Zeiten grausamer Kriege, wie des Dreißigjährigen Kriegs (1618–1648) und des englischen Bürgerkriegs (1642–1648), lebte, versuchte in seinem Hauptwerk „Leviathan" (1651) philosophisch zu erklären, worin die Ursachen des Krieges liegen und auf welche Weise er sich vermeiden lässt. Hobbes kam zu dem Ergebnis, dass jeder Mensch zunächst seine ganz eigenen Interessen verfolge, und zwar aus Gründen der Selbsterhaltung. Der Mensch ist dem Menschen gegenüber ein Wolf (lat. **„homo homini lupus"**), so die Erkenntnis von Thomas Hobbes. Dies führe allerdings zu einer permanenten Konkurrenz, einem „Krieg aller gegen alle" (lat. *bellum omnium contra omnes*). Allein aus Nutzenkalkül seien die Menschen bereit, auf ihre persönlichen Interessen zu verzichten und ihren natürlichen Egoismus einzugrenzen, um sich einem staatlichen Gemeinwesen zu unterwerfen, das Schutz und Sicherheit garantiere. Diesen Unterwerfungsvertrag oder auch **Gesellschaftsvertrag** müsse eine starke Macht ständig überwachen, andernfalls werde er gebrochen. Hobbes nennt diesen starken Souverän in Anlehnung an ein biblisches Meeresungeheuer „Leviathan". Diesen Souverän verkörpert Hobbes zufolge in erster Hinsicht ein mit absoluter Macht ausgestatteter Staat. Geprägt durch die Wirren vorangegangener konfessioneller Streitereien und Kriege liegt bei Hobbes ein sehr pessimistisches und materialistisches Menschenbild vor, das menschliches Handeln allein aus Eigeninteresse und Nützlichkeitsüberlegungen heraus erklärt.

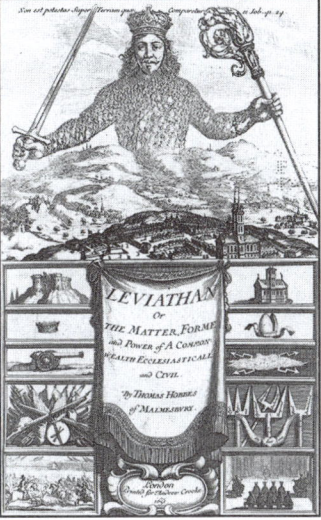

Titelblatt von Thomas Hobbes' Werk „Leviathan"

Die Gegenposition dazu formulierte der Philosoph Jean-Jacques Rousseau, der von **der natürlichen Güte des Menschen** ausgeht. Erst die Zivilisation führe den Menschen weg vom Zustand des Gefühls hin zu egoistischer Eigenliebe, die ihn nur noch nach seinem persönlichen Nutzen handeln lasse. So entstehe Ungleichheit unter den Menschen und damit Neid, Zwietracht und letztlich Krieg. Der Mensch werde zum Sklaven, der anderen gehorchen müsse. Rousseau fordert aber keine Rückkehr zum Urzustand, wie ihm mit dem Schlagwort „Zurück zur

Natur" oft unterstellt wird. Dies hält er für illusorisch. Vielmehr seien die gesellschaftlichen Bedingungen so zu gestalten, dass alle die gleichen Möglichkeiten haben. Daneben legt er großen Wert auf die **Erziehung** des Menschen, die ihn befähigen sollte, dem Konkurrenzdenken nicht ausgeliefert zu sein. Die Staaten sollten auf der Grundlage eines Gesellschaftsvertrages die natürliche Freiheit und Gleichheit aller Menschen gewährleisten. Rousseaus Menschenbild ist damit nicht im Rationalismus und Materialismus verortet, sondern bei ihm sind Empfindsamkeit und Gefühle zentral.

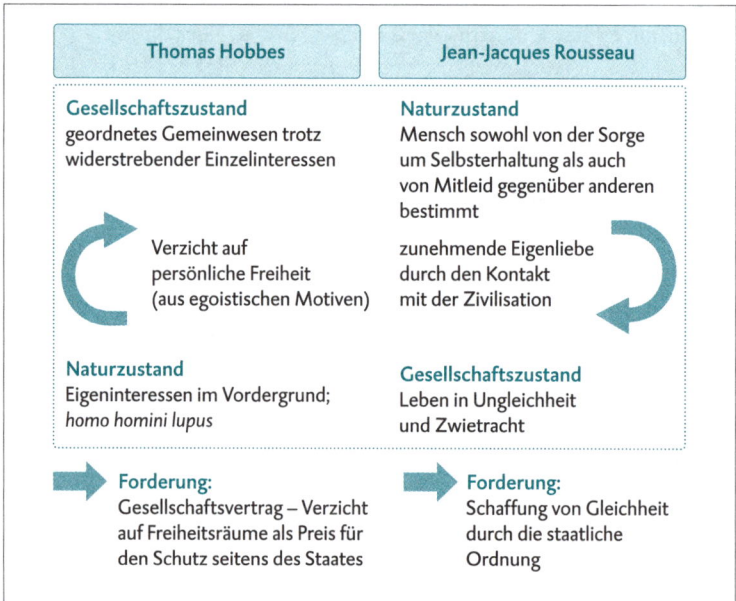

1.5 Der Mensch – autonom oder heteronom?

Die zeitlose Frage nach der Autonomie des Menschen beschäftigt die unterschiedlichsten Emanzipationsbestrebungen, die dem Bedürfnis des Menschen nach Selbstbestimmung zum Ausdruck verhelfen wollen. Sie spiegelt sich auch im Denken Friedrich Nietzsches wider, der mit dem Verzicht auf eine metaphysische Seinsordnung und dem damit verbundenen Postulat „Gott ist tot" den Menschen in absolute Freiheit gestellt sieht. In seiner Schrift „Also sprach Zarathustra. Ein Buch für Alle und Keinen" (1883–1885) identifiziert er den menschlichen **„Willen zur Macht"** als den Grund aller Lebens- und Kulturentwicklung. Dieser „Wille zur Macht" ist Nietzsche zufolge Grundlage für die Ent-

→ **Wille zur Macht**
vgl. S. 82 f.

wicklung des Menschen hin zum „Übermenschen", der an die Stelle Gottes trete. Durch den Tod Gottes stehe der Mensch in absoluter Autonomie, es gebe keine Instanz mehr über ihm, die ihm Orientierung gebe bzw. die seiner Selbstbestimmung entgegenwirke. Nach dem Menschenbild Nietzsches wird der „Übermensch" zum „Überwinder" des endlichen, in seinen Interessen befangenen Menschen und ermöglicht seine **Selbstverwirklichung jenseits aller etablierter moralischer Normen und Werte**, die als vor allem jüdisch-christlich geprägte „Sklavenmoral" abgewertet werden. Der Übermensch zeichnet sich durch vollkommene Freiheit gegenüber den Werten aus, mit Nietzsches Worten handelt der Übermensch „jenseits von Gut und Böse". Er strebt rücksichtslos nach Macht und Stärke, der neuen „Herrenmoral", und wird zum **eigenmächtigen Wesen**. An dieser Stelle sei angemerkt, dass Nietzsche über seinen provokanten und vor allem auch zeitkritischen Entwurf selbst erschrocken war.

Ein ganz anderer Entwurf des Menschen versteht diesen als ein heteronomes Wesen, das auf Beziehung und Miteinander angewiesen ist und erst durch die Beziehung zu sich selbst findet. Dass Menschsein vor allem Mit-Sein bedeutet, betont insbesondere der Philosoph **Martin Buber** (1878–1965). Die **Dialogphilosophie** Bubers betrachtet dabei zwei grundsätzlich voneinander verschiedene Beziehungen: Ich-Es- und Ich-Du-Beziehungen. Die Ich-Es-Beziehung ist die alltägliche Beziehung des Menschen zu den Dingen, die ihn umgeben. Oft betrachtet und behandelt der Mensch dabei auch seine Mitmenschen distanziert wie ein Es. Der Mensch bleibt zu diesem Es immer in einer Distanz. Dagegen fordert die Ich-Du-Beziehung, dem anderen nicht distanziert als Sache, sondern mit seinem innersten und gesamten Wesen zu begegnen. Das von ihm entwickelte „dialogische Prinzip" impliziert somit immer auch soziales Handeln, welches sich für Buber in der Rede und Bezugnahme zweier Menschen zueinander manifestiert. „Sprache" als soziale Interaktion bildet daher für Buber den Schlüssel zum Menschsein. Dabei kann dieses dialogische Verhältnis auch schweigend oder gestikulierend gestaltet werden. Entscheidend ist allein, dass die Handelnden die „Andersartigkeit des Anderen" akzeptieren. So fordert das „dialogische Prinzip" zugleich zu sozialer Verantwortung auf und setzt Maßstäbe, wie das Miteinander zu gestalten ist. Für Martin Buber ist zudem eine solche Begegnung mit anderen Menschen immer zugleich

Martin Buber
(1878–1965), jüdischer Religionsphilosoph

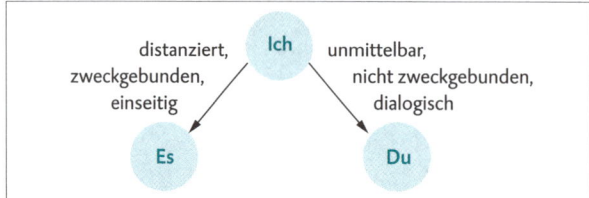

auch ein Abbild der Begegnung des Menschen mit Gott. Nur über die Begegnung von Mensch und Umwelt oder von Mensch zu Mensch sei auch Begegnung zwischen Mensch und Gott möglich.

2 Das biblisch-christliche Bild vom Menschen

2.1 Der Mensch – Geschöpf und Schöpfungspartner Gottes

Was ist der Mensch? In immer neuen Anläufen versuchen die Schriften der Bibel eine Antwort auf diese Frage zu finden. Auch wenn die Bibel als Ganzes zu keiner einheitlichen Antwort kommt, kreisen die Überlegungen zur Natur des Menschen doch immer wieder um die Beziehung des Menschen zu Gott, zu sich selbst und zu seiner Umwelt. Psalm 8 bringt diese Beziehungen voller Staunen zum Ausdruck:

Zitat

> 5 Was ist der Mensch, dass du seiner gedenkst,
> des Menschen Kind, dass du dich seiner annimmst?
> 6 Du hast ihn nur wenig geringer gemacht als Gott,
> du hast ihn gekrönt mit Pracht und Herrlichkeit.
> 7 Du hast ihn als Herrscher eingesetzt über die Werke deiner Hände,
> alles hast du gelegt unter seine Füße.
> (Ps 8,5 ff.)

Worauf diese herausragende Stellung des Menschen vor Gott und der Welt beruht, wird in den beiden Texten Genesis 1,1–2,4a und Genesis 2,4b–25 ausgeführt. Beide Texte scheinen zunächst sehr unterschiedlich, ja widersprüchlich über die Herkunft des Menschen zu sprechen. Die Schöpfungserzählung in Gen 2,4b–25 stellt den älteren Text dar (spätestens um 650 v. Chr.). Nach dieser Darstellung erschafft Gott den Menschen in einem ersten Schöpfungsakt, indem er ihn wie ein Töpfer aus Ton formt, ihm den Atem einhaucht und ihm die Umwelt zum „Bearbeiten und Behüten" übergibt (vgl. Gen 2,15). Zuletzt erschafft er aus der Seite des Menschen einen weiteren Menschen: die Frau.

Ganz anders hingegen Gen 1,1–2,4 a, ein Text, der um die Zeit des **babylonischen Exils** entstanden ist. Hier erschafft Gott den Menschen am Ende seines Schöpfungswerkes am 6. Tag allein durch das Wort, er erschafft ihn als Mann und Frau und übergibt ihm die Herrschaft über die Erde mit allen Lebewesen.

> **info**
>
> **Das babylonische Exil**
>
> Das babylonische Exil ist ein Teil der jüdischen Geschichte und fällt in die Zeit zwischen 597 v. Chr. und 539 v. Chr. Unter dem babylonischen Herrscher Nebukadnezzar II. wurde der Tempel in Jerusalem zerstört und Teile des israelitischen Volkes, insbesondere die Führungsschicht und Handwerker, wurden nach Babylon verschleppt. In einer seiner größten Krisen entwickelte das Judentum folgende theologische Grundüberzeugung: Weil Gott der allmächtige Schöpfer ist, kann er auch in die menschliche Geschichte eingreifen. Verbunden mit dieser Überzeugung war die Hoffnung auf Befreiung. Diese führte der Perserkönig Kyros II. mit seinem Sieg über das babylonische Reich herbei.

Entsprechend unterschiedlich sind auch die historischen und theologischen Voraussetzungen, unter denen die beiden Texte entstanden sind: Während sich die ältere Schöpfungserzählung auf ein Leben im Übergangsbereich von trockener Steppe und fruchtbarem Land bezieht und noch deutliche Spuren sehr menschlich anmutender Gottesvorstellungen aufzeigt, hat der jüngere Text die von Überflutung bedrohte Flusslandschaft des babylonischen Exil-Landes im Auge. Die Sprache des Textes ist getragener und poetischer, das Gottesbild abstrakter. An dem Beispiel der Schöpfungserzählungen zeigt sich also, wie historische und geografische Faktoren Einfluss auf theologische Aussagen haben und zu unterschiedlichen Darstellungen führen.

Die fruchtbare Gegend zwischen Euphrat und Tigris bildet den geografischen Entstehungskontext der zweiten Schöpfungserzählung.

	Gen 1,1–2,4a	Gen 2,4b–25
Entstehungszeitpunkt der Erzählung	um 550 v. Chr.	vor 650 v. Chr.
Schwerpunkt der Erzählung	Kosmogenie (Erschaffung des Kosmos)	Anthropogenie (Erschaffung des Menschen)
Erschaffung des Menschen	letzter Schöpfungsakt	erster Schöpfungsakt
Schöpfung durch	… das Wort	… Formung aus dem Ackerboden, Einhauchen des göttlichen Atems
Beziehung zur Umwelt	herrschen	bebauen und behüten
Rolle der Tiere	vor den Menschen als deren Lebensgrundlage erschaffen	erst nach Adam zu dessen Gesellschaft erschaffen; Tiere aber keine ebenbürtigen Partner
Mann und Frau	Erschaffung „als Mann und Frau"	nachträgliche Erschaffung der Frau aus der Rippe des Mannes.

Schöpfungserzählungen der Priesterschrift und des Jahwisten im Vergleich

Trotz all dieser Unterschiede kann man jedoch bei genauerer Untersuchung durchaus wichtige Grundlinien für ein ähnliches Bild vom Menschen und seiner Beziehung zu Gott und zur Mitwelt erkennen.

1. **Der Mensch hat eine besondere Stellung in der Schöpfung.** Ob nun der Mensch am Ende des göttlichen Schöpfungshandelns (Gen 1) oder zu Beginn (Gen 2) erschaffen wird, immer steht er in besonderer Beziehung zu seiner Mitwelt; er ist Zielpunkt oder Ausgangspunkt bei der Erschaffung allen Seins.
2. **Der Mensch ist Geschöpf Gottes.** Egal, ob durch das bloße Wort Gottes („Dann sprach Gott", Gen 1,26) oder durch die Formung aus dem Ackerboden (Gen 2,7 a): in beiden Texten verdankt der Mensch seine Existenz dem Schöpfungshandeln Gottes. Der Mensch ist ganz auf seinen Schöpfer hin ausgerichtet. Alles, was er ist, ist er als Geschöpf Gottes. Diese Bestimmung teilt er mit allen anderen Geschöpfen seiner Mitwelt.
3. **Der Mensch steht in einer besonderen Beziehung zu Gott.** Indem Gott im älteren der beiden Berichte dem Menschen – und nur ihm! – den göttlichen Atem einhaucht und ihn so zu einem „lebendigen Wesen" (Gen 2,7 b) macht, stellt er eine besondere Beziehung zu ihm her. Die jüngere Erzählung fasst diese besondere Beziehung in folgende Worte: „Als Bild Gottes erschuf er ihn." (Gen 1,27 a) Gott erschafft ein Gegenüber, das ihm so weit ähnlich ist, dass es zu ihm in Beziehung treten kann. Eben diese besondere Gottesbeziehung macht das Menschsein, die unverlierbare Würde als Person aus.

4. Der Mensch ist ein verantwortlicher Mitgestalter dieser Welt.
Aus der besonderen Beziehung zu Gott resultiert ein universaler Auftrag. Schon der Gedanke der Gottebenbildlichkeit in Gen 1,26.27 a verweist auf die Vorstellung, dass der Mensch als Repräsentant Gottes, als sein Statthalter auf Erden, wirken soll. Gen 1,26 b formuliert dies als Herrschaftsauftrag an den Menschen: *„Sie sollen walten [...] über die ganze Erde."* (Gen 1,26 b) Dass dies kein Freibrief zur Ausbeutung der Erde ist (wie dies in der Vergangenheit oft aufgefasst wurde), zeigt schon die Tatsache, dass die Auftragsvergabe im Zusammenhang mit einem Segen erfolgt: Der Mensch soll ein Segen sein für die geschaffene Welt. In Gen 2,15–20 kommt das noch deutlicher zum Ausdruck: Der Mensch gibt zwar allen Mit-Geschöpfen Namen und nimmt damit eine klassische Herrschaftsaufgabe wahr, aber Gott setzt den Menschen in sein neues Lebensumfeld (den Garten), damit er diesen *bebaue und hüte* (Gen 2,15). Der Herrschaftsauftrag erlaubt also nicht, alles zu tun, was man will, sondern er ist als Segens-Auftrag bzw. als Auftrag zur Sorge um die Schöpfung zu verstehen.

5. Der Mensch ist ein soziales Wesen. In beiden Schöpfungserzählungen wird deutlich, dass die Erschaffung des Menschen in Gestalt von Mann und Frau erfolgt. Unabhängig von der Tatsache, dass der Schöpfungsvorgang in beiden Erzählschichten höchst unterschiedlich abläuft (Schöpfung durch das Wort vs. Formung aus Lehm), sind sich beide Traditionen darin einig, dass der Mensch nicht allein sein soll und dass er auf Gemeinschaft angewiesen ist. Erst im Zusammensein mit anderen Menschen wird er wirklich zum Menschen.

6. Der Mensch ist frei, wenn auch bedingt. Damit gibt das biblische Menschenbild eine differenzierte Antwort auf die anthropologische Grundfrage nach der Freiheit des Menschen: Der Mensch ist frei, weil er als Gottes Geschöpf Abbild des freien Gottes und Herrscher an seiner Stelle ist. Der Mensch ist autonom, er kann tun, wozu er sich entschieden hat. Diese Freiheit des Menschen ist aber keine absolute Freiheit. Der Mensch ist gebunden an seinen von Gott erhaltenen Segens-Auftrag, die Welt zu behüten und zu bewahren. Insofern ist die Freiheit des Menschen eine zielgerichtete, theonom eingeschränkte Freiheit: Dem Menschen ist von Gott gesagt, was er tun soll. Der von Gott geschaffene Lebensraum erweist sich als Freiheitsraum für den Menschen, als Entscheidungsraum zwischen „Gut und Böse" und damit auch als Ort, an dem der Mensch falsche Entscheidungen treffen kann.

Anthropologie – Was ist der Mensch?

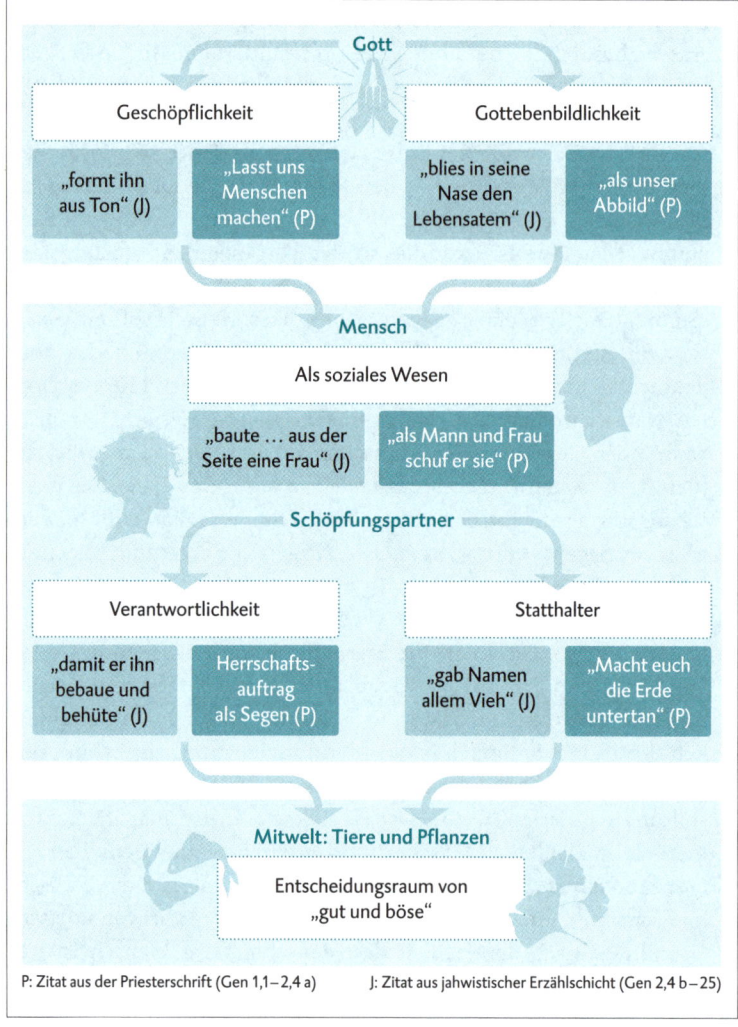

P: Zitat aus der Priesterschrift (Gen 1,1–2,4 a)   J: Zitat aus jahwistischer Erzählschicht (Gen 2,4 b–25)

2.2 Der Mensch – von Gott angenommen und geliebt

Die Erzählung vom Fall des Menschen (vgl. Gen 3) versinnbildlicht, dass die unmittelbare Gottesnähe mit dem Verlust des paradiesischen Urzustandes verloren gegangen ist. Gott aber zeigt sich immer wieder als derjenige, der die Beziehung zu den Menschen aufnimmt, sich und seinen Willen den Menschen „offenbart". Eine der entscheidenden Erfahrungen ist dabei die Offenbarung des Gottesnamens (vgl. Ex 3,1–15) und der erneute Bund Gottes mit Mose bzw. dem Volk Israel. Auf

Moses Frage, welchen Namen der Gott der Israeliten trage, antwortet die Stimme aus dem brennenden Dornbusch:

> Ich bin, der ich bin. Und er fuhr fort: So sollst du zu den Israeliten sagen: Der Ich-bin hat mich zu euch gesandt.
>
> (Ex 3,14)

Zitat

Neben den Schöpfungserzählungen verdeutlicht auch die Errettung des Volkes Israel aus der Sklaverei die biblische Botschaft, dass Gott das **Leben der Menschen in Freiheit angelegt** hat. Er zeigt sich hier als ein Gott, der sich den Menschen immer wieder neu mitteilt. Seine Zuwendung gilt insbesondere den Unterdrückten und Verfolgten, den Schwachen und Gebeugten, deren Klagen zu ihm dringen und deren Schicksal ihm nicht gleichgültig ist. Diese „Erhörungserfahrung" hat den jüdischen und später auch den christlichen Glauben durchgängig geprägt. Als Antwort auf die von Gott geschenkte Freiheit binden sich die Gläubigen an eine göttliche Ordnung, die sich an der Ehre Gottes sowie am Wohl des Nächsten orientiert. In den Zehn Geboten kommt der Zusammenhang von Gottes- und Nächstenliebe besonders deutlich zum Ausdruck. Der **Dekalog** (vgl. Ex 20,1–17 und Dtn 5,6–21) gehört zum Fundament des jüdisch-christlichen Glaubens und ist als Wegweisung Gottes für die Menschen zu verstehen.

→ **Dekalog** vgl. S. 185 ff.

Im Neuen Testament greift die **Botschaft Jesu** dieses Grundverständnis von der Beziehung Gottes zum Menschen auf. Auch hier wird der Mensch als von Gott geschaffenes Lebewesen verstanden, das als „Kind Gottes" ohne jede Vorbedingung angenommen ist. Für Jesus ist diese Zuwendung in der unmittelbaren Gegenwart erfahrbar – und sie gilt ausnahmslos allen Menschen, auch und gerade den Ausgegrenzten. In seiner Botschaft sowie seinem Auftreten und Wirken verkündet Jesus einen menschenfreundlichen und liebenden Gott, der die **Vergebung und die Möglichkeit zur Umkehr** zusichert. Die Reich-Gottes-Botschaft Jesu ruft die Menschen zu dieser Umkehr, die allein von Schuld befreien kann, auf. Dieser Neuanfang gelingt durch die Abkehr von Formalismus und Egozentrik zugunsten der bedingungslosen Nächstenliebe. Jesus verdeutlicht diese Botschaft in seinen Gleichnissen, unter denen das „Gleichnis vom verlo-

„Die Heimkehr des verlorenen Sohnes" (Rembrandt, um 1668)

renen Sohn" bzw. „Gleichnis vom barmherzigen Vater" (vgl. Lk 15,11–32) zu den bekanntesten gehört. Dieses Gleichnis bringt die bedingungslose Liebe Gottes zu jedem Menschen zum Ausdruck. In der Annahme des gescheiterten Sohnes erkennen die Hörer (bzw. die Leser) des Gleichnisses, wie der Mensch auch als Sünder von einem barmherzigen Vater liebevoll aufgenommen wird. Wichtig ist aber auch, dass die Person des älteren Bruders berücksichtigt wird. Dieser muss sich am Ende fragen, ob er sich von der Liebe des Vaters anstecken lässt oder nicht.

→ **Wunder Jesu**
vgl. S. 117 ff.

In besonderer Weise wird die Zuwendung Gottes zu den Menschen in den **Wundern Jesu**, vor allem seinen Heilungen, deutlich. Jesus befreit die Menschen nicht nur von ihren körperlichen Gebrechen, sondern auch aus krankmachenden und unheilvollen Zusammenhängen wie Isolation und Schuldgefühl. Dadurch verschafft er ihnen **Heilung und Heil** und setzt ein Zeichen für das endgültige, durch die Herrschaft Gottes anbrechende Heil.

→ **Auferstehung Jesu**
vgl. S. 123 ff.

Indem Jesus in seinen Heilstaten und seiner Botschaft den zugewandten und Umkehr ermöglichenden Gott als Vater aller Menschen verkündet, ermöglicht er die grundlegende Erneuerung des Menschen und stellt damit die ursprüngliche Ordnung der Schöpfung wieder her. Die Botschaft von der **Auferstehung Jesu** weitet diesen Neuansatz über die Lebensspanne des Menschen hinaus, indem sie die Zuversicht auf eine endgültige und vollkommene Gemeinschaft mit dem Schöpfergott ermöglicht. Erneut wird damit auch im Neuen Testament deutlich, dass der Mensch als Abbild Gottes eine unveräußerliche Würde besitzt, die er nicht erst erwerben muss, sondern die ihm durch sein Menschsein an sich zuteilwird. Diese Würde aber bleibt immer gebunden an ein absolutes Sein, an Gott, der dem Menschen diese unbedingte Würde verleiht, weil er ihn unbedingt liebt.

2.3 Der Mensch – angelegt auf Transzendenz

Die Schöpfungserzählungen im Buch Genesis haben gezeigt, dass der Mensch in mehrfacher Hinsicht auf Beziehung angewiesen ist. Er ist angelegt auf ein Gegenüber. Von seinem Ursprung her ist der Mensch ein soziales und dialogisches Wesen. Weil der Mensch nach biblisch-christlicher Überzeugung Ebenbild und Abbild Gottes ist, ist seine Dialogfähigkeit nicht nur auf die Mitwelt und seine Mitmenschen begrenzt, sondern sie ist darüber hinaus **ausgerichtet auf Gott**. Die Welt-Offenheit des Menschen weitet sich zur Gott-Offenheit, zur Ansprechbarkeit in Bezug auf Gott. Der Mensch ist angelegt auf **Transzendenz**, d. h., er ist verwiesen auf ein Du, das alle menschlichen Erfahrungen übersteigt. Diese Gott-Offenheit bezeichnet der Theologe Karl Rahner als „übernatürliches Existenzial" des Menschen.

Die biblischen Erzählungen machen dabei deutlich, dass die **Initiative** für diese Begegnung **von Gott** ausgeht. Gott ruft den Menschen und der **Mensch antwortet** als Hörer des Wortes. Ziel und Struktur der Beziehung des Menschen zu Gott kann beispielhaft an der Berufungserzählung des Propheten Jeremia (vgl. Jer 1,4–10) bestimmt werden. Die Initiative geht von Anfang an von Gott aus. Jeremia ist von Gott gerufen und zugleich in seinen Dienst berufen. Der Prophet hört und versteht diesen Anruf Gottes und antwortet.

Transzendenz:
Überschreitung unserer sinnlich-empirischen Erfahrungen auf einen Bereich jenseits aller Erfahrung hin (von lat. *transcendere*: „überschreiten")

> **4** Das Wort des Herrn erging an mich: **5** Noch ehe ich dich im Mutterleib formte, habe ich dich auserstehen, noch ehe du aus dem Mutterschoß hervorkamst, habe ich dich geheiligt, zum Propheten für die Völker habe ich dich bestimmt. **6** Da sagte ich: Ach, Herr und Gott, ich kann doch nicht reden, ich bin ja noch so jung.
> (Jer 1,4–6)

Zitat

Die Berufungsgeschichte des Jeremia macht deutlich, dass die **dialogische Begegnung** zwischen Gott und den Menschen nicht immer unmittelbar zum Verständnis Gottes und seines Willens führt. Für jeden Menschen ist es ein langer Weg, sich auf die Begegnung mit Gott einzulassen. Die Geschichte des Jeremia zeigt aber auch, dass der Mensch nicht nur Hörer des Wortes ist, sondern Gott **durch konkrete Lebensentscheidungen** antworten kann (vgl. Jer 15,10–21). Zur möglichen Antwort des Menschen auf den Anruf Gottes kann auch die **Klage** gehören. Auch die **Verweigerung dieser Antwort** ist eine Option, die sich aus dem Freiheitsraum des Menschen ergibt. Oft gelangt der Mensch nur nach langen und mühsamen, mitunter auch krisenhaften Prozessen dazu, zu Gott vertrauensvoll ja zu sagen.

In seinem Leben und in seiner Botschaft zeigt Jesus Möglichkeiten auf, sich Gott zu nähern. Immer wieder zieht er sich in die Einsamkeit zurück, um das Zwiegespräch mit seinem Vater zu suchen. Die Haltung, Gottes Nähe im **Gebet** zu suchen, vermittelt Jesus auch seinen Anhängern. Das „**Vaterunser**" ist das Gebet der Nähe des Menschen zu Gott. In dieser Nähe kann der Mensch alle Sorgen Gott überantworten und damit eine Freiheit gewinnen, die es ihm ermöglicht, den Glauben in seinen Alltag zu integrieren.

Zitat

> So sollt ihr beten: Unser Vater im Himmel,
> geheiligt werde dein Name,
> dein Reich komme,
> dein Wille geschehe,
> wie im Himmel, so auf der Erde.
> Gib uns heute das Brot, das wir brauchen!
> Und erlass uns unsere Schulden,
> wie auch wir sie unseren Schuldnern erlassen haben!
> Und führe uns nicht in Versuchung,
> sondern rette uns vor dem Bösen!
>
> (Mt 6,9–13)

Jesus lädt dazu ein, sich dem transzendenten Gott als dem liebenden Vater zu nähern. Das von ihm gestiftete Gebet ist Ausdruck einer Beziehung des Menschen zu Gott. Der Mensch kann seine alltäglichen Anliegen vertrauensvoll in die Hände Gottes legen. Daher antwortet der Mensch als Beter auf den Anruf Gottes: „Dein Wille geschehe."

3 Verantwortung, Schuld, Vergebung

3.1 Freiheit und Verantwortung

Wie bereits im vorigen Kapitel beschrieben, ist der Ausgangspunkt allen christlichen Nachdenkens über den Menschen sein Verhältnis zu Gott. Demnach ist das Wesen des Menschen davon geprägt, dass er ein Abbild Gottes und sein Schöpfungspartner ist. Auf diesem Fundament gründet die Vorstellung von der Freiheit des Menschen. Die Freiheit des Menschen ist nach christlichem Verständnis eine **von Gott geschenkte Freiheit**. Sie ist eine Gabe Gottes, die den Menschen von allen inneren und äußeren Zwängen befreit. Gleichzeitig ist mit dieser Gabe aber auch die Aufgabe verbunden, die Freiheit zu nutzen, um der Schöpfungsordnung in Solidarität und Zuwendung zu dienen. Das Geschenk der Freiheit ist somit in doppelter Weise relevant. Sie ist **Gabe und Aufgabe zugleich** und bestimmt den Menschen in „theonomer Autonomie". Das bedeutet, dass sich der Mensch trotz oder gerade wegen seiner Freiheit an einer Richtschnur orientieren muss, die sich an der Güte Gottes bemisst. Im Brief an die Galater erinnert Paulus die Gemeindemitglieder daran, dass Freiheit mit Verantwortung verknüpft ist.

Zitat

> Denn ihr seid zur Freiheit berufen, Brüder und Schwestern. Nur nehmt die Freiheit nicht zum Vorwand für das Fleisch [d. h. die Sünde], sondern dient einander in Liebe! Denn das ganze Gesetz ist in dem einen Wort erfüllt: Du sollst deinen Nächsten lieben wie dich selbst!
>
> (Gal 5,13 f.)

Auf diese Bestimmung antwortet der Mensch durch konkretes Handeln in der Welt. Er übernimmt **Verantwortung**, beispielsweise für die **Schöpfung** sowie für **Gerechtigkeit und Frieden**. Bei seinem Handeln muss er gegenüber Gott Rechenschaft darüber ablegen, was er mit dieser Freiheit angefangen hat. Dabei nimmt Gott die Freiheit des Menschen so ernst, dass sie auch die Freiheit einschließt, sich gegen Gott zu entscheiden und gegen die von ihm gesetzte Schöpfungsordnung zu verstoßen.

→ Einsatz für Schöpfung, Gerechtigkeit und Frieden vgl. S. 194 ff.

In der Theologie wurde deshalb intensiv darüber nachgedacht, inwiefern dem Menschen auch Freiheit gegenüber Gott zukommt oder ob er letztlich nicht doch **auf die Gnade Gottes angewiesen** ist. Während der Denker Thomas von Aquin (1225–1274) dem Menschen im Zusammenspiel von göttlicher Gnade und menschlichem Vermögen einen größeren Freiheitsspielraum zugesteht, betont Martin Luther (1483–1546), dass der Mensch allein durch das gnädige Handeln Gottes *(sola gratia)* gerechtfertigt, d. h. erlöst werden kann. Dabei ist jedoch zu beachten, dass Gnade und Freiheit nicht in Konkurrenz zueinander stehen. Beide sind von Gott geschenkt und müssen sich in der Lebenspraxis des Menschen entfalten.

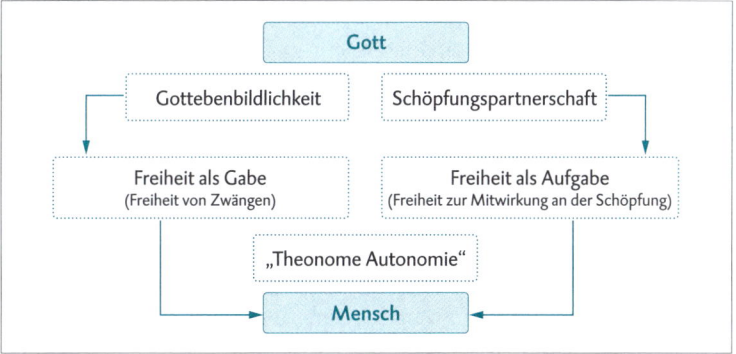

3.2 Das Gewissen

Die Instanz, die den Menschen dazu anhält, von seiner Freiheit positiv Gebrauch zu machen, ist das Gewissen. Das Gewissen ist eine **innere Stimme**, die unser Handeln in bestimmten Entscheidungssituationen moralisch qualifiziert. Diese Stimme ist entweder vor unserem Handeln, als **vorausgehendes, mahnendes oder warnendes Gewissen**, zu vernehmen oder im Nachhinein, wenn es uns sagt, ob unser Handeln richtig oder falsch war (gutes bzw. schlechtes Gewissen). Damit ist das Gewissen die **Instanz, die die sittliche Würde begründet** und damit letztendlich die Würde des Menschen als Person betrifft.

In der Forschung gibt es verschiedene Ansätze zur Deutung des Gewissens. Nach **Sigmund Freuds** (1856–1939) psychoanalytischem Modell ist das Gewissen **Teil des psychischen Apparates**, der aus drei Funktionen besteht: Die Trieb- und Aggressionsimpulse, die den Menschen zum Handeln drängen, nennt Freud das ES. Diese stoßen auf einen Komplex aus Geboten und Verboten, das ÜBER-ICH. Die bewusste ICH-Instanz muss nun immer wieder neu den Ausgleich zwischen diesen beiden Kräften herstellen. Für Freud stellt das ÜBER-ICH den eigentlichen Ort des Gewissens dar.

Demgegenüber sieht **Viktor Frankl** (1905–1997), der Begründer der **Logotherapie**, das Gewissen als Sinn-Organ in einer Welt, die immer stärker von dem Gefühl der Sinnlosigkeit geprägt ist. Weil aber nach Frankl der Mensch einen unbedingten Willen zum Sinn hat, braucht es eine **Instanz, die den Menschen auf dieser Suche nach Sinn leitet**. Das Gewissen ist für ihn die spezifisch menschliche Fähigkeit, den einzigartigen Sinn, der in jeder Situation verborgen ist, aufzuspüren. Ob unser Leben sinnentleert oder sinnerfüllt ist, wird davon abhängen, ob und wie weit unser Gewissen diesen Sinn aufzuspüren vermag.

Für das christliche Denken ist das Gewissen die **Stimme Gottes** im Menschen. Sie ruft ihn zu verantwortungsvollem Handeln für seine Mitwelt auf. So deutet der englische Theologe und Kardinal **John Henry Newman** das Gewissen als ein dem Menschen eingegebenes göttliches Gesetz. Dieses Gesetz weist den Menschen auf die Existenz Gottes als „obersten Richter" hin, der in das Herz der Menschen sieht. Damit hat für Newman das Gesetz einen **transzendent-personalen Charakter**, weil es auf den transzendenten, personal erfahrbaren Gott verweist, auf dessen Anruf der Einzelne in seiner Gewissensentscheidung antwortet.

Diesen Gedanken nimmt das **Zweite Vatikanische Konzil** in seiner Pastoralkonstitution „Gaudium et spes" auf: *Das Gewissen ist die ver-*

Logotherapie: psychiatrische Behandlungsform, die das existenzielle Streben des Menschen nach *Sinn im Leben* als dessen primäre Motivationskraft in den Blick nimmt

John Henry Newman (1801–1890) war ein wichtiger englischer Theologe.

borgenste Mitte und das Heiligtum im Menschen, *wo er allein ist mit Gott, dessen Stimme in seinem Innersten zu hören ist.* (Gaudium et spes 16)

Indem sich der Mensch an dieser inneren Stimme orientiert, sein Tun und Lassen an ihr ausrichtet, erreicht er letztlich auch seine Bestimmung als Mensch. Wie groß das Zweite Vatikanische **Konzil** vom Menschen denkt, zeigt sich auch daran, dass es selbst dem irrenden Gewissen höchste Verbindlichkeit einräumt. Die Würde des Gewissens als der letzten und höchsten Instanz der autonomen Persönlichkeit bleibt auch dann erhalten, wenn es aus „unüberwindlicher Unkenntnis" (Gaudium et spes 16) irrt.

Konzil: bischöfliche Versammlung, bei der Fragen der Lehre und der Führung der Kirche besprochen werden

Damit argumentiert das Konzil ganz auf der Linie des **Apostels Paulus**, der das Gewissen als **letzte Instanz menschlicher Entscheidung** fasst: Alle Menschen, auch die „Heiden", haben von Natur aus ein Verständnis von Gut und Böse, das für sie verbindlich ist, wenn sie sich redlich bemühen, nach dem Wahren und Richtigen zu streben. *Denn wenn Heiden das Gesetz nicht haben, von Natur aus das tun, was im Gesetz gefordert ist, so sind sie, die das Gesetz nicht haben, sich selbst Gesetz. Sie zeigen damit, dass ihnen die Forderung des Gesetzes ins Herz geschrieben ist; ihr Gewissen legt Zeugnis davon ab.* (Röm 2,14 f.)

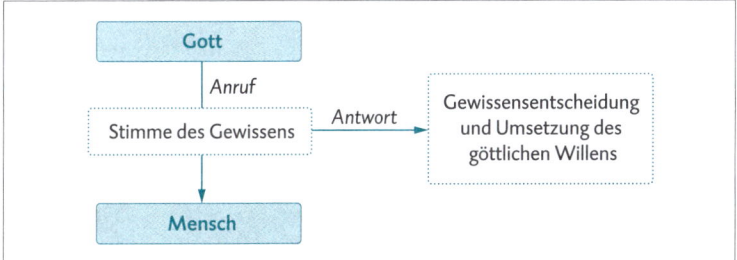

Dieses Streben nach Wahrheit und Wahrhaftigkeit treibt auch **Martin Luther** um, als er im Jahr 1521 auf dem Reichstag zu Worms seine Schriften vor dem Kaiser und dem Vertreter des Papstes widerrufen soll. Luther widersetzt sich diesem Ansinnen und beruft sich auf die **Freiheit des Gewissens**, unabhängig von kaiserlichen Gesetzen und kirchlichen Normen.

> **Zitat**
>
> Wenn ich nicht durch Schriftzeugnisse oder einen klaren Grund widerlegt werde – denn allein dem Papst oder den Konzilien glaube ich nicht; es steht fest, dass sie häufig geirrt und sich auch selbst widersprochen haben –, so bin ich durch die von mir angeführten Schriftworte überwunden. Und da mein Gewissen in den Worten Gottes gefangen ist, kann und will ich nichts widerrufen, weil es gefährlich und unmöglich ist, etwas gegen das Gewissen zu tun. Gott helfe mir. Amen.
>
> (Martin Luther auf dem Reichstag zu Worms)

Dabei definiert er den Begriff des Gewissens neu: Für ihn ist das Gewissen nicht die Stimme Gottes im Menschen, sondern der Ort im Menschen selbst, an dem diese Stimme vernehmbar ist und an dem Gott beim Menschen ankommen kann. Damit betont Luther noch stärker die Autonomie des Menschen: Im Hören auf die Heilige Schrift stellt das Gewissen den Menschen vor Gott und dieser erkennt als freier Christenmensch, dass er nicht durch sich selbst, durch sein Handeln, zur Rechtfertigung und zur Erlösung gelangen muss, sondern dass er vielmehr schon erlöst und befreit ist durch Gottes Gnade. Erst als Erlöster und Befreiter kann der Mensch den Geboten Gottes folgen.

Während Sigmund Freud, Viktor Frankl und die christliche Tradition nach dem Wesen des Gewissens fragen, beschäftigte den Entwicklungspsychologen **Lawrence Kohlberg** (1927–1987) die Frage, wie sich das Gewissen im Laufe der menschlichen Biografie entfaltet. Anhand empirischer Studien erarbeitete Kohlberg ein Modell, das die Entwicklung des Gewissens in drei Niveaus zu je zwei Stufen darstellt: dem **vorkonventionellen, dem konventionellen und dem nachkonventionellen Niveau**. Diese drei Stufen beschreiben den Reifeprozess, den das Gewissen nach und nach durchläuft. Idealerweise erreicht diese Entwicklung die dritte Niveaustufe, die dem autonomen und mündigen Gewissen entspricht: Der Mensch trifft seine Entscheidungen nicht unter den Vorzeichen von **Lohn und Strafe** (vorkonventionelles Niveau) oder strikt nach den **Vorgaben der Gesellschaft** (konventionelles Niveau), sondern aufgrund **eigenverantwortlicher moralischer Reflexion** (nachkonventionelles Niveau).

3.3 Schuld und Sünde

Auch wenn menschliches Verhalten von diversen Faktoren beeinflusst wird, so gilt doch der Grundsatz, dass der Mensch grundsätzlich frei entscheiden kann. Andernfalls könnte er auch nicht für sein Verhalten verantwortlich gemacht werden. Bei seinen Entscheidungen gelangt der Mensch jedoch immer wieder an die Grenzen seiner Autonomie. Erfahrungen des Schuldigwerdens lassen sich in vielerlei Hinsicht beschreiben. Zum einen erlebt der mündige Mensch, dass er für sein Handeln persönlich verantwortlich ist und infolge der Missachtung sittlicher Gebote schuldig wird **(individuelle oder personale Schuld)**. Auf der anderen Seite ist der Mensch aber auch eingebunden in ungerechte und unheilvolle Verhältnisse. Dazu zählen beispielsweise ungerechte Strukturen der Weltwirtschaftsordnung. Auf diese hat der Einzelne zwar nur bedingt Einfluss, dennoch bleibt er Teil eines ungerechten Systems und wird insofern mit schuldig **(strukturelle bzw. soziale Schuld)**. Theologisch wird der Umstand, dass der Mensch ungewollt in unheilvolle Zusammenhänge verstrickt ist, unter den Begriff der „Erbsünde" gefasst. Um zu verhindern, dass diese Vorstellung fälschlicherweise mit dem Zeugungsakt und der menschlichen Sexualität in Verbindung gebracht wird, wird der Begriff der „Grundsünde" synonym verwendet.

Da der Mensch auf ganz unterschiedliche Weise schuldig werden kann, ist zunächst eine Differenzierung des Schuldbegriffs erforderlich. In **juristischer Hinsicht** meint Schuld die Verletzung fixierter rechtlicher Ordnungen einer Gesellschaft, also den **Verstoß gegen Gesetze** und Verordnungen. **Psychotherapeuten** betrachten **Schuldgefühle**, die nicht bewältigt werden, als mögliche Quelle psychischer Erkrankungen. Ziel der Psychotherapie ist es, die betroffen Menschen zu einer realistischen Haltung in der Bewertung der eigenen Schuld zu führen. In **moralischer Hinsicht** wird von Schuld gesprochen, wenn sich der Mensch vor seinem eigenen Gewissen als schuldig erfährt, weil er gegen anerkannte ethische und **sittliche Normen verstoßen** hat.

Die Erfahrung, dass der Mensch seine eigentliche Bestimmung immer wieder verfehlt, zieht sich wie ein roter Faden durch die **biblische Überlieferung**. In biblischer Hinsicht wird Schuld verstanden als **Abkehr von Gott** und eine **Auflehnung gegen seine Schöpfungsordnung**. Die biblische Tradition hat dafür den Begriff der „Sünde" als Absonderung von Gott und seiner Schöpfungsordnung geprägt. Biblisch gesprochen meint Sünde damit zunächst kein moralisches Vergehen, sondern eine Beziehungsstörung, nämlich die Störung der Beziehung des Menschen zu Gott, zu sich selbst sowie zu seiner Mitwelt.

Anthropologie – Was ist der Mensch?

```
                moralisch                              rechtlich
        Verfehlungen gegen                     Verstoß gegen geltende
          sittliche Normen                     rechtliche Normen und
                                                      Gesetze
                              Schuld
             psychologisch                            theologisch
     Auftreten von Schuldgefühlen,                Abkehr von Gott und
      die teils berechtigt, teils              seiner Schöpfungsordnung
          unberechtigt sind                           („Sünde")
```

Von diesem „Beziehungsvergehen" des freiheitlichen Menschen sprechen auch die Erzählungen in Gen 3 („Essen vom Baum der Erkenntnis") und Gen 4 („Brudermord des Kain an Abel"), die mit Gen 2 zusammen eine Einheit bilden. Zunächst werden in Gen 3 noch einmal Grenzen der freien Verfügungsgewalt des Menschen thematisiert. In der Schöpfungserzählung markiert der „Baum der Erkenntnis" symbolisch diese Grenze. Adam und Eva wird verboten, von den Früchten des Baums zu essen.

Zitat

> **2,16** Dann gebot Gott, der Herr, dem Menschen: Von allen Bäumen des Gartens darfst du essen, **17** doch vom Baum der Erkenntnis von Gut und Böse darfst du nicht essen; denn am Tag, da du davon isst, wirst du sterben. […] **3,4** Darauf sagte die Schlange zur Frau: Nein, ihr werdet nicht sterben. **5** Gott weiß vielmehr: Sobald ihr davon esst, gehen euch die Augen auf; ihr werdet wie Gott und erkennt Gut und Böse. **6** Da sah die Frau, dass es köstlich wäre, von dem Baum zu essen, dass der Baum eine Augenweide war und begehrenswert war, um klug zu werden. Sie nahm von seinen Früchten und aß; sie gab auch ihrem Mann, der bei ihr war, und auch er aß. **7** Da gingen beiden die Augen auf und sie erkannten, dass sie nackt waren.
>
> (Gen 2,16 f.; 3,4–7)

Das biblische Urpaar erliegt also den Einflüsterungen der Schlange, die verspricht, Adam und Eva könnten so werden wie Gott. Die Überschreitung des Gebotes führt zum Verlust der Unbefangenheit („Nacktheit") und zu noch größerer Angst vor Gott („Verstecken" als deutlichster Ausdruck des Beziehungsabbruchs). Die von Gott verhängten „Strafen" (Sorge um den Lebensunterhalt, Leben in Mühsal und Schmerzen, Ungerechtigkeit zwischen den Menschen) sind als **Erklärungsversuche für menschliche Grundbefindlichkeiten** zu verstehen. Die

Grunderfahrung, dass das menschliche Leben auch aus Leid und Schmerz besteht, soll im Nachhinein durch eine Urgeschichte einsichtig gemacht werden.

So ist Gen 3 als **Ätiologie** zu lesen, d. h. als „Ursprungserzählung", die Antworten auf Fragen geben möchte, die sich Menschen zu allen Zeiten gestellt haben und immer noch stellen. In Ätiologien wird erzählt, warum die Welt so ist, wie sie ist. Eines dieser Grundprobleme ist die Frage, warum der von Gott geschaffene Mensch ein durch Schuld, Verfehlung, Mühe, Leid und Tod begrenzter Mensch ist. Die Erzählung in Gen 3 macht deutlich, dass der Mensch die ihm geschenkte Freiheit auch gebrauchte, um sich von der Schöpfungsordnung abzuwenden bzw. sich gegen diese zu entscheiden. Diese Abkehr von Gott wird als fehlendes Vertrauen in die Schöpfung Gottes gesehen und damit als Absage an Gott und seine Schöpfungsordnung. In Gen 3,1–24 erscheint die Menschheit, verkörpert durch das Menschenpaar Adam und Eva, in ihrer Freiheit und Unvollkommenheit zugleich. Die Frage nach der Erkenntnis von „Gut und Böse" kann den Menschen überfordern, denn er ist nicht *wie Gott* (Gen 3,5). Die Menschen haben das Leiden verursacht, so die Erzählung, weil sie aus freien Stücken **Gottes Gebote übertreten** und sich somit **von ihrem Schöpfer entfernt** haben. Der von Gott geschenkten Freiheit wird der Mensch also nicht immer gerecht. Aber Gott lässt den Menschen trotz seiner Verfehlungen nicht im Stich, sondern bleibt weiterhin der Schöpfer, der sich in Liebe seinen Geschöpfen zuwendet.

Obwohl oft als „Sündenfall-Erzählung" bezeichnet, wird in dieser Geschichte von „Sünde" nicht gesprochen. Der Begriff der Sünde taucht erst in der nachfolgenden Erzählung, der Tötung Abels durch seinen Bruder Kain in Gen 4, auf. Nicht durch das Essen vom Baum der Erkenntnis von „Gut und Böse" fällt der Mensch in Sünde, sondern durch das Tun des Bösen statt des Guten, in diesem konkreten Fall: durch das Ausüben von Gewalt, die gleich zu Beginn der Menschheitsgeschichte als zentrales Problem dargestellt wird. Damit wird deutlich, dass Sünde nicht allein in der Abkehr von Gott, sondern auch in der Missachtung der Würde der Mitmenschen besteht. Die Gewalttat am Mitmenschen wird in der Erzählung vom Brudermord als Urform der Sünde vor Augen geführt.

→ menschliches Leid und die Theodizeefrage vgl. S. 86 ff.

Ätiologien (griech. „aitia:" = „Ursache") sind Erzählungen, die bestimmte Verhältnisse oder Gegebenheiten erklären, indem sie diese auf Vorgänge in der Vergangenheit beziehen. Ätiologien können zum Beispiel als Legenden, Sagen oder Mythen tradiert werden.

Zitat

Der Herr schaute auf Abel und seine Gabe, aber auf Kain und seine Gabe schaute er nicht. Da überlief es Kain ganz heiß und sein Blick senkte sich. Der Herr sprach zu Kain: Warum überläuft es dich heiß und warum senkt sich dein Blick? Ist es nicht so: Wenn du gut handelst, darfst du aufblicken; wenn du nicht gut handelst, lauert an der Tür die Sünde. Sie hat Verlangen nach dir, doch du sollst über sie herrschen.

(Gen 4,4b–7)

Beispielhaft steht Kain vor der unerklärbaren Situation, dass er von Gott zurückgewiesen wird, während das Opfer seines Bruders Abel bei Gott Wohlgefallen findet. Im Text steht nicht das Handeln Gottes, das Kain als zutiefst ungerecht empfindet, im Zentrum. Vielmehr geht es um Kain und sein Ringen mit Gut und Böse. Gott, der weiß, dass Kain seinen Bruder aus Neid erschlagen will, hält ihn nicht von seiner Tat ab.

Kain soll als freier Mensch seiner **Verantwortung** gegenüber seinem Bruder und Mitmenschen gerecht werden. Dazu muss er das Böse in sich bezwingen. Die Aufforderung an Kain, seinen inneren „Dämon" zu überwinden, macht auch deutlich, dass es einen **Freiheitsraum** gibt, innerhalb dessen sich der Mensch bewusst für oder gegen eine Sache entscheiden kann. Dennoch erschlägt Kain seinen jüngeren Bruder auf dem Feld. Er schwingt sich damit zum **Herren über Leben und Tod** auf. Die **Verantwortung für seine Schuld leugnet Kain**, als er auf die Frage Gottes nach dem Verbleib Abels

„Kain erschlägt Abel" (1550/53) von Jacopo Robusti

→ **Tun-Ergehen-Zusammenhang** vgl. S. 211

antwortet, er wisse nicht, wo sich dieser aufhalte. In Gen 4,10–12 werden die **Folgen** von Kains Handeln entfaltet. Die Tat Kains hat die Beziehung zu Gott, zum Mitmenschen und zur Natur beeinträchtigt. Die Konsequenzen folgen hier einem **Tun-Ergehen-Zusammenhang:** *Du hast mich heute vom Ackerland verjagt und ich muss mich vor deinem Angesicht verbergen; rastlos und ruhelos werde ich auf der Erde sein und wer mich findet, wird mich erschlagen.* (Gen 4,14) Dadurch dass Gott Kain mit einem Zeichen, dem Kainsmal, versieht, schützt er ihn vor den Folgen seiner Gewalttat. So wird hier bereits der Versuch einer Gewaltprävention aufgezeigt, durch den willkürlicher Gewalt ein Riegel vorgeschoben werden soll.

Die Vorstellung von Sünde als Abkehr von Gott und seiner Ordnung setzt sich in der biblischen Überlieferung über die Urgeschichten hinweg fort: Die Geschichte **Israels** wird erzählt als Geschichte permanenter **Untreue gegenüber Gott** und seinem Bund. Die Propheten interpretieren die dunklen Phasen der Geschichte Israels als Konsequenz der gestörten Beziehung des Volkes zu seinem Gott und auch die Psalmen klagen immer wieder über die Abkehr der Menschen von Gott als eine Verfehlung ihrer Wesensbestimmung. Diese besteht nach dem biblischen Zeugnis darin, die Welt als verantwortliches Gegenüber Gottes mitzugestalten.

3.4 Umgang mit Schuld und Sünde

Menschen kennen verschiedene Möglichkeiten, mit Schuld umzugehen: Sie können die Schuld bewusst **leugnen** oder sie aber **verdrängen**. Schuld kann auch **auf andere projiziert** werden. Nach dem Sündenbockmechanismus tragen andere die Schuld für einen selbst. Aber erst, wenn Schuld **akzeptiert und angenommen** wird, kann sich ein heilsamer Umgang mit der eigenen Schuld eröffnen. Der schuldig gewordene Mensch steht zu seiner Tat, übernimmt für diese die Verantwortung und prüft Möglichkeiten der **Wiedergutmachung**. Dies sind wichtige Schritte zur Vergebung; sie sind aber mit dieser nicht identisch. Vergebung kann sich der schuldig gewordene Mensch selbst nicht geben. Er ist vielmehr angewiesen auf die **Vergebung** durch den bzw. die von seiner Schuld Betroffenen.

Im theologischen Sinn ist Vergebung grundsätzlich möglich, weil die Zuwendung Gottes auch über die Schuld des Menschen hinaus nicht endet. Im biblischen Zeugnis deuten die beiden Urgeschichten von Verfehlung und Sünde des Menschen (vgl. Gen 3 und Gen 4) diesen Aspekt an. Gott bleibt sowohl Adam und Eva als auch dem Brudermörder Kain fürsorglich zugewandt: Adam und Eva verschafft er Kleidung durch Felle; Kain schützt er durch ein Zeichen vor der Gewalt der anderen. In der Botschaft Jesu erfährt diese Überzeugung vom **zugewandt bleibenden, verzeihenden Gott** ihre letzte Zuspitzung. Die absolute Vergebungsbereitschaft Gottes zeigt sich nicht nur in den Gleichnissen Jesu wie beispielsweise dem „Gleichnis vom barmherzigen Vater" (vgl. Lk 15,11–32). Jesus selbst erweist sich darüber hinaus als der, der sich an die schuldig Gewordenen gewandt und diese zur Umkehr ermutigt hat. Im Lukasevangelium heißt es: *Denn der Menschensohn ist gekommen, um zu suchen und zu retten, was verloren ist.* (Lk 19,10) Damit zeigt Jesus Wege zur Versöhnung mit Gott auf und verdeutlicht die Wesensbestimmung des Menschen als Partner Gottes in der Schöpfung.

→ **Grundvollzüge der Kirche** vgl. S. 213 f.

In der Nachfolge Jesu gehört es zu den **Grundvollzügen der Kirche, die Vergebung Gottes erfahrbar zu machen**. Dies geschieht zunächst dadurch, dass sie als versöhnende und versöhnte Kirche erscheint. In der Einheit der Glaubenden und in der Solidarität mit den Notleidenden deutet sich an, wie die von Gott erlöste Wirklichkeit aussehen kann. Darüber hinaus schafft sie im **Gebet** oder im Lesen der Heiligen Schrift Räume der Versöhnung mit Gott. In **Bußfeiern** eröffnen die kirchlichen Gemeinschaften Wege der Neuorientierung im gemeinsamen **Bekenntnis der Schuld** und in der Erfahrung der gegenseitigen Versöhnungsbereitschaft.

Die katholische Kirche bietet im **Sakrament der Buße** eine besondere Form der Zusage der Vergebung an: In der Beichte spendet der Priester im Namen Jesu Christi und der Kirche das Zeichen der Vergebung der Sünden. Zur Feier dieses Sakraments gehören Zeichen der Umkehr (Bekehrung), der **Reue**, das eigentliche **Bekenntnis der Schuld** („Beichte" des Einzelnen gegenüber dem Priester), **Buße** als Wiedergutmachung des Vergehens und schließlich die Lossprechung (Absolution) von den Sünden durch Gott in der sakramentalen Zeichenhandlung des Priesters als Ausdruck der wiedererlangten Versöhnung mit Gott und der eigenen Wesensbestimmung.

Auch in der evangelischen Kirche werden Formen der Versöhnung gepflegt. In **Beichtgottesdiensten** besinnen sich die Gläubigen auf Situationen, in denen sie gegenüber sich selbst, den Mitmenschen und Gott schuldig geworden sind. Wie in der katholischen Kirche besteht daneben die Möglichkeit zur Einzelbeichte. Im Protestantismus kommt der Beichte jedoch **nicht der Status eines Sakraments** zu. Im Sinne von Luthers Rechtfertigungslehre, wonach der **Mensch allein aus Gnade vor Gott gerecht** erscheint, wird bei der Beichte auch auf eine Formel verzichtet, die vom Gläubigen Genugtuung, d. h. eine Leistung zur Wiedergutmachung, fordert. Diese ergibt sich nach protestantischer Auffassung als Antwort auf die Zusage der göttlichen Vergebung.

4 Nichtchristliche Menschenbilder

4.1 Das vorchristlich-antike Menschenbild

Grundlegend für das antike Menschenbild ist ein **Dualismus zwischen Körper und Geist bzw. Leib und Seele**. Der Geist wurde dabei der göttlichen Sphäre zugeordnet und galt als unsterblich. Ihm wurden herausragende Fähigkeiten des Menschen, vor allem das Streben nach Erkenntnis, zugeschrieben und damit auch die Verantwortlichkeit für das eigene Handeln. So galt der Mensch als **„Vernunftwesen"**, das sich kraft seiner Vernunft (griech. *lógos*) und der daraus resultierenden **Sprache** der Welt bemächtigen kann. Im Gegensatz zur Vernunft wurde das Körperliche gering geschätzt. Der griechische Philosoph **Platon** (427–347 v. Chr.) vertrat einen **Leib-Seele-Dualismus**, demzufolge der Körper bzw. der Leib lediglich als eine Art Gefängnis der Seele, die das wirkliche Wesen des Menschen bestimme, galt. Während der Leib das „Unvernünftige", d. h. das Vergängliche wie Hunger, Durst oder Liebe, symbolisiert, steht die immaterielle Seele für das Vernünftige und Unsterbliche. Die Seele wird Platon zufolge mit dem Tod des Menschen befreit und sucht sich einen neuen Körper („Seelenwanderung").

Anders argumentierte bereits sein Schüler **Aristoteles** (384–322 v. Chr.), der von einer Verbindung von Leib und Seele ausging. Der Kör-

Dualismus: lat. „Zweiheit", Lehre von der Zweiheit bzw. Gegensätzlichkeit der Dinge

Leib-Seele-Dualismus: Gegensatz zwischen Körper und Geist

per war für ihn nicht das „Gefängnis", sondern eine Art „Werkzeug" der Seele, die ihn beherrschte und bewegte. Im Gegensatz zu Tieren, mit denen der Mensch nur Sinnesausstattung und Bewegungsfähigkeit teile und damit auch die Sterblichkeit, sei der Mensch durch die Seele im Besitz von Sprache und Vernunft. Im Unterschied zu Tieren oder auch zu Gott könne der Mensch ohne die Gemeinschaft anderer nicht existieren. Aristoteles zufolge ist der sprach- und vernunftbegabte Mensch für ein Leben in Gemeinschaft bestimmt. Daher definiert Aristoteles den Menschen als **geselliges, Staaten bildendes Gemeinschaftswesen** (griech. *zōon politikón*), das in der Lage ist, das Zusammenleben nach moralischen Prinzipien zu regeln.

Stoa: antike philosophische Strömung (ab dem 4. Jh. v. Chr.), nach deren Lehre das eigene Schicksal mit Gelassenheit, Selbstbeherrschung und Weisheit zu bewältigen ist

Das Menschenbild der **Stoa** bildete eine Art Synthese des platonischen und aristotelischen Menschenbildes. Wie bei Platon und Aristoteles ist demnach die Seele zwar weiterhin göttlichen Ursprungs. Durch die Seele ist der Mensch zur Einsicht fähig und kann die göttlichen Gesetzmäßigkeiten anhand der Erscheinungen der Natur erkennen und danach sein Handeln ausrichten. Aber die Seele ist ein Teil des Körpers und damit sterblich. Daher soll der Mensch zu Lebzeiten seine Bedürfnisse regeln, wozu er wiederum klare ethische Richtlinien braucht. Mit sich selbst im Reinen zu sein, ist das Ziel des Menschen. Auf diese Weise erlange er innere Befriedigung und Glück. Für die Stoiker galt auch, dass **alle Menschen bereits allein aufgrund ihres Menschseins gleich** sind, weil sie gemeinsame Wesenszüge haben. Damit war eine erste Idee von Menschenrechten für alle geboren, die auch die damals als selbstverständlich angesehene Sklaverei infrage stellte. Diese Idee hatte jedoch noch viele Jahrhunderte später lediglich hypothetischen Charakter, wenngleich auch das römische Menschenbild eines Cicero (106–43 v. Chr.) bzw. eines Seneca (1–65 n. Chr.) an die Stoa anknüpfte. Die Anerkennung von Menschenrechten über Landesgrenzen hinweg spiegelte sich in Ansätzen schließlich auch im römischen Recht wider, das allen Bürgern bzw. Bewohnern des Römischen Reiches mit Bürgerrecht – ausgenommen Sklaven und Frauen – die gleichen Rechtsansprüche gewährte.

4.2 Das Menschenbild des Hinduismus

Der Hinduismus ist keine einheitliche Religion, die durch bestimmte Glaubenssätze zusammengehalten wird, sondern umfasst ein großes Spektrum unterschiedlicher, zum Teil sogar einander widersprechender Glaubensvorstellungen und -lehren. Deswegen wird häufig auch von

„Hindu-Traditionen" oder auch „Hindu-Religionen" gesprochen. Gemeinsam ist diesen religiösen Traditionen jedoch ein ähnlicher kultureller Hintergrund. Entsprechend gibt es auch nicht *das* Menschenbild des Hinduismus, sondern es können lediglich Grundzüge der hinduistischen Tradition aufgezeigt werden.

Der Hinduismus kennt zwar keine besondere Erklärung für die Herkunft und die Beschaffenheit des Menschen, aber dem Menschen kommt innerhalb der Lebewesen durchaus eine Vorrangstellung zu. Denn allein der Mensch hat die Fähigkeit, **Erkenntnis** über die Dinge dieser Welt und über eine transzendente Wirklichkeit zu erlangen. Daneben besitzt er die Fähigkeit, zwischen **Gut und Böse zu unterscheiden**. Daher kann der Mensch anderen Wesen nicht gleichgültig gegenübertreten. Vielmehr muss er die richtigen Mittel im Umgang mit ihnen aussuchen. Die heiligen Schriften dienen ihm dazu als Richtschnur.

Nach hinduistischer Lehre bildet das Selbst des Menschen das Bewusstsein. Alles andere ist reine Materie, also Nicht-Selbst. Erst durch das menschliche Bewusstsein erhält die Welt der Materie ihren Sinn und ihre Bedeutung. „**Brahman**" ist das vollkommene Bewusstsein, welches den ganzen Weltraum durchdringt, selbst aber unsichtbar ist. Im Menschen ist ein Kern des Absoluten eingeschlossen. Dieser Kern wird als „**Atman**" bezeichnet und bedeutet so viel wie das individuelle Selbst. Das Menschenbild ist im Hinduismus bestimmt von einem **Dualismus zwischen dem eigentlichen Selbst**, also der Einheit von Brahman und Atman, **und dem irdischen Selbst**, das in einem individuellen Körper wie in einer Hülle dem Kreislauf der Wiedergeburt unterworfen ist. Das Atman ist unvergänglich und unwandelbar und sucht sich immer wieder neue menschliche, tierische, dämonische oder sogar göttliche Körper. Dabei trägt das Atman alle Handlungen in den nächsten Körper. Der zentrale Begriff hierfür ist „**Karma**", womit die „Lehre von den Tatfolgen" bezeichnet wird. Jede Tat zieht entweder Lohn oder Strafe nach sich. Erst durch das Erleben dieser Folgen wird die durch das „Karma" bedingte Prägung der Seele gewissermaßen wieder „gelöscht". Dies führt dazu, dass jede Seele je nach Verlauf des letzten Lebens eine andere moralische Qualität in das nächste Leben mitbringt. Jeder Mensch und jedes mit ihm zusammenhängende Ereignis hat somit Auswirkungen auf den weiteren Verlauf der Geschichte. Der Mensch erlebt demzufolge **in seinem heutigen Schicksal die Folgen früherer Taten**. Diese Vorstellung verdeutlicht, dass zwar die Gegenwart vorherbestimmt ist, dass der Mensch aber dennoch selbst Einfluss auf sein nächstes Leben hat. Um positiven Einfluss auf die Existenz nach der Wiedergeburt zu nehmen, gibt es drei Wege: **den**

Karma: Lehre, wonach die Taten der Gegenwart das spätere Schicksal und die künftige Stellung des Menschen bestimmen

Weg des Wissens, des Handelns und der Gottesliebe. Auf dem Weg des Wissens durchschaut man durch Meditation (Yoga) und Askese die Ordnung der Welt. Der Weg des Handelns verlangt soziales Handeln und Nächstenliebe anderen gegenüber. Der Weg der Gottesliebe verlangt einen reinen persönlichen Lebenswandel und Ehrerweisung dem Göttlichen gegenüber, die durch einen Guru gelehrt wird. Der Weg zur Erlösung ist also bestimmt durch den Glauben, dass jede äußere Handlung auch einen Eindruck im Inneren des Menschen, seiner Seele bzw. dem Atman, hinterlässt. Nur wenn sich der Mensch seiner wahren Identität mit dem höchsten absoluten Sein, der **Einheit von Brahman und Atman**, bewusst wird und damit jede Individualität überschreitet, gelangt er zur **Erlösung („Moksha")**.

→ **Brahman/Atman**
vgl. S. 97 f.

Ein wesentliches Fundament im Kreislauf der Wiedergeburt spielt das **„Kastensystem"**. Es gliedert sich in vier Hauptkasten, die zahllose Unterkasten bilden, und eine fünfte Kaste („Kastenlose"). Menschen am unteren Ende der Gesellschaftsordnung werden auch als „Unberührbare" bezeichnet, weil sie mit den anderen Kasten nicht in Berührung kommen dürfen. In eine Kaste wird man „hineingeboren" und kann nicht in eine andere wechseln. Obwohl das Kastenwesen bereits 1949 von der indischen Regierung abgeschafft wurde, leben die meisten Menschen in Indien, aber auch in anderen vom Hinduismus geprägten Regionen, weiterhin nach den Regeln dieser Gesellschaftsordnung.

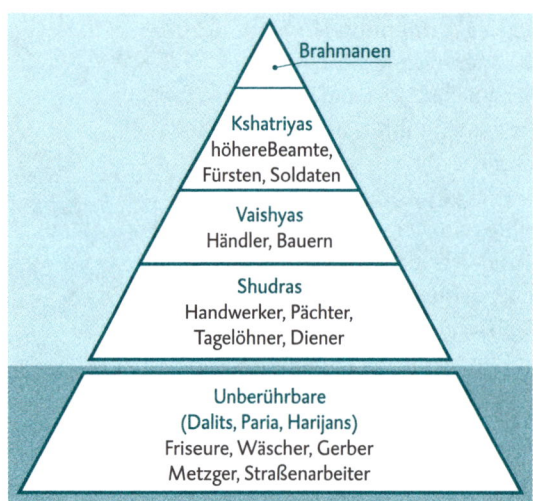

Aufbau des hinduistischen Kastenwesens

4.3 Das Menschenbild des Buddhismus

Auch der Buddhismus ist seit seiner Entstehung im 6. Jahrhundert v. Chr. weniger eine Religion im klassischen Sinn als vielmehr eine vielfältige spirituelle Tradition. So gibt es ebenfalls nicht *das* buddhistische Menschenbild, wohl aber vergleichbare Merkmale in Bezug auf die Stellung des Menschen. Grundlage ist das Leben Siddharta Gautamas (vermutlich um 560–480 v. Chr.), eines nepalesischen Adligen, der später auch „Buddha" genannt wurde. Der im Luxus lebende Siddharta traf der Legende zufolge als 29-Jähriger während vier sogenannter Ausfahrten zunächst einen Greis, dann einen Kranken, schließlich einen Toten und bei der vierten Ausfahrt einen Asketen. Diese Begegnungen riefen bei ihm die zentrale Erkenntnis hervor, **dass alles Leben Leiden ist**. Zur Überwindung dieses Leidens ließ Siddharta das Leben im Palast hinter sich und versuchte sich zunächst in radikaler Askese, die fast zu seinem Tod führte. Noch rechtzeitig entschied sich Buddha für den „mittleren Weg" zwischen den Luxusjahren seiner Jugend und der harten Selbstkasteiung, nämlich den Weg der Meditation. Während seiner Meditationen erkannte der 36-Jährige schließlich die vier edlen Wahrheiten, die Einsicht in die Ursache für das Leid gewähren und Wege zu dessen Überwindung aufzeigen. Dadurch wurde Siddharta zum Buddha, also zum „Erwachten" bzw. „Erleuchteten". Bevor Buddha ins Nirwana einging, beschloss er, als Lehrer zu wirken, was er noch 44 Jahre lang getan haben soll. Damit setzte er das **„Rad der Lehre"** in Bewegung – die „Geburtsstunde des Buddhismus". Wie im

Das „Dharma-Rad" bzw. „Rad der Lehre" findet man an vielen buddhistischen Tempeln. Die acht Speichen erinnern an den Achtfachen Pfad der Wahrheit.

Hinduismus ist die **Lehre von der Wiedergeburt**, die die Folge eines ewigen Kreislaufs (**„Samsara"**) ist, auch für den Buddhismus zentral. Ursache dafür ist ebenfalls die Lehre des **„Karma"**, wonach die guten und schlechten Handlungen, die die Menschen bei ihrem Denken und ihren Taten erzeugen, Einfluss auf das nächste Leben haben. Wenn die menschlichen Handlungen keine Folgen mehr in der Welt hinterlassen, dann wird kein „Karma" mehr erzeugt und Erlösung ist möglich. Im Buddhismus wird dieses „Verlöschen" von Ursache und Wirkung als **„Nirwana"** bezeichnet. Das Nirwana durch die Befreiung aus dem ewigen Kreislauf von Abhängigkeiten und Folgen zu erreichen, ist das Ziel der Menschen. Die vierte edle Wahrheit verheißt dabei ganz konkret die Aufhebung des Leidens durch den **„Achtfachen Pfad"**, der nur über einen langen Zeitraum und über viele Wiedergeburten zum Eingang ins Nirwana führt. Bedingungen dafür sind die Aufhebung jeglicher Ichbezogenheit und jeglichen Strebens bzw. Begehrens. Dieser Zustand vermittelt vollkommene Gemütsruhe und führt zur wahren Erkenntnis.

→ **Achtfacher Pfad** vgl. S. 267

Nach dem Menschenbild des Buddhismus wird die Vorstellung von einem Urgrund allen Seins („Brahman"), das sich mit dem Selbst des Menschen („Atman") verbinden muss, abgelehnt. Stattdessen wird im Buddhismus vor allem die Vergänglichkeit des menschlichen Lebens, das durch fünf Daseinsfaktoren bzw. „Ansammlungen" im Menschen (**„Skandhas"**) bestimmt wird, betont: Körperlichkeit, Empfindungen, Wahrnehmung, Geistes- und Gefühlsregungen bzw. Willensregungen,

Bewusstsein. Diese Daseinsfaktoren sind beständiger Veränderung unterworfen und verbinden sich dabei immer wieder neu. Sie lassen auch keine Trennung in körperliche und geistige Bereiche zu, was beispielsweise der dualistischen Sicht auf den Menschen in der antiken Philosophie oder im Hinduismus entsprach. Im Gegensatz dazu lehnen Buddhisten die Vorstellung von einem wie auch immer gearteten starren Selbst oder Subjekt, das auf seine Außenwelt reagiert und sich so immer wieder „Karma" aneignen wird, ab. Statt eines festen Selbstbildes bestehe das menschliche Dasein aus einem ständigen Kommen und Gehen verschiedener Faktoren. Daher sprechen Buddhisten von einem **Nicht-Selbst („An-Atman")**.

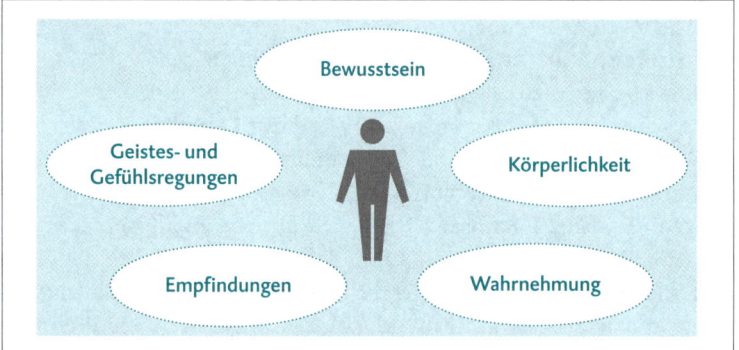

Nach buddhistischer Lehre bestimmen fünf Daseinsfaktoren (Skandhas) die menschliche Existenz.

Diese Lehre von der Unpersönlichkeit besagt, dass es weder innerhalb noch außerhalb der körperlichen und geistigen Daseinserscheinungen irgendetwas gibt, was man als Persönlichkeit bezeichnen könnte. Es gibt nur den Prozess des Entstehens und Vergehens der Daseinsformen. Die buddhistische Ethik lehrt daher auch eine **radikale Ich-Leugnung**, um jegliche Ich-Sucht und damit „Karma" zu vermeiden. Mit ihrer Forderung nach Gewaltlosigkeit, Achtsamkeit, Barmherzigkeit und Bedürfnislosigkeit sich selbst und anderen gegenüber versuchen Buddhisten, einen Weg zu beschreiben, **um die eigenen Begierden auszulöschen** und sich auf diese Weise **selbst zu befreien**.

4.4 Das Menschenbild des Islam

Das Menschenbild des Islam, der wie das Judentum und das Christentum eine monotheistische Weltreligion ist, betont die **übergeordnete Stellung des Menschen** im Vergleich mit allen anderen Lebewesen. Der Mensch ist **Statthalter Gottes** auf Erden, weshalb ihm sogar Engel Ehre erweisen müssen.

Zitat

> **30** Und als dein Herr zu den Engeln sprach: „Siehe, Ich will auf der Erde einen einsetzen an Meiner Statt", da sprachen sie: „Willst Du auf ihr einen einsetzen, der auf ihr Verderben anstiftet und Blut vergießt? […]" Er sprach: „Siehe, Ich weiß, was ihr nicht wisset." **31** Und Er lehrte Adam aller Dinge Namen.
>
> (Sure 2,30 f.)

Die Vorstellung einer Gottebenbildlichkeit des Menschen kennt der Islam allerdings nicht, da sie mit der absoluten Einzigartigkeit Gottes nicht vereinbar wäre. Auch erhält der Mensch als Statthalter Gottes keinen konkreten Auftrag zur Gestaltung der Erde, sondern nur zur **Einhaltung der Gesetze Gottes**. In der islamischen Schöpfungsgeschichte, die der biblischen sehr ähnlich ist, gilt auch **Adam** als erster Mensch. Zusammen mit seiner Frau **Eva** übertrat er zwar das göttliche Gebot, wodurch beide ihre paradiesische Unschuld verloren und lernten, Gut und Böse zu unterscheiden. Gott als der Barmherzige verzieh aber den Menschen. Daher soll auch der Mensch anderen Menschen immer wieder verzeihen. Dem Islam ist somit die **Vorstellung einer angeborenen Sündhaftigkeit des Menschen fremd**. Das Böse kommt allein durch die immer wieder aufs Neue erfolgende Abwendung von Gott. Da der Mensch aber fehlbar und der Versuchung ausgesetzt ist, muss er sich in seinem Leben **immer wieder Gott zuwenden**. Um die Menschen zu leiten, sandte Gott eine Reihe von Propheten, unter ihnen Abraham, Mose und auch Jesus. Der letzte in der Reihe der Propheten ist Mohammed, dem Gott seinen endgültigen Willen im Koran offenbarte. Der Mensch ist frei, diesem Willen zu folgen, und insofern selbst für sein Heil verantwortlich. Durch böse Taten schadet er sich selbst. Umkehr und Buße, d. h. die erneute Zuwendung zu Gott und seinen Geboten, können seine Schuld tilgen, denn Gott ist stets der Barmherzige. **Am Ende des Lebens tritt der Mensch vor Gott**, der als Richter im Jüngsten Gericht die Gerechten ins Paradies eintreten lässt, während die Ungläubigen für immer in der Hölle büßen müssen. Die Vorstellung eines reinigenden Fegefeuers ist Muslimen fremd.

→ **Gott im Islam**
vgl. S. 96 f.

Der Islam kennt keine Riten zur Aufnahme in die Glaubensgemeinschaft wie zum Beispiel eine Taufe. Allein das Glaubensbekenntnis markiert die Entscheidung zu Gott. Wer Gott als den Einzigen anerkennt, gilt als Gläubiger („Muslim"). Niemand darf aber zum Glauben gezwungen werden. Dieses Bekenntnis ist verbunden mit der zentralen **Ethik des Islam**, wie sie in den sogenannten **Fünf Säulen** zum Ausdruck kommt: dem Glaubensbekenntnis, dem fünfmaligen Gebet am Tag, dem Geben von Almosen, dem rituellen Fasten während des Monats Ramadan und der Pilgerfahrt nach Mekka.

Zusammenfassung

- Der Mensch ist in der Lage, sich selbst distanziert gegenüberzustehen. Ob ihm dadurch eine Vorrangstellung in der Welt zukommt („Anthropozentrik"), ist umstritten.
- Zwar ist der Mensch von vielfältigen Determinanten unterschiedlich stark beeinflusst, aber er vermag Entscheidungen zu reflektieren und damit zu verantworten.
- Es gibt philosophische Positionen, die die Grausamkeit des Menschen als angeboren betrachten (Hobbes), aber auch als negative Folge des kulturellen Einflusses verstehen (Rousseau).
- Der Mensch ist als soziales Wesen auf die Beziehung zu anderen angewiesen. Beziehungen sind dann tragfähig, wenn sie unmittelbar, dialogisch und nicht zweckgebunden sind (vgl. Dialogphilosophie).
- Als Abbild Gottes kommt dem Menschen eine unveräußerliche Würde zu. Er wird als Schöpfungspartner Gottes angesehen.
- Durch das Hören auf sein Gewissen nimmt der Mensch den Ruf Gottes zu verantwortlichem Handeln wahr. Aus christlicher Sicht kommt dem Gewissen daher eine besonders hohe Autorität zu.
- Der Mensch kann sich bewusst und frei für das Böse entscheiden. Dennoch wird dem Menschen die liebevolle Zuwendung Gottes und seine Gnade zuteil.
- Im Hinduismus bzw. Buddhismus gibt es keine besondere Erklärung für die Herkunft und die Beschaffenheit des Menschen, sondern alle Lebewesen sind einem Kreislauf der Wiedergeburt unterworfen.
- Im Islam hat der Mensch als Geschöpf Gottes eine herausragende Stellung in der Welt. Er wird von Gott erlöst im „Jüngsten Gericht".

Verantwortungsvoll handeln

1 Grundlagen der Ethik

Menschen wollen gut handeln und überlegen seit jeher, unter welchen Gesichtspunkten Handeln als moralisch gut beurteilt werden kann. Mit dieser Frage beschäftigt sich die Ethik (griech. *ethike episteme:* die Wissenschaft von der Sittlichkeit), die ein Teilbereich der Philosophie ist. Ethik ist die **Lehre vom sittlichen Wollen und Handeln**.

Im Bereich der angewandten Ethik wird zwischen **Individualethik** (Frage nach dem Wohl und moralischen Handeln des Einzelnen) und **Sozialethik** unterschieden. Die Sozialethik geht über die persönliche Verantwortung des Einzelnen hinaus und untersucht soziale Verhältnisse, Strukturen, Systeme und Ordnungen. Sie fragt nach der Gerechtigkeit innerhalb einer Gemeinschaft und den gesellschaftlichen Bedingungen für ein gutes Leben.

Grundsätzlich muss die **normative Ethik**, welche selbst moralische Orientierung gibt, von der **deskriptiven Ethik** unterschieden werden. Diese untersucht und beschreibt lediglich die innerhalb einer Gesellschaft vorherrschenden Wertvorstellungen und Normen mit **empirischen** Mitteln.

→ **empirisch** vgl. S. 6

Ethik			
Lehre vom sittlichen Wollen und Handeln			
Individualethik	Sozialethik	deskriptive Ethik	normative Ethik
↓	↓	↓	↓
Worin liegt das Wohl des Einzelnen?	Was trägt zum Wohl der Gesellschaft bei?	Welche Werte und Normen gibt es?	Welche Werte und Normen soll es geben?
moralisches Handeln des Einzelnen	gesellschaftliche Bedingungen für ein gutes Leben und Gerechtigkeit des Sozialen	Beschreibung bestehender ethischer Zusammenhänge	Darstellung ethischer Zusammenhänge mit verbindlichem Charakter

1.1 Werte und Normen in der pluralen Gesellschaft

Im bis dahin größten deutschen Wirtschaftsstrafverfahren, dem sogenannten Mannesmann-Prozess (2004–2006), erklärte der wegen Untreue angeklagte Josef Ackermann im Zusammenhang der Übernahme von Mannesmann durch Vodafone: *Das ist das einzige Land, wo diejenigen, die erfolgreich sind und Werte schaffen, deswegen vor Gericht stehen.* Während die meisten beim Stichwort *Werte* wohl zuerst an moralische Grundeinstellungen denken, zeigt diese Aussage, dass es in unserer

Gesellschaft darüber hinaus Werte anderer Kategorien gibt: ökonomische, religiöse, technische, rechtliche, ästhetische. **Werte** sind das, was in einer Gesellschaft allgemein als wünschenswert und erstrebenswert gilt. Sie bieten, bewusst oder unbewusst, Orientierung für menschliches Handeln. Somit sind Werte ideale Muster, die eine allgemeine Zielorientierung bieten.

Normen (lat. *norma*: das Winkelmaß) sind Handlungsregeln, die helfen, die Werte einer Gesellschaft konkret umzusetzen. Sie erlangen ihre Gültigkeit dadurch, dass sie infolge der Gewissensentscheidung der Einzelnen mehrheitlich akzeptiert werden. Werte und Normen sind immer gesellschaftlich geprägt. Ein Wert kann verschiedene Normen zur Folge haben.

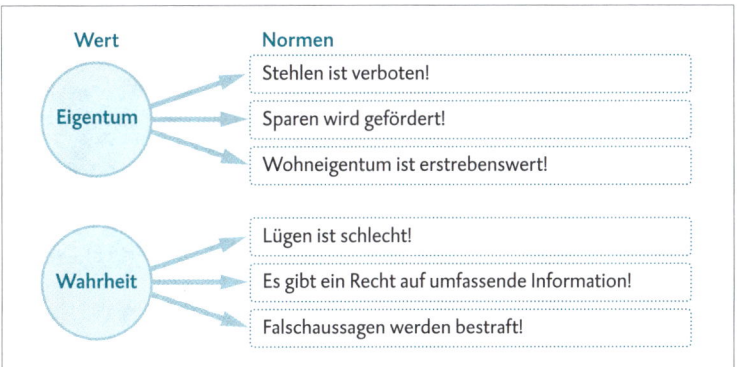

Seit den 1970er-Jahren ist in der westlichen Welt ein vermehrter Wandel von materialistischen (Vermögen und Besitztum) zu postmaterialistischen Werten (Selbstverwirklichung und Kommunikation) zu beobachten. Religionen, Weltanschauungen und Ideologien verlieren an Bedeutung. Neue Werte entstehen, während bestehende Werte eine veränderte Rangordnung aufweisen. Konkurrierende Werte existieren nebeneinander. Kritiker sprechen von Werteverfall, Soziologen von einem **Wertewandel**.

Damit gehen eine **Individualisierung** der Gesellschaft sowie die **Pluralisierung** von sozialen Milieus und Lebensstilen einher. Welchen Beruf oder welche Familien- und Beziehungsform man wählt, ist weniger die Folge einer von den Eltern übernommenen und tradierten Lebensweise, sondern vielmehr der individuellen Wahl. Verschiedene Lebensmodelle stehen nebeneinander.

Zu den bekanntesten Untersuchungen des Wertewandels und der Lebenswelten zählt die **Sinus-Milieustudie**, die grundlegende Wert-

Individualisierung: Prozess der Ablösung traditioneller Lebensweisen durch Lebensformen, die stärker von Selbstbestimmung und Selbstverwirklichung geprägt sind

orientierungen ebenso wie Einstellungen zu Arbeit, Familie, Freizeit, Geld und Konsum bei ihrer Analyse berücksichtigt. Sie beschreibt sowohl in der Alters- und Sozialstruktur der Gesellschaft als auch in der **Arbeitswelt** einen Wandel, z. B. in Bezug auf die Arbeitsbedingungen sowie die Erwartungen der Arbeitnehmer.

→ **Berufs- und Arbeitswelt** vgl. S. 201 f.

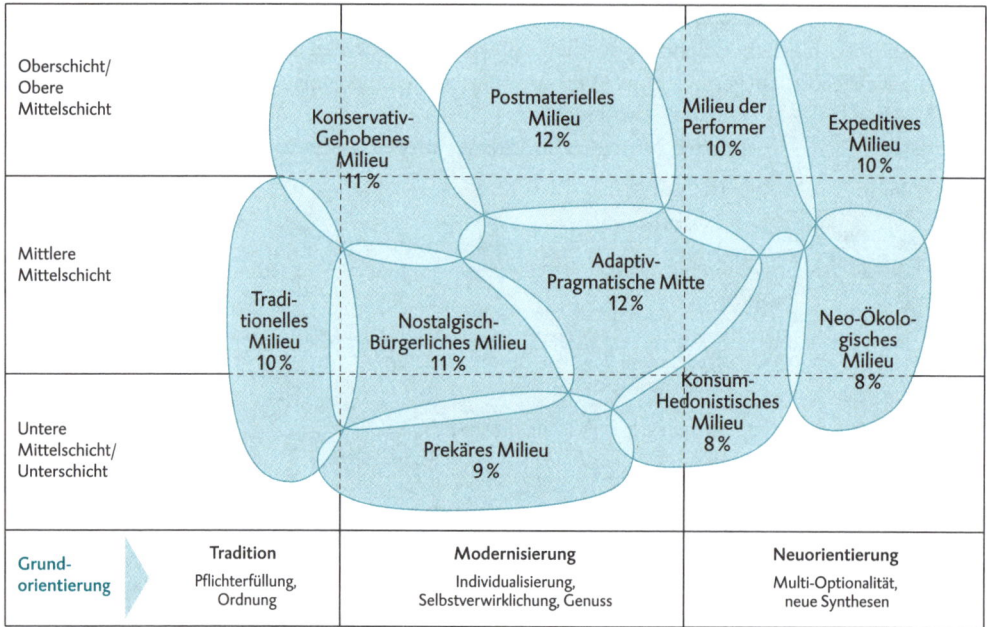

Die Sinus-Milieus in Deutschland 2021
Soziale Lage und Grundorientierung

Im Vergleich zu den ersten Milieu-Studien aus den 1980er-Jahren zeigt sich heute, dass **die Zahl unterschiedlicher Milieus in Deutschland zugenommen** hat. Den Ergebnissen des Sinus-Instituts zufolge ergeben sich dadurch auch **Verschiebungen im gesellschaftlichen Wertesystem**. So stehen gegenwärtig Leistung, Effizienz, Pragmatismus, Nutzenorientierung, Multi-Optionalität und Multitasking im Vordergrund. Andererseits gibt es aber auch eine verstärkte Suche nach Halt und Geborgenheit, Nachhaltigkeit und Entschleunigung. Traditionelle Werte erfahren eine Neuinterpretation. Diesen Befund veranschaulicht die oben abgedruckte Kartoffelgrafik. Sie ermöglicht eine Darstellung der Sinus-Milieus unter Berücksichtigung der sozialen Lage (vertikale Achse) und Grundorientierung bzgl. der Werte (horizontale Achse). Da die einzelnen Milieus als ovale Fläche – einer Kartoffel ähnlich – abgebildet werden, spricht man von einer Kartoffelgrafik.

In der unteren und mittleren Mittelschicht der Gesellschaft finden sich neben der bürgerlichen Mitte und dem hedonistischen Milieu vor allem Angehörige des **traditionellen Milieus**. Diese gehören zu der um Sicherheit und Ordnung bemühten Kriegs- und Nachkriegsgeneration, die sich durch Sparsamkeit und Anpassungsfähigkeit an die Notwendigkeiten auszeichnet und eine traditionelle Arbeitskultur schätzt. Das **Milieu der Performer** orientiert sich hingegen an einem global-ökonomischen Denken. Menschen, die dieser Gruppe zugeordnet werden, haben eine hohe IT- und Medienkompetenz und prägen durch ihr Vorbild das Konsumverhalten und den Lebensstil vieler. Man bezeichnet sie als „multi-optionale und effizienzorientierte Leistungselite". Erwartungen der Leistungsgesellschaft lehnen die **Hedonisten** ab. Für sie zählt das Leben im Hier und Jetzt. Sie sind die spaß- und erlebnisorientierte moderne Unter- und untere Mittelschicht.

Diese wenigen Beispiele zeigen, dass wir in einer immer **pluraler werdenden Gesellschaft** mit vielfältigen parallelen Wertesystemen leben. Ist es in einer solchen Gesellschaft überhaupt noch notwendig und möglich, einen Normenkonsens zu finden? Genügt es nicht, dem eigenen Gewissen zu folgen?

Pluralismus: Begriff zur Beschreibung der Vielgestaltigkeit gesellschaftlicher Phänomene

---

info

Normen ...
- ... bilden die Voraussetzung für ein gesellschaftliches Zusammenleben, indem sie einen Minimalkonsens herstellen.
- ... geben dem Menschen Orientierung, die ihm hilft, sein Leben im sozialen Zusammenhang zu gestalten.
- ... ermöglichen die Identifizierung des Individuums mit sozialen Gruppen und somit eine Stärkung der Ich-Identität.
- ... entlasten den Menschen, da er nicht permanent zwischen „gut" und „böse" abwägen muss.
- ... dienen der Stabilität sozialer Systeme, da sie menschliches Handeln in gewissem Maße absehbar machen.
- ... schützen durch verbindliche Festlegungen die Freiheit des Einzelnen vor willkürlichem Handeln anderer.
- ... befriedigen das Bedürfnis des Menschen, dass seine Gewissensentscheidung auch objektiv gültig ist.

1.2 Formen von Normbegründung

Wenn es für eine Gesellschaft nun sinnvoll ist, sich Normen zu geben, muss sie in ihrem Meinungsbildungsprozess zwischen verschiedenen Handlungsvorschriften abwägen. Dabei wird sie sich für eines der beiden großen Beurteilungsprinzipien entscheiden:

- **Teleologisches Prinzip** (gr. *télos:* Zweck, Ziel, Folge)/Konsequenzprinzip: Bei diesem Beurteilungsprinzip wird ausschließlich danach gefragt, ob mit einer Handlung gute oder schlechte Folgen verbunden sind. Vertreter dieser Form der Normbegründung würden dem Sprichwort „Der Zweck heiligt die Mittel" daher voll zustimmen. Eine Norm wird nach dem teleologischen Prinzip danach beurteilt, ob mit ihr ein **gutes oder schlechtes Ziel** erreicht werden kann.
- **Deontologisches Prinzip** (gr. *déon:* man soll, man muss): Es wird davon ausgegangen, dass es an sich schlechte Handlungen gibt, die durch keinen Zweck gerechtfertigt werden können. Vertreter dieser Form der Normbegründung werden dem Ausspruch „Der Zweck heiligt die Mittel" daher nicht zustimmen. Bei der deontologischen Normbegründung wird also danach gefragt, ob eine **Norm** (bzw. die durch sie geforderte Handlung) „**an sich**" gut ist.

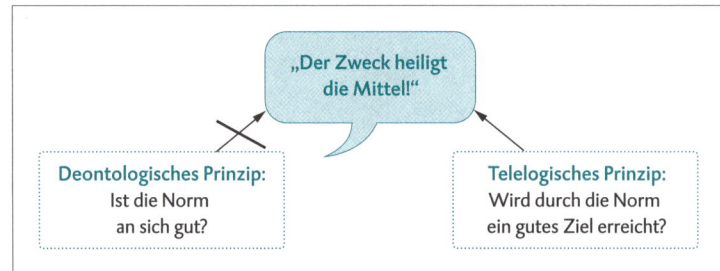

Daneben gibt es weitere Beurteilungsprinzipien, die zur Prüfung von Normen herangezogen werden können:

- **Naturrecht** (lat. *ius naturale*): Als Quelle des Naturrechts werden die göttliche Schöpfung, der göttliche Weltgeist, naturwissenschaftliche Gegebenheiten, die menschliche Erkenntnis und das menschliche Gewissen verstanden. Dabei wird **vom „Sein" auf das „Sollen"** geschlossen. Dies geschieht unter der Voraussetzung, dass das „Sein" selbst sinnvoll und nicht chaotisch ist und dass es möglich ist, das „Sein" zu erkennen und daraus Schlüsse auf das „Sollen" zu ziehen. Diesem Ansatz liegt die Vorstellung zugrunde, dass der Mensch die natürliche Ordnung, ihre Sinnhaftigkeit und ihre Zielrichtung aufgrund seiner gottgegebenen Vernunft ebenso wie das hinter dem „Sein" der Dinge verborgene natürliche Sittengesetz (Gesamtheit der ethischen Normen, die vom Menschen erkannt werden können) ergründen kann. Unter dem Stichwort „Sein-Sollen-Fehlschluss" (David Hume, 1711–1776) oder „naturalistischer Fehlschluss" (George E. Moore, 1873–1958) haben Kritiker auf die Probleme hingewiesen, die eine Ableitung des „Sollens" aus dem „Sein" mit sich bringen kann. Nicht alles, was ist, muss auch gut sein.

- **Rechtspositivismus** (lat. *positum:* gesetzt, gestellt): Darunter versteht man positives Recht, also faktisch gegebenes, vom Menschen festgelegtes und **geltendes Recht**. Der Rechtspositivismus entwickelte sich im 19. Jahrhundert in Abgrenzung zum Naturrecht bzw. der Vorstellung einer von Gott gegebenen Ethik. Gut ist hiernach, was Teil des bestehenden Rechtssystems ist. Kritiker führen Beispiele an, bei denen Verbrechen gegen die Menschenwürde begangen wurden, die mit dem aktuellen Recht eines Landes übereinstimmten (z. B. Verbrechen des NS-Regimes, Vorgehen der Stasi in der DDR).

- **Hedonismus** (gr. *hedone:* Lust): Bereits Aristipp (ca. 435–355 v. Chr.) und Epikur (341–271 v. Chr.) verstanden die Lust bzw. Lebensfreude als das höchste Gut und als den Wert, an dem sich das menschliche Verhalten orientieren soll. Das sittliche Handeln ist somit darauf ausgerichtet, das **persönliche Wohlsein** zu erhalten und Unlust zu vermeiden. Für Epikur bestehen Lust und Glück in der Abwesenheit von Schmerz und ungestillter körperlicher Begierde (Aponie) sowie der Abwesenheit von seelischer Unruhe (Ataraxie). Nach diesem Ethos ist die Tugend nicht um ihrer selbst willen erstrebenswert, sondern nur, insofern sie dem Menschen dazu verhelfen kann, ein lustvolles Leben zu führen. Es gilt folglich der Grundsatz, im Sinne des maximalen persönlichen Vorteils bzw. des Lustgewinns zu handeln.

Art der Normbegründung	Grundfrage
Teleologisches Prinzip	Wird durch die Norm ein gutes Ziel erreicht?
Deontologisches Prinzip	Ist die Norm an sich gut?
Naturrecht	Stimmt die Norm mit dem überein, was natürlich gegeben ist?
Rechtspositivismus	Ist die Norm Teil des bestehenden Rechtssystems?
Hedonismus	Fördert die Norm die persönliche Lebensfreude?

1.3 Grundtypen ethischer Argumentation

Auf deontologische und teleologische Begründungen stützen sich die meisten Grundtypen ethischer Argumentation. Bei diesen Grundtypen wird nicht allein der Frage nachgegangen, wie einzelne Normen begründet werden können, sondern auf welcher argumentativen Grundlage ethische Entscheidungen gefällt werden. Auch in diesem Fall gibt es verschiedene Modelle bei der ethischen Entscheidungsfindung.

Deontologische Argumentation: Pflichtethik nach Immanuel Kant

In seiner Abhandlung „Kritik der praktischen Vernunft" (1788) stellt Immanuel Kant die grundlegende Frage: Was soll ich tun?

Mit dieser Frage ist der sittliche Anspruch verbunden, sich für das Gute zu entscheiden. Ein wesentliches Kennzeichen des Menschen sieht Kant darin, dass er im Gegensatz zum Tier bewusst und aufgrund einer freien Entscheidung das Gute tun kann. Gut ist eine Handlung nach Ansicht des Königsberger Philosophen dann, wenn der inneren Pflicht Folge geleistet wird, das **natürliche Sittengesetz** zu erfüllen. Das bedeutet, dass nicht individuelles Glück, die Umstände oder die Folgen einer Entscheidung eine Rolle spielen, sondern allein die pflichtgemäße Erfüllung eines sittlichen Anspruchs. Ganz im Zeichen der Aufklärung weist Kant der Vernunft hierbei die entscheidende Rolle zu: Durch die **Vernunft** hat der Mensch Einblick in das Sittengesetz und weiß, was moralisch geboten bzw. verboten ist. Diesem Ansatz zufolge gibt sich der Mensch das Gesetz gleichsam aus sich heraus, aus innerer Überzeugung und Einsicht. Der Mensch kennt also ein moralisches Prinzip, das ihm nicht von außen gegeben (heteronom), sondern durch seine Vernunft vor aller Erfahrung (a priori) zugänglich ist. Dieses moralische Prinzip bringt Kant im **„kategorischen Imperativ"** auf folgende Formel:

„Handle so, dass die Maxime deines Willens jederzeit zugleich als Prinzip einer allgemeinen Gesetzgebung gelten könnte." Die Grundsätze, die man sich selbst gibt (Maximen), sollen dahingehend geprüft werden, ob sie auch als Gesetzgebung für eine Allgemeinheit tauglich wären. Kommt der Mensch in dieser Frage nach einer vernünftigen Überlegung zu einem Ergebnis, hat er die Pflicht, seiner Einsicht zu folgen. Daher wird der Kant'sche Ansatz auch als **Pflichtethik** bezeichnet. Wie sehr Immanuel Kant die Pflicht betont, dem sittlichen Anspruch Folge zu leisten, wird in folgendem Auszug aus seiner „Kritik der praktischen Vernunft" deutlich:

Immanuel Kant (1724–1804) hat zeitlebens seine Heimatstadt Königsberg kaum verlassen, dennoch leitete er mit seinen Arbeiten die Wende zur modernen Philosophie ein.

kategorischer Imperativ: Prüfverfahren zur Unterscheidung von moralisch richtigem und falschem Handeln seitens eines Vernunftwesens

> Pflicht! Du erhabener großer Name, der du nichts Beliebtes, was Einschmeichelung bei sich führt, in dir fassest, sondern Unterwerfung verlangst, […] vor dem alle Neigungen verstummen, wenn sie gleich in Geheim ihm entgegen wirken, welches ist der deiner würdige Ursprung, und wo findet man die Wurzel deiner edlen Abkunft, welche alle Verwandtschaft mit Neigungen stolz ausschlägt, und von welcher Wurzel abzustammen die unnachlässliche Bedingung desjenigen Werts ist, den sich Menschen allein selbst geben können?
> (Immanuel Kant, Kritik der praktischen Vernunft, 1788)

Zitat

Zusammenfassend lässt sich der Ansatz Immanuel Kants zur Bewertung menschlichen Handelns auf folgende Form bringen:
Handlungen sind dann moralisch gut, wenn sie einer an sich guten und der reinen Vernunft einsichtigen Norm folgen.

Teleologische Argumentation: Utilitarismus nach Jeremy Bentham

Jeremy Bentham gilt als Begründer des Utilitarismus (lat. *utile*: nützlich), einer Richtung der philosophischen Ethik, welche versucht, ein relativ griffiges Verfahren zur moralischen Beurteilung von Normen und Handlungen anzubieten. Dabei geht der englische Philosoph von der Beobachtung aus, dass alle Menschen **nach Glück streben**. Auf dieser Grundlage entwirft er eine Ethik, die menschliches Handeln nicht danach beurteilt, ob eine Handlung an sich gut oder schlecht ist, sondern ob die Folgen einer Handlung für eine Person oder auch Gruppen gut oder schlecht sind. Bentham bringt diesen Ansatz wie folgt zum Ausdruck: *Die Natur hat die Menschen unter die Herrschaft zweier souveräner Gebieter – Leid und Freud – gestellt. Es ist an ihnen allein aufzuzeigen, was wir tun sollen.* Im Anschluss an die Überlegungen Benthams kommen folgende vier Prinzipien zur Anwendung:

Jeremy Bentham (1748–1832), englischer Philosoph und Jurist, gilt als Begründer des Utilitarismus.

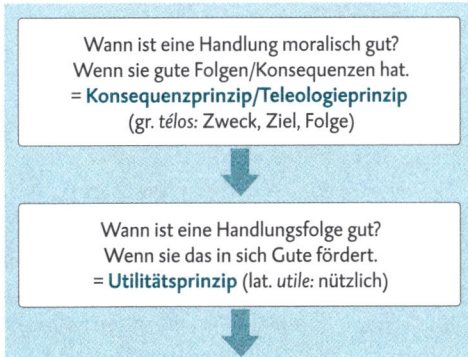

> Wann wird das in sich Gute gefördert?
> Wenn Lust, Freude, Glück (= menschliche Bedürfnisse) vermehrt und Unlust vermieden wird.
> = **Hedonismusprinzip** (gr. *hedone*: Freude, Vergnügen, Lust, Genuss, sinnliche Begierde)

> Wie ist Glück zu bestimmen?
> Als das größtmögliche Glück der größtmöglichen Anzahl von Menschen bzw. größtmögliche Leidensverminderung (= größtmögliche soziale Nutzensumme/größtmöglicher Durchschnittsnutzen)
> = **Sozialprinzip** (lat. *socialis*: die Gesellschaft betreffend)

Handlungen sind dann moralisch gut, wenn ihre Folgen ein größtmögliches Glück für möglichst viele Menschen bedeuten bzw. größtmögliches Unglück verhindert wird.

Verantwortungsethik nach Hans Jonas

In seinem 1979 veröffentlichten Werk „Das Prinzip Verantwortung" legt **Hans Jonas** (1903–1993) dar, wie menschliches Handeln angesichts neuer Handlungsspielräume durch den technischen Fortschritt gelingen kann.

Die Lebenssituation in unserer stark technisierten Welt ist mit der vergangener Generationen kaum vergleichbar. Wissenschaft und Technik unterliegen einem ununterbrochenen Fortschritt, betreten ständig Neuland und haben immense Folgen für Mensch und Natur. Dieser neuen Herausforderung können traditionelle ethische Positionen, die Jonas als „**Nahethik**" versteht, allein nicht ausreichend begegnen. Vielmehr müsse **Pflichtethik und Folgenkalkül** (Utilitarismus) zusammengebracht werden. Dies sei besonders deshalb wichtig, da menschliches Handeln nicht mehr nur Folgen für die gegenwärtige Menschheit und Natur hat, sondern territorial und zeitlich weit darüber hinausgeht. Der Verantwortungsbegriff muss daher von der gegenwärtigen Generation auf eine Menschheit und Natur ausgeweitet werden, zu denen kein direktes Verhältnis besteht (z. B. künftige Generationen). Jonas zufolge muss ein neuer kategorischer Imperativ im Sinne einer „**Fern- oder Zukunftsethik**" heißen: *Handle so, dass die Wirkungen deiner Handlung nicht zerstörerisch sind für die künftige Möglichkeit solchen Lebens.*

Dabei ist der Eigenwert jedes Lebens ein Wert an sich selbst. Konkret fordert Jonas z. B. mögliche Folgewirkungen für alles derzeitige und zukünftige Leben vor der Einführung neuer Technologien zu überprüfen. Zwar räumt er ein, dass die Folgen von Handlungen in einer Zukunft, die mehrere Generationen entfernt liegt, nicht genau abzusehen sind. In diesem Fall plädiert er aber dafür, sich im Zweifel für die Unheilsprognose zu entscheiden. Demzufolge soll auf eine technische Neuerung verzichtet werden, sobald ihr das Potenzial zur Gefährdung der Zukunft innewohnt.

Jonas verbindet mit seiner Forderung nach mehr Verantwortung den deontologischen Ansatz (Selbstzweck jedes Lebens) mit der teleologischen Forderung, die Folgen einer Handlung über räumliche und zeitliche Grenzen hinweg zu betrachten.

Handlungen sind dann moralisch gut, wenn Verantwortung für jedes gegenwärtige und zukünftige Leben übernommen wird.

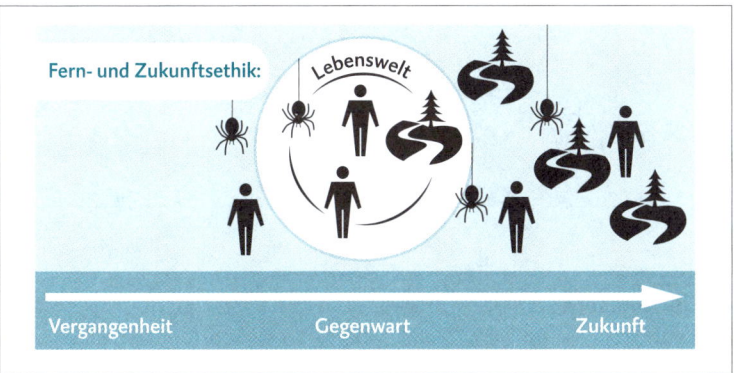

Ansätze zur ethischen Argumentation in der Diskussion

Ethischer Ansatz	Chancen des Ansatzes	Offene Fragen
Pflichtethik	• Unverzichtbare Werte, wie die menschliche Würde, sind auch in der offenen Gesellschaft nicht verhandelbar. • Optimistisches Menschenbild als Ausgangspunkt: Der Mensch ist als Vernunftwesen in der Lage, zu erkennen, was gut ist.	• Greift die Bewertung von Handlungen allein auf Basis eines Sittengesetzes und ohne Sicht auf die Folgen einer Handlung oder die innere Haltung einer Person nicht zu kurz? • Wird der Anspruch, so zu handeln, dass das eigene Tun als Vorbild einer allgemeinen Gesetzgebung (kategorischer Imperativ) gelten kann, dem Individuum gerecht?

Ethischer Ansatz	Chancen des Ansatzes	Offene Fragen
Utilitarismus	• Utilitaristische Ethik ist letztlich auf die Förderung des Glücks des Menschen ausgerichtet. • Dadurch dass jeweils die Folgen einer Handlung in den Blick genommen werden, erweist sich der utilitaristische Ansatz als flexibel.	• Ist die Bewertung der Folge einer Handlung nicht abhängig vom jeweiligen Standpunkt? • Gibt es nicht Handlungen, die man nicht allein auf den Nutzen reduzieren darf? • Lässt sich der Wert von Freude und Glück exakt messen?
Verantwortungsethik	• In einer Welt, in der der Mensch seine Umwelt durch Technik tiefgreifend verändert, muss an langfristige Folgen gedacht werden. • Diese Form der Ethik beurteilt Handeln sowohl in Anbetracht der Folgen (teleologisch) als auch in Auseinandersetzung mit vorgegebenen Werten (deontologisch).	• Wie praxistauglich ist eine Ethik, die ein außerordentlich hohes Maß an Reflexion erfordert? • Liegen in der Gegenwart ausreichend Informationen vor, um weit entfernte Folgen absehen zu können?

Weitere Formen ethischer Argumentation

Gesinnungsethik: „Das Gegenteil von gut ist gut gemeint." Ein Vertreter der Gesinnungsethik würde dem Sprichwort nicht zustimmen. Dieser Form der ethischen Argumentation zufolge hängt die moralische Qualität einer Handlung allein von der Gesinnung (Absicht) ab, die das konkrete Tun motiviert. Das tatsächliche Ergebnis der Handlung ist für die ethische Beurteilung nicht relevant. Die Gesinnungsethik geht – gemäß dem deontologischen Ansatz – davon aus, dass es Handlungen gibt, die situationsunabhängig gut oder schlecht sind. Mithilfe der Vernunft und des Gewissens kann der Mensch diese Unterscheidung treffen. Sein Handeln soll er allein an dieser **inneren Überzeugung**, seiner Gesinnung, orientieren.

Gesetzesethik: Bei der Gesetzesethik wird vorausgesetzt, dass eine Gemeinschaft einen ethischen Konsens bereits gefunden hat und Maßstäbe moralischer Orientierung bestehen. Anhänger dieser Form der Ethik sehen ihre Aufgabe darin, das **vom Gesetz Geforderte** umzusetzen. Der Einzelne muss nicht immer wieder neu Gut und Böse abwägen. Allerdings kann dem Einzelfall aufgrund des allgemeinverbindlichen und abstrakten Charakters von Gesetzen nicht immer Genüge geleistet werden. Zudem entstehen durch gegenwärtige und zukünftige Entwicklungen Grauzonen, die aus rechtlicher Sicht mit Unsicherheiten verbunden sind.

2 Leitlinien christlicher Ethik

Philosophische Überlegungen spielen auch für die Entwicklung einer christlichen Ethik eine maßgebliche Rolle. Das Fundament für ethisches Handeln im christlichen Sinn bildet jedoch die Bibel und das darin bezeugte Bild eines gütigen und gerechten Gottes. Im Alten Testament sind es vor allem **prophetische Einzelgestalten**, die von ihren Zeitgenossen angesichts sozialer oder kultischer Missstände den Mut zur Umkehr fordern. Daneben rufen die im **Dekalog** formulierten Weisungen dazu auf, die von Gott geschenkte Freiheit positiv zu gebrauchen. Im Neuen Testament erinnert **Jesus** die Hörer seiner Botschaft an den engen Zusammenhang von Gottes- und Nächstenliebe und setzt bei seinen Forderungen in der Bergpredigt neue Akzente.

→ **Bergpredigt** vgl. S. 112, 116 ff.

2.1 Biblische Grundlagen

Prophetische Kult- und Sozialkritik

Propheten sind Mahner angesichts gesellschaftlicher Missstände und Deuter ihrer Zeit. Die Propheten des Alten Testaments protestieren gegen Götzendienst und vielfältige Formen von ungerechtem Handeln, besonders gegenüber Armen, Witwen, Waisen und Fremden. Sie erinnern an den Bund zwischen Jahwe und seinem Volk und üben in ihren Predigten **Kult- und Sozialkritik**. Die alttestamentlichen Propheten verstehen sich als **Sprachrohr Gottes**, indem sie durch Zeichenhandlungen und mit Wortgewalt, Drohungen und Verheißungen, das **bevorstehende Gericht** bzw. das nahende Friedensreich verkünden. Sie rufen zur Umkehr auf und fordern das Volk Israel dazu auf, sein Handeln auf das kommende Friedensreich auszurichten.

Propheten: Die Prophetenbücher des Alten Testaments gliedern sich in die vier großen Propheten (Jesaja, Jeremia, Ezechiel, Daniel) und die zwölf kleinen Propheten (Hosea, Joel, Amos, Obadja, Jona, Micha, Nahum, Habakuk, Zefanja, Haggai, Sacharja, Maleachi).

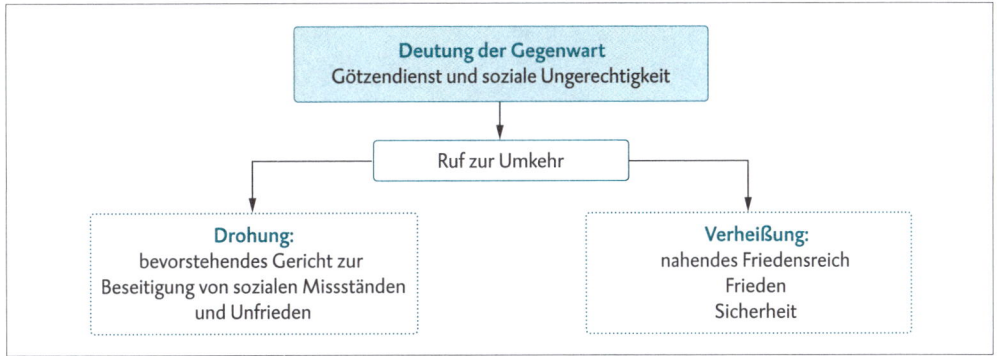

→ **Amos** vgl. S. 253 f.

Besonders eng ist die Verbindung von Kult- und Sozialkritik beim Propheten **Amos:**

Zitat

> **21** Ich hasse eure Feste, ich verabscheue sie und kann eure Feiern nicht riechen. **22** Wenn ihr mir Brandopfer darbringt, ich habe kein Gefallen an euren Gaben und eure fetten Heilsopfer will ich nicht sehen. **23** Weg mit dem Lärm deiner Lieder! Dein Harfenspiel will ich nicht hören, **24** sondern das Recht ströme wie Wasser, die Gerechtigkeit wie ein nie versiegender Bach.
> (Am 5,21–24)

Dekalog und Doppelgebot der Liebe Jesu

Kult- und Sozialkritik finden sich auch im **Dekalog** (griech. „Zehnwort"). Dieser ist eine Art „Grundgesetz" des Bundes zwischen Gott und den Menschen sowie **Höhepunkt und Lebenshilfe auf dem Weg der Israeliten in die Freiheit.** Das Alte Testament überliefert ihn an zwei Stellen (Ex 20,1–17; Dtn 5,6–21). Nach der heilsgeschichtlichen Einordnung und Einleitung (*Ich bin Jahwe, dein Gott, der dich aus Ägypten geführt hat, aus dem Sklavenhaus*, Ex 20,2) folgen drei Gebote, die sich auf das Verhältnis zwischen Gott und den Menschen beziehen und als Kultkritik verstanden werden können. Die darauffolgenden sieben Gebote regeln das zwischenmenschliche Zusammenleben. Im polytheistischen Umfeld wird der Dekalog für das Volk Israel identitätsstiftend und zugleich Grundlage für eine **exklusive Gottesbeziehung, ein friedliches Zusammenleben und ein Leben in Freiheit.**

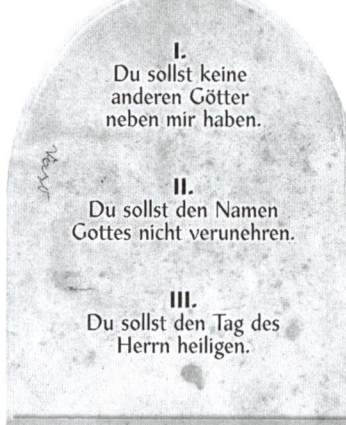

Die Zehn Gebote nach katholischer Zählung

Daher behält der Dekalog auch im Neuen Testament seine Gültigkeit: *Welches Gebot ist das erste von allen?* (Mk 12,28), wird Jesus gefragt und zugleich auf die Probe gestellt. Sein Verweis auf die **Gottes- und Nächstenliebe** greift noch einmal die Botschaft des Dekalogs auf: Gottesliebe (1.–3. Gebot) und Nächstenliebe (4.–10. Gebot) gehören wie zwei Seiten einer Medaille zusammen. Denn die Liebe Gottes geht der Liebe des Menschen schon immer voraus und ermöglicht diese. Implizit ist mit den Worten Jesu auch der Anspruch zur Selbstliebe verbunden. Das Gebot, den Nächsten zu lieben wie sich selbst, kann nur derjenige positiv umsetzen, der sich selbst annimmt.

---

info

PROPHETEN:
Kultkritik: Die Verehrung Gottes läuft dann ins Leere, wenn mit ihr nicht ein entsprechendes Verhalten, auch gegenüber den Mitmenschen, einhergeht.

Sozialkritik: Die Kritik an sozialen Missständen zielt darauf ab, Benachteiligte bzw. Randgruppen zu stärken und die Verantwortlichen zur Umkehr zu bewegen.

DEKALOG:
Freiheit von: Gott ist der Befreier von Knechtschaft und Sklaverei.

Freiheit zu: Die Ehrfurcht vor Gott (Gebote 1–3) und das Wohl der Mitmenschen (Gebote 4–10) sind die Antwort auf die von Gott geschenkte Freiheit.

DOPPELGEBOT (Jesus):
Gottesliebe: 29 Jesus antwortete: Das erste ist: Höre, Israel, der Herr, unser Gott, ist der einzige Herr. **30** Darum sollst du den Herrn, deinen Gott, lieben mit ganzem Herzen und ganzer Seele, mit all deinen Gedanken und all deiner Kraft. (Mk 12,29 f.)

Nächstenliebe: 31 Als Zweites kommt hinzu: Du sollst deinen Nächsten lieben wie dich selbst. Kein anderes Gebot ist größer als diese beiden. (Mk 12,31)

Anspruch der Bergpredigt

Mit seiner Antwort auf die Frage nach dem wichtigsten Gebot zeigt Jesus, dass er in der Tradition des Alten Testaments und dessen Ethik steht, sie aber neu akzentuiert. Die Bergpredigt (Mt 5,1–7,29) fasst die Ethik Jesu programmatisch zusammen und macht deutlich: Im Unterschied zum Alten Testament geht es um ein **Ethos der individuellen Praxis** und nicht der sozialen Verhältnisse. Jesus fordert keine struk-

Ethos: griech. *ethos* = Gewohnheit/Charakter; die Gesinnung einer Person, Gemeinschaft oder sozialen (Berufs-)Gruppe

turelle Neuordnung der Gesellschaft, sondern persönliche Umkehr und die Orientierung am Wohl des Nächsten.

Mit der Eröffnung der Bergpredigt durch eine Reihe von **Seligpreisungen** (Mt 5,3–12) wird eine Umkehrung der bisherigen Werte der eigentlichen Rede vorangestellt: Wer bisher gesellschaftlich wenig galt, zählt nun zu den Auserwählten des Reiches Gottes. Gerade denjenigen, die nach der Vorstellung des Alten Israel nicht mit dem göttlichen Heil rechnen durften, verspricht Jesus die Nähe Gottes:

Zitat

> 3 Selig, die arm sind vor Gott; denn ihnen gehört das Himmelreich.
>
> 4 Selig die Trauernden; denn sie werden getröstet werden.
>
> 5 Selig, die Sanftmütigen; denn sie werden das Land erben.
>
> 6 Selig, die hungern und dürsten nach der Gerechtigkeit; denn sie werden gesättigt werden.
>
> (Mt 5,3 ff.)

→ **Heilsindikativ und -imperativ** vgl. S. 113

In den Seligpreisungen kommt die grundsätzliche Annahme des Menschen durch Gott, und zwar unabhängig von den menschlichen Verdiensten, zum Ausdruck **(Indikativ der Heilszusage)**. Sie stehen allen ethischen Ansprüchen Jesu voran und ermöglichen dem Menschen erst deren Erfüllung **(Imperativ der Heilszusage)**. Nur weil der Mensch die bedingungslose Annahme Gottes erfährt, kann er nach dessen Maßstäben ethisch handeln.

Zitat

> 21 Ihr habt gehört, dass zu den Alten gesagt worden ist: Du sollst nicht töten; wer aber jemanden tötet, soll dem Gericht verfallen sein. 22 Ich aber sage euch: Jeder, der seinem Bruder auch nur zürnt, soll dem Gericht verfallen sein; und wer zu seinem Bruder sagt: Du Dummkopf!, soll dem Spruch des Hohen Rates verfallen sein; wer aber zu ihm sagt: Du (gottloser) Narr!, soll dem Feuer der Hölle verfallen sein.
>
> (Mt 5,21 f.)

Wenn Jesus hier explizit auf Handlungsnormen des Alten Testamentes Bezug nimmt und ihnen *Ich aber sage euch...* entgegensetzt *(Antithesen)*, handelt es sich bei genauerem Hinsehen nicht um einen Widerspruch. Vielmehr geht es um eine Weiterführung und **Vertiefung der Gebote der Tora** bezüglich folgender Themenfelder: Töten (vgl. Mt 5,21–26), Ehebruch (vgl. Mt 5,27–30), Ehescheidung (vgl. Mt 5,31 f.), Schwören (vgl. Mt 5,33–37), Verzicht auf Gewalt (vgl.

Mt 5,38–42) und Feindesliebe (vgl. Mt 5,43–48). Jesus hebt z. B. das Mordverbot nicht auf, sondern verweist durch seine Vertiefung auf die Wurzel der Tötungsabsicht: die lieblose Grundhaltung gegenüber einem Menschen. Jesus setzt dem strengen Gesetzesgehorsam, wie er in Teilen des Judentums seiner Zeit gefordert wurde, ein **Handeln aus innerer Überzeugung** entgegen und gibt dadurch dem ethischen Handeln eine neue Dimension.

Als logische Konsequenz wird der Einzelne im Bild der zwei Wege (vgl. Mt 7,13–27) abschließend aufgefordert, sich zu entscheiden. Der Mensch muss wählen zwischen einem bequemen Weg, der jedoch ins Verderben führt, und einem schmalen Weg, der Leben verspricht. Letzterem zu folgen, bedeutet, durch sein Handeln auf die bedingungslose Annahme Gottes zu antworten.

Das Verhältnis von Zuspruch und Anspruch in der Bergpredigt		
Seligpreisungen	Umwertung, bedingungslose Grundannahme (Indikativ)	Mt 5,3–12
	↓	
Neue Werteordnung	Kernstück: ANTITHESEN	Mt 5,21–48
	↓	
Entscheidung des Einzelnen	zwei Wege (Imperativ)	Mt 7,13–27

2.2 Ethische Modelle aus der christlichen Tradition

Die katholische Soziallehre

Ein zentrales Element der katholischen Soziallehre bilden die sog. Sozialprinzipien. Darunter versteht man Grundsätze, die **Maßstäbe für die ethische Beurteilung** bestimmter Entwicklungen und für die **Gestaltung gesellschaftlicher Ordnungen** formulieren. Sie tragen dazu bei, Grundzüge des christlich-biblischen Menschenbildes in einer dynamischen und offenen Gesellschaft zu verwirklichen. Die Prinzipien sind das Ergebnis eines längeren Reflexionsprozesses, der bis heute andauert. Ihren geschichtlichen Ursprung haben die Sozialprinzipien im 19. Jahrhundert, als die „Soziale Frage" angesichts der negativen gesellschaftlichen Folgen der Industrialisierung virulent wurde. Folgende Begriffe haben sich für die Bezeichnung der Sozialprinzipien eingebürgert: **Personalität, Solidarität, Subsidiarität, Gemeinwohl** und **Nachhaltigkeit**.

Soziale Frage: Schlagwort für die sozialen Probleme infolge der Industrialisierung, z. B. Armut, fehlende soziale Absicherung und elende Wohnverhältnisse

→ Mensch als **Abbild Gottes:** vgl. S. 148 f., 152

Seinsprinzip/ Sollensprinzip: Zum Menschsein gehört die Ausrichtung auf die Gesellschaft. Erst so kann der Mensch seine Anlagen voll entfalten (=Seinsprinzip), wobei jeder auch Verantwortung für andere hat (=Sollensprinzip).

Enzyklika: päpstliches Lehr- und Rundschreiben an alle Gläubigen

Das übergeordnete Sozialprinzip fasst man unter den Begriff der **Personalität**. Im theologischen Kontext sind die biblischen Schöpfungsgeschichten (vgl. Gen 1,1–2,25) eine wichtige Quelle für den Personenbegriff: Der Mensch ist als **Abbild Gottes** geschaffen und dadurch mit **unantastbarer Würde** ausgestattet. Im Gegensatz zu seinen Mitgeschöpfen ist der Mensch ein Vernunftwesen. Ihm wird zugesprochen, dass er mithilfe der Vernunft die Natur gestalten und somit Kultur schaffen kann. Das Prinzip der Personalität besagt hierbei, dass der **Mensch bei der Gestaltung einer Gesellschaftsordnung im Mittelpunkt** steht und die Rechte jedes Einzelnen vonseiten des Staates und der Gesellschaft gewahrt werden müssen.

Das **Solidaritätsprinzip** berücksichtigt, dass der Mensch nicht nur ein Individuum, sondern auch ein Gemeinschaftswesen ist. Er kann erst in der Ausrichtung auf die Gesellschaft seine Anlagen voll entfalten. Deshalb spricht man auch von einem **Seinsprinzip**. Ein Mensch wird also nur in der Kombination von Individualität und Sozialität zum Menschen, da er sich allein im wechselseitigen Austausch und in der Beziehung zu anderen entfalten und verwirklichen kann. Somit ist auch das Wohl des Einzelnen immer mit dem **Wohl der Gemeinschaft** verbunden. Das Solidaritätsprinzip bedeutet demnach, dass aufgrund der Zuordnung von Person und Gemeinschaft das Wohl des Einzelnen nie vom Wohl der Gemeinschaft losgelöst betrachtet werden kann. Es ist eine sittliche Verpflichtung des Menschen, sich entsprechend seiner **sozialen Natur** zu verhalten und Verantwortung für andere zu übernehmen: Jeder hat Verantwortung für andere **(Sollensprinzip)** und die Gemeinschaft hat Verantwortung für das Wohl des Einzelnen. Konkret wird Solidarität heute unter anderem im Engagement der kirchlichen Hilfswerke deutlich.

Auch das Prinzip der **Subsidiarität** (lat. *subsidium:* Hilfe, Beistand, Hilfestellung) bezieht sich auf das Leben in der Gemeinschaft. Der aus der römischen Militärsprache stammende Begriff bedeutete ursprünglich Hilfe aus der Reservestellung. Damit waren jene militärischen Kräfte in der römischen Armee gemeint, die als Reserve hinter der Front bereitstehen, um im Notfall in die Schlacht eingreifen zu können. Nach dem Subsidiaritätsprinzip soll die Gemeinschaft ihren Gliedern sinnvolle Hilfe anbieten, wenn es notwendig ist, ohne dabei deren Eigeninitiative zu schmälern. Erstmals wird dieser Gedanke innerhalb der **Enzyklika** „Quadragesimo Anno" (1931) formuliert und bezieht sich auf die großen gesellschaftlichen Umbrüche zu Beginn des 20. Jahrhunderts. Die grundlegenden Ideen gehen jedoch schon auf das Mittelalter zurück. Das Subsidiaritätsprinzip ist auch Teil unseres

Staates geworden: Der Bund übernimmt diejenigen Aufgaben, die sinnvollerweise nicht auf Länder- oder Kommunalebene bewältigt werden können. Konkret findet das Prinzip zum Beispiel Anwendung, wenn es um Erziehungsaufgaben geht. So übernehmen Jugendämter erst die Aufgabe, für das Wohl von Kindern zu sorgen, wenn Eltern damit überfordert sind. Das Subsidiaritätsprinzip **regelt** also **die Zuständigkeiten**. Im Sinne der Zuweisung wird beispielsweise die Erziehungsaufgabe den Eltern zugesprochen. Das Jugendamt hat nicht das Recht, eigene Vorstellungen auf diese familiäre Struktur zu übertragen und Verantwortlichkeiten an sich zu ziehen. Hier greift das **Kompetenzanmaßungsverbot**. Wenn jedoch die Familie nicht mehr in der Lage ist, die angemessene Versorgung und Erziehung der Kinder sicherzustellen, dann greift das Subsidiaritätsprinzip. Das Jugendamt hat dann die Pflicht, ersatzweise oder unterstützend, meist nur für einen bestimmten Zeitraum, die Erziehungsaufgabe subsidiär zu übernehmen. Die Zielperspektive ist, die betroffenen Familien möglichst rasch wieder in einen Zustand zu versetzen, in dem sie diese Unterstützung des Amtes nicht mehr benötigen. Das Subsidiaritätsprinzip beinhaltet also immer **Hilfe zur Selbsthilfe**.

Zitat

> Wie dasjenige, was der Einzelmensch aus eigener Initiative und mit seinen eigenen Kräften leisten kann, ihm nicht entzogen und der Gesellschaftstätigkeit zugewiesen werden darf, so verstößt es gegen die Gerechtigkeit, das, was die kleineren und untergeordneten Gemeinwesen leisten und zum guten Ende führen können, für die weitere und übergeordnete Gemeinschaft in Anspruch zu nehmen.
>
> (Quadragesimo Anno 79)

Solidarität und Subsidiarität geben bereits recht konkrete Leitlinien vor, wie die Entfaltung des Einzelnen in einer gesellschaftlichen Ordnung möglich ist. Das Wohl des Einzelnen kommt jedoch auch der Gemeinschaft zugute. Das Ziel, auch das gemeinschaftliche Wohl zu fördern, wird im **Prinzip des Gemeinwohls** berücksichtigt. Gemeinwohl umfasst die Ganzheit der Bedingungen des gesellschaftlichen Lebens, die sowohl Gruppen als auch einzelnen Mitgliedern eine menschliche Entwicklung ermöglichen. Dabei ist das Gemeinwohl mehr als die Summe der Einzelinteressen. Bei der Bestimmung des Gemeinwohls müssen unabhängig von partikulären Interessen die Werte der Menschenwürde, der Freiheit, der Gerechtigkeit, des Friedens und der Rechtssicherheit betrachtet werden. Alle Mitglieder der Gesellschaft sind verpflichtet, einen Beitrag zum Gemeinwohl zu leisten. Dieses wird durch individuellen oder gruppenspezifischen Egoismus gefährdet.

Zitat

> Das Gemeinwohl aber [ist] die Summe aller jener Bedingungen des gesellschaftlichen Lebens, die den Einzelnen, den Familien und gesellschaftlichen Gruppen ihre eigene Vervollkommnung voller und ungehinderter zu erreichen gestatten.
>
> (Gaudium et spes 74)

In der christlichen Sozialethik bürgert sich zunehmend **Nachhaltigkeit** als weiteres Sozialprinzip ein. Angestoßen wurde dies durch die zweite Weltumweltkonferenz in Rio de Janeiro 1992. Dabei haben sich die beteiligten Staaten auf ein Leitbild der nachhaltigen Entwicklung verpflichtet und diese Vision in der „Agenda 21" konkretisiert. Der Mensch muss mit den Gütern und Ressourcen der Erde so umgehen, dass auch die **Lebens- und Entfaltungsmöglichkeiten zukünftiger Generationen** gesichert sind. Daher gilt es, eine Wirtschaftsweise zu praktizieren, die Erwerb und Wohlstand für die nachfolgenden Generationen ermöglicht. Ein auf Nachhaltigkeit ausgerichtetes Verhalten des Einzelnen fordert partizipative gesellschaftliche Strukturen, die die Menschen zu Solidarität gegenüber künftigen Generationen und zur Verantwortung für die Natur ermutigen. Der entscheidende sozialethische Ausgangspunkt ist dabei eine Weiterentwicklung von Gerechtigkeit, die wir als **globale und intergenerationelle Gerechtigkeit** verstehen können. Im Grunde handelt es sich um die Ausweitung einer solidarischen Grundausrichtung, die nicht nur die jetzt lebenden Menschen im Blick hat, sondern im Sinne einer **Zukunftsethik** auch kommende Generationen.

→ **Zukunftsethik**
vgl. S. 182

Luthers Zwei-Reiche-Lehre im Hinblick auf ihre ethische Relevanz

Die protestantische Theologie greift in ihrer Vorstellung über das Leben der Christen in der Welt mit den Begriffen **Zwei-Reiche-Lehre und Zwei-Regimente-Lehre** auf die Überlegungen Martin Luthers zurück. Nach Ansicht Martin Luthers gibt es seit dem Kommen Jesu zwei Reiche: In dem einen herrscht schon das Evangelium **(Reich Gottes)**, im anderen noch die Sünde **(Welt)**. Um das **weltliche Reich** vor der Sünde zu retten, hat Gott die Regimente eingesetzt: Das **geistliche Regiment** dient der Frömmigkeit (Predigtamt), das **weltliche Regiment** – zum Schutz der Frommen – dem Frieden (Schwertamt). Das Reich Gottes braucht kein Regiment, da der Mensch dort allein aus dem Glauben *(sola fide)* gerechtfertigt ist. Obwohl der Christ sich der weltlichen Macht nicht unterwerfen müsse, tue er dies freiwillig, um durch Predigt- und Schwertamt in der Welt zum Wohle des Nächsten zu handeln.

→ **Reich Gottes**
vgl. S. 109 ff.

Die genaue Aufgabe des Christen im weltlichen Reich hat **Karl Barth** näher bestimmt: Der Christ soll sich weder aus dem politischen System heraushalten, noch einfach anpassen, sondern **die Politik und staatliche Ordnung so unterstützen, dass sie dem Reich Gottes immer ähnlicher werde**. Er sieht das Reich Gottes als Mitte des weltlichen Reiches. Die Aufgabe der Christen bestehe in der Mithilfe, diese Mitte zu bewahren:

> Die Christengemeinde [Anm.: = Christen im weltlichen Reich] ist Zeuge dessen, dass des Menschen Sohn gekommen ist, zu suchen und zu retten, was verloren ist. Das muss für sie bedeuten, dass sie frei von aller falschen Unparteilichkeit – auch im politischen Raum – vor allem nach unten blickt. Es sind die nach ihrer gesellschaftlichen und wirtschaftlichen Stellung Schwachen und dadurch Bedrohten, es sind die Armen, für die sie sich immer vorzugsweise und im Besonderen einsetzen, für die sie die Bürgergemeinde [Anm.: = weltliches Reich] besonders verantwortlich machen wird.
>
> (Karl Barth, Rechtfertigung und Recht. Christengemeinde und Bürgergemeinde, 1946)

Zitat

So versteht der Christ seinen Auftrag zu politischem Engagement aus seinem Glauben heraus motiviert.

Reich Gottes	Reich der Welt
Liebesgebot und Bergpredigt gelten	Kontrolle und Regierung durch:
kein Regiment nötig, da der Mensch aus Glauben allein gerecht	geistliches Regiment (Predigtamt) → Frömmigkeit / weltliches Regiment (Schwertamt) → Frieden/Schutz der Frommen

3 Aktuelle Herausforderungen

Die innere Gesinnung wird erst glaubwürdig, wenn sie sich im konkreten Tun bewährt: in der Gemeinschaft der Glaubenden und in der weltlichen Gesellschaft, im sozialen, politischen, wirtschaftlichen und ökologischen Handeln, heißt es im zweiten Band des „Katholischen Erwachsenenkatechismus" (Nr. 75). Daher müssen sich christliche Normen in einer offenen und dynamischen Gesellschaft praktisch erweisen. Einige aktuelle Herausforderungen werden im Folgenden exemplarisch vorgestellt.

3.1 Schöpfung, Gerechtigkeit und Frieden

In der Enzyklika „Laudato si'" (2015) brachte Papst Franziskus seine Sorge für das *uns gemeinsame Haus* zum Ausdruck. Damit meinte er die Welt, in der wir leben und die alle Geschöpfe miteinander teilen. Der als „Ökologieenzyklika" bekannt gewordene Text ist jedoch nicht nur ein Aufruf, an der *Bewahrung der Schöpfung mit[zu]arbeiten, ein jeder von seiner Kultur, seiner Erfahrung, seinen Initiativen und seinen Fähigkeiten aus* (Laudato si' 14), sondern erinnert an den Zusammenhang von **Schöpfung, Gerechtigkeit und Frieden:**

Zitat

> Friede, Gerechtigkeit und Bewahrung der Schöpfung sind drei absolut miteinander verbundene Themen, die nicht getrennt und einzeln behandelt werden können, ohne erneut in Reduktionismus zu fallen.
> (Laudato si' 92)

Schöpfung

Schöpfung ist im jüdisch-christlichen Verständnis mehr als reine Natur, da in ihr die Liebe und Weisheit des Schöpfers sichtbar wird. Das Alte Testament ruft den Menschen durch seine Gottebenbildlichkeit (vgl. Gen 1,26) zur **Mitarbeit an der Schöpfung** auf. Er soll sie *bebauen* und *bewahren* (vgl. Gen 2,15). Allerdings **warnt** die hebräische Bibel zugleich davor, **sich an die Stelle Gottes zu setzen** (vgl. Gen 11,1–9). Der Mensch muss als vernunftbegabtes Wesen somit seinen ethischen Standpunkt zwischen Können und Sollen finden. Denn nicht alles, was der Mensch kann, ist der Schöpfung gegenüber verantwortlich. Manchmal muss jedoch auch zwischen verschiedenen Interessen abgewogen werden. Die verschiedenen Ansätze der Umweltethik kann man danach unterscheiden, an wessen Wohl sich die Handlungen orientieren.

info

Ansätze der Umweltethik
- **anthropozentrischer Ansatz:** Wohl des Menschen
- **pathozentrischer Ansatz:** Wohl aller empfindungsfähigen Lebewesen
- **biozentrischer Ansatz:** Wohl aller derzeit existierenden Lebewesen
- **physiozentrischer/holistischer Ansatz:** Wohl der gesamten belebten und unbelebten Natur

Während der Mensch in der traditionellen Ethik als autonomes Subjekt gesehen wird, dem die Natur dient (anthropozentrischer Ansatz), fordern neuere ethische Ansätze (vgl. Verantwortungsethik nach Hans Jonas), dass der Mensch als sittlich handelndes Subjekt die Folgen seines Tuns auch für die gesamte gegenwärtige und zukünftige Umwelt bedenkt und sich seiner kreatürlichen Verbundenheit mit dieser bewusst ist (physiozentrisch).

Gerechtigkeit

Was sind die Maßstäbe für **Gerechtigkeit**? Gerechtigkeit kann eine Eigenschaft einer Person (z. B. Richter, Lehrer) oder eines sozialen Zustandes (z. B. Steuersystem) sein. In der Sozialethik werden vier Grundarten von Gerechtigkeit unterschieden:

- **Kommutative Gerechtigkeit (Tauschgerechtigkeit):** faire Vertrags- und Austauschbedingungen aufgrund der Anerkennung der gleichen Menschenwürde jeder Person; z. B. fairer Lohn für geleistete Arbeit
- **Distributive Gerechtigkeit (Verteilungsgerechtigkeit):** Regelung der Ansprüche des Einzelnen gegenüber der Gesellschaft und der

Verteilung der Güter nicht gleich, sondern entsprechend der Fähigkeiten, Leistungen und Bedürfnisse sowie der Option für die Armen, z. B. Lohn nach Ausbildungsabschluss, Kindergartenbeitrag nach Gehalt gestaffelt

- **Kontributive Gerechtigkeit (Beteiligungsgerechtigkeit):** aktive Beteiligung aller am sozialen Leben als Pflicht und Recht; z. B. Eingliederungsmaßnahmen in den Arbeitsmarkt, Bildungs- und Teilhabepaket (Bildungsgutscheine)
- **Legale Gerechtigkeit (Verfahrensgerechtigkeit):** Fairness und Sicherheit im Rechtsvollzug, Gleichheit vor dem Gesetz und Unparteilichkeit der Gerichte

In Form eines Gleichnisses veranschaulicht Jesus sein Gerechtigkeitsverständnis: Ein **Weinbergbesitzer** holt an einem Morgen mehrere Tagelöhner zu sich, damit sie Arbeit auf seinem Weinberg verrichten. Mehrere Stunden später holt er eine zweite Gruppe von Tagelöhnern hinzu, die dort ebenso tätig sein sollen. Es folgen eine dritte und vierte Gruppe, die ihrerseits wieder später mit der Arbeit beginnen. Obwohl die Tagelöhner unterschiedlich lange gearbeitet haben, zahlt ihnen der Weinbergbesitzer am Ende des Tages den gleichen Lohn aus. Auf den naheliegenden Einwand, dass dies ungerecht sei, antwortet der Weinbergbesitzer:

Zitat

> **13** Freund, dir geschieht kein Unrecht. Hast du nicht einen Denar mit mir vereinbart? **14** Nimm dein Geld und geh! Ich will dem Letzten ebenso viel geben wie dir. **15** Darf ich mit dem, was mir gehört, nicht tun, was ich will? Oder ist dein Auge böse, weil ich gut bin? **16** So werden die Letzten Erste sein und die Ersten Letzte.
> (Mt 20,13–16)

Die biblische Gerechtigkeit scheint auf den ersten Blick nicht nach den oben genannten Prinzipien zu funktionieren. Oder ist es fair, wenn alle den gleichen Lohn für unterschiedliche Arbeit erhalten? Widerspricht das nicht der distributiven Gerechtigkeit?

Wenn es darum geht, Arbeit nach der erbrachten Leistung zu honorieren, ist das sicher der Fall. Aber die biblische Ethik macht noch auf einen weiteren Aspekt der Verteilungsgerechtigkeit aufmerksam: Ein Silbergroschen (Denar) entsprach zur Zeit Jesu dem Tagesbedarf einer Familie. Jeder bekommt das, was er zum Leben braucht. Und die **Gerechtigkeit Gottes ist stets auf der Seite der Armen** (z. B. Dtn 24,21:

Anteil der Ernte den Fremden, Waisen und Witwen überlassen). Besonders deutlich kommt die Hinwendung zu den Armen und Ausgegrenzten auch in der Botschaft der **alttestamentlichen Propheten** zum Tragen. So übt der Prophet Amos beispielsweise Kritik an den Zuständen im Nordreich Israel, wo die Reichen auf Kosten der Armen leben. Auch im **Buch der Psalmen** erscheint Gott nicht als Richter, der wie Justitia mit verbundenen Augen richtet, sondern als einer, der Partei für die Rechtlosen ergreift (Ps 113 oder Ps 140). Zudem wird im **Dekalog** (Ex 20,2–17 bzw. Dtn 5,6–21) deutlich, dass die Gerechtigkeit unter den Menschen in Zusammenhang mit dem gerechten Handeln Gottes steht: Wie Gott sein Volk von der ägyptischen Sklaverei befreit hat, soll die Gemeinschaft ihren Mitmenschen auch in schwierigen Zeiten beistehen.

→ **Propheten**
vgl. S. 185, 253

Im Neuen Testament wird in der **Bergpredigt** (vgl. Mt 5–7) zudem deutlich, dass Gerechtigkeit nicht einfach mit der wortgetreuen Erfüllung des mosaischen Gebots hergestellt wird. Der Einzelne muss darüber hinaus so handeln, dass der eigentliche Sinn eines Gebots zum Tragen kommt. Maßgeblich hierfür ist, dass die Liebe Gottes des Vaters auch im Verhalten der Menschen ihren Niederschlag findet. Biblische Gerechtigkeit orientiert sich also nicht an der Leistung oder dem Verdienst, sondern an der Frage, was der Einzelne zum (Über-)Leben braucht.

Frieden

Soziale Verteilungsgerechtigkeit ist die Voraussetzung für **Frieden**. In der biblischen Überlieferung bilden Frieden und Gerechtigkeit eine untrennbare Einheit, ja *küssen* (Ps 85,11) sich sogar. Die prophezeite Herrschaft des Messias wird sich dadurch zeigen, dass *die Berge Frieden tragen und die Hügel Gerechtigkeit* (Ps 72,3). Im Neuen Testament charakterisieren Gerechtigkeit und Friede das Reich Gottes (vgl. Röm 14,17). Wie sehr dieses Ideal für die Gegenwart von Bedeutung ist, machen folgende Ausführungen der EKD deutlich:

> Die biblische Hoffnung auf eine Vollendung der Welt in Gerechtigkeit und Frieden stützt sich [...] nicht auf einen geschichtsphilosophisch begründeten Fortschrittsoptimismus. Gerade nach dem Ende des Ost-West-Konflikts haben neue Bürgerkriege und internationaler Terrorismus die Diagnose eines durch den Sieg von Demokratie und Freiheit innerweltlich heraufgeführten ‚Endes der Geschichte' widerlegt.
>
> (EKD, Aus Gottes Frieden leben, 2007)

Zitat

Die biblische **Friedensbotschaft bezieht sich auf das Reich Gottes** und nicht auf ein innerweltliches, politisches System. Sie meint auch nicht nur den Gewalt- und Kriegsverzicht, sondern ein intaktes Verhältnis des Menschen zur Gemeinschaft, zu sich selbst und zu Gott. Daher dient der gerechte Friede vor allem der menschlichen Existenzerhaltung und -entfaltung.

Angesichts der aktuellen weltweiten Bedrohung durch Terror und radikale Kräfte stellt sich jedoch auch in unserer Welt immer wieder die Frage, ob es einen gerechten Krieg (lat. *bellum iustum*) oder Gründe gibt, die einen Krieg rechtfertigen. Darf gegen terroristische Systeme gewaltsam vorgegangen werden?

Diese Frage stellt sich nicht erst, seitdem Terror und Gewalt erschreckende Ausmaße angenommen haben. **Überlegungen zu einem gerechten Krieg** gehen auf römische Wurzeln (Cicero) zurück, wurden von Augustinus und Thomas von Aquin weiterentwickelt und in der **spätscholastischen** Theologie verfeinert. Bis heute sind Überlegungen zu einem gerechten Krieg relevant für die Beurteilung zwischenstaatlicher Gewaltanwendung.

Scholastik: auf Thomas von Aquin zurückgehendes und im Mittelalter verbreitetes Prüfverfahren zur Verifikation bzw. Falsifikation einer Behauptung

Recht zum Kriegseintritt (ius ad bellum)	Gerechtigkeit im Krieg (ius in bello)
Ein gerechter Krieg kann von einer **legitimen Autorität** aus einem **gerechten Grund** in **guter Absicht** als letzte, **unvermeidliche** Möglichkeit mit **Aussicht auf Erfolg** begonnen werden.	In einem Krieg muss auf die **Verhältnismäßigkeit** der Mittel und die **Unterscheidung von aktiv und passiv** Beteiligten geachtet werden.

Erstaunt und zum Teil empört war die Welt, als 2009 ausgerechnet der damalige US-Präsident Barack Obama den Friedensnobelpreis erhielt. Er griff in seiner Rede diese Kontroverse auf und nahm Bezug auf die bekannten Argumentationsformen *ius ad bellum* und *ius in bello*:

Zitat

> Als jemand, der hier steht als eine direkte Folge von Dr. Kings Lebenswerk, bin ich der lebendige Beweis für die moralische Kraft der Gewaltlosigkeit. Ich weiß, dass nichts Schwaches, nichts Passives, nichts Naives ist in den Überzeugungen und Leben von Ghandi und King. Aber als ein Staatschef, der geschworen hat, seine Nation zu beschützen und zu verteidigen, kann ich mich nicht allein von ihrem Beispiel leiten lassen. Ich muss der Welt gegenübertreten [...]. Darum: Ja, die Mittel des Krieges spielen eine Rolle in der Erhaltung des Friedens. Und doch muss die Wahrheit neben einer anderen bestehen; nämlich der, dass Kriege menschliche Tragödien bedeuten.
>
> (Barack Obama, Rede zum Friedensnobelpreis, 2009)

Obama greift mit dem Bild eines „gerechten Friedens" einen Begriff der christlichen Ethik auf, der einen Paradigmenwechsel in der christlichen Friedensethik markiert. Demnach ist Frieden mehr als die bloße Abwesenheit von Gewalt. Seine vier Grunddimensionen sind: Schutz vor Gewalt, Förderung der Freiheit, Abbau von Not, Anerkennung kultureller Verschiedenheit.

3.2 Bioethik

Seit einigen Jahrzehnten vollziehen sich in den biologischen Fachgebieten rasante Entwicklungen, die viele Bereiche unseres Alltagslebens durchdringen. Veränderungen auf naturwissenschaftlich-medizinischem Gebiet wirken sich auch auf die sozialen und ökonomischen Sektoren des Lebens aus. Als Beispiele können die **grüne und rote Gentechnik** genannt werden. Damit werden biologische Prozesse durch neue Technologien untersucht und Anwendungsformen entwickelt. Die sich dadurch ergebenden ethischen Fragestellungen werden innerhalb der **Bioethik** behandelt.

Grüne und rote Gentechnik: *Grüne Gentechnik* beschäftigt sich mit der genetischen Veränderung von Pflanzen, während *Rote Gentechnik* deren Anwendung in der Medizin zu therapeutischen und diagnostischen Verfahren bei Mensch und Tier bezeichnet.

Die konkrete Urteilsfindung obliegt in vielen Bereichen des politischen und gesellschaftlichen Lebens (z. B. Forschungseinrichtungen und Ärztekammern) sogenannten **Ethikkommissionen**. In Deutschland sind die wichtigsten Gremien der im Jahr 2007 vom Bundestag per Gesetz eingesetzte **Nationale Ethikrat** sowie die **Zentrale Ethikkommission bei der Bundesärztekammer**. Diese geben Stellungnahmen zu wichtigen bioethischen Themenfeldern ab.

Die Forschung an **menschlichen embryonalen Stammzellen** sowie deren Import aus dem Ausland gehören zu einem der meistdiskutierten Themen in der Bioethik. Besonders die Kirchen machen sich für ein striktes Verbot stark. Forscher sowie Vertreter der Wirtschaft verweisen auf das Potenzial der noch in den Anfängen befindlichen Biogenetik. Im Mittelpunkt der Problemstellung steht die Frage, inwieweit die Forschung an embryonalen Stammzellen von Menschen moralisch hinnehmbar ist. Problematisch ist auch das **Klonen von menschlichen Organen** (therapeutisches Klonen), das nach heutigem Stand der Technik zwar möglich ist, bei dem jedoch noch viele Unklarheiten bestehen. Schon in den 1980er-Jahren warf das Klonschaf „Dolly" die Frage auf, ob die Wissenschaft mit der Reproduktion von Tieren nicht längst ethische Grenzen überschritten hat. Heute wird neben der Grundlagenforschung an Stammzellen weiter nach Möglichkeiten des Klonens von menschlichen Organen gesucht, sodass im Notfall eine Art „Ersatzteillager" zur Verfügung steht. Bei der ethischen Beurteilung müssen sowohl Chancen als auch Risiken und Grenzen der Forschung betrachtet werden.

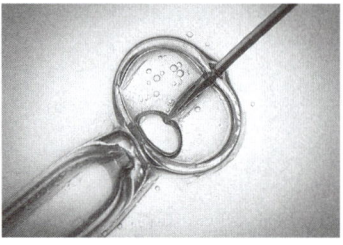

Der Fortschritt in der Reproduktionsmedizin ermöglicht es grundsätzlich, Einfluss auf die genetische Beschaffenheit der Nachkommen auszuüben.

Embryonale Stammzellen besitzen ein enormes Potenzial. Sie sind undifferenziert, unbegrenzt teilungsfähig und zeigen keine Anzeichen von Alter. Man hofft dadurch **Krankheiten zu heilen**, die bisher kaum oder gar nicht therapiert werden können. Eine weitere Chance liegt in der unbegrenzten Züchtung **von Ersatz menschlichen Gewebes** bzw. von Organen als Ersatz. Durch das eigene genetische Material werden Abwehrreaktionen vermindert. Möglicherweise könnte man durch neue Rückenmarkzellen auch bei Lähmungen eine Heilung erzielen. Diverse erfolgreiche Tierversuche geben Anlass zur Hoffnung, dies auch auf Menschen anwenden zu können. Nicht zu unterschätzen sind ökonomische Gesichtspunkte, wie wirtschaftliches Wachstum oder die Entstehung neuer Arbeitsplätze. Bei der Bewertung von **Risiken und Grenzen** ist es wichtig, positive wie auch negative Wirkungen zu berücksichtigen. So schreitet die Forschung zwar immer weiter voran, jedoch ist auch nach heutigem Stand nicht sicher, inwieweit therapeutische Möglichkeiten bestehen und wann bzw. ob diese überhaupt jemals eingesetzt werden können. **Überhöhte Erwartungen** können eventuell nicht erfüllt werden. Der Ersatz von Organen durch aus Stammzellen gewonnenes Gewebe ist im momentanen Stadium noch sehr kritisch zu sehen, da bis heute viele **offene Fragen** bestehen. Beispielsweise muss sich der Zell- oder Gewebeersatz im Körper zielgenau an die richtige Stelle transplantieren lassen. Schwierigkeiten sind bei der Blutversorgung und der Anbindung an das Nervensystem zu erwarten. Ebenso ist vorstellbar, dass geklonte Organe unkontrolliert weiterwachsen oder krebserregende Eigenschaften besitzen. Zudem müssen die Transplantate von dem Immunsystem des Empfängers angenommen werden und ihre Funktionalität unter Beweis stellen, damit sie ihre therapeutische Wirkung auch über einen längeren Zeitraum entfalten können. Überall dort, wo sich der Mensch selbst zum **Objekt der Forschung** macht und nicht länger Ziel und Träger seines Schaffens ist, steht die **Menschenwürde** auf dem Spiel.

Ein zentrales Kriterium bei der **moralischen Bewertung** der Stammzellenforschung ist der Zeitpunkt des Lebensbeginns. Diesbezüglich bestehen verschiedene Auffassungen. Der früheste Beginn des menschlichen Lebens wird in der Verschmelzung der Keimzellen gesehen. Nach einem anderen Ansatz wird der Lebensbeginn ab dem Abschluss der Einnistung des Embryos in die Gebärmutter (ca. 5.–8. Tag) angesetzt, da zu diesem Zeitpunkt die mütterliche Versorgung beginnt. Die weiteren Modelle reichen vom Ende der Möglichkeit der Mehrlingsbildung (13. Tag) über die Entwicklung des Gehirns bis zu bestimmten Phasen kurz vor der Geburt.

Letztlich bietet nur das erste Modell einen eindeutigen Ansatzpunkt für den Beginn menschlichen Lebens (**substanzieller Lebensschutz**), alle weiteren Positionen stellen eher willkürliche Festlegungen dar. Man spricht bei ihnen vom **relativen, prozeduralen Lebensschutz**. Deshalb wird der substanzielle Lebensschutz auch von den christlichen Kirchen gefordert. Grundlegende ethische Argumente sind dabei das **Potenzialitätsargument** (das bedeutet, von Anfang an kann sich ein Mensch entwickeln), die **Zugehörigkeit zur Spezies Mensch**, das **Kontinuitätsargument** sowie das **Identitätsargument** (Identität von Ungeborenem und lebenden Menschen ist vorhanden). Je später der Lebensbeginn angesetzt wird, desto verfügbarer wird Leben für die Forschung.

Kontinuitätsargument: Die Entwicklung eines Embryos von der Verschmelzung der Keimzellen bis zum geborenen Menschen verläuft so kontinuierlich, dass man keine markanten Einschnitte setzen kann, aus denen dann eine Änderung des moralischen Status zu begründen wäre. Er besitzt demzufolge Menschenwürde von Anfang an.

Eine besonders radikale Position vertritt dabei der australische Philosoph und Ethiker **Peter Singer**, der eine rein utilitaristische Argumentation verfolgt. Er unterscheidet zwischen einer Person und der Zugehörigkeit zur Spezies *homo sapiens*. Für ihn wird ein Mensch erst dann zur Person, wenn er Rationalität, Autonomie und Selbstbewusstsein besitzt. In seiner 1984 erschienenen Schrift „Praktische Ethik" stellt er die These auf: *Die Tötung eines behinderten Säuglings ist nicht gleichbedeutend mit der Tötung einer Person. Sehr oft ist sie überhaupt kein Unrecht.* (Singer, Peter: Praktische Ethik. Übers. v. Wolf, Jean-Claude, S. 188. © Reclam, Stuttgart 1984) Diese Position wird nicht nur von den Kirchen als menschenverachtend verworfen.

Peter Singer (*1946), australischer Moraltheologe und Vertreter einer utilitaristischen Ethik

3.3 Berufs- und Arbeitswelt

Arbeit ist eine *fundamentale Dimension der Existenz des Menschen auf Erden* (Laborem exercens 4), betonte Papst Johannes Paul II. (1920–2005) im Jahr 1981 in seiner Sozialenzyklika und verwies auf den biblischen Auftrag, sich die Erde untertan zu machen (vgl. Gen 1,28), und die Subjekthaftigkeit des Menschen in der Arbeit: *So ist doch in erster Linie die Arbeit für den Menschen da und nicht der Mensch für die Arbeit.* (Laborem exercens 6) Die christliche Soziallehre kennt in diesem Sinn **drei Dimensionen der Arbeit**, die aufeinander bezogen sind. Sie können nicht getrennt voneinander betrachtet oder unterschiedlich stark gewichtet werden. Man spricht daher auch vom „kreativen Dreieck menschlicher Arbeit" (s. u.).

Funktionen menschlicher Arbeit

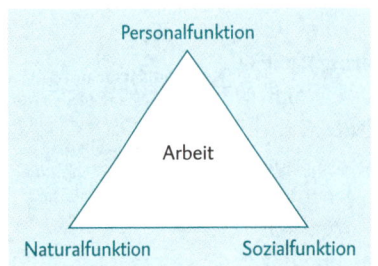

Zunächst ist Arbeit als Möglichkeit zur schöpferischen Selbstentfaltung anzusehen **(Personalfunktion)**. Auch in seinem schöpferischen Tun ist der Mensch Ebenbild Gottes. Arbeit ist Ausdruck der menschlichen Würde und Medium, mit dem sich der Mensch verwirklichen, entwickeln und mitteilen kann. Durch Arbeit kann der Mensch seine Umwelt und das Gemeinwesen mitgestalten und selbst schöpferisch tätig sein. Daneben erfüllt Arbeit den Zweck der Existenzsicherung **(Naturalfunktion)**. Demnach dient Arbeit der eigenen Lebensgrundlage, da die erbrachte Leistung durch Entlohnung Anerkennung erfährt. Die (meist finanzielle) Vergütung seiner Arbeit versetzt den Menschen in die Lage, Güter zur Befriedigung existenzieller Bedürfnisse zu erwerben. Durch Arbeit treten Menschen miteinander in Beziehung, weshalb eine Teilnahme am gesellschaftlichen Leben möglich wird **(Sozialfunktion)**. Daher ist Arbeit Ausdruck des solidarischen Verhältnisses der Menschen: Mit unterschiedlichen Fähigkeiten, Gaben und Interessen sind die Menschen arbeitsteilig in der Gesellschaft tätig und aufeinander angewiesen.

Aktuelle Entwicklungen am Arbeitsmarkt

Während diese Funktionen grundlegend sind und einen verpflichtenden Rahmen für menschliche Arbeit aufspannen, beobachten doch besonders ältere Arbeitnehmer rückblickend eine starke Veränderung der Arbeitssituation in den vergangenen Jahrzehnten. Nach den Aussagen der EKD *[befindet sich] die Arbeitswelt global und auch in Deutschland in einem tief greifenden Umbruch* (EKD-Denkschrift „Solidarität und Selbstbestimmung im Wandel der Arbeitswelt" 2015, S. 40). Stichworte dieses Wandels sind: Digitalisierung, Globalisierung, zunehmende Vernetzung, internationale Arbeitsteilung, hohe psychische Belastung. Für den deutschen Arbeitsmarkt bedeutet dies konkret:

Verantwortungsvoll handeln ◆ 203

Zitat

> Während sich die Lage insgesamt sehr positiv entwickelt hat, ist aber auch der Bereich prekärer Beschäftigung gewachsen. Fragen stellen sich im Blick auf Beschäftigungsumfang, Entlohnung und Anstellungsverhältnisse. Politik und Sozialpartner müssen die Beschäftigungsbedingungen im Interesse der Schwächsten gestalten.
> (EKD-Denkschrift „Solidarität und Selbstbestimmung im Wandel der Arbeitswelt" 2015)

Als eines der drängendsten Probleme auf dem deutschen Arbeitsmarkt ist die **Knappheit an verfügbaren Fachkräften** anzusehen. In manchen Branchen wie etwa dem IT-Bereich, im Gesundheitswesen oder dem Handwerk wird sogar ein Fachkräftemangel befürchtet. Das bedeutet, dass die Nachfrage an Fachkräften über einen längeren Zeitraum betrachtet nicht mehr in ausreichendem Maße gedeckt werden kann. Industrie- und Handelsverbände sagen voraus, dass der Wirtschaft zwischen 2022 und 2035 pro Jahr circa 400 000 Fachkräfte fehlen werden. Als Hauptursache hierfür ist der **demografische Wandel** anzuführen. In manchen Gewerben wie beispielsweise der Hotellerie oder der Gastronomie hat sich der Mangel an Fachkräften durch die **Corona-Krise** dramatisch verschärft. Auf der Suche nach Lösungen wird vielfach betont, dass qualifizierte Zuwanderung gefördert werden muss – etwa durch ein reformiertes (Fachkräfte-)Einwanderungsgesetz. Angesichts des Fachkräfteengpasses erhalten auch die Themen „Berufliche (Weiter-)Bildung" und „Förderung der Erwerbsarbeit von Frauen" ein neues Gewicht.

Der **demografische Wandel** beschreibt die Veränderung der Bevölkerungsstruktur einer Gesellschaft. In Deutschland ist dieser Wandel v. a. von der Alterung der Gesellschaft geprägt.

In Bezug auf die Lohnentwicklung ist es eine permanente Aufgabe von Arbeitgeber- und Arbeitnehmerverbänden, eine angemessene **Entlohnung** für die geleistete Arbeit zu bestimmen. Für die Betrachtung **geringfügig Beschäftigter** ist entscheidend, in welcher Lebensphase diese Tätigkeit ausgeübt wird. Eine große Anzahl dieser Beschäftigten sind Schülerinnen und Schüler, Studierende sowie Rentnerinnen und Rentner. Ein Grundproblem dieser Tätigkeitsform ist, dass keine bzw. nur sehr geringe Sozialversicherungsansprüche bezüglich der Rente erworben werden. Große Diskussionen gab es über das zum 1. Januar 2015 eingeführte Mindestlohngesetz (MiLoG) in Deutschland, das flächendeckend einen allgemeinen gesetzlichen Mindestlohn für Arbeitnehmer/-innen in Höhe von 12 € (Stand 2023) brutto je Zeitstunde garantiert. Kritisiert wurde, dass das MiLoG dem Grundrecht auf Tarifautonomie (Art. 9, Abs. 3 GG) widerspreche und kleine Unternehmen finanziell gefährde.

Neben der Entlohnung entscheiden die **Anstellungsverhältnisse** darüber, ob bzw. in welchem Umfang die Funktionen menschlicher Arbeit zum Tragen kommen. Befristete Arbeitsverhältnisse dienen häufig als erweiterte Probezeit, die in den meisten Fällen zu einer Folgebeschäftigung oder gar unbefristeten Anstellung führt. Jedoch ist der Arbeitnehmer auch einem erhöhten Risiko ausgesetzt, in kürzester Zeit arbeitslos zu werden. Arbeitnehmerüberlassung (Leiharbeit) ermöglicht Arbeitslosen den Wiedereintritt in den Arbeitsmarkt. Kritikerinnen und Kritiker bemängeln, dass Leiharbeit zu einem dauerhaften Abbau der Stammbeschäftigten führen kann.

Antworten der christlichen Soziallehre auf aktuelle Entwicklungen auf dem Arbeitsmarkt

Aus christlicher Sicht ist Arbeit ein wichtiger Aspekt des Menschenlebens, da sie sowohl zentrale Funktionen für den Einzelnen und die Gesellschaft innehat, aber auch als **Teil des Schöpfungsauftrags** zu verstehen ist. Dass menschliche Arbeit jedoch auch mit großen **Anstrengungen** verbunden sein kann, wird bereits in der Schöpfungserzählung deutlich. Dort heißt es: „*[So] ist der Erdboden deinetwegen verflucht. Unter Mühsal wirst du von ihm essen alle Tage deines Lebens. [...] Im Schweiße deines Angesichts wirst du dein Brot essen, bis du zum Erdboden zurückkehrst.* (Gen 3,17.19) Das Wissen um die mit Arbeit verbundene Mühsal ändert jedoch nichts an der Tatsache, dass der **Mensch aus christlicher Sicht Subjekt des Arbeitslebens** ist. Überall dort, wo dieses Verhältnis von Mensch und Arbeit angesichts aktueller Entwicklungen bedroht ist, sind die Kirchen dazu aufgerufen, ihren Widerspruch zu erheben und ihre Sicht auf die menschliche Arbeit zu betonen. Auf Basis des biblischen Zeugnisses und christlicher Tradition können folgende Aussagen festgehalten werden:

> **info**
>
> **Leitlinien christlicher Ethik für die Gestaltung menschlicher Arbeit**
> - Trotz wirtschaftlicher Zwänge darf der Mensch nicht zum Objekt von Kapital und Produktion werden.
> - Tendenzen auf dem Arbeitsmarkt, die zu Ausbeutung und Instrumentalisierung des Einzelnen führen, muss entgegengesteuert werden.
> - Die Würde des Menschen bemisst sich nicht nach dessen Leistungsfähigkeit. Ein auf Wachstum bedachtes Wirtschaftssystem darf daher nicht zur Bevorzugung von Leistungsträgern führen.
> - Arbeitsverhältnisse müssen nach dem Prinzip der Gerechtigkeit, v. a. der Tausch-, Verteilungs- und Beteiligungsgerechtigkeit, gestaltet) werden.

3.4 Medienethik

Die rasante technische und inhaltliche Entwicklung der Medien hat einen großen Einfluss auf den Alltag der Menschen. Durch die Möglichkeit, jederzeit mit diversen Endgeräten auf die Inhalte des Internets zuzugreifen, werden Fernsehen und Radio immer mehr abgelöst. Insbesondere Kinder und Jugendliche sind täglich viele Stunden online. Die wichtigsten Anwendungen sind dabei das Schauen von Filmen sowie die Nutzung von sozialen Netzwerken. Je häufiger und einfacher das Internet und andere Medien genutzt werden können, desto mehr ergeben sich ethische Fragen zum Umgang mit Medien. Vor einigen Jahren entstand ein an Bedeutung zunehmender Bereich der Ethik, die **Medienethik**. Medienethik stellt die Frage nach dem Richtigen und Guten bei der Erstellung und Veröffentlichung sowie bei der Rezeption von Medieninhalten. Dementsprechend werden in der Medienethik das ethische Handeln von Medienunternehmen, aber auch die kritische Mitgestaltung und der Konsum von Medieninhalten durch die Nutzer und die Rahmenbedingungen für Medien in der Gesellschaft reflektiert. Man unterscheidet zwischen der **Produzenten-Ethik** (darunter fallen auch Einträge in sozialen Netzwerken oder die Veröffentlichung von Filmen und Bildern) und **Rezipienten-Ethik** (darunter fällt alles, was von den Nutzern empfangen wird).

Durch die Technologien des Web 2.0, also vor allem Videoplattformen und soziale Netzwerke, werden die Nutzer automatisch zu Produzenten. Was früher in der Regel den von Berufs wegen professionell tätigen Medienschaffenden von Zeitungen, in Radio und Fernsehen vorbehalten war, ist heute jedem privaten Nutzer möglich. Durch das Posten von Beiträgen, Bildern und Filmen, aber auch von Kommentaren in sozialen Netzwerken oder auf Videoplattformen entstehen Medieninhalte, die einerseits der öffentlichen Selbstvergewisserung dienen können, andererseits aber auch ethische Fragestellungen aufwerfen.

Digitale Medien spielen im Alltag junger Menschen eine besondere Rolle.

Jeder Rezipient wird mehr oder weniger automatisch zum Produzenten, was große Auswirkungen haben kann und am Beispiel von **pornografischen oder gewaltverherrlichenden Videos** verdeutlicht werden soll. Durch den Konsum entsprechender Filme kann man sich selbst und seiner Entwicklung schaden, das Filmen und die Verbreitung entsprechender Clips kann neben den Opfern auch alle schädigen, die das Video betrachten. Dabei sind die Grenzen der Empfindung von Mensch zu Mensch sehr unterschiedlich. Auch ist bei entsprechenden Filmen oft nicht klar, ob es sich um eine gestellte Szene mit nicht ernst zu nehmendem Hintergrund oder um eine echte Gewalthandlung bzw. sexuelle Ausbeutung handelt. Mit einem Klick sind per Handy mitgeschnittene Szenen oder Bilder veröffentlicht. Ganz unabhängig vom Inhalt müssen dabei auch Fragen von Persönlichkeits- und Urheberrechten beachtet werden. Neben körperlicher Gewalt kann im Netz auch psychische Gewalt ausgeübt werden, z. B. in Form von **Cyber-Mobbing**. Im Gegensatz zu „realem" Mobbing ist dabei das Opfer jederzeit den Angriffen ausgeliefert, zumal es im Internet auch (noch) kein „Recht auf Vergessen" gibt, d. h., Inhalte tauchen immer wieder auf. Darüber hinaus sind auch Fragen nach dem **Datenschutz** und dem Schutz vor einem gläsernen Menschen, über den ein detailliertes, auswertbares Profil im Internet existiert, Inhalte der Medienethik. Durch einen großen Anteil an persönlichen Angaben und Posts in sozialen Netzwerken wird die Erstellung von Nutzerprofilen noch erleichtert. Auch rechtliche Regelungen (z. B. die sogenannten allgemeinen Geschäftsbedingungen) von Internetdiensten sind ethisch zu beurteilen. Lädt man beispielsweise ein Bild auf Facebook hoch, so überträgt man die Rechte auf das Bild dem Unternehmen, das umfängliche Handlungsfreiheit darüber hat. Dadurch können Wirkungen erzielt werden, die nur schwer abzuschätzen sind und die niemals so gewollt waren.

Auch in der virtuellen Welt ist es notwendig, sich auf einen Werte- und **Normenkanon** zu einigen, der von möglichst allen Nutzern akzeptiert wird. Dies ist eine besondere Herausforderung, da durch den weltweiten Zusammenschluss sehr unterschiedliche Gesetze und Vorstellungen existieren. Einen guten Überblick zu kirchlichen Positionen im Bereich der Medienethik gibt der medienethische Impulstext „Virtualität und Inszenierung" der Deutschen Bischofskonferenz. Darin heißt es:

Zitat

Es ist in Erinnerung zu rufen, dass es bei Gestaltungsprozessen der Mediengesellschaft in ethischer Perspektive um die Förderung menschlichen Personseins in medialer und kommunikativer Hinsicht geht. Für gesellschaftliche Gestaltungsfragen haben sich sozialethische Prinzipien bewährt: Solidarität und Subsidiarität. Die Solidarität weist darauf hin, dass Menschen füreinander einstehen müssen [...]. Und Subsidiarität bedeutet, dass zunächst die Kompetenzen der jeweils kleineren sozialen Einheiten (z. B. Eltern, Medienunternehmen) zu berücksichtigen sind, bevor eine übergeordnete Einheit (z. B. Schule, Medienaufsicht) [...] einspringt. [...] Die letztlich gesamtgesellschaftliche Verantwortung für *Authentizität* in der digitalen Mediengesellschaft ist gestuft (subsidiär), geteilt und gemeinsam (solidarisch) wahrzunehmen.

(Deutsche Bischofskonferenz, Virtualität und Inszenierung 93)

Zusammenfassung

- Ethik beschäftigt sich mit Bedingungen für moralisches Handeln, indem sie nach Werten und den daraus resultierenden Normen fragt.
- Teleologisches und deontologisches Prinzip, Naturrecht, Rechtspositivismus sowie Hedonismus sind philosophisch-ethische Modelle, um Normen unter je unterschiedlichen Blickwinkeln zu begründen.
- Man unterscheidet in der ethischen Argumentation u. a. zwischen Pflichtethik (Kant), Utilitarismus (Bentham) und Verantwortungsethik (Jonas).
- Christliche Ethik stützt sich u. a. auf das biblische Zeugnis: Im Alten Testament üben Propheten Sozial- und Kultkritik, die in einem Wechselverhältnis zueinander stehen. Die im Dekalog geforderte Gerechtigkeit ist ein Ausdruck der Gottes- und Nächstenliebe.
- Jesus fordert den Einzelnen durch eine Neuakzentuierung der jüdischen Gesetze (vgl. Bergpredigt) zu einem ethischen Handeln, das die Liebe Gottes widerspiegelt, auf.
- Im Lauf der christlichen Tradition haben sich verschiedene ethische Modelle herausgebildet: In der katholischen Tradition entfalteten sich mehrere Sozialprinzipien (Personalität, Solidarität, Subsidiarität, Gemeinwohl, Nachhaltigkeit). In der evangelischen Theologie beschreibt Martin Luther in Form der Zwei-Reiche-Lehre die Rechte und Pflichten eines Christenmenschen in der Gesellschaft.
- Schöpfung, Gerechtigkeit und Frieden hängen eng zusammen und bedingen sich gegenseitig.
- Bioethik formuliert und prüft moralische Regeln für einen verantwortungsvollen Umgang mit Leben und beurteilt den wissenschaftlichen Fortschritt vor allem im medizinischen Bereich. Für die ethische Beurteilung ist die Festlegung wichtig, wann menschliches Leben beginnt.
- Die Arbeitswelt ist in einem tief greifenden Umbruch: Digitalisierung, Globalisierung, zunehmende Vernetzung, internationale Arbeitsteilung, hohe psychische Belastung sind Kennzeichen eines Transformationsprozesses.
- Medienethik stellt die Frage nach dem Richtigen und Guten bei der Erstellung und Veröffentlichung (Produzenten-Ethik) sowie bei der Rezeption von Medieninhalten (Rezipienten-Ethik).

Kirche und Christsein

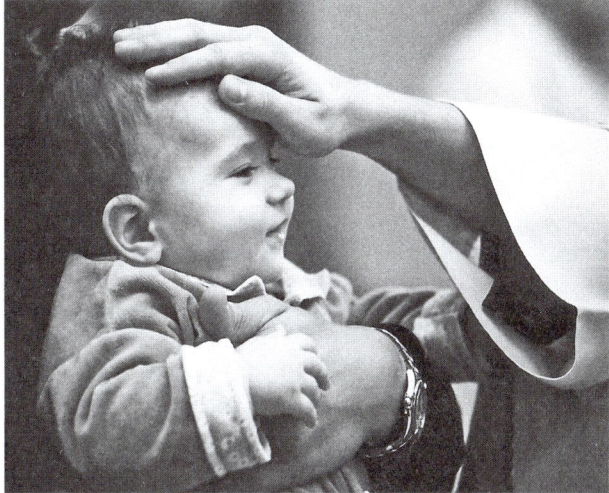

1 Das Selbstverständnis der Kirche

1.1 Anfang der Kirche im Handeln und in der Verkündigung Jesu

Hat Jesus Christus die Kirche gegründet? Im historischen Sinn kann Jesus nicht als Gründer der Kirche bezeichnet werden, denn von einem expliziten **Gründungsakt** wird in der Bibel **nicht berichtet**. Der exegetische Befund, dass Jesus das baldige Hereinbrechen einer neuen Zeit erwartete und die Sammlung des Volkes Israel vorantrieb, steht im Widerspruch zur Stiftung einer neuen, dauerhaften Religionsgemeinschaft. Damit stellt sich aber die Frage nach der Legitimation der christlichen Kirchen. Die Konzilsväter sprechen auf dem Zweiten Vatikanischen Konzil (1962–1965) vom **Anfang** der Kirche durch Jesus:

Zitat

> Denn der Herr Jesus machte den Anfang seiner Kirche, indem er die frohe Botschaft verkündigte, die Ankunft nämlich des Reiches Gottes, das von alters her in den Schriften verheißen war.
>
> (Lumen Gentium 5)

Das Vorhandensein einer christlichen Kirche wird somit nicht historisch, sondern inhaltlich begründet. Kirchliches Handeln stützt sich damit auf das Wirken Jesu in **Wort** und **Tat**. Wichtige Elemente dieses Anfangs waren: das **gemeinschaftsstiftende Handeln Jesu**, sein **Einsatz für Menschen am Rande der Gesellschaft**, die Berufung des **Zwölferkreises** sowie seine **Reich-Gottes-Botschaft**.

Gemeinschaftsstiftendes Handeln Jesu in der Feier des Abendmahls

Pessach: wichtiges jüdisches Fest zur Erinnerung an den Auszug aus Ägypten und die Befreiung von Sklaverei

Jesus war Jude. Daher feierte er das jüdische Pessachfest, das bis heute zu den Hauptfesten des Judentums gehört. Es erinnert an den Auszug der Israeliten aus Ägypten und die damit geschenkte Freiheit für das Volk Israel. Durch den Exodus entstand das Bewusstsein, dass aus einzelnen Familien und Patriarchen **ein Volk** geworden war. Die synoptischen Evangelien und Paulus erzählen, wie Jesus das letzte Mahl mit seinen Jüngern am Pessachfest begangen hat. Dieses **letzte Abendmahl** wurde zu einem besonderen Ereignis. In ihm gab Jesus den Auftrag: „Tut dies zu meinem Gedächtnis" (Lk 22,19; 1 Kor 11,24). Nach dem Tod Jesu trafen sich daher seine Anhänger, um regelmäßig dieses Vermächtnis zu befolgen. Noch heute kommen evangelische (Abendmahl) wie katholische (Eucharistiefeier) Christen diesem Auftrag nach.

Einsatz für Menschen am Rande der Gesellschaft

Schon im Alten Testament werden die Israeliten zur Fürsorge für die Armen aufgerufen (vgl. Dtn 15,4 ff.). Das Besondere am Handeln Jesu ist nun, dass er sich auch anderer Gruppen annimmt, die am Rande der Gesellschaft stehen: Kranke, von Dämonen Besessene, Blinde, Zöllner. Seine Aufmerksamkeit und Liebe gilt dabei vor allem Menschen, die Schuld auf sich geladen haben. Dieses Verhalten stößt bei den Menschen seiner Zeit auf Unverständnis (vgl. Mk 2,15 ff.). Denn in der jüdischen Gedankenwelt sah man einen engen Zusammenhang zwischen dem Handeln eines Menschen und dessen (Wohl-)Ergehen. Somit wurden Krankheit und Leiden häufig als selbstverschuldete Folge eines sündigen Verhaltens verstanden (**Tun-Ergehen-Zusammenhang**). Jesus stellt dieser Vorstellung die zuvorkommende Liebe Gottes zu allen Menschen entgegen. Zuerst wendet sich Gott den Sündern zu und heilt sie. Die Kirche leitet ihre Legitimation auch davon ab, in ihrem karitativen Einsatz für hilfsbedürftige Menschen in der Nachfolge Jesu zu stehen.

Theoder Langer: Radierung zum Mahl der Sünder (1890)

→ **Tun-Ergehen-Zusammenhang**
vgl. S. 89, 162

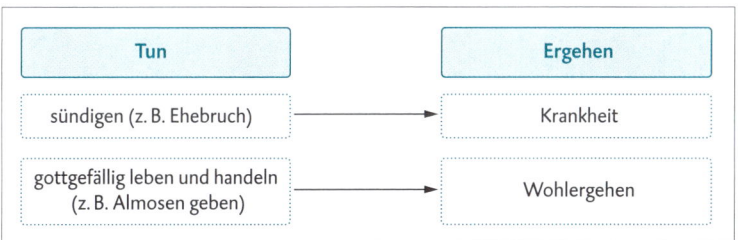

Im Alten Orient verbreitetes Denkschema, das Tun und Ergehen in einen direkten Zusammenhang bringt

Die Berufung des Zwölferkreises

Zur Zeit Jesu war es keine Besonderheit, dass charismatische **Wanderprediger** mit ihren Anhängern umherzogen (z. B. Johannes der Täufer). Auch Jesus folgte diesem Modell und forderte Menschen auf, ihm zu folgen (vgl. Mt 1,17; 2,14; 4,19; 9,9). Die Berufenen verließen ihre **Familie**, ihre **Heimat** und ihren **Besitz**, um mit Jesus ein gemeinschaftliches Leben zu führen und seine Botschaft zu verkündigen. Zum engen Jüngerkreis gehörten zwölf Personen, die auf diese Weise mit ihm lebten. Auch heute noch stellen sich Männer und Frauen in den

Dienst der Nachfolge Jesu und setzen damit das Werk der Verkündigung, das wesentlich zur Kirche gehört, fort. Nach dem biblischen Zeugnis beginnt die Verbreitung der Botschaft Jesu mit der Wahl der zwölf Jünger.

Zitat

> 13 Jesus stieg auf einen Berg und rief die zu sich, die er selbst wollte, und sie kamen zu ihm. 14 Und er setzte zwölf ein, damit sie mit ihm seien und damit er sie aussende, zu verkünden 15 und mit Vollmacht Dämonen auszutreiben. 16 Die Zwölf, die er einsetzte, waren: Petrus – diesen Beinamen gab er dem Simon –, 17 Jakobus, der Sohn des Zebedäus, und Johannes, der Bruder des Jakobus – ihnen gab er den Beinamen Boanerges, das heißt Donnersöhne –, 18 dazu Andreas, Philippus, Bartholomäus, Matthäus, Thomas, Jakobus, der Sohn des Alphäus, Thaddäus, Simon Kananäus 19 und Judas Iskariot, der ihn dann ausgeliefert hat.
>
> (Mk 3,13–19)

Kirche als Zeichen und Werkzeug des Gottesreiches

Jesus verkündete das Reich Gottes – gekommen ist die Kirche. Mit diesem provokativen Ausspruch brachte Alfred Loisy, ein französischer Theologe, das Evangelium und die Kirche in einen Zusammenhang, der das Wirken der Kirche in der Gegenwart rechtfertigen sollte. Kirche und Reich Gottes sind nicht gleichzusetzen, haben jedoch miteinander zu tun. Die Kirche dient der Verwirklichung des Reiches Gottes und bleibt in ihrem Bemühen dennoch immer anfanghaft. Denn das Reich Gottes ist da, wo der **Heilswille Gottes ganz verwirklicht** ist. Das bedeutet, dass menschliches Leid überwunden wird und die Beziehungen zwischen Gott und den Menschen sowie den Menschen untereinander zu einer Einheit finden. In der irdischen Wirklichkeit ist dieses Gottesreich nur zeichenhaft zu finden. Seine Vollendung steht in der Zukunft aus. Deshalb spricht die Theologie vom „**Schon** und **Noch nicht**" des Gottesreiches. Aufgrund dieser **eschatologischen Dimension** kann das Gottesreich nicht mit der Kirche identifiziert werden. Dennoch muss die Kirche die Botschaft vom Reich Gottes weitertragen und selbst zum Zeichen **(Sakrament)** dafür werden. Dadurch soll die Botschaft vom Reich Gottes in der Kirche und darüber hinaus sichtbar werden.

Alfred Loisy (1857–1940), französischer Theologe, der in der Reformfähigkeit der Kirche eine Bedingung für ihre Existenzberechtigung sah

eschatologisch: endzeitlich, bezüglich der letzten Dinge

1.2 Grundvollzüge als zeichenhafte Realisierung des Reiches Gottes

Wie muss Kirche sein, damit sie überhaupt ihrem in der Botschaft vom Reich Gottes begründeten Auftrag gerecht wird?
Die Frage, was „wesentlich" an der Kirche ist, ist nicht leicht zu beantworten, da es nicht *die* Kirche als abstrakte Größe gibt, sondern sie jeweils in einer konkreten geschichtlichen Wirklichkeit existiert. Das Zweite Vatikanische Konzil bezeichnet daher die Kirche als **„Mysterium"** (Lumen Gentium 1), das nicht durch einen einzigen Begriff ausreichend charakterisiert werden kann.

Aber überall, wo Kirche ist, müssen vier Dimensionen **(Grundvollzüge)** – je nach konkreter Situation in unterschiedlicher Gewichtung – erfahrbar sein:

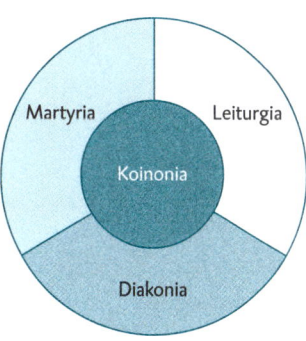

- **Martyria** (griech. „Zeugnis") – Verkündigung:
Jesus wollte, dass möglichst viele Menschen von seiner Botschaft erfahren. Daher beauftragte er die Jünger, sein Evangelium in die Welt zu tragen (vgl. Mt 28,19 f.). Auf diesem Weg entstanden neue Gemeinden und schließlich die Kirche. Verkündigung meint aber nicht nur das **Weitertragen seiner Botschaft**, sondern setzt zunächst das Hören des Wortes Gottes (Evangelium) voraus. Kirche muss das Wort Gottes in jeder Epoche neu hören, um dann Formen der Verkündigung zu finden, die die Menschen der jeweiligen Zeit verstehen. Klassische Formen der Verkündigung sind: Predigt, Katechese, Religionsunterricht, kirchenamtliche Lehräußerungen. Im weiteren Sinne zählen auch kirchliche Bildungsangebote oder die Weitergabe christlicher Inhalte über moderne Medien dazu.

Katechese: Formen der Unterweisung im Glauben in den Gemeinden

- **Leiturgia** (griech. „Kultdienst") – Gottesdienst, Sakramente und Gebet:
Ohne den Kontakt zu Gott ist Kirche nicht denkbar. Gläubige loben und verehren Gott in **verschiedenen Gottesdienstformen** und beten zu ihm. In den Sakramenten erfahren sie besonders deutlich Gottes Nähe. Höhepunkt der liturgischen Feiern ist die Eucharistiefeier, die aus Wortgottesdienst und Eucharistieteil besteht. Jedoch betont das Zweite Vatikanische Konzil die Gegenwart Gottes in allen liturgischen Formen. Auch das persönliche Gebet ist eine kleine Liturgie.
In der evangelischen Kirche bilden Gottesdienste ebenfalls einen Höhepunkt, da dort Kirche ihren Hauptaufgaben (Verkündigung des Evangeliums und Verwaltung der Sakramente) nachkommt. Jedoch wird nicht jeder Gottesdienst mit Abendmahl gefeiert. Auch haben in

den einzelnen Landeskirchen Wortverkündigung in der Predigt und Abendmahl eine unterschiedliche Gewichtung.
- **Diakonia** (griech. „Dienst") – Dienst am Nächsten:
Jesus hat den Einsatz für Schwache, Arme und Hilfsbedürftige vorgelebt. Will die Kirche ihm und seiner Botschaft treu bleiben, muss auch sie sich um Menschen am Rande der Gesellschaft (Arme, Kranke, Leidende) kümmern und so konkret Nächstenliebe praktizieren. Diese solidarische **Zuwendung zu notleidenden Menschen** kann auf individueller oder gesellschaftlich-politischer Ebene geschehen.
- **Koinonia** (griech. „Gemeinschaft") – Gemeinschaft:
Wo zwei oder drei in meinem Namen versammelt sind, da bin ich mitten unter ihnen (Mt 18,20), versicherte Jesus. Gemeinschaft gehört zum Christentum und zu jedem der Grundvollzüge (Martyria, Leiturgia, Diakonia). Damit ist jedoch nicht nur die Verbindung der Gläubigen untereinander gemeint, sondern auch deren Beziehung zu Gott, der zugleich das Zentrum der **christlichen Gemeinschaft** bildet. Praxisformen christlicher Gemeinschaft können sehr unterschiedlich sein: Kindergartengruppen, Jugendverbände, Arbeitskreise, Pfarrfeste, Kirchentage. Aber auch die Solidarität mit Menschen anderer Länder oder der Glaube an die Verbundenheit mit Verstorbenen ist Teil der christlichen Gemeinschaftserfahrung.

Diese Grundvollzüge müssen überall dort vorzufinden sein, wo Kirche ist: auf der Ebene der Gesamtkirche und in den einzelnen Gemeinden vor Ort; im Handeln der Hauptamtlichen und im Leben aller Gläubigen. So kann in kleinen Zeichen das Reich Gottes erfahrbar werden.

1.3 Beispiele für kirchliches Handeln in der Welt von heute

Es gehört zum Selbstverständnis der Kirche, am Leben der Menschen Anteil zu nehmen. Einzelne Christen, Pfarreien und Bistümer, Landeskirchen und Kirchengemeinden, Orden und kirchliche Organisationen engagieren sich vor Ort und weltweit. Im Folgenden sollen daher anhand der vier Grundvollzüge einzelne Beispiele kirchlichen Handelns vorgestellt werden:
- **Diakonia**
„Caritas" (kath.) und „Diakonie" (ev.): Die beiden großen christlichen **Wohlfahrtsverbände** Caritas und Diakonie kümmern sich im Auftrag der Kirchen als jeweils professionelle Organisation um

Hilfe für Menschen in unterschiedlichsten Nöten (z. B. allgemeine Sozialberatung, Suchtberatung, Paar-, Familien-, Schwangerschafts-, Lebens-, Schuldner- und Insolvenzberatung, Pflegedienste, Hospize, Krankenhäuser, Kindertagesstätten, Mutter-Kind-Heime, Familienerholung, Sozialstationen etc.). Darüber hinaus verstehen sie sich als **Anwalt und Partner von Benachteiligten**, sozialer Dienstleister sowie Mitgestalter von Sozial- und Gesellschaftspolitik. Neben den Hauptamtlichen engagieren sich viele Ehrenamtliche in den Gemeinden für Benachteiligte. Die Initiative „youngcaritas" lädt besonders junge Menschen ein, sich für andere einzusetzen, indem z. B. durch den Verkauf von Upcycling-Produkten, d. h. Produkten aus Abfällen, Geld für soziale Projekte gesammelt wird.

- **Martyria**
  Erwachsenenbildung: Kirchliche Erwachsenenbildung hat das Ziel, zur **Bildung des Menschen in umfassender Weise** beizutragen und neben Faktenwissen auch Orientierung und Urteilsfähigkeit auf der Basis der Botschaft Jesu Christi zu vermitteln. Die katholische Kirche ist bundesweit der zweitgrößte Träger im Bereich der Erwachsenenbildung. Über fünf Millionen Menschen nehmen jährlich eine der vielfältigen **Fort- und Weiterbildungsmöglichkeiten** wahr.
  Auch die evangelische Kirche ist ihrem Selbstverständnis nach eine Bildungsinstitution und als Trägerin zahlreicher (Fach-)Hochschulen ist sie verantwortlich für die Bildung junger Erwachsener. Erwachsenenbildung wird ferner in den verschiedenen **Akademien der evangelischen Landeskirchen** gepflegt, die Vortragsreihen zu gesundheitlichen, politischen, wirtschaftlichen oder zeitgeschichtlichen Themen veranstalten. Indem sich die Kirchen in den öffentlichen Diskurs zu Gesellschaftsfragen und Fragen der Erkenntnis einbringen, geben sie ein wichtiges Glaubenszeugnis in einer zunehmend säkularen Umwelt.

- **Leiturgia**
  Fürbittgebet: Bei großen gesellschaftlichen **Tragödien** laden die Kirchen – oft über die Konfessionsgrenzen hinweg – zum **gemeinsamen Gebet** ein. Dieses Angebot wird von Vertretern aus Politik und Gesellschaft, aber auch vielen Bürgerinnen und Bürgern dankend angenommen, wenn große Sprachlosigkeit, Hilflosigkeit und Unverständnis aufgrund eines aktuellen Unglücks besteht. Häufig wird diesen Gefühlen durch das Anzünden von (Fürbitt-)Kerzen Ausdruck verliehen. Dabei wird auf ein Symbol zurückgegriffen, dass aus vielen Kirchen bekannt ist.

- **Koinonia**
- **Friedensdienst:** Frieden als zentrale Aufgabe und Herausforderung der biblischen Botschaft meint nicht nur das konfliktfreie Zusammenleben einzelner Völker, sondern das Heilsein des Menschen, der menschlichen Gemeinschaft und der ganzen Schöpfung. Im konziliaren Prozess für Gerechtigkeit, Frieden und die Bewahrung der Schöpfung haben sich Kirchen und Bewegungen in aller Welt diesem Auftrag verpflichtet. Sie wollen sich einsetzen für eine Welt, in der soziale Gerechtigkeit besteht, Konflikte gewaltfrei gelöst werden und in der alle Geschöpfe in einem unversehrten Lebensraum existieren können. Daher engagieren sich verschiedene evangelische, katholische und **ökumenische Friedensdienste** für soziales Lernen, ökumenische Partnerschaft und Völkerverständigung. Durch eine freiwillige Zeit im Ausland sollen junge Menschen Unterschiede als Bereicherung erfahren und vor Ort an einem friedvollen Miteinander mitarbeiten.

→ **Frieden** vgl. S. 197 ff.

2 Geschichtliche Schlaglichter im Verhältnis zwischen Staat und Kirche

2.1 Biblische Grundlegung

Wer in der Bibel eine umfassende Theorie zum Verhältnis von Staat und Kirche sucht, tut dies vergebens. Doch auch wenn diese den Begriff „Staat" im heutigen Verständnis nicht kennt, bezeugt sie an verschiedenen Stellen die Auseinandersetzung Jesu bzw. der ersten Christen mit der öffentlichen Ordnung. Politische Gewalt wird von Jesus nicht grundsätzlich abgelehnt, aber auch nicht kritiklos akzeptiert. Auf die Frage der Pharisäer *Ist es erlaubt, dem Kaiser Steuern zu zahlen?* (Mk 12,14) wird Jesus folgende Antwort in den Mund gelegt: *Gebt dem Kaiser, was des Kaisers ist, und Gott, was Gottes ist.* (Mk 12,17) Durch diese Worte wird einerseits die Anerkennung politischer Herrschaft zum Ausdruck gebracht. Anderseits enthält die Aussage auch die Warnung, dem Kaiser nicht mehr zu geben, als ihm zusteht. Dieser Rat erlangte später weltgeschichtliche Bedeutung, da man ihn zur **Legitimation der Trennung von Staat und Kirche** heranzog.

Insgesamt geht das Neue Testament einen moderaten Weg zwischen einer generellen Ablehnung von weltlicher Herrschaft einerseits und ihrer Überbetonung andererseits. So fordert Paulus in Römer 13,1–7 die Gemeinde in Rom zum **Gehorsam gegenüber der staatlichen**

Macht auf, da auch diese von Gott stamme. Diese Textstelle wurde in der Geschichte leider oft zur Rechtfertigung der zurückhaltenden kirchlichen Haltung verwendet, wenn deren Widerstand gegen Staaten und politische Systeme, die die Grundrechte der Menschen missachteten, notwendig gewesen wäre. Denn als bedingungsloser Aufruf zur Unterordnung unter die staatliche Autorität darf Paulus – liest man ihn im Kontext anderer Bibelstellen – nicht verstanden werden. In Apg 5,29 warnt Petrus, als die Apostel wegen ihrer machtvollen Taten vor dem Hohen Rat in Jerusalem Rechenschaft ablegen mussten: *Man muss Gott mehr gehorchen als den Menschen.* Zusammenfassend kann man wohl sagen, dass Jesus nach dem Zeugnis des Neuen Testaments **die staatliche Ordnung nicht generell ablehnt, jedoch die primäre Stellung Gottes gewährleistet sein muss:** *Vor dem Herrn, deinem Gott, sollst du dich niederwerfen und ihm allein dienen.* (Mt 4,10)

2.2 Kirche zwischen Verfolgung und Anerkennung im frühen Christentum

Im antiken Römischen Reich waren Religion und Staat sehr eng verbunden. Die römischen Machthaber waren zwar gegenüber anderen Religionen an sich tolerant, forderten jedoch neben der Verehrung der je eigenen Gottheiten zusätzlich den Kult gegenüber den römischen Göttern. Da Christen dies aufgrund ihres Gebotes, nur einen Gott zu verehren, ablehnten, galten sie als illoyal gegenüber dem römischen Staat und zogen Argwohn auf sich. 64 n. Chr. veranlasste Kaiser Nero die **Verfolgung der Christen**, welche im Römischen Reich letztlich in unterschiedlicher Intensität durchgeführt wurde. Jedoch konnten sich die Christen nie in absoluter Sicherheit wiegen.

Unter **Kaiser Konstantin** wendet sich die Situation des Christentums entscheidend. Aus einer noch unter Kaiser Diokletian († um 312) verfolgten Religion wurde eine staatlich geduldete und letztlich sogar **geförderte Religion.** Dieser kirchengeschichtliche Einschnitt wird auch als „**Konstantinische Wende**" bezeichnet. Eng verbunden war diese Entwicklung mit der Idee Konstantins, das **Reich durch religiöse Einigung zu stabilisieren.** Warum sich der einstige Anhänger des Sonnengottes *sol invictus* ausgerechnet für das Christentum entschied, berichtet eine schon früh überlieferte Legende: Vor der Schlacht an der Milvischen Brücke (312) gegen seinen Widersacher Maxentius († 312) hatte Konstantin eine Vision, in der er ein Christusmonogramm sah und ihm eine Stimme befahl, in diesem Zeichen zu siegen:

Kaiser Konstantin (um 280–337) gilt als der erste christliche Kaiser. Mit seinem Aufstieg zur Alleinherrschaft gewann auch das Christentum an Bedeutung.

Zitat

Er kommt dem Befehle nach, und indem er den Buchstaben X waagrecht legte und die oberste Spitze umbog, zeichnete er Chr(istus) auf die Schilde.

(Laktanz, De mortibus persecutorum 44,5)

Die griechischen Buchstaben X (Chi) und P (Roh) stehen am Beginn des Wortes Christos (Christus). Übereinander geschrieben sind sie seit dem frühen Christentum eine Abkürzung für den Christustitel.

In den Folgejahren hat Konstantin das Christentum als gleichberechtigt anerkannt (Mailänder Toleranzedikt 313) und gefördert. Beispielsweise hat er den Sonntag als Ruhetag eingeführt, den Bau christlicher Kirchen vorangetrieben oder der Kirche das Recht auf Vermögensbildung zugestanden. Jedoch erhielt Kaiser Konstantin zugleich den religiösen Pluralismus. Erst im Jahr **380** konnte das Christentum unter **Theodosius I.** seinen Absolutheitsanspruch durchsetzen. Durch ein Bündnis mit dem Staat wurde das Christentum zur **Staatsreligion**.

Die enge Bindung an den Staat **brachte der Kirche Schutz und Vorteile** in Bezug auf Religionsausübung und Verbreitung der Glaubensinhalte. Kritiker betonen jedoch, dass durch die Staatskirche die in den Evangelien grundgelegte **Gegenposition der Kirche zur Welt verloren ging** und sie **an Glaubwürdigkeit einbüßte**, da sich ein nicht unerheblicher Anteil an Personen nur aufgrund der gesellschaftlichen Vorteile taufen ließ (sog. Taufscheinchristen). Seither waren Staat und Kirche in der Geschichte immer wieder neu aufgefordert, sich zueinander zu positionieren.

2.3 Kirche im Nationalsozialismus

Mit der Durchsetzung des Nationalsozialismus standen viele Christen in Deutschland vor der Frage, wie sie ihren Glauben an einen Gott und dessen zuvorkommender und grenzüberschreitender Liebe mit dem politischen Versprechen, das Heil liege im Wohl des Staates, in Einklang bringen sollten. Auch die Kirchenleitungen sahen sich mit der Frage nach einer angemessenen Verhältnisbestimmung zur neuen Macht konfrontiert. Da die Geschichte von katholischer und evangelischer Kirche zur Zeit des Nationalsozialismus aufgrund ihrer je eigenen strukturellen Verfassung unterschiedlich verlief, sollen beide Konfessionen im Folgenden getrennt dargestellt werden.

Ablehnung des Nationalsozialismus in der Weimarer Republik durch die katholische Kirche

Ablehnung, Annäherung, erneute Ablehnung und Konfrontation – das **Verhältnis** der katholischen Kirche zum Nationalsozialismus in den Jahren zwischen 1930 und 1945 war **nicht einheitlich** und offenbart das Ringen um eine angemessene Position. Die Diktatur bedeutete auch für die Kirche eine Zeit schwerer Konflikte. Anfangs brachte die katholische Kirche ihre Skepsis gegenüber der in Zeiten der Weimarer Republik gegründeten Nationalsozialistischen Deutschen Arbeiterpartei (NSDAP) um Adolf Hitler zum Ausdruck. Als diese bei den Reichstagswahlen im September 1930 ihren Anteil an Wählerstimmen auf über 18 Prozent erhöhen konnte, **warnten** die deutschen Bischöfe vor der Partei. Bei der Ablehnung nationalsozialistischer Ideen blieb es bis 1933. Beispielsweise wurde Katholiken verboten, Mitglied der NSDAP zu werden. So bezog das Bischöfliche Ordinariat in Mainz am 30. September 1930 gegen das Parteiprogramm der NSDAP Stellung:

> ‚Wir fordern die Freiheit aller religiösen Bekenntnisse im Staat, soweit sie nicht gegen das Sittlichkeits- und Moralgefühl der germanischen Rasse verstoßen.'
> [Anm: Aus dem Parteiprogramm der NSDAP] –
> Wir fragen: Was ist Sittlichkeits- und Moralgefühl der germanischen Rasse? Wie verhält sich dieses germanische Sittlichkeits- und Moralgefühl zur christlichen Moral? Das christliche Sittengesetz gründet sich auf die Nächstenliebe. Die nationalsozialistischen Schriftsteller anerkennen dieses Gebot nicht in dem von Christus gelehrten Sinn; sie predigen Überschätzung der germanischen Rasse und Geringschätzung alles Fremdrassigen. Diese Geringschätzung, die bei vielen zu vollendetem Hass der fremden Rassen führt, ist unchristlich und unkatholisch. [...]

Zitat

Annäherung der katholischen Kirche an den Nationalsozialismus durch das Reichskonkordat von 1933

Nach der Machtergreifung Hitlers am 30. Januar 1933 verschärfte sich die Lage für die katholische Kirche. Sie musste sich zu Hitler, der nach geltendem Recht der Weimarer Verfassung legal ins Amt gekommen war, positionieren. Durch kirchenfreundliche Aussagen versuchte der neue Reichskanzler, mögliche Widerstände seitens der Kirche im Vorfeld auszuräumen. In einer Erklärung vom 23. März 1933 lobte Hitler die Kirche für ihre positive Rolle in der Gesellschaft und versprach, deren Rechte auch in Zukunft zu achten. So stellte er in Aussicht, die christlichen Konfessionen nicht anzutasten und ihren Bestand zu garantieren.

Hitlers Regierungserklärung anlässlich der feierlichen Eröffnung des neuen Reichstags am 21.3.1933

Die Versprechungen Hitlers nahmen die katholischen Bischöfe nur wenige Tage später zum Ausgangspunkt, um ihre kritische Haltung gegenüber Hitler und die **Warnungen** vor der NSDAP **zurückzunehmen**. Die Tatsache, dass Hitler „öffentlich und feierlich" die Unverletzlichkeit der katholischen Glaubenslehre und die Rechte der Kirche garantierte, fand Anerkennung unter den Bischöfen. *Ohne die in unseren früheren Maßnahmen liegende Verurteilung bestimmter religiös-sittlicher Irrtümer aufzuheben, glaubt daher der Episkopat das Vertrauen hegen zu können, dass die allgemeinen Verbote und Warnungen nicht mehr als notwendig betrachtet zu werden brauchen.* (Veröffentlichung der deutschen Bischöfe vom 29. März 1933)

Die nationale Euphorie, die mit dem politischen Umbruch verbunden war, ließ auch die deutschen Bischöfe nicht unberührt. Zudem verstanden einige von ihnen den Nationalsozialismus als Chance im Kampf gegen den Kommunismus. So veröffentlichten sie am 8. Juni 1933 einen Hirtenbrief, der ein **Bekenntnis zum neuen Staat** enthielt. Da Hitler in einer Erklärung im März 1933 in Aussicht stellte, die Rechte der Kirche vertraglich festzuschreiben, legten sich die Bedenken vieler Bischöfe gegen die nationalsozialistische Führung.

Dieser Vertrag – der bereits in der Weimarer Republik in Form eines **Reichskonkordats** geplant war – wurde am 20. Juli 1933 abgeschlossen und markiert die maximale Annäherung zwischen katholischer Kirche und NS-Regime. Beide Seiten zogen Vorteile aus dieser Vereinbarung mit dem Vatikan: Hitler verbuchte den Vertrag als **außenpolitischen Erfolg**, da zum ersten Mal ein anderer Staat sein Regime offiziell anerkannte. Im Gegenzug erhielt die katholische Kirche die von ihr geforderte **Bestandsgarantie**. Neben der Fortführung karitativer Vereine, katholischer Schulen und des Religionsunterrichts versprach der Staat die Wahrung der Religionsfreiheit sowie die Wahrung von kirchlichem Eigentum. Im Gegenzug war es Geistlichen fortan verboten, sich in Parteien politisch zu engagieren. Zudem waren neu eingesetzte Bischöfe verpflichtet, einen Treueid auf die Reichsregierung zu schwören.

Konkordat:
Konkordate (lat. *concordatum*: Vereinbarung, Vertrag) sind Verträge zwischen einem Staat und der römisch-katholischen Kirche. Diese sind vergleichbar mit völkerrechtlichen Verträgen zwischen Staaten und behandeln u. a. das Verhältnis zwischen Kirche und Staat, finanzielle Vereinbarungen wie die Übernahme der Bezüge von Bischofsstühlen oder die Regelungen zum Religionsunterricht.

Zunehmende Spannungen zwischen katholischer Kirche und dem Nationalsozialismus nach 1933

Das Reichskonkordat markierte den Höhepunkt der Annäherung zwischen Kirche und NS-Regime, aber bald nach Vertragsabschluss trat zutage, dass man sich staatlicherseits nicht an die Vereinbarungen hielt. Der im Zuge der Gleichschaltung unternommene Versuch, alle Bereiche des öffentlichen Lebens zu kontrollieren, machte sich auch innerhalb der Kirche bemerkbar. So erlebten Vertreter der Kirche in den Folgejahren immer wieder **Verstöße gegen die geschlossenen Verträge**. Schon im Herbst 1933 zeichnete sich eine Zensur der katholischen Presse ab, es kam zur Auseinandersetzung um Bekenntnisschulen und es entbrannten Konflikte zwischen der nationalsozialistischen Volkswohlfahrt und der katholischen Caritas um die Kinder- und Jugendfürsorge. Ab 1935 begannen die Nationalsozialisten, katholische Geistliche und Ordensleute durch grundlos einberufene Gerichtsverfahren (sog. Sittlichkeitsprozesse) bei den Gläubigen in ein schlechtes Licht zu rücken. Die Kirche hat in den folgenden zwei Jahren versucht, diese Prozesse zu verhindern, jedoch ohne Erfolg. Papst Pius XI. entschied sich dagegen, offenen Widerstand gegen Hitler und sein Regime zu leisten. Auf Drängen einzelner deutscher Bischöfe sah sich der Papst schließlich zum Handeln gezwungen. So beauftragte er Kardinal Faulhaber mit der Ausarbeitung eines Textes in deutscher Sprache. In der Enzyklika **„Mit brennender Sorge"**, die am 21. März 1937 (Palmsonntag) als Hirtenbrief im Gottesdienst in vielen katholischen Kirchen verlesen wurde, übte das Kirchenoberhaupt Kritik an Hitlers Politik und lehnte die Weltanschauung des Nationalsozialismus ab. Die Verfolgung der Juden und anderer Minderheiten wurde in dem Hirtenbrief allerdings nicht thematisiert.

Clemens August Graf von Galen (1878–1946), Bischof von Münster und Gegner des Nationalsozialismus

Obwohl viele Verantwortliche der Kirche, darunter auch der Vorsitzende der Deutschen Bischofskonferenz, Kardinal Bertram, zu den Verbrechen des NS-Regimes überwiegend geschwiegen haben, gab es vereinzelt doch engagierte Christinnen und Christen, die gegen die Nationalsozialisten Widerstand leisteten. Ein bekanntes Beispiel ist **Clemens August Graf von Galen**, der von 1933 bis 1946 Bischof von Münster war. Er kritisierte öffentlich die kirchen- und menschenfeindliche Politik der Nazis. In seiner Predigt am 3. August 1941 prangerte er Euthanasie als Mord an und konnte sogar erreichen, dass das Euthanasieprogramm zeitweilig gestoppt wurde.

```
┌─────────────────────────────────────────────────────┐
│              NATIONALSOZIALISMUS                     │
└─────────────────────────────────────────────────────┘
        ↓                    ↓                    ↓
 vereinzelte Stellung-   Annäherung durch    zunehmende Konflikte
 nahmen gegen den         das Konkordat      zwischen katholischer
 Nationalsozialismus        von 1933         Kirche und dem
      vor 1933                                 NS-Regime
```

Der Anschluss der evangelischen Kirche an den Nationalsozialismus unter den „Deutschen Christen"

Im Unterschied zur zentral strukturierten katholischen Kirche besaß die **evangelische Kirche** kein oppositionelles Organ, auf dem der Widerstand gegen den Nationalsozialismus fußen konnte. Vielmehr war die evangelische Kirche zur Zeit des Nationalsozialismus in viele Strömungen zersplittert. Zudem wies der Protestantismus in Deutschland eine **enge Verbindung zwischen staatlichen Organen und den Landeskirchen** auf, die bis in die Zeit Martin Luthers zurückreicht. Nach dem Wegfall des landesherrlichen Kirchenregiments nach dem Ersten Weltkrieg sah ein Verbund aus mehreren evangelischen Kirchen im Nationalsozialismus die Chance, sich in Anbindung an eine zentrale Macht neu zu strukturieren. So hatte sich bereits im Jahr 1930 die Glaubensbewegung **„Deutsche Christen"** gebildet, die versuchte, die nationalsozialistische Idee mit dem Christentum in Einklang zu bringen. Mit der Unterstützung Adolf Hitlers gewannen Anhänger der „Deutschen Christen" die reichsweiten Kirchenwahlen vom 23. Juli 1933 und besetzten die meisten wichtigen Kirchenämter. Hitler gelang es mithilfe der „Deutschen Christen" sogar, eine zentralistische Reichskirche mit einem autoritär regierenden Reichsbischof an der Spitze zu errichten. Lediglich die Bischöfe der Landeskirchen von Bayern, Hannover und Württemberg gehörten nicht den „Deutschen Christen" an.

Deutsche Christen: Gruppierung innerhalb des deutschen Protestantismus, die die Ausrichtung der Kirche auf das NS-Regime vorantrieb

Widerstand innerhalb der evangelischen Kirche gegen den Nationalsozialismus

Im Jahr 1933 wurde in der größten evangelischen Landeskirche, der Altpreußischen Union, der sogenannte **Arierparagraph** für Kirchenämter eingeführt.

info

Der Arierparagraph

Der Arierparagraph bezeichnet ein NS-Gesetz zum Ausschluss von „Nicht-Ariern" aus dem Beamtentum. Im „Gesetz zur Wiederherstellung des Berufsbeamtentums" (7. April 1933) wurde festgelegt, Beamte, die „nicht-arischer" Herkunft seien, in den Ruhestand zu versetzen. Ziel war es, jüdische und oppositionelle Beamte im Zuge der Gleichschaltung aus dem Staatsdienst zu entfernen. Der Paragraph wurde von zahlreichen Verbänden und auch einigen Landeskirchen übernommen.

Dieser Paragraph wurde so auf die Kirchenverfassung übertragen, dass Geistliche in den Ruhestand versetzt werden sollten, die nach nationalsozialistischer Auffassung „nicht-arischer" Herkunft oder mit einem „nicht-arischen" Partner verheiratet waren. Damit sollte die Ausgrenzung von Juden aus der Gesellschaft vorangetrieben werden. Als Gegenbewegung und direkte Reaktion auf den „Arierparagraphen" gründeten Eugen Weschke, Herbert Goltzen und Günter Jacob im September 1933 den sogenannten **Pfarrernotbund**, dem sich bis 1934 etwa 7 000 Personen, also fast ein Drittel der protestantischen Pastoren im Deutschen Reich, anschlossen. Indem der Pfarrernotbund gegen die Durchführung des „Arierparagraphen" aufbegehrte und die Zentralisierung der Kirche unter dem neuen Reichsbischof Müller ablehnte, eröffnete er den Kirchenkampf innerhalb der evangelischen Kirche. In vielen Landeskirchen bildeten sich zeitgleich „Bekenntnisgemeinschaften", also Zusammenschlüsse aus Pfarrern und Gemeinden, die sich dem Würgegriff einer zentralisierten deutschen Reichskirche entzogen. Auf der Barmer Bekenntnissynode, die im Mai 1934 einberufen wurde, konstituierte sich aus diesen Vorläuferorganisationen die „**Bekennende Kirche**". Ihr ging es vor allem um die Erhaltung kirchlicher Freiheiten. Wer sich aber dem nationalsozialistischen Totalitätsanspruch widersetzte, galt zwangsläufig als staatsfeindlich orientiert und wurde in seiner Arbeit behindert. Zahlreiche Geistliche wurden verwarnt, erhielten Redeverbot oder mussten ihre Gemeinden verlassen.

Pfarrernotbund: oppositioneller Zusammenschluss mehrerer evangelischer Theologen und Amtsträger als Reaktion auf die Einführung des Arierparagraphen

Bekennende Kirche: kirchliche Organisation, die in Opposition zu den „Deutschen Christen" ging und sich gegen Eingriffe in kirchliche Belange wehrte

Deutsche Christen	Bekennende Kirche
• Versuch der Gleichschaltung der kirchlichen Lehre mit der NS-Ideologie	• Unvereinbarkeit von christlicher und nationalsozialistischer Anschauung
• „Deutsches Volkstum" als zweite Offenbarungsquelle neben der Schrift	• Ausrichtung des Glaubens allein auf Christus und die Heilige Schrift
• Besetzung wichtiger Ämter mit regimetreuem Personal	• Unabhängigkeit der Kirchenstruktur von staatlicher Macht

Unter den Dokumenten des Widerstands der „Bekennenden Kirche" ragt vor allem die **Barmer Theologische Erklärung** heraus, die unter maßgeblicher Beteiligung des Schweizer Theologieprofessors **Karl Barth** entstand. In dem Schreiben wird betont, dass Staat und Kirche nicht das Recht hätten, Ansprüche aufeinander zu erheben. Während die Kirche nicht für sich die Befugnisse eines staatlichen Organs fordern könne, sei es nicht Aufgabe des Staates, eine allumfassende, totalitäre Weltdeutung zur alleinigen Wahrheit zu erheben. Einer **zu engen Verflechtung von Staat und Kirche** wird in dieser Erklärung demnach eine **Absage** erteilt. Zudem heben die Verfasser der Schrift hervor, dass **Jesus Christus Mittel- und Ausgangspunkt** theologischen Denkens sei und **nur die Bibel als Offenbarungsquelle** betrachtet werden könne. Das Führerprinzip des Nationalsozialismus wird damit abgelehnt. In Artikel IV der Barmer Theologischen Erklärung heißt es:

Zitat

> Ihr wisset, daß die weltlichen Fürsten herrschen und die Oberherren haben Gewalt. So soll es nicht sein unter euch; sondern so jemand will unter euch gewaltig sein, der sei euer Diener. (Mt 20,25 f.)
>
> Die verschiedenen Ämter in der Kirche begründen keine Herrschaft der einen über die anderen, sondern die Ausübung des der ganzen Gemeinde anvertrauten und befohlenen Dienstes. Wir verwerfen die falsche Lehre, als könne und dürfe sich die Kirche abseits von diesem Dienst besondere, mit Herrschaftsbefugnissen ausgestattete Führer geben oder geben lassen.

Der bekannteste Widerstandskämpfer auf protestantischer Seite ist wohl **Dietrich Bonhoeffer**, welcher der „Bekennenden Kirche" angehörte. Bonhoeffer zählt zu den wenigen Theologen, die die antichristlichen und barbarischen Züge der nationalsozialistischen Weltanschauung von Anbeginn klar erkannt und auch **gegen die Judenverfolgung** eindeutig Stellung bezogen hatten. So warnte er schon vor 1933 ausdrücklich vor den Gefahren des Nationalsozialismus und entsprechend schrieb er im Sommer 1932, der Sieg der Hitlerpartei würde unabsehbare Konsequenzen nicht nur für die Entwicklung des deutschen Volkes, sondern für die Entwicklung der ganzen Welt haben. Auch später, als seine Befürchtungen Gewissheit wurden, sprach er weiter offen aus, was er dachte. Unmittelbar nach der Machtübernahme Hitlers prangerte er in einer Rundfunkrede den „Führerkult" und die Rassenlehre der neuen Herren als gotteslästerlich an.

Dietrich Bonhoeffer
(1906–1945), bedeutender evangelischer Theologe, Anhänger der „Bekennenden Kirche" und Widerstandskämpfer gegen das NS-Regime

Er ließ keinen Zweifel daran, dass die **nationalsozialistische Judenpolitik jeglicher Legitimität entbehrte** und es die Pflicht der Kirche war, den Opfern zu helfen. Dieser Ansicht verlieh er mit dem Aufsatz „Die Kirche vor der Judenfrage" und dem Flugblatt „Der Arierparagraph in der Kirche" Nachdruck. Darin heißt es:

Zitat

> Der Ausschluss der Juden-Christen aus der kirchlichen Gemeinschaft zerstört die Substanz der Kirche Christi: denn erstens wird damit die Tat des Paulus rückgängig gemacht, der davon ausging, dass durch das Kreuz Christi der Zaun zwischen Juden und Heiden abgebrochen sei […] (Eph 2).
>
> Zweitens richtet die Kirche, wenn sie die Juden-Christen ausschließt, ein Gesetz auf, das erfüllt sein muss, bevor man zur kirchlichen Gemeinschaft gehören darf, nämlich das Rassegesetz. Am Eingang zur Kirche Christi in Deutschland steht mithin für die Juden die Frage: Bist du Arier? Erst wenn er dies Gesetz erfüllt hat, kann ich mit ihm in die Kirche gehen, beten, hören, Abendmahl halten […].
>
> Kirche ist die Gemeinde der Berufenen, in der das Evangelium recht gepredigt und die Sakramente recht verwaltet werden, die kein Gesetz für die Zugehörigkeit zu ihr aufrichtet. Darum ist der Arierparagraph eine Irrlehre von der Kirche und zerstört ihre Substanz.
>
> (Dietrich Bonhoeffer, Der Arierparagraph in der Kirche)

Bonhoeffer war den Nationalsozialisten ein Dorn im Auge, weil er klar Stellung bezog. Der Widerstand Bonhoeffers sollte sich nicht auf den deutschen Raum beschränken. Von 1933 bis 1935 war er in der deutschen Gemeinde in London tätig. Im Jahr 1934 nahm er an der ökumenischen Konferenz in Fanö in Dänemark teil und **warnte** in seiner Rede „Kirche und Völkerwelt" **vor der drohenden Kriegsgefahr**. Da sich die Lage immer mehr zuspitzte, ging Bonhoeffer allmählich in die Offensive und leistete bald aktiven Widerstand. 1935 kehrte er auf Bitten der „Bekennenden Kirche" nach Deutschland zurück und übernahm die **Leitung des Predigerseminars in Finkenwalde**.

1943 wurde Dietrich Bonhoeffer wegen Wehrkraftzersetzung verhaftet und im Militärgefängnis Berlin Tegel inhaftiert. In dieser Haft verfasste er auch das heute sehr bekannte Gedicht „Von guten Mächten treu und still umgeben". 1945 wurde er in den berüchtigten Berliner Gestapobunker und dann ins KZ nach Buchenwald bei Weimar verlegt. Nachdem Hitler persönlich die Ermordung der Attentäter vom 20. Juli 1944 angeordnet hatte, wurde Bonhoeffer am 9. April 1945 im Vernichtungslager Flossenbürg hingerichtet.

2.4 Kirche und Staat in der Gegenwart

Das Verhältnis von Kirche und Staat in Deutschland ist durch die staatskirchenrechtlichen Bestimmungen im Grundgesetz und in den Länderverfassungen geregelt. Es lässt sich als verfassungs- und vertragsrechtlich begründetes freiheitliches **Kooperationssystem** bezeichnen und beruht auf folgenden Grundsätzen:

→ Religionsfreiheit
vgl. S. 22 f.

- **rechtliche und organisatorische Trennung** von Staat und Kirche
- grundsätzliche **religiöse Neutralität** des Staates bei gleichzeitiger Bereitschaft zu einer engen Kooperation von Staat und den Kirchen
- umfassende individuelle **Religionsfreiheit** und freie Betätigung der Kirchen und Religions- und Weltanschauungsgemeinschaften
- verfassungsrechtlich garantierter **öffentlich-rechtlicher Status der Kirchen** ermöglicht Anerkennung im Bereich des Öffentlichen

Im Grundgesetz von 1949 sind Glaubens- und Gewissensfreiheit fest verankert.

Neben der Garantie des Grundrechts der individuellen und der korporativen Religionsfreiheit, d. h. der Freiheit des Bekenntnisses und der öffentlichen Ausübung der Religion in all ihren Formen, wird das Recht auf Kriegsdienstverweigerung im Grundgesetz festgehalten. In Artikel 4 heißt es:

(1) Die Freiheit des Glaubens, des Gewissens und die Freiheit des religiösen und weltanschaulichen Bekenntnisses sind unverletzlich.

(2) Die ungestörte Religionsausübung wird gewährleistet.
(3) Niemand darf gegen sein Gewissen zum Kriegsdienst mit der Waffe gezwungen werden. Das Nähere regelt ein Bundesgesetz.

Trotz der grundsätzlichen Trennung von Kirche und Staat erfolgt eine **Zusammenarbeit** auf vielen Gebieten, insbesondere den sog. **res mixtae:** Religionsunterricht als ordentliches Lehrfach an allen öffentlichen Schulen; katholische und evangelische theologische Fakultäten an staatlichen Universitäten; Schulen, Kindertagesstätten und Krankenhäuser in kirchlicher Trägerschaft; Militärseelsorge in der Bundeswehr; Seelsorge in öffentlichen Krankenhäusern und Strafanstalten; die Mitwirkung des Staates bei der Einziehung der Kirchensteuer; die Mitwirkung der Kirchen in den Räten des öffentlich-rechtlichen Rundfunks sowie die öffentliche Wohlfahrtspflege durch beispielsweise die Caritas (kath.) oder die Diakonie (ev.).

Der Begriff **res mixtae** (lat. „vermischte Sachen") bezeichnet im deutschen Staatskirchenrecht Sachgebiete, die zugleich Angelegenheiten des Staates und von Religionsgemeinschaften sind, also gemeinsame Angelegenheiten.

Zu den Besonderheiten der rechtlichen Beziehungen zwischen dem Staat und den Kirchen in Deutschland gehört, dass sowohl auf der Ebene des Bundes als auch auf der Ebene aller Bundesländer (je nach Zuständigkeitsbereich) **Verträge** mit der katholischen Kirche (Konkordate) und den evangelischen Kirchen (Kirchenverträge) bis in die Gegenwart abgeschlossen wurden bzw. werden. Ergebnis dieser Kooperation ist zum Beispiel der konfessionelle Religionsunterricht, der seitens des Staates garantiert wird und den die Religionsgemeinschaften inhaltlich verantworten:

> Der Religionsunterricht ist in den öffentlichen Schulen mit Ausnahme der bekenntnisfreien Schulen ordentliches Lehrfach. Unbeschadet des staatlichen Aufsichtsrechtes wird der Religionsunterricht in Übereinstimmung mit den Grundsätzen der Religionsgemeinschaften erteilt. Kein Lehrer darf gegen seinen Willen verpflichtet werden, Religionsunterricht zu erteilen.
>
> (§ 7 Abs. 3 GG)

Zitat

3 Konfessionelle Perspektiven

Der Begriff **Konfession** (lat. *confessio:* Geständnis, Bekenntnis) ist in der christlichen Theologie entstanden, wo er ursprünglich die Zusammenfassung von Glaubensinhalten bezeichnete. Heute werden damit Untergruppen innerhalb einer Religion benannt, die sich durch ein gemeinsames Bekenntnis von anderen Glaubensrichtungen unterscheiden. Im deutschen Sprachgebiet prägen die drei Hauptkonfessionen der römisch-katholischen, orthodoxen und evangelischen Kirchen das Bild des Christentums.

3.1 Die katholische Kirche: Einheit in Vielfalt

Kennzeichen und Aufbau der katholischen Kirche

Die größte Kirche innerhalb des Christentums ist weltweit die **römisch-katholische Kirche** (griech. *katholikos:* „das Ganze betreffend", „allgemein"). Ihrem Selbstverständnis nach gründet sie auf dem „Felsenwort", das Jesus an den Apostel Petrus richtete: *Du bist Petrus und auf diesen Felsen werde ich meine Kirche bauen* (Mt 16,18). Ihren Namen erhielt sie jedoch erst infolge der Reformation. Gemeint ist die Kirche, die den **Jurisdiktionsprimat** des Papstes als Oberhaupt der Gesamtkirche und Stellvertreter Christi anerkennt: Kraft seines Amtes als Nachfolger Petri und Stellvertreter Christi auf Erden hat der Papst volle, höchste und universale Gewalt über die Kirche, damit Glaubenseinheit und Gemeinschaft innerhalb der Kirche gewahrt bleiben. Dem Papst kommt somit die oberste Lehr- und Rechtsgewalt zu und er ist die höchste Instanz der Kirche. Seit dem Zweiten Vatikanum ist die Gemeinschaft aller Bischöfe, wenn sie gemeinsam mit dem Papst zu einer Meinung kommt, ebenfalls Trägerin dieser Gewalt (vgl. Lumen Gentium 22).

Jurisdiktionsprimat: höchste Entscheidungsgewalt des Papstes in kirchenrechtlichen und lehramtlichen Fragen

Die römisch-katholische Kirche umfasst 24 Teilkirchen:
- **Die lateinische Kirche:** Sie wird auch römische Kirche oder Westkirche genannt und ist die nach Mitgliederzahl größte Teilkirche der römisch-katholischen Kirche. „Lateinisch" bezieht sich hierbei auf den wichtigsten liturgischen (= gottesdienstlichen) Ritus und die in dieser Teilkirche gebräuchliche Kirchensprache Latein. Für sie gilt mit dem „Codex Iuris Canonici" (CIC) das lateinische Kirchenrecht.
- **Die katholischen Ostkirchen** (= unierte Kirchen): Darunter versteht man 23 Teilkirchen, die zwar in der ostkirchlichen Tradition verwurzelt sind und daher den orthodoxen und altorientalischen

Ostkirchen nahestehen. Jedoch erkennen die katholischen Ostkirchen im Gegensatz zu diesen den Jurisdiktionsprimat des Papstes als Bischof von Rom an und sind untereinander sowie mit der lateinischen Kirche in Glaubens-, Gebets- und Sakramentengemeinschaft verbunden. Unfehlbarkeit sprechen sie der ganzen Kirche, jedoch nicht dem Papst zu. Für sie gilt der „Codex Canonum Ecclesiarum Orientalium" (CCEO) als Kirchenrecht.

Die römisch-katholische Kirche ist somit eine **Gemeinschaft von Teilkirchen**.

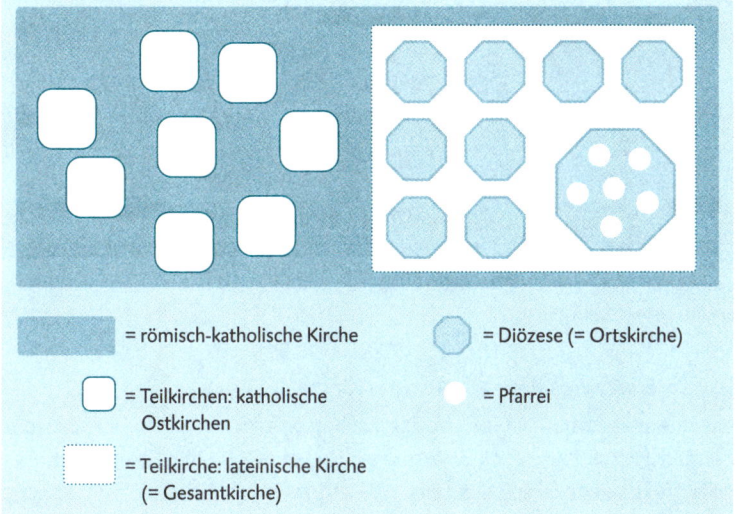

Die **lateinische Teilkirche** versteht sich als Gemeinschaft von Ortskirchen, die dieser nicht untergeordnet sind, sondern in denen Kirche verwirklicht ist. Die einzelnen Ortskirchen werden von einem Bischof geleitet. Da dieser jedoch nicht für die ganze Diözese vor Ort praktische Seelsorge leisten kann, sind die einzelnen Ortskirchen (= Diözesen) territorial (bestimmtes Gebiet) oder personal (bestimmte Zielgruppe, z. B. Hochschulgemeinde) in Gemeinschaften von Gläubigen unterteilt. Diese werden Pfarreien genannt. Die Seelsorge in den Pfarreien überträgt der Bischof einem Pfarrer. Der Bischof ist jedoch nicht nur Vorsteher der Ortskirche, sondern hat zugleich als Mitglied des Bischofkollegiums Anteil an der Leitung der gesamten lateinischen Teilkirche. Dadurch wird die Einheit und zugleich Vielfalt der lateinischen Kirche deutlich. In Deutschland gibt es 27 (Erz-)Bistümer (= Diözesen).

Kirche und Christsein

Lage der 27 katholischen Bistümer in Deutschland. Die sieben Erzbistümer erscheinen auf der Karte farbig.

Konkret erfahren Menschen Kirche meist in ihrem unmittelbaren Lebensraum, d. h. in den Pfarreien vor Ort. Veränderte Bedingungen gesellschaftlichen Lebens und personelle sowie strukturelle Gesichtspunkte in den Bistümern haben jedoch besonders in den letzten Jahren in den meisten Diözesen Deutschlands zu Vergrößerungen der Seelsorgeeinheiten geführt. Dabei geht jedes Bistum seinen eigenen Weg. Jedoch zeichnen sich heute im Wesentlichen drei Grundformen von Pfarreien ab: **Pfarreienverbund** (Kooperation von Pfarreien bei weitgehender Wahrung ihrer Eigenständigkeit, keine Zusammenlegung von Gremien), **Pfarreiengemeinschaft** (Zusammenschluss selbstständiger Pfarreien, die aber rechtlich verbindliche Vereinbarungen treffen und gemeinsame Gremien bilden) und **neu errichtete Pfarreien** (Fusion mehrerer Pfarreien unter einem neuen Pfarrdach).

Selbstverständnis der katholischen Kirche

Nachdem bis zum Zweiten Vatikanischen Konzil vor allem ein statisch-hierarchisches Kirchenbild vorherrschte, entdeckt die Kirche den Begriff **Volk Gottes** seither neu. Anknüpfend an die alttestamentliche Überlieferung vom israelitischen Gottesvolk, das seit seiner Befreiung aus Ägypten mit Gott unterwegs ist, wird eine dynamische Kirchenvorstellung des „wandernden Gottesvolks" beschrieben. Die Metapher vom Volk Gottes bringt verschiedene Grundaspekte des kirchlichen Selbstverständnisses zum Ausdruck:

- Personal-geschichtlicher Charakter:
  Wie sich Gott dem Volk Israel zuwandte und einen **Bund** mit ihm schloss, so versteht sich auch die Kirche als erwählt. Dabei hat die Erwählung einen doppelten Charakter: Zum einen befreit sie aus den Verstrickungen der Welt (Sünde, Gewalt, Ungerechtigkeit) und zum anderen hat sie den Auftrag, die Botschaft Jesu weiterzutragen. Ziel des neu erwählten Volkes ist das **Reich Gottes**. An diesem soll die Kirche mitwirken; sie ist damit aber nicht gleichzusetzen. Der Begriff „Volk Gottes" war zunächst auf das Volk Israel, das die Zuwendung

→ **Reich Gottes** vgl. S. 109 f., 112, 193, 258 f.

Gottes erfuhr, bezogen. Wenn sich die katholische Kirche nun ebenfalls mit diesem Begriff bezeichnet, stellt sie sich in die Nachfolge der geschichtlichen Heilserfahrung, von der die Bibel berichtet. Und sie gewinnt ihr eigenes Selbstverständnis von dieser Grunderfahrung: Gott konstituiert diese Gemeinschaft und gibt ihr den Auftrag, auch für andere in der Welt ein sichtbares Zeichen zu sein.

- Vorläufiger Charakter:
Im Christentum wurde der Begriff „**wanderndes Gottesvolk**" erstmals von Augustinus (354–430) verwendet. Er betont damit die vorläufige Rolle der Kirche zwischen (noch nicht vollständig realisiertem) **Reich Gottes** und der realen irdischen Lebenswelt der Gesellschaft bzw. des Staates. Klaus Hemmerle (1929–1994), der ehemalige Bischof von Aachen, greift diesen Gedanken auf:

Zitat

> Die Kirche ist unterwegs. Das wird sie bleiben, solange sie in dieser Welt ist, und das heißt: solange diese Welt selbst besteht. Es trifft das Wesen der Kirche selbst, was der Hebräerbrief im Blick auf das Schicksal der jungen Kirche sagt: ‚Wir haben hier keine bleibende Stätte, sondern streben der künftigen zu' (Hebr 13,14). Kirche ist nie ‚fertig'.

Obwohl die Kirche in Kontinuität zu den von ihr formulierten Glaubenswahrheiten steht und ihrem Selbstverständnis nach einen festen und unwandelbaren Wesenskern besitzt, so weiß sie auch um die **Reformbedürftigkeit** ihrer selbst *(ecclesia semper reformanda)* und um die Notwendigkeit, sich zu verändern.

- Gemeinschaftlichkeit:
Ein Volk ist man nicht als Individuum, sondern als Gemeinschaft. Die Gemeinschaft der Kirche besteht aus verschiedenen Teil- und Ortskirchen. In ihr leben Menschen mit unterschiedlichen Lebensformen und -ständen. Diese bringen sich mit verschiedenen **Charismen** und Ämtern in die Gemeinschaft ein. Durch Taufe, Erstkommunion und Firmung wird man vollständig in die kirchliche Gemeinschaft aufgenommen. Die Feier der Eucharistie bildet Höhepunkt und Quelle im geistlichen Leben dieser Gemeinschaft.

Charisma: im christlichen Sinn eine Gnadengabe, die bei Paulus v. a. als geistige Fähigkeit (z. B. Weisheit oder Erkenntnis) verstanden wird

Wenn Kirche sich als **Volk Gottes** versteht, definiert sie sich als Gemeinschaft von Gott her und auf diesen hin. Daher will das Konzil mit der Wiederaufnahme des Volk-Gottes-Begriffs nicht in erster Linie die innere Struktur der Kirche beschreiben, sondern Kirche in einen universal- und heilsgeschichtlichen Zusammenhang einordnen.

3.2 Die evangelische Kirche: Gemeinschaft im Wort Gottes

Aufbau und Gliederung der evangelischen Kirche in Deutschland

Da die evangelische Tradition auf unterschiedliche Reformbewegungen und Personen zurückgeht, gibt es noch heute verschiedene Landeskirchen mit entsprechender Ausrichtung:

- **Lutherische Kirchen:** Als „Lutheraner" bezeichneten ursprünglich die Katholiken spöttisch die Anhänger Martin Luthers. Erst später wurde der Begriff zur Selbstbezeichnung. Ihre Theologie gründet auf der Bibel, zum Teil auf Glaubenssätzen der Alten Kirche und auf den Bekenntnisschriften der evangelisch-lutherischen Kirche, die von Martin Luther und anderen lutherischen Theologen verfasst wurden. Im Leitsatz *sola gratia, sola fide, sola scriptura, solus Christus* („allein aus Gnade, allein aus Glauben, allein auf Grundlage der Schrift, allein durch Christus") ist der Grundgedanke der lutherischen Theologie zusammengefasst. Im evangelischen Gottesdienst nehmen Predigt und Abendmahl eine zentrale Bedeutung ein. Lutheraner verstehen die Gegenwart Christi im Abendmahl als **Realpräsenz**.

Realpräsenz: Brot und Wein werden zu Leib und Blut Christi, während sie weiterhin als Brot und Wein sinnlich erfassbar sind. In ihnen ist Jesus Christus wirklich gegenwärtig und real präsent.

- **Reformierte Kirchen:** Diese Kirchen gehen auf das Wirken der Reformatoren Huldrych Zwingli und Johannes Calvin zurück. Anders als Lutheraner verstehen Anhänger der reformierten Kirchen das Abendmahl als zeichenhafte Erinnerung an das Leiden Jesu Christi. Zudem wird in dieser Tradition der Gedanke der Vorhersehung (Prädestination) stärker als in anderen evangelischen Kirchen betont.
- **Unierte Kirchen:** Als Union bezeichnet man den Zusammenschluss von verschiedenen protestantischen Kirchen mit unterschiedlichen Bekenntnissen. Dabei unterscheidet man die reine **Verwaltungs-** von der **Bekenntnisunion**.

Die EKD: Die unierten Kirchen liegen im Westen und auf dem Gebiet des ehemaligen Preußen (hellgrau). Die evangelisch-lutherischen Kirchen liegen im Norden und Süden (farbig). Lippe-Detmold (dunkelgrau) ist eine reformierte Kirche mit lutherischer Minderheit.

Die 20 lutherischen, reformierten und unierten **Landeskirchen** sind seit 1948 unter dem Dach der **Evangelischen Kirche in Deutschland** (EKD) zusammengefasst. Dieser institutionelle Zusammenschluss ist föderal aufgebaut. Das heißt, die EKD nimmt Gemeinschaftsaufgaben für die verschiedenen Landeskirchen wahr, ohne dass diese ihre Selbstständigkeit aufgeben. Für die Wahrnehmung dieser Aufgaben, die in der kirchlichen Verfassung (Grundordnung der EKD) festgelegt sind, tragen die demokratisch strukturierten und gewählten Leitungsgremien Sorge.

Landeskirchen: Verschiedene Kirchengemeinden bilden in einer Landeskirche eine Einheit.

- **Synode** (Parlament und Beschlussfassungsorgan): Die Synode wird in der Regel für sechs Jahre gebildet und kommt einmal jährlich an wechselnden Orten zusammen. Sie berät und beschließt Angelegenheiten, die die EKD betreffen (z. B. Kirchengesetze). Ferner beschäftigt sie sich meist mit einem aktuellen Schwerpunktthema. Teilnahmeberechtigt sind die Mitglieder des Rates und der Kirchenkonferenz, der/die Präsident/-in und der/die Vizepräsident/-in der EKD, der/die Synodalreferent/-in des Kirchenamtes. Hinzu kommen Persönlichkeiten, die auf Synoden der 20 Landeskirchen gewählt wurden.

- **Rat** (Mittler mit Integrationsfunktion): Auch der Rat der EKD besteht für sechs Jahre. Ihm gehören 15 Mitglieder, Theologen und Nichttheologen, an, die von Synode und Kirchenkonferenz gemeinsam gewählt werden. Der Rat ist für die Leitung der EKD verantwortlich. Die wichtigste Aufgabe besteht jedoch in der Wahrnehmung aller nach außen gerichteten Gemeinschaftsaufgaben. So vertritt er die kirchlichen Anliegen gegenüber der Bundesregierung und der politischen Öffentlichkeit. Im Namen der 20 Gliedkirchen bezieht der Rat zu Fragen des religiösen und gesellschaftlichen Lebens Position. Dies geschieht durch aktuelle Stellungnahmen, Denkschriften, Studien, Diskussionsbeiträge und Grundsatzerklärungen.

- **Kirchenkonferenz** (direkte Verantwortung der Landeskirchen): Die Leitungen der Landeskirchen bilden die Kirchenkonferenz und üben so ihre direkte Mitverantwortung und Einflussnahme aus. Hauptaufgabe der Kirchenkonferenz ist es, die Arbeit der EKD und der Landeskirchen zu beraten. Sie kann dem Rat und/oder der Synode Vorlagen und Anregungen geben.

Die Geschäfte von Synode, Rat und Kirchenkonferenz führt das **Kirchenamt**.

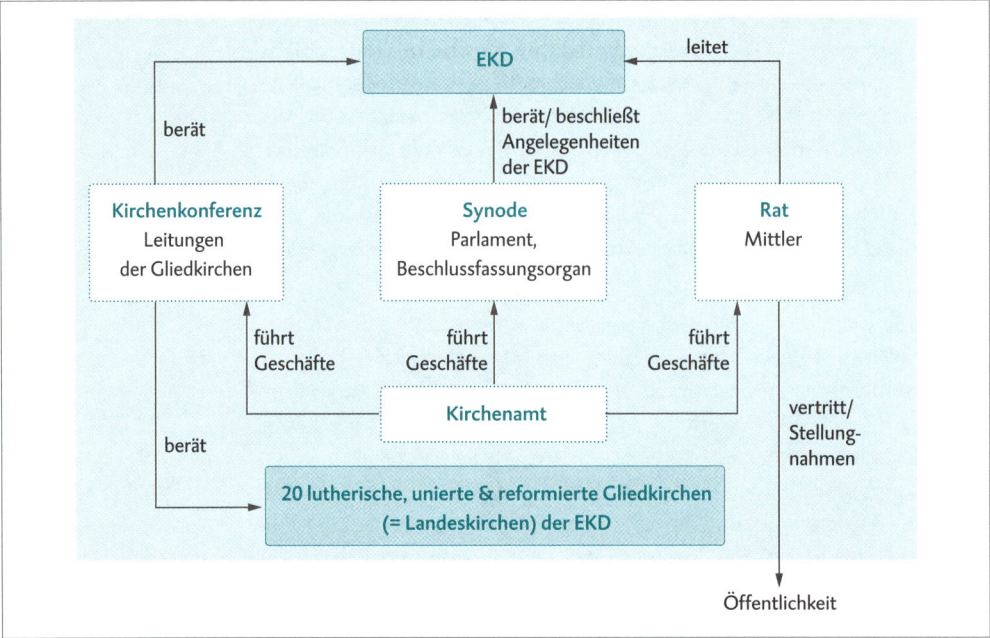

Aufbau und Organisation der Evangelischen Kirche in Deutschland (EKD)

Kirchliches Selbstverständnis in der evangelischen Tradition

Die evangelische Theologie versteht Kirche als eine Gemeinschaft von Gläubigen, die durch das Wort Gottes begründet ist. Wesensmerkmale der Kirche sind folglich Glaube und Gemeinschaft. Aufgabe der Kirche ist die Verkündigung des Evangeliums und die Verwaltung der Sakramente.

Auf Huldrych Zwingli geht – in augustinischer Tradition stehend – die Unterscheidung zwischen **ecclesia visibilis** (= sichtbare Kirche) und **invisibilis** (= verborgene Kirche) zurück. Dabei sind alle Erwählten Teil der sichtbaren Kirche, aber nicht alle Mitglieder der sichtbaren Kirche sind erwählt (vgl. Mt 20,16; 22,14). Übertragen auf die Kirche als Gemeinschaft der Gläubigen heißt das: Während des irdischen Lebens in der Welt ist nicht erkennbar, wer wirklich gläubig ist und somit zur *ecclesia invisibilis* gehört. Mit den Begriffspaaren geistlich/leiblich, innerlich/äußerlich, verborgen/sichtbar werden jedoch nicht zwei getrennt voneinander existierende Kirchen, sondern zwei Aspekte der einen Kirche beschrieben. Es gibt also die institutionell sichtbare Gemeinschaft der Getauften und zugleich die verborgene Gemeinschaft der wahrhaft Gläubigen in der Kirche.

Huldrych Zwingli (1484–1532) bestimmte durch sein Wirken in Zürich wesentliche Überzeugungen reformatorischer Theologie.

Ferner war im Protestantismus die Frage, in welchem **Verhältnis kirchliche und weltliche Macht** stehen, von besonderer Relevanz. Mit der Herausbildung einer eigenständigen christlichen Anschauung, die außerhalb der katholischen Kirche stand, stellte sich diese Frage mit besonderer Dringlichkeit. Daher überrascht es nicht, dass Martin Luther in seiner Schrift **„Von weltlicher Obrigkeit, wie weit man ihr Gehorsam schuldig se**i" (1523) die Beziehungen zwischen Kirche und politischer Herrschaft neu durchdenkt. Sein Ansatz wird in der Theologie als „Zwei-Reiche-Lehre" bezeichnet.

> Gott regiert die Welt auf eine doppelte Weise. Die eine Weise hilft zur Erhaltung dieses leiblichen, irdischen, zeitlichen Lebens, damit zur Erhaltung der Welt. Die andere Weise hilft zum ewigen Leben, das heißt: zur Erlösung der Welt. Das erste Regiment führt Gott mit der linken Hand, das zweite mit der rechten Hand.
> (Paul Althaus, Luthers Lehre von den beiden Reichen im Feuer der Kritik)

Zitat

Das **geistliche Regiment**, dem alle gläubigen und rechtschaffenen Christen angehörten, diene dem Glauben und der Frömmigkeit. Es betrifft die innere Befindlichkeit des Menschen und bildet das „Reich Gottes". Das **weltliche Regiment** hingegen ist nach außen gerichtet, um für Frieden und Gerechtigkeit in einer Gesellschaft einzutreten. Ziel der geistlichen Führung ist es, durch das Wort Gottes und ohne menschliche Gewalt den Glauben zu wecken. Die weltliche Führung wird verstanden als von Gott eingesetzte Ordnung, an der Christen durch die Bekleidung politischer, gesellschaftlicher und wirtschaftlicher Ämter mitwirken sollen.

Beide Regimenter sind grundsätzlich voneinander zu trennen. Eine Alleinherrschaft einer der beiden Herrschaftsformen lehnt Luther ab. Eine Welt, in der ausschließlich die weltliche Macht regiere, würde zu Heuchelei und zu einem hohlen Gesetzesgehorsam führen, während ein alleiniges geistliches Regiment realitätsfern sei. Nach Ansicht Luthers gibt es in einer Gemeinschaft immer mehr unfromme und ungerechte Menschen als rechtschaffene. Daher sei das weltliche Regiment zur Wahrung der Sicherheit absolut erforderlich.

Gläubige Christen bräuchten selbst zwar nicht das weltliche Regiment, da sie auch ohne Gesetze ein rechtschaffenes Leben führen könnten, dennoch ordneten sie sich der weltlichen Obrigkeit aus Liebe zum Nächsten freiwillig unter, um ein gutes Beispiel zu geben. Ebenso sei es aus Gründen der Nächstenliebe erlaubt, der weltlichen Macht zu dienen und öffentliche Ämter zu bekleiden. Schließlich sorge die weltliche Macht für Schutz und Frieden. Gegenüber der weltlichen Macht solle der einzelne Christ alles geduldig erleiden. Im Einsatz für andere jedoch dürfe er durchaus Widerspruch einlegen.

Die genaue Aufgabe des Christen im weltlichen Reich hat später der Schweizer Theologe **Karl Barth** (1886–1968) näher bestimmt:
Ein Christ soll sich weder aus dem politischen System heraushalten noch sich einfach anpassen, sondern die Politik und staatliche Ordnung so unterstützen, dass sie dem Reich Gottes immer ähnlicher werde. Er sieht das Reich Gottes als Mitte des weltlichen Reiches. Aufgabe der Christen ist es, mitzuhelfen, dass diese Mitte nicht verloren geht:

Zitat

> Die Christengemeinde (Anm.: = Christen im weltlichen Reich) ist Zeuge dessen, dass des Menschen Sohn gekommen ist, zu suchen und zu retten, was verloren ist. Das muss für sie bedeuten, dass sie […] auch im politischen Raum vor allem nach unten blickt. Es sind die nach ihrer gesellschaftlichen und wirtschaftlichen Stellung Schwachen und dadurch Bedrohten, es sind die Armen, für die sie sich immer vorzugsweise und im Besonderen einsetzen, für die sie die Bürgergemeinde (Anm.: = weltliches Reich) besonders verantwortlich machen wird.
>
> (Karl Barth, Christengemeinde und Bürgergemeinde, 1946)

So versteht ein Christ seinen Auftrag zu politischem Engagement aus seinem Glauben heraus motiviert.
In der oben genannten Schrift geht Martin Luther darüber hinaus der Frage nach, wie weit weltliche Macht in Angelegenheiten des Glaubens eingreifen darf. Mit Nachdruck vertritt er die Meinung, dass kein menschliches Gesetz den persönlichen Glauben vorschreiben dürfe. Glaube gründe allein im Wort Gottes und unterliege ausschließlich dem **Gewissen**. Bei Streitigkeiten in Glaubensfragen könnten nur Vertreter der Geistlichkeit zur Klärung strittiger Punkte beitragen, nicht aber weltliche Fürsten.

→ **Gewissen** vgl. S. 156 ff.

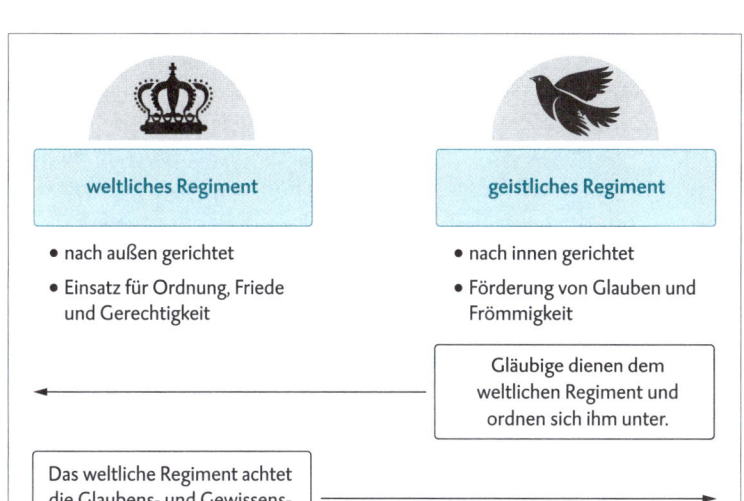

3.3 Unterschiede zwischen evangelischer und katholischer Kirche im Hinblick auf Lehre und Organisation

Die wohl größten Unterschiede zwischen evangelischer und katholischer Theologie bestehen in Fragen zum Kirchenverständnis und den damit verbundenen Aspekten:

- **Primat des Papstes:** Aus katholischer Sicht ist der Papst der legitime Nachfolger des Apostels Petrus und als solcher oberster Hirte der Kirche (Lehr- und Jurisdiktionsgewalt). Auf protestantischer Seite lehnten schon die Reformatoren dessen Überordnung über die Bibel und die Begründung der herausgehobenen Stellung des Papstamtes durch göttliches Recht ab. Bestritten wird ferner, dass der Papst *ex cathedra* („vom Stuhl [Petri] aus", wenn er dies ausdrücklich sagt) unfehlbar in Glaubens- und Sittenfragen sei, wie es auf dem Ersten Vatikanischen Konzil 1870/71 festgelegt wurde.

- **Apostolische Sukzession:** In beiden Konfessionen ist die Frage nach der Kontinuität der kirchlichen Überlieferung relevant: Wie hängt die jetzige Kirche mit Jesus Christus und den Aposteln zusammen? Aufseiten der katholischen Kirche wird diese Frage mit der Idee einer ununterbrochenen Weihekette, der apostolischen Sukzession, beantwortet, die auf die Apostel zurückgeht. Demnach haben seit Beginn der Urkirche Bischöfe neue Bischöfe geweiht und somit eine Verbindung bis zum Wirken der Apostel gewährleistet. Die apostolische Sukzession wird als Garant für die Einheit der Kirche über die Zeiten hinweg verstanden. Diese ununterbrochene Verbindung zu den Aposteln spricht die katholische Kirche den evangelischen Pfarrerinnen und Pfarrern ab, da diese in der Reformationszeit dadurch unterbrochen wurde, dass keine Ordination durch Bischöfe stattfinden konnte, die selbst in der apostolischen Sukzession standen. Evangelische Theologinnen und Theologen sehen die apostolische Sukzession nicht in der lückenlosen Personenkette verwirklicht, sondern sehen sich in ihrem Handeln in der Nachfolge Jesu und der Apostel.

- **Weiheamt:** In der evangelischen Kirche gibt es neben dem allgemeinen Priestertum aller Gläubigen kein besonderes Weiheamt, sondern eine Ordination. Zur Ordination sind Frauen und Männer zugelassen, während in der katholischen Kirche nur Männer geweiht werden können. Die evangelische Kirche sieht die Ordination nicht als geistliches Amt, sondern lediglich als Funktion, die jemandem übertragen werden kann (Pfarrer/-in). Denn aus evangelischer Sicht ergibt sich aus dem Auftrag der Kirche nur das allgemeine Priestertum, das (wie auch in der katholischen Theologie) durch die Taufe allen Gläubigen zukommt. Evangelische Theologen betonen jedoch: Auch wenn niemand einem anderen das allgemeine Priesterrecht streitig machen oder wegnehmen darf, ist es der Ordnung wegen nicht möglich, dass alle Gläubigen dieses Amt gleichzeitig ausüben. Es gibt aber die Möglichkeit, es auf andere zu übertragen. Das geschieht durch die Ordination. Der oder die Ordinierte verstehen sich folglich als Repräsentant der Gemeinde, da ihr Amt eine von der Gemeinde verliehene Autorität ist, die jedoch eine theologische Qualifizierung für ihre sachgerechte Ausübung erfordert.

- **Abendmahl/Eucharistie:** Äußeres Zeichen der Unterschiede im Kirchen- und Ämterverständnis ist das Abendmahl, das noch nicht gemeinsam gefeiert werden kann. Hier wird die Spaltung im alltäglichen Leben der Christen spürbar. Aus katholischer Sicht kann nur ein geweihter Priester Brot und Wein konsekrieren (lat.: „weihen"). Da evangelische Pfarrer bzw. Pfarrerinnen nicht geweiht, sondern ordiniert sind, können sie nach katholischer Vorstellung das Abendmahl nicht gültig spenden. Nach evangelischem Verständnis lädt jedoch Christus selbst und nicht die Kirche oder ihre Amtsträger zum Mahl ein. Deshalb darf jeder Getaufte das Abendmahl spenden und alle Christen

dürfen am Abendmahl teilnehmen. Lediglich aus Gründen der Ordnung leitet im Regelfall ein ordinierter Amtsträger im evangelischen Gottesdienst das Abendmahl. Ob Brot und Wein als wirklicher Leib Christi **(Realpräsenz)** oder als Symbol für dessen Gegenwart verstanden werden, ist in den einzelnen evangelischen Landeskirchen unterschiedlich. Für Katholiken bleiben die Hostien auch nach der Eucharistiefeier gewandelter Leib Christi und werden daher in der Kirche im Tabernakel aufbewahrt.

→ **Realpräsenz**
vgl. S. 232

- **Kirchenverständnis:** Für evangelische Christen ist Kirche überall da, wo das Evangelium in Wort und Sakrament verkündigt wird, weil dort laut biblischem Zeugnis Christus gegenwärtig ist. Die Organisation und Verwaltung der Kirche wird nach funktionalen Kriterien geregelt. Davon unterscheidet sich maßgeblich das katholische Kirchenverständnis. Nach katholischer Lehre ist nur in der römisch-katholischen Kirche die Kirche ganz realisiert, da nur in ihr die „apostolische Sukzession" und der volle biblische Eucharistieglaube gewahrt wurden, was wesentliche Kennzeichen der Kirche seien.

  Zu starken Verletzungen auf evangelischer Seite hat die durch die katholische Kongregation für die Glaubenslehre im Jahr 2000 veröffentlichte Erklärung „Dominus Jesu" geführt, welche die evangelischen Kirchen – mit Rekurs auf die Kirchenkonstitution des II. Vatikanischen Konzils – lediglich als „kirchliche Gemeinschaften" bezeichnet.

- **Orts- und Universalkirche:** Nach evangelischem Verständnis ist jede Ortskirche (= Kirchengemeinde) voll und ganz Kirche, indem in ihr das Evangelium verkündet und Sakramente gespendet werden. Für die katholische Ortskirche (= Diözese) hingegen ist wesentliches Merkmal, dass sie von einem Bischof geleitet wird, der wiederum Mitglied des universalkirchlichen Bischofskollegiums ist und dadurch eine Verbindung zur Universalkirche garantiert. Das bedeutet zwar nicht, dass die Ortskirche nur eine untergeordnete Zweigstelle der Gesamtkirche ist, aber sie muss sich bewusst sein, dass sie nicht allein Kirche ist. Die Ortskirche ist nicht die ganze, aber ganz Kirche.

4 Ökumenische Perspektiven

Ökumene zielt auf die Einheit unter den christlichen Konfessionen. Zu unterscheiden ist Ökumene von dem interreligiösen Dialog, bei dem das Gespräch mit anderen Weltreligionen gesucht wird.

Der Begriff **Ökumene** (griech. „die bewohnte Erde") wird heute in erster Linie für das Bemühen um die sichtbare Einheit aller Christinnen und Christen verwendet. Häufig beruft man sich hierbei auf das Bibelwort *ein Herr, ein Glaube, eine Taufe* (Eph 4,5), das das Gemeinsame der christlichen Konfessionen beschreibt.

Seit Beginn des 20. Jahrhunderts nimmt – durch die ökumenische Bewegung und die Besinnung auf die Theologie des Paulus, der die Einheit der Christen beschwor (vgl. 1 Kor 1,13; 1 Kor 12,12 f.; Gal 3,26–28; Eph 4,11–13) – das Bewusstsein zu, dass Christinnen und Christen der verschiedenen Konfessionen nicht dauerhaft getrennt sein können. Um die Einheit unter den Christen voranzutreiben und die Arbeit der verschiedenen kirchlichen Gemeinschaften zu koordinieren, wurde 1948 der **Ökumenische Rat der Kirchen (ÖRK)** ins Leben gerufen. Heute gehören dem ÖRK weltweit 348 Mitgliedskirchen an, in denen mehr als 500 Millionen Christen beheimatet sind. Die katholische Kirche ist dem ÖRK nicht beigetreten, arbeitet aber mit diesem zusammen. Das war keinesfalls immer so, denn noch Mitte des 20. Jahrhunderts wurde vonseiten der katholischen Kirche das Modell der **Rückkehr-Ökumene** verfolgt. Nach diesem wäre Einheit nur möglich, wenn alle kirchlichen Gemeinschaften den Glauben und die Kirchenstruktur des Katholizismus annehmen. Erst mit dem Zweiten Vatikanischen Konzil (1962–1965) änderte sich diese Haltung. Seither werden zwei andere Modelle diskutiert. Das eine Modell sieht vor, Ökumene zu fördern, indem die christlichen **Kirchen als Aktionsgemeinschaft** zusammenarbeiten. Durch die Schaffung gemeinsamer Einrichtungen und das Zusammenwirken in verschiedenen Bereichen wie der Diakonie und Liturgie soll eine geschwisterliche Gemeinschaft unter Christinnen und Christen aus verschiedenen Traditionen entstehen. Ein anderes Modell sieht eine **versöhnte Verschiedenheit** als Ideal der ökumenischen Bewegung vor. Demnach ist die Schaffung gemeinsamer Strukturen überflüssig, denn Einheit soll durch die Anerkennung der Verschiedenheit und der je anderen Tradition erreicht werden.

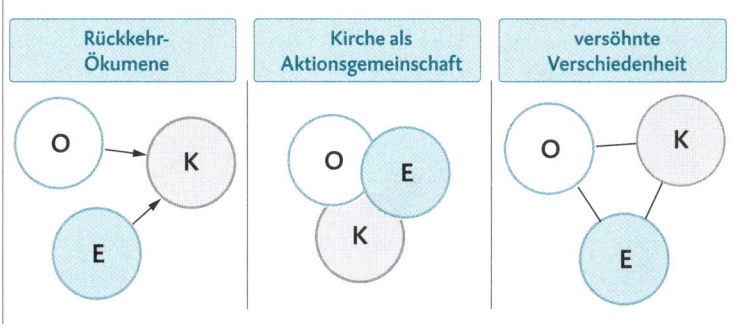

Die Grafik veranschaulicht mögliche Formen des Miteinanders für drei wichtige Konfessionen in Deutschland: die katholische (K), evangelische (E) und orthodoxe (O) Kirche.

Trotz unterschiedlicher Zielvorstellungen wurde bisher viel auf dem Weg zur Einheit erreicht: Auf theologischer Ebene konnte **in einigen Fragen ein Konsens** erarbeitet werden, beispielsweise was die göttliche Gnade bzw. die Rechtfertigung vor Gott betrifft. Auf der Ebene der Kirchenleitung (Deutsche Bischofskonferenz und Rat der Evangelischen Kirche Deutschlands) gab es verschiedenen Initiativen. Vor allem aber vor Ort, auf der Ebene der katholischen Pfarreien und evangelischen Kirchengemeinden, sind die beiden Konfessionen im **gemeinsamen Gebet und Gottesdienst** sowie **im Engagement für Notleidende und Hilfsbedürftige** einander nähergekommen. So sind die Gebetswoche für die Einheit der Christen, der Weltgebetstag der Frauen, der Ökumenische Kreuzweg der Jugend, die Ökumenische Bibelwoche, Ökumenische Kirchentage und das Ökumenische Gebet im Advent inzwischen in vielen Orten fester Bestandteil des Miteinanders.

Auf nationaler Ebene wurde 1948 die **Arbeitsgemeinschaft Christlicher Kirchen in Deutschland (ACK)** gegründet. In ihr eröffnen Begegnungen, Informationsaustausch und theologische Gespräche, ebenso wie Gebet und Gottesdienste auf lokaler, regionaler und nationaler Ebene Perspektiven für eine immer größer werdende Gemeinschaft und die Überwindung der Spaltungen der Christenheit. Darüber hinaus sucht die ACK nach neuen missionarischen Wegen, um durch das Bemühen um Gerechtigkeit, Frieden und Bewahrung der Schöpfung ebenso wie durch den tatkräftigen Einsatz für benachteiligte Menschen dem gemeinsamen christlichen Zeugnis in der Welt sichtbaren Ausdruck zu geben.

Der Gründer von Taizé, Frère Roger (rechts), in Begleitung einiger Mitbrüder im Jahr 1962

Als Symbol gelebter Ökumene gilt Taizé, ein Dorf in Burgund nahe Cluny. Dort gründete 1944 der Schweizer Protestant Frère Roger (1915–2005) eine Brüder-Gemeinschaft. Die Aussöhnung zwischen den Konfessionen, die Verständigung innerhalb Europas nach dem Zweiten Weltkrieg und der Wandel hin zu einem einfacheren Lebensstil waren Ziele dieser Initiative. 1949 legten sieben Männer ihre Ordensgelübde ab und versprachen Armut, Ehelosigkeit und Gehorsam. Zunächst kamen sie aus verschiedenen evangelischen Kirchen. Seit 1969 treten auch Katholiken in die Gemeinschaft ein. Heute gehören ihr rund 100 Männer aus über 30 Ländern und mit unterschiedlicher konfessioneller Herkunft an.

Zitat

In unserer Communauté leben evangelische und katholische Brüder zusammen, die auf diese Weise die zukünftige Einheit vorwegnehmen möchten. Wir tun dies, indem wir einen konkreten ‚Austausch der Gaben' leben: mit den anderen das teilen, was wir als eine Gabe Gottes betrachten, und gleichzeitig anerkennen, dass Gott auch den anderen Schätze anvertraut hat.
(Frère Alois auf der ökumenischen Tagung „2017 – gemeinsam unterwegs")

Diese besondere Atmosphäre zieht Woche für Woche mehrere Tausend Jugendliche an. Bei den internationalen Jugendtreffen in ökumenischer Gemeinschaft und einfachem Lebensstil stehen gemeinsames Beten und Singen der eingängigen, mehrfach zu wiederholenden Taizé-Gesänge sowie Glaubensgespräche im Zentrum.

Zusammenfassung

- Jesus hat nicht die Kirche gegründet, aber kirchliches Handeln geht auf seine Verkündigung in Wort und Tat zurück.
- Die Grundvollzüge der Kirche sind Diakonia, Martyria, Leiturgia und Koinonia.
- Im Neuen Testament erfolgt keine eindeutige Verhältnisbestimmung zwischen Kirche und Staat. Jesus lehnt die staatliche Ordnung nicht generell ab, jedoch betont er die primäre Stellung Gottes.
- Unter Kaiser Konstantin († 337) wurde aus dem zunächst verfolgten Christentum eine geduldete und letztlich sogar geförderte Religion.
- Das Verhältnis der katholischen Kirche zum Nationalsozialismus war uneinheitlich. Einen Höhepunkt der Annäherung bildete das Reichskonkordat von 1933. Mit der Enzyklika „Mit brennender Sorge" erhob Pius XI. im Jahr 1937 öffentlich Anklage gegen das NS-Regime.
- Die enge Verbindung staatlicher Organe mit den evangelischen Landeskirchen führte 1930 zur Gründung der dem NS-Regime nahestehenden Bewegung „Deutsche Christen". Der „Pfarrernotbund" und die „Bekennende Kirche" widersetzten sich dem Nationalsozialismus.
- Das kooperative Verhältnis von Kirche und Staat ist in Deutschland durch Bestimmungen im Grundgesetz und in den Landesverfassungen sowie den Konkordaten und Kirchenverträgen geregelt.
- Die römisch-katholische Kirche umfasst 24 Teilkirchen. Die lateinische Teilkirche besteht aus einzelnen Ortskirchen (Diözesen). Sie versteht sich nach dem Zweiten Vatikanischen Konzil als „wanderndes Volk Gottes".
- Die evangelische Tradition geht auf unterschiedliche Reformbewegungen zurück. In Deutschland besteht sie aus 20 lutherischen, reformierten und unierten Landeskirchen. Sie unterscheidet zwischen der sichtbaren Institution und der verborgenen Gemeinschaft der wahrhaft Gläubigen sowie dem geistlichen und weltlichen Regiment.
- Trotz vieler ökumenischer Bemühungen auf unterschiedlichen Ebenen gibt es noch Unterschiede zwischen evangelischer und katholischer Theologie (Primat des Papstes, apostolische Sukzession, Weiheamt, Mahlgemeinschaft, Kirchenverständnis, Orts-/Universalkirche).
- Es gibt verschiedene ökumenische Modelle, die auf die Einheit der christlichen Kirchen abzielen. Ein Ort gelebter Ökumene ist Taizé.

Zukunftshoffnung

1 Zukunftsperspektiven aus Geschichte und Gegenwart

1.1 Weltliche Entwürfe für die Zukunft

Utopien und Dystopien: Stellenwert, Funktion

Utopien sind Entwürfe darüber, wie die Zukunft sein könnte. Das Wort stammt aus dem Griechischen und heißt wörtlich übersetzt **„Nicht-Ort"** (griech. *ou – tópos*: Nicht-Ort). Daraus wird ersichtlich, dass eine **Utopie** auf einen Ort bzw. einen gesellschaftlichen Zustand, der nicht oder nur sehr schwer zu erreichen ist, anspielt. Im alltagssprachlichen Sinn bezeichnet man daher auch Ideen als „utopisch", die nur schwer zu verwirklichen sind. Dennoch soll der gesellschaftliche Idealzustand, der in einer Utopie beschrieben wird, zum Einsatz für eine bessere Welt anregen.

Utopien beschreiben positive, meist zukünftige Zustände in einem sozialen Gefüge und stellen **Idealzustände** dar. Eine Utopie kann auf verschiedene Bereiche hin bezogen werden, beispielsweise auf einen technischen Fortschritt oder einen gesellschaftlich-politischen Wandel. Entscheidend dabei ist auf jeden Fall, dass im Vergleich mit der aktuellen Situation Verbesserungen herbeigeführt werden.

In der Regel entstehen Utopien aus aktuellen Problemen heraus und wollen somit einen Ausblick auf eine bessere Zukunft geben. Utopien können Menschen in einer schwierigen Situation also **Hoffnung** für die Zukunft machen. Auch wenn die in einer Utopie beschriebenen Idealzustände nicht zu verwirklichen sind (sei es z. B. aus Mangel an technischen Möglichkeiten, sei es wegen des Widerstands führender Gesellschaftsmitglieder), kann eine Utopie doch den Willen der Menschen stärken und sie zu einem **Einsatz für eine bessere Zukunft** motivieren. Somit können Utopien tatsächlich Veränderungen bewirken, insofern als **gegenwärtige Verhältnisse** kritisiert werden, um eine Verbesserung zu erreichen.

Utopie:
auf die Zukunft gerichtete politische und soziale Vorstellungen, die Wunschbilder einer idealen Ordnung oder fortschrittlichen menschlichen Gemeinschaft zeichnen

Der Begriff „Utopie" geht zurück auf den im Jahr 1516 von **Thomas Morus** verfassten Roman „De optimo rei publicae statu deque nova insula Utopia" („Über die beste Verfassung des Staates und die neue Insel Utopia").
In seinem Roman kritisiert Morus die Zustände im England des 16. Jahrhunderts, indem er ihnen eine in seinen Augen **ideale Gesellschaft** – die öffentliche Ordnung auf der Insel Utopia – gegenüberstellt. Im Roman werden u. a. Fragen nach dem Sinn von Privateigentum, der Bedeutung sozialer Gleichheit und der Regentschaft eines gerechten Staatsoberhauptes aufgeworfen.

Titelholzschnitt zur Erstausgabe des Romans „Utopia" (1516) von Thomas Morus

Rund 2 000 Jahre vor Thomas Morus hat der griechische Philosoph Platon mit seinem Dialog über den Staat **(„Politeia")** bereits eine Utopie geschaffen. Im Zentrum dieses Werkes steht die Frage nach der Gerechtigkeit. Diese besteht nach Platon dann, wenn jeder Bürger eines Staates das tut, wozu er am besten geeignet ist. Der **ideale Staat** für Platon weist eine Einteilung in drei Stände auf: Im untersten Stand sind die Handwerker und Kaufleute zu finden, im zweiten die Wächter und im dritten die Philosophen, die die Herrschaft innehaben und den Staat bestens lenken.

Die Philosophen, also die Weisen, sollen nach Platon die Lenkung des Staates übernehmen, da sie ihr Handeln an der Wahrheit ausrichten. Die wahren Weisen seien nämlich bereits zur Schau der Dinge gelangt (vgl. **Höhlengleichnis**) und könnten dies an die Mitmenschen weitergeben.

→ **Höhlengleichnis** vgl. S. 7 f.

Im Gegensatz zur Utopie versteht man eine **Dystopie** als die Beschreibung von negativen Zuständen in der Zukunft und als Gemeinschaften mit gesellschaftlichen Mängeln. Auch eine Dystopie zielt auf die Veränderung von Verhältnissen ab. Allerdings fällt der beschriebenen düsteren Zukunft eine **abschreckende Wirkung** zu. Eine Dystopie zeigt den Menschen oftmals, wie die Zukunft werden könnte, wenn aktuelle Strömungen nicht kritisch hinterfragt und eingedämmt wer-

Dystopie: Szenario, das im Gegensatz zur Utopie ein pessimistisches Bild der Zukunft vor Augen führt

den. Wiederum ist es also das Ziel, die Menschen wachzurütteln und zum Handeln zu bringen, damit negativen Tendenzen innerhalb der Gesellschaft Einhalt geboten werden kann.

Der Roman **„Brave new world"** von Aldous Huxley aus dem Jahre 1932 kann als ein Beispiel für eine Dystopie gelten. Huxley beschreibt darin eine Welt, in der **Menschen nur mehr künstlich gezeugt** werden. Zudem werden durch gezielte Manipulationen an den Embryonen sowie durch Konditionierungen von Kleinkindern Menschen geschaffen, die „funktionieren" und ihrer Klasse angepasst sind – es gibt nämlich eine Einteilung der Menschen von den Alphas (der obersten Klasse) bis zu den Epsilons (der untersten Schicht). Die Menschen hinterfragen durch ihre gezielte Heranzucht ihr Dasein und die Ordnung, in der sie leben, nicht mehr, sodass ein scheinbar friedlicher, stabiler Staat entsteht.

Eine weitere Dystopie hat George Orwell mit seinem Roman **„1984"** (1949) geschaffen. Darin beschreibt er einen Staat, der die **vollkommene Überwachung seiner Bürger** erreicht hat, sodass kein unbeobachteter Schritt mehr möglich ist. Kritisch ist natürlich zu hinterfragen, wie es in einem solchen Staat um die Freiheit des Einzelnen bestellt ist.

Angesichts aktueller Entwicklungen bekommt Orwells Roman und die damit verbundene Warnung neue Bedeutung. Man denke dabei nur an das hemmungslose Sammeln von Daten verschiedener Internetkonzerne und den damit verbundenen Schritt hin zum gläsernen Menschen.

Als aktuelles Beispiel für einen dystopischen Entwurf sei auf den Jugendroman **„Die Tribute von Panem"** (2008) von Suzanne Collins hingewiesen. In dem Roman wird eine Gesellschaft beschrieben, bei der mögliche Aufstände einer unterdrückten und ausgebeuteten Mehrheit durch die Inszenierung grausamer Spiele, die die Überlegenheit der politischen Elite demonstrieren, verhindert werden sollen.

Zitat

> Die Regeln der Hungerspiele sind einfach. Zur Strafe für den Aufstand muss jeder der zwölf Distrikte ein Mädchen und einen Jungen für die Teilnahme stellen, die sogenannten Tribute. Diese vierundzwanzig Tribute werden in einer riesigen Freilichtarena eingesperrt, bei der es sich um jede Art von Gelände handeln kann, von glühender Wüste bis zu eisiger Ödnis. Über mehrere Wochen hinweg müssen die Konkurrenten einander bis auf den Tod bekämpfen. Der Tribut, der als letzter übrigbleibt, hat gewonnen. Das Kapitol nimmt die Kinder aus unseren Distrikten fort und zwingt sie dazu, sich gegenseitig zu töten, während wir zusehen – und erinnert uns auf diese Weise daran, dass wir ihm auf Gedeih und Verderb ausgeliefert sind.

Eine **eindeutige Zuordnung** idealisierender Zukunftsentwürfe in Utopien und Dystopien ist **oftmals jedoch nicht möglich**, da bestehende Entwicklungen oder beschriebene Idealzustände durchaus unterschiedlich bewertet werden können. So kann auch der Utopie des Thomas Morus der Vorwurf gemacht werden, dass es sich um eine Dystopie handelt. Immerhin wird die Insel Utopia als eine **patriarchalische** Gesellschaft dargestellt, die streng hierarchisch geordnet ist.

patriachalisch:
väterlich-bestimmend

Auch bei Platons „Politeia" ist zweifelhaft, ob es sich bei der Darstellung der idealen Herrschaftsform um eine Utopie handelt. Der von Platon entworfene ideale Staat weist nämlich Züge eines totalitären Staates auf, der die Freiheit der Einzelnen stark einschränkt. Utopie und Dystopie haben allerdings als gemeinsames Ziel, die Menschen auf Fehlentwicklungen, ob nun schon vorhandene oder erst im Entstehen begriffene, aufmerksam zu machen und zum Gegensteuern zu bringen.

Themen und Methoden der Zukunftsforschung (Futurologie)

Der Begriff der Futurologie wurde von Ossip K. Flechtheim bereits im Jahr 1943 als die **systematische und kritische Behandlung von Zukunftsfragen** geprägt.

Die Futurologie oder auch Zukunftsforschung beschäftigt sich folglich mit Fragen im Hinblick auf **mögliche Entwicklungen in der bzw. für die Zukunft**. Ihr Ziel besteht darin, durch stichhaltige Prognosen mögliche Entwicklungen innerhalb der nächsten 20 Jahre zu erkennen, sodass vonseiten der Verantwortlichen in der Politik angemessen darauf reagiert werden kann. Die Futurologie soll also dazu dienen, mögliche Fehlentwicklungen zu unterbinden, um frühzeitig Handlungsalternativen zu schaffen. Die Futurologie ist keine Einzelwissenschaft, sondern speist sich aus vielen **verschiedenen Wissensgebieten**, um die komplexen Zukunftsprognosen überhaupt erstellen zu können.

Grundlage für die Erstellung begründeter Aussagen über die Zukunft sind gesicherte Erkenntnisse aus der Gegenwart. Dass es zum menschlichen Wesen gehört, sich über die eigene und auch die gesellschaftliche Zukunft Gedanken zu machen, hat bereits der antike Staatsmann und Philosoph Cicero erkannt.

Zitat

> Kein Volk gibt es, wie ich sehe, mag es noch so fein und gebildet, noch so roh und unwissend sein, das nicht der Ansicht wäre, die Zukunft könne gedeutet und von gewissen Leuten erkannt und vorhergesagt werden.
>
> (Cicero, De divinatione I,2)

Zukunftshoffnung

→ **wissenschaftliche Erkenntnis** vgl. S. 5 ff.

Die Futurologie bedient sich für die Erstellung von soliden Prognosen beispielsweise der Erkenntnisse aus den Wirtschafts- und Sozialwissenschaften sowie verschiedener Naturwissenschaften. Die **Erkenntnisse** werden zusammengetragen, zueinander in Beziehung gesetzt und vergleichend ausgewertet, sodass verschiedene Strömungen zu einer **soliden Prognose** zusammengeführt werden können.

Einer **bloßen Spekulation** versucht die Futurologie durch die Einbeziehung gesicherter Fakten zu entgehen. Jedoch sollte auch ein spekulatives Element Berücksichtigung finden, da Faktoren eintreten können, die zum jeweils aktuellen Zeitpunkt noch gar nicht bekannt sind. Insofern ist es wichtig, eine Fragestellung von möglichst vielen Seiten her zu beleuchten. In diesem Zusammenhang werden zunächst **mögliche Szenarien** für die Zukunft erarbeitet, die dann durch Überprüfung aus der Sicht verschiedener Wissenschaften bezüglich ihrer **Wahrscheinlichkeit** gedeutet werden.

Während die Anfangsjahre der Futurologie, die mit dem Ende des Zweiten Weltkriegs und der Nachkriegszeit verbunden waren, hauptsächlich durch die Frage der Rüstung geprägt waren, entwickelten sich im Laufe der Jahre andere Schwerpunkte.

→ **Verteilungsgerechtigkeit** vgl. S. 195 f.

Angesichts einer **zunehmenden Weltbevölkerung** stellt sich beispielsweise die Frage nach einer **gerechten Verteilung** der vorhandenen Güter sowie nach einer Bevölkerungsobergrenze, die unser Planet verkraften kann.

Der **Club of Rome**, gegründet im Jahr 1968, ist ein internationaler Zusammenschluss von Experten aus Wirtschaft, Wissenschaft und Umwelt, der sich mit dieser Frage auseinandergesetzt hat. Der 1972 veröffentlichte Bericht „**Limits to Growth**" (Die Grenzen des Wachstums), in dem u. a. Prognosen für den Verbrauch

von Ressourcen in Abhängigkeit von der Entwicklung der Weltwirtschaft gemacht wurden, fand weltweit Beachtung. Seither folgten dreißig weitere Berichte mit ähnlicher Thematik. Kernziel des Club of Rome ist es, ein nachhaltiges Denken und Handeln bei den Menschen zu bewirken.

Auch der **Klimawandel** ist ein Thema, dessen sich der Club of Rome und die Zukunftsforschung insgesamt annehmen. Eine Erwärmung der Erde hätte durch schmelzende Polkappen einen Anstieg des Meeresspiegels zur Folge, was wiederum derzeit besiedelte Teile der Welt unbewohnbar machen würde. Somit wäre mit massiven Flüchtlingsbewegungen zu rechnen. Im Rahmen der Futurologie werden z. B. mithilfe von Klimamodellen künftige Entwicklungen abgeschätzt und daraus mögliche Wanderungsbewegungen von Menschen abgeleitet. Um die negativen Folgen des Klimawandels einzudämmen, besteht eine drängende Zukunftsaufgabe in der **Begrenzung der Erderwärmung**. Deutschland strebt deshalb an, bis Mitte des Jahrhunderts die Treibhausgasneutralität zu erreichen.

Weitere Themen stellen etwa die **Erkenntnisse der modernen Biomedizin und Gentechnik** dar mit ihren Möglichkeiten zur genetischen Beeinflussung von Menschen, Tieren und Pflanzen. Hier lässt sich ein Zusammenhang mit der Frage nach dem Wachsen der Weltbevölkerung erkennen, da genetisch veränderte Organismen etwa zu einer steigenden Produktion von Lebensmitteln und damit zu einer gesicherten Versorgung führen könnten. Es wird also ersichtlich, dass viele Zukunftsfragen miteinander verflochten sind und folglich auch zusammenhängend betrachtet und bearbeitet werden müssen.

→ **Gentechnik** vgl. S. 199

- Wie können Frieden und Gerechtigkeit gesichert werden?
- Wie entwickelt sich die Weltbevölkerung?
- Inwiefern ändert sich unsere Kommunikation?
- Welche Energieformen sind zukunftstauglich?
- **Fragen der Futurologie**
- Welche Migrationsbewegungen sind zu erwarten?
- Wie können Menschenrechte weltweit durchgesetzt werden?
- Kann die Erderwärmung begrenzt werden?
- Welche Technologien sind nachhaltig?

Die Zukunftsforschung liefert wichtige Daten und Prognosen für künftige Entwicklungen. Damit bildet sie eine zentrale Voraussetzung dafür, die Zukunft für kommende Generationen zu sichern und in der Gegenwart die Weichen hierfür zu stellen. Dennoch ist die **Aussagekraft** der Ergebnisse der Futurologie **begrenzt**. Das liegt daran, dass niemals die Gesamtheit der zukunftsrelevanten Entwicklungen in den Blick genommen werden kann. Vielmehr sind die **Themen der Zukunftsforschung von der Gegenwart her bestimmt**. Nach der Reaktorkatastrophe von Fukushima im März 2011 wurde beispielsweise verstärkt diskutiert, wie in Zukunft eine nachhaltige und ungefährliche Energiegewinnung erfolgen kann. Gegenwärtig legt die Futurologie einen Schwerpunkt auf die Analyse von technologischen Trends und Innovationen. Dazu zählt die Frage, zu welchen Umwälzungen *Künstliche Intelligenz* in der Zukunft führen wird. Da Zukunftsforschung auch auf Geldgeber angewiesen ist, besteht eine gewisse Abhängigkeit von politischen oder wirtschaftlichen Instanzen. Die **Abhängigkeit von Auftraggebern**, wie zum Beispiel von Automobilkonzernen oder Arbeitgeberverbänden, kann im Vorfeld Auswirkungen auf die Zielrichtung der Zukunftsstudien haben. Nicht selten steht daher die Objektivität der Zukunftsforschung infrage. Nicht zuletzt muss auch darauf hingewiesen werden, dass immer **nur Teilgebiete im Hinblick auf zukünftige Entwicklungen** untersucht werden können. Meist handelt es sich dabei um Bereiche aus Wirtschaft, Wissenschaft, Technologie, Umwelt oder Politik. Zukunftsfragen, die die emotionale oder auch religiöse Seite des Menschen betreffen, finden dagegen kaum Beachtung. Auch in dieser Hinsicht gelangen wissenschaftliche Modelle für die Zukunft immer an Grenzen.

1.2 Biblische Zukunftsentwürfe – zwischen Gericht und Vollendung

Viele biblische Texte beschäftigen sich mit der Frage, wie die Zukunft gestaltet werden soll bzw. wie das Ende der Welt eines Tages aussehen wird. Diese Auseinandersetzung mit den letzten Dingen wird als **Eschatologie** bezeichnet.

Eschatologie: Lehre vom Endschicksal des Menschen und der Welt

Sie geht der Frage nach dem Schicksal eines jeden Menschen (Individualeschatologie) bzw. der Menschheit überhaupt (Universaleschatologie) nach und versucht, verschiedene Antworten darauf zu liefern.

Eine besondere Form der Eschatologie stellt die **Apokalyptik** (Apokalypse – wörtl. „Offenbarung, Enthüllung") dar, bei der sich Gott den Menschen in seiner ganzen Macht zeigt und der Anbruch eines neuen, besseren Weltzeitalters in Aussicht gestellt wird, nachdem das alte Zeitalter in einer Katastrophe zusammengebrochen ist.

→ **prophetische Kult- und Sozialkritik** vgl. S. 185

Religionsgeschichtlich betrachtet geht die alttestamentliche **Prophetie** der Apokalyptik voraus. **Prophetische Kult- und Sozialkritik** richtet sich vor allem an die Zeitgenossen des Volkes Israel, wobei die teils bedrohlichen Bilder, aber auch hoffnungsfrohen Visionen mit der Idee einer Zukunft spielen, die sich fundamental von der Gegenwart unterscheidet.

Prophetische Zukunftsvisionen – zwischen Hoffnung und Angst

Als **Propheten** bezeichnet man einen **Mahner** bzw. **Weissager**, der von Gott berufen ist, die göttliche Wahrheit unter den Menschen zu verkünden bzw. mit Taten zu zeigen. Dabei geht es gerade nicht um Wahrsagerei und Zukunftsdeutung, sondern um eine Botschaft, die an die Zeitgenossen des Volkes Israel gerichtet ist. In Anbetracht aktueller politischer, sozialer oder auch theologischer Fehlentwicklungen und Krisen treten Propheten je nach Kontext als kritische Mahner auf, richten sich bei existenziellen Krisen aber auch mit einer Trostbotschaft an das Volk Israel. Daher sind die **Zukunftsaussagen** der biblischen Propheten stark an den zeitgeschichtlichen Kontext gebunden und **aus der Perspektive ihrer spezifischen Gegenwart formuliert**. So haben die teils bedrohlichen Zukunftsszenarien einzelner Propheten zum Ziel, das Volk Israel in seiner Situation zur Umkehr zu bewegen. Eine utopische Dimension leuchtet in der prophetischen Botschaft auf, wenn Heilsvisionen angesichts von gegenwärtiger Unterdrückung und Unfreiheit als tröstende Hoffnung vor Augen gestellt werden.

Bekannte biblische Propheten sind etwa Amos, Jesaja, Hosea oder Jeremia, deren Bücher im Alten Testament in der Gruppe der „Bücher der Propheten" zu finden sind. Diese datieren aus dem neunten bis vierten Jahrhundert vor Christus.

Der älteste Prophet, von dem ein eigenes Buch überliefert ist, heißt **Amos**. Er trat um 760 v. Chr. mahnend im Nordreich Israel auf. Von Beruf soll er Vieh- und Maulbeerzüchter gewesen sein, sodass er die Verhältnisse in der einfachen, ländlichen Bevölkerung wohl gut gekannt haben dürfte. Er kritisierte dort die Zustände im Staat, der Verwaltung und der Wirtschaft, die er eines Gottesvolkes für unwürdig hielt. Namentlich beschuldigte er die Oberschicht, die Menschen niederer Herkunft schamlos zur eigenen Bereicherung auszunutzen. Diese gesellschaftliche Kluft kann auch als Ergebnis der damaligen sozialpolitischen Lage verstanden werden: Das Nordreich Israel hatte eine

Nach dem Griechischen ist ein **Prophet** einer, der für andere spricht, aus griech. *pro* = „vor/für" und *phemi* = „sagen".

Im Gegensatz zu Tempel- und Hofpropheten sind biblische Propheten zumeist Einzelkämpfer.

günstige Lage an wichtigen Handelsrouten zwischen den Reichen der Assyrer und der Ägypter. Dadurch erlebte es einen enormen wirtschaftlichen Aufschwung. König Jerobeam II. wollte sich diesen Aufschwung zunutze machen, indem er der Bevölkerung hohe Abgaben auferlegte. Das führte letztlich dazu, dass die Schere zwischen sehr reicher Oberschicht und armer Unterschicht immer weiter auseinanderklaffte.

Zitat

> Weil ihr vom Hilflosen Pachtgeld annehmt und sein Getreide mit Steuern belegt, darum baut ihr Häuser aus behauenen Steinen – und wohnt nicht darin, legt ihr euch prächtige Weinberge an – und werdet den Wein nicht trinken.
> (Am 5,11)

Amos spricht beständig von einem „Tag des Herrn", an dem Gerechtigkeit geschehen wird. Auf diese Weise droht er der Oberschicht ganz offen mit ihrem Verderben, sollte sich nichts am Verhalten ändern.
Im Rahmen von fünf Visionen (Am 7,1–9; 8,1–3 sowie 9,1–6) malt Amos aus, was der Tag des Herrn bringen wird. Die abschließende Heilsverheißung (vgl. Am 9,11–15) stammt wohl nicht von Amos selbst, sondern ist vermutlich eine nachträgliche Ergänzung.

Apokalyptische Zukunftsvisionen – zwischen Untergang und Erlösung

Unter **Apokalyptik**, von griech. „Enthüllung", versteht man Schriften, die Ereignisse beim Anbruch des Weltendes offenbaren.

Ebenso wie die Prophetie stellt die **Apokalyptik** eine Sonderform der Eschatologie dar. Der Begriff geht auf die Überschrift der neutestamentlichen Offenbarung des Johannes zurück, doch findet man entsprechendes Gedankengut bereits im Alten Testament, z. B. im Buch Daniel (2. Jh. v. Chr.). Das Ziel der Verfasser apokalyptischer Texte ist es, zu zeigen, weshalb die Welt auf ihr unvermeidliches Ende zusteuert. Dieses Ende stellt zugleich den Anbruch einer neuen, besseren Zeit dar, die als **neuer Äon** bezeichnet wird. Der dafür erforderliche, radikale Bruch in der Geschichte wird zum Kristallisationspunkt der Hoffnung für die Israeliten, die sich angesichts einer ununterbrochenen **Serie der Fremdherrschaft** (Assyrer, Babylonier, Perser, Griechen, Römer) nach einem **geschichtlichen Neuanfang** sehnen. Dieser werde durch eine **künftige kosmische Katastrophe** herbeigeführt. In apokalyptischen Texten werden Vorgänge angesprochen, die noch unsichtbar sind, sich jedoch am Ende der Tage offenbaren. Ein typisches Element apokalyptischer Literatur besteht in der Annahme, dass nur wenigen **geheimen Offenbarungsträgern** das Wissen um die endzeitlichen Geschehnisse zuteilwurde. Charakteristisch für apokalyptische Schriften ist die Darstellung von Gegensätzen, z. B. zwischen der schlechten und finsteren „alten" Zeit und dem besseren, erhellten, neuen Äon. Man spricht bei diesen Gegensätzen von einem **Dualismus**.

Das dualistische Gedankengut führt innerhalb der jüdischen Apokalyptik dazu, die Vorstellung einer kontinuierlichen Heilsgeschichte des Volkes Israel unter dem Schutz Jahwes zu modifizieren. Demnach wird durch Gott das Ende aller Geschichte und weltlichen Herrschaft eingeleitet, wobei alle **Fremdmächte dem Untergang geweiht** sind und **Israel als gerechtfertigtes und auserwähltes Volk** erscheint.

Dualismus: Gegensätzlichkeit, Zweiheit

---

info

Kennzeichen jüdischer Apokalyptik
- Erwartung einer ganz neuen Zeit (neuer Äon), in der Gott seinen Plan mit Israel zur Vollendung führt
- Untergang der diesseitigen und Ankunft der neuen Welt vorherbestimmt (Geschichtsdeterminismus)
- Glaube an eine geheime Überlieferung des Wissens um die neue Welt („versiegelte Bücher").
- Annahme feindlicher Mächte, die der Ankunft des neuen Äons im Wege stehen (Dualismus von gut und böse)

Das Weltgericht am „Jüngsten Tag" (Mt 25,31–46)

Der **Evangelist Matthäus** nimmt vor der Passionsgeschichte in sein Evangelium **Reden über die Endzeit** auf:

Zitat

Vom Weltgericht

31 Wenn der Menschensohn in seiner Herrlichkeit kommt und alle Engel mit ihm, dann wird er sich auf den Thron seiner Herrlichkeit setzen. **32** Und alle Völker werden vor ihm versammelt werden und er wird sie voneinander scheiden, wie der Hirt die Schafe von den Böcken scheidet. **33** Er wird die Schafe zu seiner Rechten stellen, die Böcke aber zur Linken. **34** Dann wird der König denen zu seiner Rechten sagen: Kommt her, die ihr von meinem Vater gesegnet seid, empfangt das Reich als Erbe, das seit der Erschaffung der Welt für euch bestimmt ist! **35** Denn ich war hungrig und ihr habt mir zu essen gegeben; ich war durstig und ihr habt mir zu trinken gegeben […]. **40** […] Amen, ich sage euch: Was ihr für einen meiner geringsten Brüder getan habt, das habt ihr mir getan. **41** Dann wird er zu denen auf der Linken sagen: Geht weg von mir, ihr Verfluchten, in das ewige Feuer, das für den Teufel und seine Engel bestimmt ist! **42** Denn ich war hungrig und ihr habt mir nichts zu essen gegeben; ich war durstig und ihr habt mir nichts zu trinken gegeben […]. **46** Und diese werden weggehen zur ewigen Strafe, die Gerechten aber zum ewigen Leben.

(Mt 25,31–46)

In den Blick fällt zunächst die **Gegenüberstellung der Gerechten und Ungerechten**. Die einen werden ihre gerechte, ewige Strafe erhalten, während den anderen das ewige Leben zuteilwird. Entscheidend dabei ist, dass die Weichen für das eigene Schicksal am „Jüngsten Tag" bereits in der Gegenwart gestellt werden, und zwar im Verhalten gegenüber den Mitmenschen, besonders den Notleidenden. Die Eschatologie beginnt also bereits im Jetzt mit einem von Nächstenliebe geprägten Verhalten. Die Botschaft des Textes besteht darin, dass sich ein gottgefälliges Leben in der Hinwendung zu Schwächeren zeigt und gerade dadurch auch Gott ein Dienst erwiesen wird.

Matthäus stellt nicht das Ende der Welt dar, sondern konzentriert sich darauf, den Menschen ihr **aktuelles Verhalten vor Augen zu führen**. Die versteckte Botschaft im Text könnte etwa lauten: Könnte ich mit meinem derzeitigen Verhalten vor dem Weltgericht als gerecht gelten? Dadurch soll den Menschen ein Anreiz für eine Hinwendung zu den schlechtergestellten Menschen gegeben werden.

Hans Memling: Das Jüngste Gericht (1471–1473)

Die Offenbarung des Johannes

Das letzte Buch der Bibel ist die **Offenbarung des Johannes**, auch Johannes-Apokalypse genannt. Die Abfassung der Schrift stammt vom Ende der Regierungszeit des römischen Kaisers Domitian (81–96 n. Chr.) oder auch aus der Regierungszeit seiner Nachfolger, nämlich Nerva (96–98 n. Chr.), Trajan (98–117 n. Chr.) bzw. Hadrian (117–138 n. Chr.). Domitian soll massive Christenverfolgungen durchgeführt haben, was jedoch nicht genau zu belegen ist. Tatsächlich aber hat sich die Situation der jungen Christengemeinden dahingehend verschlechtert, dass Domitian sowie seine Nachfolger den Kaiserkult besonders hochgehalten haben, vor allem in der Provinz Asia. Dieser Kult beinhaltete, den römischen Kaiser als Herrn und Gott anzusprechen und ihm zu opfern, was die Christen ablehnten. Aus dieser Situation heraus entstand die Johannesapokalypse. Der Verfasser rechnet mit einem aufkommenden Konflikt durch die **Weigerung der Christen, am Kaiserkult teilzunehmen**. Johannes bezeichnet sich selbst als Prophet, der von Gott Gesehenes und Gehörtes (Visionen und Auditionen) niederschreibt und an die sieben Gemeinden in der Provinz Asia sendet. Mithilfe von Auditionen und Visionen wird einerseits der Schrecken des Zusammenbruchs der alten Zeit geschildert, andererseits wird auch die Herrlichkeit Gottes in der neuen Zeit beschrieben.

In einer reichhaltigen Symbolsprache schildert Johannes die überirdischen Vorgänge, die die Endzeit einläuten. Ganz in der Tradition apokalyptischer Texte stilisiert sich der **Verfasser** dabei zum **Träger einer geheimen Offenbarung**.

Kaiser Domitian (Regierungszeit 81–96 n. Chr.): aus dem Herrschergeschlecht der Flavier; lange galt er als tyrannischer Kaiser, neuere Untersuchungen revidieren dieses Bild und betonen seine Rolle als umsichtiger Staatsmann.

Zitat

> **1** Und ich sah auf der rechten Hand dessen, der auf dem Thron saß, eine Buchrolle; sie war innen und auf der Rückseite beschrieben und mit sieben Siegeln versiegelt. **2** Und ich sah: Ein gewaltiger Engel rief mit lauter Stimme: Wer ist würdig, die Buchrolle zu öffnen und ihre Siegel zu lösen? **3** Aber niemand im Himmel, auf der Erde und unter der Erde konnte das Buch öffnen und es lesen. **4** Da weinte ich sehr, weil niemand für würdig befunden wurde, das Buch zu öffnen und es zu lesen. **5** Da sagte einer von den Ältesten zu mir: Weine nicht! Gesiegt hat der Löwe aus dem Stamm Juda, der Spross aus der Wurzel Davids; er kann das Buch und seine sieben Siegel öffnen.
>
> (Offb 5,1–5)

1.3 Das Reich Gottes als Fundament christlicher Zukunftshoffnung

Die zeitliche Dimension des Reiches Gottes

→ **Reich Gottes**
vgl. S. 109 ff., 193

Die Botschaft Jesu vom Reich Gottes bildet das Fundament der christlichen Zukunftshoffnung. Im griechischen Original des Neuen Testaments steht der Begriff *basileia tou theou*, was mit **„Königsherrschaft Gottes"** übersetzt werden kann. Nach der Verkündigung Jesu darf man sich diese Herrschaft Gottes nicht in einem völlig neuen Reich, etwa im weltjenseitigen Himmel vorstellen. Vielmehr ist diese Herrschaft Gottes mit dem Auftreten Jesu bereits angebrochen. Jesus gibt mit seinen Worten und Taten, insbesondere den **Wundern**, einen **Vorgeschmack** darauf, wie das Reich Gottes sein wird.

Das Reich Gottes stellt also durch das Auftreten Jesu bereits eine immanente, d. h. der Gegenwart innewohnende Heilswirklichkeit dar, die für die Zeitgenossen Jesu unmittelbar erfahrbar war. Durch Dämonenaustreibungen, Heilungen sowie die Zuwendung zu Außenseitern will Jesus der anbrechenden Heilszeit Ausdruck verleihen. Auch wenn durch Jesu Taten das Reich Gottes schon angebrochen ist, bleibt es doch eine endzeitliche Verheißung. Das bedeutet, dass das Reich Gottes in vollem Umfang erst noch kommen wird bzw. ersehnt wird. Im Vaterunser wird dies deutlich, wenn es heißt „dein Reich komme" (Lk 11,2). Mit Jesus ist das Reich Gottes also **schon angebrochen**, aber **noch nicht vollendet**. Dieser Zusammenhang wird als **eschatologischer Vorbehalt** bezeichnet – das Reich Gottes ist zwar schon gegenwärtig, aber auch zukünftig. Jedem Menschen, der Jesus nachfolgt, kommt die Aufgabe zu, sein Handeln grundsätzlich so auszurichten, dass es den Ansprüchen des Gottesreiches entspricht. Somit kann jeder seinen eigenen Beitrag zum Werden des Reiches Gottes leisten, wenn auch noch nicht die Vollendung bewirken. Das Bewusstsein um die **Vorläufigkeit** und Endlichkeit der eigenen Bemühungen kann auch entlastend wirken, da der Einzelne bei seinem Einsatz für andere **von übertriebenen Machbarkeitsfantasien befreit** wird und darauf hoffen darf, dass die Vollendung des begonnenen Heilswerks letztlich Gott anheimgegeben ist.

eschatologischer Vorbehalt:
Unter dem Begriff „eschatologischer Vorbehalt" versteht man die Vorläufigkeit aller Bemühungen um das Reich Gottes. Da dessen Vollendung noch aussteht, kann das Heil immer nur zeichenhaft in dieser Welt sichtbar werden.

```
                    ┌─ Zuspruch: zeichenhafter Beginn des Reiches Gottes
                    │            in der Gegenwart
    Reich Gottes ───┤
                    └─ Ziel: Vollendung des Gottesreiches am Ende der Zeit
    ▶ Anspruch:
       Mitwirkung jedes Einzelnen an der Durchsetzung des Reiches Gottes
```

Das Reich Gottes als Auftrag für die Zukunftsgestaltung

Dass Jesus jeden Einzelnen zur Mitwirkung am Reich Gottes auffordert, wird im **Gleichnis vom Sämann** deutlich. Mit der Metapher von der aufgehenden Saat betont Jesus gleichermaßen die Aspekte der **Verborgenheit** und des **Wachstumspotenzials** des Gottesreiches.

Zitat

> **Das Gleichnis vom Sämann**
>
> **1** Und wieder begann er, am Ufer des Sees zu lehren, und sehr viele Menschen versammelten sich um ihn. Er stieg deshalb in ein Boot auf dem See und setzte sich; die Leute aber standen am Ufer. **2** Und er sprach lange zu ihnen und lehrte sie in Gleichnissen. Bei dieser Belehrung sagte er zu ihnen: **3** Hört! Siehe, ein Sämann ging hinaus, um zu säen. **4** Als er säte, fiel ein Teil auf den Weg und die Vögel kamen und fraßen sie. **5** Ein anderer Teil fiel auf felsigen Boden, wo es nur wenig Erde gab, und ging sofort auf, weil das Erdreich nicht tief war; **6** als aber die Sonne hochstieg, wurde die Saat versengt und verdorrte, weil sie keine Wurzeln hatte. **7** Wieder ein anderer Teil fiel in die Dornen und die Dornen wuchsen und erstickten die Saat und sie brachte keine Frucht. **8** Ein anderer Teil schließlich fiel auf guten Boden und brachte Frucht; die Saat ging auf und wuchs empor und trug dreißigfach, ja sechzigfach und hundertfach. **9** Und Jesus sprach: Wer Ohren hat zum Hören, der höre!
>
> (Mk 4,1–9)

Jesus gibt genügend Beispiele dafür, wie Handeln im Sinne des Reiches Gottes aussieht, indem er sich den aus der Gesellschaft Ausgegrenzten zuwendet (z. B. Mahl mit einem Zöllner oder einer Sünderin), Kranke heilt und insgesamt ein Beispiel für liebende Zuwendung zum Nächsten gibt. In der Nachfolge Jesu sind viele Hilfsorganisationen entstanden, wie z. B. die ökumenische Friedensbewegung „**Pax Christi**" oder die Gemeinschaft „**Sant Egidio**".

„Pax Christi" entstand am Ende des Zweiten Weltkrieges aus dem Wunsch französischer Christen, sich mit den deutschen Schwestern und Brüdern zu versöhnen und Frieden zu stiften. Heute verbindet die

Bewegung Gebet und konkrete Aktionen, u. a. auf den Gebieten der Menschenrechte, der Abrüstung und einer gerechten Weltordnung.
Die Gemeinschaft „Sant Egidio" wurde auf Initiative des Historikers Andrea Riccardi von Schülern und Studenten in Rom in den Folgejahren des Zweiten Vatikanischen Konzils (1962–1965) gegründet. Auch hier stellt das Gebet ein zentrales Element dar, ebenso wie der Dialog zwischen Religionen und Konfessionen im Sinne des Zweiten Vatikanums. Der Einsatz der Mitglieder zielt vor allem ab auf die **Ökumene**, ein friedliches Miteinander und die Hinwendung zu den Armen.

→ **Ökumene** vgl. S. 240 ff.

2 Hoffnung auf Auferstehung

2.1 Vorstellungen von einem Weiterleben nach dem Tod

Eine Grundfrage des Menschen dreht sich darum, wie es nach dem Tod weitergeht. Zu jeder Zeit haben Menschen versucht, darauf Antworten zu finden und die damit verbundene Unsicherheit zu bewältigen. Die Menschen stellt die Endlichkeit ihres Lebens vor ein ungelöstes Problem. Daher gibt es die unterschiedlichsten Strategien, wie man der mit dem Tod verbundenen Unsicherheit beggenen kann. Das Streben der Menschen nach einer Klärung der eigenen Endlichkeit bezeichnet man als **Kontingenzbewältigung**.

Kontingenz: philosophischer Begriff, der die Möglichkeit, aber auch die Nicht-Notwendigkeit einer Sache beschreibt; in Bezug auf den Menschen durch Zufälligkeit und Endlichkeit der eigenen Existenz zu spüren

Neben den klassischen Antworten der Religionen gibt es zahlreiche weitere Lösungsvorschläge zur Bewältigung der eigenen Endlichkeit. Ein Problem, das viele Menschen mit ihrem Tod haben, liegt in der Angst, vergessen zu werden. Durch große Leistungen versuchen Personen, der Nachwelt in Erinnerung zu bleiben.

Zitat

Exegi monumentum aere perennius regalique situ pyramidum altius,	Ich habe ein Denkmal errichtet, dauerhafter als Erz, höher als der königliche Bau der Pyramiden,
quod non imber edax, non Aquilo inpotens possit diruere aut innumerabilis annorum series et fuga temporum.	welches nicht der gefräßige Regen und nicht der unbändige Nordwind zerstören kann oder die unzählige Anzahl an Jahren und der Lauf der Zeiten.
Non omnis moriar multaque pars mei vitabit Libitinam. (Horaz 3,30, 1–7a)	Ich werde nicht ganz sterben und ein großer Teil von mir wird den Tod meiden.

Das obenstehende Gedicht gibt einen markanten Eindruck davon, dass es das Ziel des Verfassers ist, mit seinem Werk dem Tod nicht ganz zum Opfer zu fallen, sondern **der Nachwelt im Gedächtnis** zu bleiben.
Zum einen leben die Schöpfer solcher Werke (nicht nur im Bereich der Literatur, sondern auch in anderen Künsten wie der Malerei oder der Musik) dann in ihren Werken weiter, zum anderen aber auch in der Erinnerung der Menschen. Verbunden mit der Beschäftigung mit dem jeweiligen Werk ist in der Regel auch eine Beschäftigung mit dem Urheber, sodass die Erinnerung an ihn oder sie stets wachgehalten wird. Auch Sportlern oder Politikern, die Großes vollbracht haben, kann es so ergehen.

Eine weitere Form des Weiterlebens nach dem Tod sehen viele Menschen in ihren **Nachkommen**. Durch die Erbanlagen, die dem Nachwuchs mitgegeben wurden, so die Vorstellung, lebt ein Teil von einem selbst im Kind weiter. Auch dieser Gedanke kann Trost angesichts der eigenen Endlichkeit spenden.

Wiederum andere Menschen sehen ein Leben nach dem Tod **rein auf atomarer Ebene**. In ihrer Vorstellung geht mit dem eigenen Tod der Körper wieder in den Stoffkreislauf über und die Bausteine des Körpers (Kohlenstoff etc.) werden zu neuen Formen umgewandelt. Anhänger einer neuen Strömung versuchen die eigene Endlichkeit dadurch zu umgehen, dass sie sich einfrieren lassen. Diese Methode wird als sog. **Kryokonservierung** bezeichnet. Unmittelbar nach dem Tod lassen sich Menschen in flüssigem Stickstoff konservieren, wie es aus manchen Science-Fiction-Filmen geläufig ist. Ihre Hoffnung besteht darin, dass es eines Tages möglich sein wird, die Leiden, die zu ihrem Tod geführt haben, zu heilen. Manche hoffen sogar, dass es dereinst möglich sein wird, das Altern rückgängig zu machen. Eine solche Methode wird das Sterben allerdings bestenfalls verzögern können, jedoch nicht aufhalten. Somit wird die Frage nach dem Leben nach dem Tod nicht wirklich beantwortet, sondern nur aufgeschoben bzw. ausgeblendet.

Für viele Menschen ist es ein Trost, dass ein Teil von ihnen durch das Leben ihrer Kinder den Tod überdauert.

2.2 Christliche Auferstehungshoffnung

Chancen des Auferstehungsglaubens

Im Gegensatz zu der Vorstellung, dass der Mensch lediglich in materiellen Fragmenten oder allein in der Erinnerung anderer weiterlebt, besteht der Kern des christlichen Auferstehungsglaubens darin, dass sich der **Mensch als Person** nach dem Tod nicht einfach auflöst, sondern in einer anderen Wirklichkeit **weiterleben** darf. Da eine Zukunft, die über die irdische Existenz hinausgeht, nur schwer vorstellbar ist, stellt sich die berechtigte Frage, welche Chancen mit dem Glauben an eine Auferstehung verbunden sind. Zum einen befreit der Auferstehungsglaube den Menschen von dem Druck, sich den Sinn seiner Existenz im irdischen Dasein ganz selbst geben zu müssen. Mit der Hoffnung auf Auferstehung ist auch verbunden, dass überall dort, wo dieser Sinn im Leben nicht ganz aufgeht, der Tod die eigene Begrenztheit nicht zementiert. Indem der Mensch auf ein Leben nach dem Tod vertraut, wehrt er sich auch gegen den Gedanken, in der Bedeutungslosigkeit der Geschichte zu verschwinden. Gleichzeitig hat diese Annahme auch Auswirkungen auf die irdische Existenz. Der Einzelne ist von dem Druck befreit, in der begrenzten Zeit seiner irdischen Existenz so viel wie möglich erleben und alle Aufgaben und Herausforderungen bewältigen zu müssen, denn mit dem Glauben an eine Auferstehung öffnet sich die Perspektive auf ein **neues, vollendetes Leben**. Gerade auch für Menschen, die von schweren Schicksalsschlägen getroffen sind oder die aufgrund von Krankheit oder Ungerechtigkeit in engen Grenzen leben, stellt diese Perspektive eine **Befreiung** dar. Für viele Menschen, die den Auferstehungsglauben bejahen, hat die Vorstellung von einem Dasein im Jenseits **etwas Tröstliches und Versöhnendes**. Bestehende Ängste vor dem Tod werden, wenn nicht beseitigt, so doch in einem bestimmten Maß gemildert. Damit geht einher, den Widrigkeiten im Leben mit mehr Gelassenheit zu begegnen.

Das Osterzeugnis als Fundament des Auferstehungsglaubens

Das Fundament des christlichen Glaubens an ein Weiterleben nach dem Tod bildet das **österliche Zeugnis von der Auferstehung Jesu**. Der **Apostel Paulus** spricht in seiner Darstellung von einer Auferweckung Jesu, die durch Zeugen bestätigt worden sei, darunter auch er selbst. Offenbar sah sich Paulus Zweifeln gegenüber der Auferstehung Jesu ausgesetzt, da er dies wörtlich anspricht. Bei seinem Schreiben an die verunsicherte Gemeinde von Korinth zitiert er eine **Bekenntnisformel** der ersten Christen, die die Auferstehung Jesu als Erfüllung vergangener Verheißungen ansehen. Im ersten Brief an die Korinther schreibt er:

Zitat

> **1** Ich erinnere euch, Brüder und Schwestern, an das Evangelium, das ich euch verkündet habe. [...]
>
> **3** Christus ist für unsere Sünden gestorben, gemäß der Schrift,
>
> **4** und ist begraben worden. Er ist am dritten Tag auferweckt worden, gemäß der Schrift,
>
> **5** und erschien dem Kephas, dann den Zwölf.
>
> (1 Kor 15,1–5)

Wie in den Evangelien wird auch im Brief des Paulus **kein Wort über den Vorgang der Auferweckung** verloren. Allerdings verweist die zitierte **Glaubensformel auf das Ergebnis der Auferweckung**: der auferstandene Christus wird in Form von Erscheinungen sinnlich fassbar. Damit verbunden ist auch der Glaube an eine **leibliche Auferstehung**. Dass ein mögliches Leben nach dem Tod nicht allein auf eine geistige Dimension beschränkt bleibt, hängt mit dem christlichen Menschenbild zusammen. Demgemäß besteht der Mensch aus Körper und Geist – **Leib und Seele**. Auch wenn der Körper der Verwesung zum Opfer fällt, ist eine Auferstehung dieses Leibes nach christlicher Auffassung notwendig, damit eine Vereinigung von Leib und Seele vollzogen werden kann. Doch wie lässt sich der Glaube an eine leibliche Auferstehung mit der Tatsache vereinbaren, dass der menschliche Leib nach dem Tod zerfällt? Diese Frage beantwortet Paulus auf metaphorische Weise. Er schreibt, dass der Auferstehungsleib des Menschen nicht identisch mit seinem irdischen Leib ist, ebenso wenig wie ein Samenkorn der „auferstandenen" Pflanze ähnelt:

Zitat

> **35** Nun könnte einer fragen: Wie werden die Toten auferweckt, was für einen Leib werden sie haben?
>
> **36** Du Tor! Auch das, was du säst, wird nicht lebendig, wenn es nicht stirbt.
>
> **37** Und was du säst, ist noch nicht der Leib, der entstehen wird.
>
> (1 Kor 15,35–37)

Kennzeichen des Auferstehungsglaubens

Nicht allein die Schwierigkeiten, die mit der Vorstellung von einer leiblichen Auferstehung verbunden sind, stellen den Glauben an eine Auferstehung vor Herausforderungen. Auch Fragen nach der Seinsweise, der zeitlichen Dimension oder dem Zusammenhang zur irdischen Existenz ergeben sich. Obwohl das Bekenntnis zur Auferstehung zum Kern des christlichen Glaubens gehört, werden diese Fragen im Allgemeinen recht vorsichtig beantwortet. Sowohl das biblische Zeugnis als auch Aussagen prominenter Theologen gehen meist nicht über **metaphorische** und eher **spekulative Beschreibungen** hinaus. In seiner Publikation über Jesus von Nazareth fasst der emeritierte Papst Benedikt XVI. das Wesen des christlichen Auferstehungsglaubens in folgende Worte:

Zitat

> Was können wir aufgrund der biblischen Nachrichten nun wirklich über das eigentümliche Wesen der Auferstehung Jesu sagen? Sie ist ein Ereignis in der Geschichte, das doch den Raum der Geschichte sprengt und über sie hinausreicht. In der Auferstehung Jesu tut sich eine neue Dimension des Lebens, des Menschseins, auf. Der Mensch Jesus gehört nun gerade auch mit seinem Leibe ganz und gar der Sphäre des Göttlichen und Ewigen zu. Auch wenn der Mensch von seinem Wesen her zur Unsterblichkeit geschaffen ist, so ist erst jetzt der Ort da, in dem seine unsterbliche Seele den Raum findet, in dem Unsterblichkeit Sinn erhält als Mitsein mit Gott und der ganzen versöhnten Menschheit.
> Da wir selbst keine Erfahrung einer solchen erneuerten, veränderten Weise von Materialität und Leben haben, ist es nicht verwunderlich, dass dies den Bereich dessen, was wir uns vorstellen können, überschreitet. Wesentlich ist, dass mit der Auferstehung Jesu nicht irgendein einzelner Toter irgendwann einmal revitalisiert wurde, sondern dass in der Auferstehung ein das Sein als solches berührender Sprung geschah, dass eine Dimension eröffnet wurde, die uns alle angeht und die für uns alle einen neuen Raum des Lebens, des Mitseins mit Gott geschaffen hat. Auferstehung tut den neuen Raum auf, der die Geschichte über sich selbst hinaus öffnet und das Endgültige schafft. In diesem Sinn gilt, dass Auferstehung nicht ein gleichartiges historisches Ereignis wie die Geburt oder Kreuzigung Jesu ist. Sie ist etwas Neues, ein neuer Typ von Ereignis.
> (Joseph Ratzinger, Benedikt XVI., Jesus von Nazareth. Zweiter Teil)

Auferstehung von Leib und Seele	**Kennzeichen des christlichen Auferstehungsglaubens**	Leben in Gemeinschaft mit Gott und der versöhnten Menschheit
ewiges Leben in Frieden	keine Auflösung der Person, sondern Verbindung zwischen irdischem und jenseitigem Leben	

Ausdrucksformen des Auferstehungsglaubens im biblischen Zeugnis

Um dem Auferstehungsglauben trotz der damit verbundenen Ungewissheit Ausdruck zu verleihen, wird in der christlichen Tradition auf Bilder zurückgegriffen, die bereits im Neuen Testament verankert sind. Es sind vor allem drei Ausdrucksformen, die versuchen, die Existenz im Jenseits zu veranschaulichen. Zunächst gehört dazu das Bild einer **himmlischen Mahlgemeinschaft**, in der das Heil durch die Nähe der Gäste zu ihrem Gastgeber und die Fülle der Festfreuden symbolisiert wird. So stellt Jesus am Ende des letzten Abendmahls seinen Jüngern in Aussicht, dass sie gemeinsam mit ihm zur Herrlichkeit Gottes gelangen werden, wenn er sagt: *Von jetzt an werde ich nicht mehr von der Frucht des Weinstocks trinken, bis zu dem Tag, an dem ich mit euch von neuem davon trinke im Reich meines Vaters.* (Mt 26,29) Auch das Bild einer **himmlischen Stadt**, die Geborgenheit und Gemeinschaft verspricht, gehört zum Bildrepertoire für das jenseitige Leben. Ausführlich wird in der Offenbarung des Johannes beschrieben, welche Segnungen die kommende Stadt für ihre Bewohner bereithalten wird. Der Seher gibt die Vision, die ihm Gott zuteilwerden lässt, mit folgenden Worten wieder:

> **2** Ich sah die heilige Stadt, das neue Jerusalem, von Gott her aus dem Himmel herabkommen; sie war bereit wie eine Braut, die sich für ihren Mann geschmückt hat.
>
> **3** Da hörte ich eine laute Stimme vom Thron her rufen: Seht, die Wohnung Gottes unter den Menschen! Er wird in ihrer Mitte wohnen und sie werden sein Volk sein; und er, Gott, wird bei ihnen sein.
>
> **4** Er wird alle Tränen von ihren Augen abwischen: Der Tod wird nicht mehr sein, keine Trauer, keine Klage, keine Mühsal. Denn was früher war, ist vergangen.
>
> (Offb 21,2–4)

Zitat

Schließlich bildet auch die Vorstellung vom **Paradies** einen festen Bestandteil der christlichen Jenseitsvorstellung. Mit diesem Bild ist der Gedanke verknüpft, dass der Urzustand der Welt, der von einer besonderen Nähe Gottes zu den Menschen sowie der Menschen untereinander gekennzeichnet ist, wiederhergestellt wird. Dass dieses Paradies grundsätzlich allen Menschen offensteht, wird am Ende des Lukas-Evangeliums deutlich, als Jesus dem Verbrecher, der mit ihm gekreuzigt wird, in Aussicht stellt: *Amen, ich sage dir: Heute noch wirst du mit mir im Paradies sein.* (Lk 23,43)

Der Zustand von Fülle und Frieden kommt im Gemälde „Das Paradies" (1618) von Roelant Savery deutlich zum Ausdruck.

2.3 Die Vorstellung von Reinkarnation in der fernöstlichen Tradition

In den großen östlichen Traditionen des Hinduismus und Buddhismus spielt die Lehre von der **Reinkarnation** eine große Rolle.

Im Hinduismus geht man davon aus, dass der Mensch einen unsterblichen Teil besitzt (Atman). Nach dem Tod geht die unsterbliche Seele in einen neuen Leib über. In welcher Gestalt sich die Seele verkörpert (Tier, Mensch, Gott), hängt von den jeweiligen Taten, ob gut oder schlecht, ab. Dieses Gesetz des Ursache-Wirkungs-Zusammenhangs bezeichnet man als **Karma**. Verhält sich also ein Mensch in einer seiner Verkörperungen schlecht, hat dies eine Inkarnation in einer schlechteren Daseinsform zur Folge. Somit hat es ein Mensch durch sein Verhalten in einem gewissen Maß selbst in der Hand, welche weiteren Inkarnationen er erfahren wird. Nach hinduistischer Vorstellung entfällt folglich auch der Glaube an einen Weltenrichter, wie er in der christlichen Tradition vorhanden ist.

Im Hinblick auf verschiedene Verkörperungen, die man erfahren kann, stellt sich gemäß dem Gedicht von Wilhem Busch „Tröstlich" auch die Frage, inwiefern der Mensch in einem neuen Körper noch er selbst ist. Anders formuliert könnte man fragen, ob sich das „Selbst" eines Menschen lediglich durch etwas Unkörperliches wie eine Seele bestimmt, oder ob es sich doch durch ein Zusammenspiel mehrerer Faktoren wie Körper, Geist oder Wahrnehmung definiert.

Reinkarnation:
wörtl. „Wiederfleischwerdung"; Glaube an eine Wiederkehr bzw. ein Weiterleben nach dem Tod

→ **Karma** vgl. S. 167

Zukunftshoffnung 267

Zitat

> Tröstlich
> Die Lehre von der Wiederkehr
> Ist zweifelhaften Sinns.
> Es fragt sich sehr, ob man nachher
> Noch sagen kann: ich bins.
>
> Allein was tuts, wenn mit der Zeit
> Sich ändert die Gestalt?
> Die Fähigkeit zu Lust und Leid
> Vergeht wohl nicht so bald.
>
> (Wilhelm Busch, Schein und Sein)

Die Wiedergeburt spielt sich nach fernöstlichem Glauben in einem fortwährenden Kreislauf (**Samsara**) ab. Ziel von Hinduisten ist es, diesen **Kreislauf zu durchbrechen**, damit die Seele durch das Aufgehen in der Weltseele (Brahman) erlöst wird.

→ **Samsara:** vgl. S. 98, 169

Der Buddhismus ist von ähnlichen Vorstellungen geprägt. Allerdings fehlt der Glaube, dass durch die Reinkarnation Züge einer Person in eine neue übergehen. Buddha formulierte den sog. Achtfachen Pfad, der den Weg zur Erlösung ermöglichen sollte. Dieser Weg endet mit dem Eingang ins **Nirwana**.

Die einzelnen Aspekte dieses Pfades stehen auf einer Ebene. Die Beachtung jedes einzelnen Elementes ist somit gleichermaßen wichtig für die **Erlösung**, die nun zu einer **Aufgabe** wird, die in erster Linie von jedem einzelnen Menschen erfüllt werden muss. In der ältesten Form des Buddhismus, dem sog. Theravada-Buddhismus, spielen Götter für das Erlangen von Erlösung daher auch keine Rolle. Der Achtfache Pfad umfasst Weisungen zur Weisheit, zur Sittlichkeit sowie zur (geistigen) Vertiefung.

Nirwana:
wörtl. „Erlöschen", der Austritt aus dem Kreislauf der Wiedergeburten bzw. aus allen ans Dasein gebundenen Vorstellungen

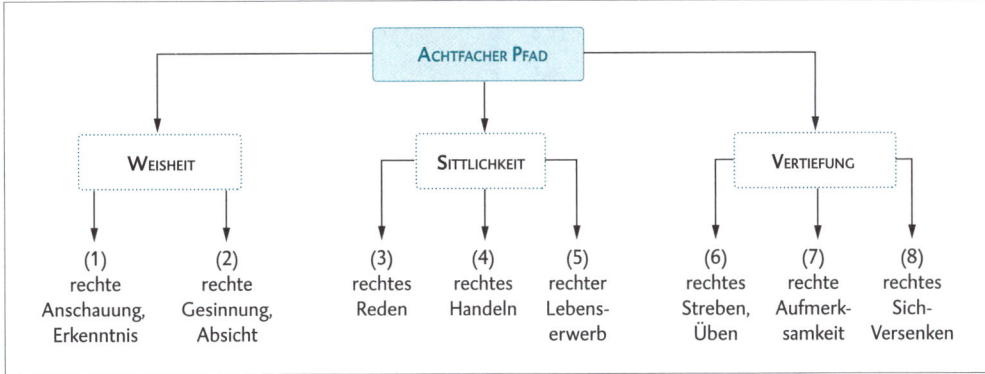

Zusammenfassung

- Die Beschäftigung mit Zukunftsfragen ist für die Menschheit von elementarer Bedeutung. Wichtige Entscheidungen bedürfen einer entsprechend zuverlässigen Prognose. Die dahinterstehende Wissenschaft ist die Futurologie.
- Vorstellungen über die Zukunft, die oft mahnenden Charakter haben sollen und literarisch verarbeitet werden, bezeichnet man als Utopie (positive Zukunftsvorstellung) bzw. Dystopie (negative Zukunftsvorstellung). Utopien und Dystopien sind häufig Reaktionen auf aktuelle, besorgniserregende Entwicklungen in einer Gesellschaft.
- Beispiele für Utopien bzw. Dystopien sind etwa „Utopia" von Thomas Morus, „Politeia" von Platon oder „Brave new world" von Aldous Huxley.
- Biblische Texte befassen sich ebenfalls mit Zukunftsfragen. Im Zentrum stehen dabei Fragen nach den letzten Dingen, wie zum Beispiel „Was kommt nach dem Tod?" oder „Wie bricht das Ende der Welt herein?". Der Fachbegriff für die Lehre von den letzten Dingen lautet „Eschatologie".
- Prophetie und Apokalyptik sind Sonderformen der Eschatologie und haben beide Eingang in einzelne Bücher der Bibel gefunden.
- Im Zentrum der Verkündigung Jesu steht die Botschaft vom Reich Gottes. In Jesu Taten ist dieses Reich bereits angebrochen, jedoch steht seine Vollendung noch aus (eschatologischer Vorbehalt).
- Den Kern des christlichen Glaubens bildet die Auferstehung der Toten. Jesus hat den Tod für alle Menschen durch seine Auferstehung überwunden und schenkt den Menschen dadurch Hoffnung für ihr eigenes Leben.
- Auch in anderen Religionen gibt es Vorstellungen von einem Weiterleben nach dem Tod. Im Buddhismus und Hinduismus geht man allerdings von einem Wiedergeburtenkreislauf aus. Diesen Kreislauf zu durchbrechen, ist das Ziel in diesen Religionen.

Stichwortverzeichnis

Abendmahl 210, 213 f., 232, **238 f.**
Abbild Gottes **148 f.**, 152, 154, 172, 190
Abraham **14 f.**, 96, 130, 133, 171
Achtfacher Pfad 169, **267**
Adoptianismus 128
Amos 130, 197, 185 f., **253 f.**
Analogie 67, 77
Anthropologie **138 ff.**
Apokalyptik 37, 252, **254 f.**, 268
Apostolische Sukzession 237 ff.
Aquin, Thomas von 66, **90 ff.**, 95, 155, 198
Arierparagraph 222 f.
Aristoteles 4, 93, 95, 165 f.
Arius **76**, 128
Atheismus
• methodischer ~ 17
• praktischer ~ 78
• theoretischer ~ 78 ff.
Ätiologie 161
Atman 98, **167 ff.**, 266
Auferstehung 152, 260, **262 ff.**
Auferstehungsglaube 262 ff.
Auferweckung 117, **123 f.**, 126
Augustinus 12, 77
Augustus 102
Autonomie 69 f., 140, **144 f.**, 154, 158 f.

Babylonisches Exil 71, **147**
Barmer Theologische Erklärung 224
Barth, Karl 193, 224, 236
Bekennende Kirche **223 ff.**, 243
Bergpredigt
• Aufbau der ~ 112 f.
• Deutung der ~ 116
• ethischer Anspruch der ~ 113 f., **187 ff.**
Bentham, Jeremy **181**, 207
Bibel
• Bibelexegese 39, 49, 51
• biblische Hermeneutik 43 f.
• Bibelübersetzungen 33

Bilderverbot **73**, 96
Bioethik 18, **199**, 207
Blaise, Pascal 13, 28
Bonhoeffer, Dietrich 225 f.
Brahma 97 f.
Brahman 97 f., **167 f.**, 267
Buber, Martin 145 f.
Buddhismus
• Jenseitsvorstellung im ~ 266 f.
• Menschenbild im ~ 168 ff.

Caritas 214 f., 221, 227
Christologie 127 ff.

Darwin, Charles 16
Dekalog 73, 112, 151, **185 ff.**, 197, 207
Deontologie **178 ff.**, 183 f., 207
Determinismus 141 f.
Deutsche Christen **222**, 243
Dharma 97
Diakonia **214 f.**, 243
Dialogphilosophie 145
Doketismus 128
Domitian 257
Doppelgebot der Liebe 186 f.
Dreifaltigkeit (siehe Trinität)
Dualismus 165, 255
Dystopie **247 ff.**, 268

Ecclesia (in-)visibilis 234
Elia 59 f.
Empirie **6**, 174
Erkenntnis
~ der Wirklichkeit 2 ff.
~ im Glauben 10 ff.
philosophische ~ 7 ff.
wissenschaftliche ~ 5 ff.
Erlösung
~ im Buddhismus 267
~ im Christentum 129, 132

~ im Hinduismus 98, 168
~ im Judentum 110, 132
Eschatologie 109, 212, **252**, 254, 256, 268
Eschatologischer Vorbehalt 110, **258**, 268
Ethik
• christliche ~ 185 ff.
• deskriptive ~ 174
• Gesetzesethik 184
• Gesinnungsethik 184
• Individualethik 174
• Nahethik 182
• normative ~ 174
• Pflichtethik **180 f.**, 182, 207
• Sozialethik **174**, 192, 195
• Verantwortungsethik **182 f.**, 195, 207
• Zukunftsethik 182, 192
Ethikkommission 199
Ethische Modelle 189 ff.
Ethos 179, **187**
Eucharistie 210, 213, 231, **238 f.**
Evangelische Kirche
• Aufbau 232 ff.
• Kirchengeschichte 216 ff.
• Selbstverständnis 234 ff.
Evangelium 40, 100, 213, 234, 239
Exegese
• historische-kritische ~ 44 ff.
• kontextuelle ~ 49 ff.
Existenzialismus 83 f., 141
Exklusivismus **25**, 28
Exodus 67, **72**, 210

Feindesliebe **115 f.**, 189
Feuerbach, Ludwig **79 ff.**, 85, 98
Freiheit
• Begriff der ~ 139 f.
• Gewissensfreiheit 24, 226
• ~ bei Jean-Paul Sartre 83 f., **141 f.**
• ~ als Geschenk Gottes 72 f., 151, 154, 161, 185
• menschliche ~ **140 ff.**, 149, 151
• Missbrauch der ~ 87, **155**, **161**
• Religionsfreiheit **22 f.**, 28, 220, **226**
Frère Roger 242
Friede 185, 194, **197 ff.**, 259
Futurologie **249 ff.**, 268

Galen, Clemens August Graf von 221
Galilei, Galileo 9, 15
Gattungskritik **47**, 64
Gaudium et spes 12 f., 156 f., 192
Gautama Siddharta 168
Gebet 67 f., 153 ff., 164, 172
Geisteswissenschaften 5 f.
Genesis 15, 71
Gentechnik **199**, 251
Geozentrisches Weltbild 9, **15**
Gerechtigkeit
• Formen von ~ 195 f.
• ~ in der Bibel 196 ff.
• ~ und Frieden 155, **194 f.**
• „größere ~" bei Jesus 108, 112 ff., **115**
Gericht 185, 188, **255 f.**
Gesetzesethik (siehe Ethik)
Gesinnungsethik (siehe Ethik)
Gewissen **156 ff.**, 159, 172, 226 f., 236
Glaube
• Entwicklung 68 ff.
• Erkenntnis durch ~ 10 ff.
• ~ Jesu 153 ff.
• ~ und Naturwissenschaft 15 ff.
Glaubensbekenntnis 71, **77**, 96 f.
Gleichnis 32, **55 f.**, 64, 110 ff., 151 f., 163 f.
Gmünder, Paul 68, 98
Goldene Regel 113
Gottesbeweise 90 ff.
Gottesbild
• Altes Testament 71 ff.
• Hinduismus 97 f.
• Islam 96 f.
• jesuanisches ~ 109
• Neues Testament 75 ff.
Grundgesetz 22, 226, 243
Grundvollzüge der Kirche **213 f.**, 243

Hedonismus **179**, 207
Heiliger Geist 75 ff.
Heisenberg, Werner Karl 18
Heliozentrisches Weltbild 9, **15**
Hermeneutischer Zirkel **6 f.**, 44
Hinduismus
• Jenseitsvorstellung 266 ff.

- Menschenbild 166 ff.
- Transzendenzvorstellung 97 f.

Hiob 88 f.
Hobbes, Thomas **143 f.**, 172
Hoheitstitel (siehe Würdetitel)
Höhlengleichnis **7 f.**, 247
Hume, David 179
Huxley, Aldous 248, 268

Ijob (siehe Hiob)
Individualethik 174
Individualisierung 175
Inkarnation 63, 266
Inklusivismus **25**, 28
Inlibration 62 f.
Intelligent Design **93**, 95
Islam
- Gottesbild 96 f.
- Menschenbild 171 f.
- Jesus im ~ 133 f.

Jeremia 35 f., 153
Jesus
- Botschaft 106 ff.
- Ethik 112 ff.
- Gottesbild 109
- historischer ~ 100 ff.
- Tod und Auferstehung 119 ff.
- Wunder 117 ff.

Johannes der Täufer 100, **105 f.**
Johannes Paul II. 43

Kaiserkult 102, **257**
Kanon **34**, 53
Kant, Immanuel **9**, 24, 28, **180 f.**, 207
Karma **167**, 169 f., 266
Kastenwesen 168
Kategorischer Imperativ **180**, 182 f.
Katholische Kirche
- Aufbau 228 ff.
- Selbstverständnis 230 f.

Kausalitätsbeweis 188
Kirche
- Kirchenamt 233
- Kirchengeschichte 216 ff.
- Kirchenkonferenz 233
- Landeskirchen 215, 222 f., **232 f.**, 243
- lutherische Kirchen 34, **232**, 243
- reformierte Kirchen 34, **232**, 243
- Staat und ~ **22 ff.**, 216 ff., **226 f.**, 235
- Teilkirchen **228 f.**, 243
- unierte Kirchen **232 f.**, 243
- Ursprung der ~ 210 ff.

Klonen 199
Kohlberg, Lawrence 158
Koinonia **214**, 216, 243
Konfession 228 ff., **240 ff.**
Konkordat **219 f.**, 221, 227, 243
Konstantinische Wende 217
Kopernikus, Nikolaus 9, 15
Kopftuch 23
Koran **62 f.**, 96
Krieg 197 f.
Küng, Hans 27
Kultkritik **185 f.**, 207, 252
Kunst 52, **58**, 64

Lebensschutz 201
Leibniz, Gottfried Wilhelm **86 f.**, 98
Leib-Seele-Dualismus 165
Lehramt **40 f.**, 45, 53, 64
Leiturgia **213 ff.**, 243
Literarkritik **46 f.**, 64
Literatur 52, **59**, 64
Liturgie (siehe Leiturgia)
Logienquelle **47**, 112
Lohn 195 f., **202 f.**
Loisy, Alfred 212
Lumen Gentium 210, 213, 228
Luther, Martin
- Bibelübersetzung 33
- Gewissen 157 f.
- Theologie 40 f., 155, 164, 232, 235 ff.

Mahlgemeinschaft 210, 238 f., 243, 265
Martyria **213 ff.**, 243
Marx, Karl **80 f.**, 85, 98
Medienethik 205 ff.
Menschenbild
- buddhistisches ~ 168 ff.
- christliches ~ 146 ff.

- hinduistisches ~ 166 ff.
- islamisches ~ 171 f.
- vorchristlich-antikes ~ 165 f.

Messias 118 f., 121, **125 f.**
Metapher **54 ff.**, 64, 67
Methodischer Atheismus 17
Mit brennender Sorge 221, 243
Modalismus 76
Mohammed 62 f., **96**, 133 f., 171
Moksha 98, 168
Morus, Thomas **247**, 249, 268
Mose 72, 103, 112, 132 f., 150 f., 171

Nachhaltigkeit 189, **192**, 207
Nächstenliebe 185, **187**, 207
Nahethik (siehe Ehtik)
Nationalsozialismus **218 ff.**, 243
Naturalistischer Fehlschluss 179
Naturphilosophen 4
Naturwissenschaft **5 f.**, 15 ff., 28
Naturrecht **178 f.**, 207
Negative Theologie **54**, 64, 66, 74
Neurowissenschaft 141
Newman, John Henry 156
Nietzsche, Friedrich **81 ff.**, 85
Nihilismus 81 f.
Nirwana 169
Normen **174 ff.**, 180 f., 206 f.
Normbegründung 178 f.

Ökumene **240 ff.**, 260
Offenbarung des Johannes 254, **257**
Organe 199 f.
Origenes 39
Orwell, George 248
Oser, Fritz 68, 98
Osterzeugnis **123**, 262 f.

Pantheismus 71
Papst 43, 45, 50, **228 f.**, 237, 243, 264
Parabel 55 f.
Paradies 171, 265 f.
Passah (siehe Pessach)
Paul-Dilemma 68
Paulusbriefe 37
Pax Christi 259

Personalität **139**, 189 f., 207
Personenbegriff 139
Pessach 120, 122, 130, **210**
Pfarrernotbund **223**, 243
Pflichtethik **180 ff.**, 207
Pharisäer **104 f.**, 120, 122, 130
Philosophie 3 ff., **7 ff.**, 28
Platon 4, **7 ff.**, 28, 165, 247
Pluralismus 26, 28, 177
Pontius Pilatus 120 ff.
Positivismus 16
Prädestination 96, 232
Priesterschrift **72**, 148
Primat des Papstes 228, **237**, 243
Projektion **79 f.**, 85
Projekt Weltethos 27
Prophet 49, 59 f., 74, 131 f., 133 f., **187, 253**
Prophetie 252, 268

Qumran 103

Rabbiner 107 f.
Rad der Lehre 169
Rahner, Karl **42**, 52
Realpräsenz **232**, 239
Rechtspositivismus **179**, 207
Regiment **235**, 243
Reich Gottes
- Botschaft 101, 109 ff.
- ethischer Anspruch 193 f.
- Merkmale 112
- zeitliche Dimension 110, 258 f.

Reinkarnation 266 f.
Religion
- Religionsbegriff 19 ff.
- Religionsfreiheit **22 f.**, 28, 220, **226**
- Religionskritik 78 ff.
- religiöse Entwicklung 68 ff.
- religiöse Sprache 54 ff., 66 ff.,
- religiöses Urteil 10, 68

Rousseau, Jean-Jaques **143 f.**, 172

Sadduzäer 103 ff., **120 ff.**, 135
Sakrament 164, **212 f.**, 225, 229, 234, 239
Säkularisation 24
Säkularisierung 24 f.

Samsara 98, 169, 267
Sant Egidio 259
Sartre, Jean-Paul 83 ff., 141 f.
Schleiermacher, Friedrich Daniel Ernst 54
Scholastik 94, 198
Schöpfer **71 f.**, 96, 98, 148, 195
Schöpfung
- Schöpfungsauftrag 204
- Schöpfungserzählung 146 ff.
- Schöpfungspartner **146**, 154, 172
Schriftverständnis **39 ff.**, 64
Segen 67 f.
Seinsprinzip 190
Seligpreisungen **113 f.**, 188 f.
Septuaginta 33 f.
Shiva 97 f.
Siddharta (siehe Gautama Siddharta)
Singer, Peter 201
Sinus-Milieustudie 175 ff.
Sittengesetz **179 f.**, 183
Sohn Gottes 75, **126**, 132 ff.
Solidarität **189 f.**, 192, 202 f., 206 f.
Sollensprinzip 190
Soziales Wesen 139, **149**, 172
Sozialkritik **185 f.**, 207, 252
Soziallehre **189**, 201, 204
Sozialwissenschaften 5, 7
Staat **23 f.**, 80, 101, 143 f., 166, 216 f., 236, 243
Subordinatianismus 76
Subsidiarität **189 ff.**, 206 f.
Syllogismus 91
Symbol 56 f.
Symbolische Weltsicht **16 ff.**, 93
Synedrium 104

Teleologie **82**, 178 f., 181, 183 f., 207
Teleologisches Argument **92 f.**, 98
Textkritik **45 f.**, 48, 64
Theodizee **86 ff.**, 98
Theogonie 73
Tora **35**, 43, 188

Transzendenz 66, 69, **73**, 78, 97, **152 f.**
Trinität **75 ff.**, 132
Tritheismus **75**, 133
Tun-Ergehen-Zusammenhang 89, 162, **211**

Übermensch 82, 85, **145**
Utopie **246 f.**, 249, 268

Vaterunser 75, 109, 113, **153 f.**
Verantwortung 142, 145, **154 f.**, **162 f.**
Verantwortungsethik **182 f.**, 195, 207
Verbalinspiration 62, 96
Verheißung 14, 39, 64, 254, 258
Vernunft 8 f., **12 f.**, **180 f.**, 184, 190, 195
Verlorener Sohn 151 f.
Verteilungsgerechtigkeit **195 ff.**, 204, 250
Vier edle Wahrheiten 169
Vierfacher Schriftsinn 39
Vishnu 97
Vulgata 33

Wahrheit **3 ff.**, 7, 13, **25 f.**, 28
Weltgericht 255 f.
Werte
- Umwertung aller ~ 81 ff.
- Wertesystem 176 f.
- Wertewandel 175
Wiedergeburt **167 f.**, 169, 172, **266 f.**
Willensfreiheit **140**, 142
Wille zur Macht **82 f.**, 144
Wort Gottes 39, **41**, 45, 49, **61 f.**
Wunder 112, **117 ff.**, 133
Würdetitel 125 ff.

Zarathustra 83
Zeloten **105**, 122
Zukunftsentwürfe 249, 252
Zwei-Quellen-Theorie 47
Zwei-Reiche-Lehre 193 f.
Zwölferkreis 210 ff.
zyklisches Weltbild 98

Quellennachweis

Umschlag:
Umschlagbild: Rene Ibring / iStock
Umschlagbilder Innenseite: © Cosmin - Constantin Sava | Dreamstime (Schaffung Adams); akg-images (Das Abendmahl)

Kapitel-Auftaktseiten:

1: Triff. Shutterstock (Universum), © pathdoc - Fotolia.com (Spiegelbild), ©mark. Shutterstock (Gitternetz); **29:** © akg-images / Erich Lessing (Evangelisten), Albrecht Dürer, 1514 (Hieronymus), Great Isaiah Scroll, Foto: Ardon Bar Hama (Jesajarolle); **65:** dimitrii fadeev / 123RF (Sikh), akg-images / bilwissedition (Schöpfer), pixelparticle. Shutterstock (Sternenexplosion); **99:** INTERFOTO / Danita Delimont / Jim Engelbrecht (Garten Getsemane), Bayerische Staatsbibliothek München, Clm 4453, folio 45 (Stillung des Seesturms), Foto: Dianelos Georgoudis, CC-BY-SA 3.0 (Pantokrator); **137:** Michelangelo, 1475-1564 (Schaffung Adams), Lightspring. Shutterstock (Zahnräder im Kopf), Janaka Dharmasena. Shutterstock (Vitruvianischer Mensch); **173:** weerapat1003 - Fotolia.com (pflanzende Hände), Carl Bloch, 1834-1890 (Bergpredigt), © Geothea | Dreamstime.com (Zehn Gebote); **209:** mariusz szczygieł - Fotolia.com (Kelch), vadim kozlovsky. Shutterstock (Segen), paul prescott. Shutterstock (Kreuzgewölbe); **245:** Sunny studio. Shutterstock (Keimpflanze), wong yu liang. Shutterstock (Zukunftsvision)

Seiten:

2: agsandrew. Shutterstock; **4:** Aristoteles, Nikomachische Ethik, Buch IV, Kap. 13; **5:** bikeriderlondon. Shutterstock; **7:** Nick Pavlakis. Shutterstock; **10:** Kalil Gibran: Zitat Oase; **12:** Altarretabel von Cambridge von Simone Martini (1285–1344); **13:** Karl Rahner, Herbert Vorgrimler (Hgg.): Kleines Konzilskompendium. Sämtliche Texte des Zweiten Vatikanums. 33. Auflage. Freiburg i.Br.: Herder 1966, S. 461; Georgios Kollidas. Shutterstock; **14:** Julius Schnorr von Carolsfeld (1794–1872); **17:** Wernher von Braun: Naturwissenschaft und Religion; **18:** Bundesarchiv, Bild 183-R57262. Foto: o. Ang. / 1933; **21:** picture alliance / The Advertising Archives; **22:** UNO Menschenrechtserklärung Art. 18; **23:** picture alliance / dpa; **24:** Immanuel Kant: Beantwortung der Frage „Was ist Aufklärung?", in: Berlinische Monatsschrift, 1784, 2, S. 481–494; **26:** Karl Rahner, Herbert Vorgrimler (Hgg.): Kleines Konzilskompendium. Sämtliche Texte des Zweiten Vatikanums. 33. Auflage. Freiburg i.Br.: Herder 1966, S. 356; **30:** © Justin Skinner | Dreamstime.com **32:** © Cla78 - Fotolia.com; **35:** picture-alliance/ dpa; **38:** Regine Lüscher / Michael Schwarz: 16 Themen für den Religionsunterricht an der Oberstufe, hrsg. vom Katechetischen Institut der evangelisch-reformierten Landeskirche des Kantons Zürich, Theologischer Verlag Zürich: Zürich 1989, 2. korrigierter Nachdruck 1991; **40:** © steschum - Fotolia.com; **41:** Martin Luther: Vorrede auf die Episteln Sanct Jacobi und Judas; Karl Rahner, Herbert Vorgrimler (Hgg.): Kleines Konzilskompendium. Sämtliche Texte des Zweiten Vatikanums. 33. Auflage. Freiburg i.Br.: Herder 1966, S. 372 f.; **42:** ullstein bild - B. Friedrich; Karl Rahner (Hg.), Herders Theologisches Taschenlexikon, Band 1, Herder, Freiburg i. Br. 1972, S. 84; **43:** Bernard Bisson / Getty Images; **45:** Päpst. Bibelkommission: Die Interpretation der Bibel in der Kirche, 1993; **46:** © Gregorius Gp Buir | Dreamstime.com; **50:** Agência Brasil 27.03.2003, Hermínio Oliveira; CC-BY-SA 3.0 Brazil; **51:** akg-images / MPortfolio / Electa; **52:** Amrei-Marie at German Wikipedia; CC-BY-SA 3.0; **54:** INTERFOTO / imageBROKER / BAO; **55:** FloridaStock. Shutterstock; **55/56:** Die Bibel nach Martin Luthers Übersetzung, revidiert 2017, © 2016 Deutsche Bibelgesellschaft, Stuttgart; **57:** © Martin Konopka | Dreamstime.com; **58:** © CSG CIC Glasgow Museums and Libraries Collections; **59:** akg-images; Nelly Sachs: Immer noch Mitternacht auf diesem Stern, in: Dies.: Fahrt ins Staublose. 2. Auflage. Hamburg: Verlag Heinrich Ellermann 1966; **63:** hamdan / 123RF (Koran); © BillionPhotos.com - Fotolia.com (Bibel und Kreuz); **66:** Carlo Crivelli, 1476; **67:** IV. Laterankonzil, 1215; **72:** akg-images / Pictures From History; **76:** akg-images / Fototeca Gilardi; **77:** Apostolisches Glaubensbekenntnis; **78:** ullstein bild / Oscar Poss; **79:** Foto von August Weber (1823-1892); **80:** Ludwig Feuerbach: Das Wesen des Christentums; Foto von John Jabez Edwin Mayall, vor August 1875; **81:** Karl Marx: Zur Kritik der Hegelschen Rechtsphilosophie; Foto von F. Hartmann, ca. 1875; **82:** Friedrich Nietzsche: Der tolle Mensch, in: Ders.: Die fröhliche Wissenschaft. Reclam Verlag 2000; **83:** akg-images; **84:** J.P. Sartre: Ist der Existenzialismus ein Humanismus? Zitiert nach W. Trutwin: Gespräch mit dem Atheismus, Göttingen 1970, S. 62

Quellennachweis

ff.; **86:** Christoph Bernhard Francke, ca. 1695; Heinrich Heine: Die verdammten Fragen; **91/93:** Thomas von Aquin: Summa theologicae I, q. 2, art. 3; **97:** Sure 1; **102:** Foto: Till Niermann; CC-BY-SA 3.0; **103:** akg-images / Balage Balogh / archaeologyillustrated.com; **116:** Archive Photos / Getty Images; **118:** ullstein bild - Würth GmbH/Swiridoff; **120:** Foto: Juan R. Cuadra; **122:** akg-images; **124:** Matthias Stoner (1600-?); **131:** Foto: Harald Bischoff; CC-BY-SA 3.0; **132:** Schalom Ben-Chorin: Jüdische Fragen zu Jesus, in: Werner Trutwin (Hg.): Der Anspruch Jesu (Theologisches Forum 3). Düsseldorf: Patmos Verlag 1970, S. 63; **133:** http://www.koran-auf-deutsch.de/19-maria-maryam; **147:** 123rf.com; **151:** Rembrandt van Rijn (1606-1669); **156:** John Everett Millais (1829-1896); **158:** Martin Luther, Ausgewählte Schriften, hrsg. von Karin Bornkamm und Gerhard Ebeling, Bd. I: Aufbruch zur Reformation, Insel TB 1751, Insel, Frankfurt am Main/Leipzig 1995, S. 269; **162:** akg-images / Erich Lessing; **169:** Simone Buehring / 123RF; **171:** Annemarie, Schimmel (Hg.): Der Koran, übersetzt von Max Henning, Stuttgart: Reclam 2010, S. 30; **176:** SINUS-Institut; **181:** Immanuel Kant: Grundlegung zur Metaphysik der Sitten, in.: Wilhelm Weischedel (Hg.): I. Kant: Werke in zehn Bänden. Wissenschaftliche Buchgesellschaft: Darmstadt 1975. Bd. VI, S. 57; Georgios Kollidas. Shutterstock; **182:** Regina Schmeken/Süddeutsche Zeitung Photo; **191:** Quadragesimo Anno 79, URL: http://www. christusrex.org/ www1/overkott/quadra.htm; **192:** Karl Rahner, Herbert Vorgrimler (Hgg.): Kleines Konzilskompendium. Sämtliche Texte des Zweiten Vatikanums. 33. Auflage. Freiburg i.Br. 1966, S. 531; **193:** Barth, Karl (1946): Christengemeinde und Bürgergemeinde, in: ders., Rechtfertigung und Recht. Christengemeinde und Bürgergemeinde, Zürich 3. Aufl. 1984, §17; **194:** https://www.dbk.de/fileadmin/redaktion/diverse_downloads/presse_ 2015/2015-06-18-Enzyklika-Laudato-si-DE.pdf, S. 39; **197:** EKD: Aus Gottes Frieden leben - für gerechten Frieden sorgen. Eine Denkschrift des Rates der EKD, 2007, Nr. 74, S. 51; **198:** http://www.welt.de/politik/ausland/article 5490579/Seine-Rede-zum-Friedensnobelpreis-im-Wortlaut.html; **200:** nevodka. 123rf.com; **201:** Foto: Bbsrock; CC-BY-SA 3.0; **203:** EKD-Denkschrift „Solidarität und Selbstbestimmung im Wandel der Arbeitswelt" (2015), URL: https://www.ekd.de/download/2015_solidaritaet_und_ selbstbestimmung.pdf, S.44; **205:** MJTH. Shutterstock; **206:** Deutsche Bischofskonferenz: Virtualität und Inszenierung. Bonn 2011, S. 67f., URL: http://www.dbk-shop.de/media/ files_public/nesmsvuttb/DBK_1235.pdf; **210:** Karl Rahner, Herbert Vorgrimler (Hgg.): Kleines Konzilskompendium. Sämtliche Texte des Zweiten Vatikanums. 33. Auflage. Freiburg i.Br. 1966, S. 125; **211:** akg-images; **217:** Foto: Jean-Pol Grandmont; CC-BY-SA 3.0; **218:** Bibliothek der Kirchenväter, Des Lucius Caelius Firmianus Lactantius Schriften. Aus dem Lateinischen übersetzt von Aloys Hartl. (Bibliothek der Kirchenväter, 1. Reihe, Band 36) München 1919; Dorothee Britz (Foto: Christusmonogramm); **219:** Müller, Hans: Katholische Kirche und Nationalsozialismus. Dokumente 1930-1935. - München 1963 (dtv dokumente 328), S.40-43; **220:** akg-images / Imagno / Austrian Archives (S); **221:** Foto: Domkapitular Gustav Albers, CC BY 2.5; **224:** Barmer Theologische Erklärung, Artikel IV, URL:http://www.ekd.de/glauben/ bekenntnisse/barmer_theologische_erklaerung.html; **225:** picture-alliance / dpa; Dietrich Bonhoeffer: Der Arierparagraph in der Kirche, zitiert nach: Ders.: Gesammelte Schriften, Band II, München, 1965, Seite 62 ff.); **231:** http://www. klaus-hemmerle/index.phph?option=com_ article&id=655&Itemid=33&limitstart=2; **235:** Paul Althaus: Luthers Lehre von den beiden Reichen im Feuer der Kritik, in: Franz Lau (Hg.): Luther-Jahrbuch, Berlin/Hamburg: Lutherisches Verlagshaus (1957), S. 42; **236:** Barth, Karl (1946): Christengemeinde und Bürgergemeinde, in: ders., Rechtfertigung und Recht. Christengemeinde und Bürgergemeinde, Zürich 3. Aufl. 1984, §17; **238:** © Tatjana Splichal | Dreamstime.com; **242:** akg-images / Paul Almasy; http://www.taize.fr/ de_article 20343.html; **246:** Klaus Schubert / Martina Klein: Das Politiklexikon. Bonn: Dietz 2016; **248:** Suzanne Collins: Die Tribute von Panem. Tödliche Spiele. Übersetzt von Sylke Hachmeister und Peter Klöss. Verlag Friedrich Oetinger: Hamburg, S. 24; **249:** Cicero, De divinatione I,2; **250:** HMman; CC-SA-BY 3.0; **253:** © ivan-96 / iStockfoto; **256:** Hans Memling: Mittelteil des Triptychons „Das Jüngste Gericht", um 1466/73. Öl auf Holz, 220,9 × 160,7 cm; **257:** INTERFOTO / Sammlung Rauch; **261:** 123rf.com; **264:** Joseph Ratzinger, Benedikt XVI., Jesus von Nazareth. Zweiter Teil: Vom Einzug in Jerusalem bis zur Auferstehung, Freiburg: Herder 2011, 2 Auflage 2013, S. 299 f.; **266:** akg-images; **267:** Wilhelm Busch: Schein und Sein

Alle Bibelzitate sind, sofern nicht anders angegeben, der Einheitsübersetzung entnommen.
Einheitsübersetzung der Heiligen Schrift © 2016 Katholische Bibelanstalt GmbH, Stuttgart

Der Verlag hat sich bemüht, die Urheber der in diesem Werk abgedruckten Abbildungen ausfindig zu machen.
Wo dies nicht gelungen ist, bitten wir diese, sich gegebenenfalls an den Verlag zu wenden.

Deine Notizen

Deine Notizen